COMMUNAUTÉ ÉCONOMIQ

Les Pays de la CEE

IRLANDE

GRANDE-BRETAGNE

DANEMARK

PAYS-BAS

BELGIQUE

ALLEMAGNE

LUXEMBOURG

FRANCE

OCÉAN ATLANTIQUE

ITALIE

PORTUGAL

ESPAGNE

GRÈCE

Mer Méditerranée

DÉPARTEMENTS ET TERRITOIRES D'OUTRE-MER

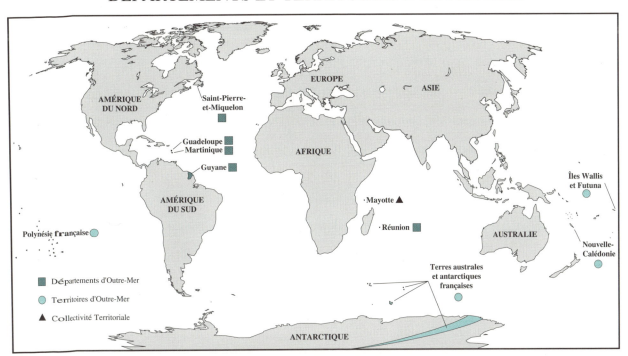

AMÉRIQUE DU NORD

Saint-Pierre-et-Miquelon

Guadeloupe
Martinique

Guyane

AMÉRIQUE DU SUD

Polynésie française

EUROPE

ASIE

AFRIQUE

Mayotte ▲

Réunion

Îles Wallis et Futuna

AUSTRALIE

Nouvelle-Calédonie

Terres australes et antarctiques françaises

■ Départements d'Outre-Mer

● Territoires d'Outre-Mer

▲ Collectivité Territoriale

ANTARCTIQUE

En avant!

INSTRUCTOR'S
ANNOTATED
EDITION

En avant!

Hadley Wood
Point Loma College

Thomas J. Cox
San Diego State University

Françoise Demerson-Baker
University of San Diego

Houghton Mifflin Company   Boston   Toronto
Dallas   Geneva, Illinois   Palo Alto   Princeton, New Jersey

Components of *En avant!*:
Student Text
Instructor's Annotated Edition
Workbook/Lab Manual
Instructor's Resource Manual with Tapescript and Answer Keys
Test Bank
Audio Program
Computer Study Modules (IBM and Macintosh)

Sponsoring Editor: Isabel Campoy
Development Editor: Katherine Gilbert
Project Editor: Amy Lawler
Design Coordinator: Catherine Hawkes
Cover and Interior Designer: Catherine Hawkes
Senior Manufacturing Coordinator: Priscilla Bailey
Marketing Manager: George Kane

Cover photo by Dennis O'Clair/Tony Stone/Worldwide/Chicago Ltd.
Illustrations by George Thompson
Credits for photos, text, and realia are found following the Index at the end of the book.

Printed in the U.S.A.

Library of Congress Catalog Number: 91–71950
Student Text ISBN: 0–395–53599–9

Instructor's Annotated Edition ISBN: 0–395–60632–2

ABCDEFGHIJK-D-9987654321

CONTENTS IN BRIEF

To the Instructor
Features of the text   *ix*
Components of the program   *x*

En avant! is a new, all-in-French, introductory program designed for use at two- and four-year colleges and universities. The *En avant!* package consists of a Student Text, a Workbook/Lab Manual, Audiocassettes (available for purchase by students), an Instructor's Annotated Edition, Computer Study Modules, and an extensive Instructor's Resource Manual. The text and ancillaries that make up the *En avant!* program, when properly implemented, provide a complete program of language-based activities grounded in proven, successful approaches and methods.

Features of the text

The following features distinguish *En avant!*:

1. **Unique organization.** *En avant!* gives equal attention to grammar, vocabulary, culture, and communicative activities. This orientation is reflected in the division of the chapters into three parts (*Structures*, *Vocabulaire*, and *Expression libre*) plus extensive cultural readings throughout. Boxed marginal annotations in the Student Text guide students from structural sections to related vocabulary sections.

2. **Extensive cultural material.** There are three to five cultural readings or notes per chapter. They are closely related to the structural or vocabulary sections that surround them. These readings give equal emphasis to "Big-C Culture" (aspects of French civilization), "small-c culture" (aspects of everyday life), and literary selections. The readings are graded in difficulty. Particular attention is focused in the readings on comparative aspects of French vs. American history, culture, attitudes, and lifestyles.

3. **Communicative, student-centered approach.** The extensive exercise program throughout the text is student- rather than teacher-centered. Students are encouraged to work in pairs or groups as much as possible so that learning becomes a collaborative experience.

4. **Spiralling approach to grammar.** Grammatical points are taught as needed for effective communication. Points are re-entered and expanded upon in later chapters as appropriate. Boxed student annotations provide useful cross-references to related material taught in other chapters.

5. **Dynamic presentation of vocabulary.** Vocabulary is presented thematically through contextualized presentations. It is practiced in special exercises following the presentation and systematically re-entered throughout the text.

6. **Reduced structural and lexical load.** Students and instructors will feel comfortable completing the *En avant!* program in two semesters or three quarters. Active grammar and vocabulary have been reduced to include only what is necessary for effective, meaningful communication at an elementary level.

Components of the program

Student text

The Student Text is divided into sixteen chapters. Each chapter is divided into three parts: *Structures*, *Vocabulaire*, and *Expression libre*. Extensive cultural readings or notes are interspersed throughout the chapter. For more information on the Student Text, please see the introduction to the Student Text, pp. xi–xii.

Instructor's annotated edition

The Instructor's Annotated Edition consists of the complete student text as well as marginal annotations containing guides to the instructor, enrichment and expansion activities, supplementary cultural information, and statements of objectives for all structural exercises. The introduction to the Instructor's Annotated Edition contains information about the entire *En avant!* program.

Instructor's resource manual

The Instructor's Resource Manual provides an overview of the approach and objectives underlying the *En avant!* program. It includes detailed, chapter-by-chapter suggestions for teaching with *En avant!*, as well as audio discrimination tests and other classroom aides. The Instructor's Resource Manual also contains chapter-by-chapter vocabulary lists, sample schedules for semester- and quarter-system courses, a complete tapescript for the recording program, answer keys for the Workbook/Lab Manual, a complete test bank with tests for each chapter of the text, and transparency masters of line art and realia for producing overhead transparencies.

Computer study modules

The computer program accompanying *En avant!* tests students' knowledge of grammar, culture, and vocabulary in a unique game format. There are four levels to the computer program. As students move through the *En avant!* program, they progress to the next level of difficulty in the computer game. The computer program is available in IBM and Macintosh formats.

Workbook/Lab manual

Although *En avant!* can be used alone, the student Workbook/Lab Manual is a valuable supplement.

The workbook portion of the volume contains exercises keyed to the Student Text that reinforce writing skills. Grammar, vocabulary, and culture are all practiced in the workbook exercises. *Révision* exercises at the start of workbook chapters provide necessary review of material from previous chapters.

The lab manual is keyed to the audiocassette program. Written exercises to be completed while listening to the audio program test students' comprehension of the recorded material.

Pages are perforated so they can be easily handed in for correction by the instructor. Answer keys for both the workbook and the lab manual activities are provided in the Instructor's Resource Manual.

Audiocassettes

Audiocassettes are available for student purchase as well as for institutional use. There is approximately thirty minutes of recorded material corresponding to each text chapter.

The recording program provides students with an opportunity to develop their ability to understand native spoken French. Each lesson takes the format of a lively mock radio program. Not only listening comprehension but also pronunciation skills are practiced within the context of this "call-in" radio program. The lab manual provides supporting written materials to guide students in their listening.

En avant!

En avant!

Hadley Wood
Point Loma College

Thomas J. Cox
San Diego State University

Françoise Demerson-Baker
University of San Diego

Houghton Mifflin Company   Boston   Toronto
Dallas   Geneva, Illinois   Palo Alto   Princeton, New Jersey

Sponsoring Editor: Isabel Campoy
Development Editor: Katherine Gilbert
Project Editor: Amy Lawler
Design Coordinator: Catherine Hawkes
Cover and Interior Designer: Catherine Hawkes
Senior Manufacturing Coordinator: Priscilla Bailey
Marketing Manager: George Kane

Cover photo by Dennis O'Clair/Tony Stone/Worldwide/Chicago Ltd.
Illustrations by George Thompson
Credits for photos, text, and realia are found following the Index at the end of the book.

Printed in the U.S.A.

Library of Congress Catalog Number: 91–71950
Student Text ISBN: 0–395–53599–9

Instructor's Annotated Edition ISBN: 0–395–60632–2

ABCDEFGHIJK-D-9987654321

TABLE DES MATIÈRES

CHAPITRE 10

À table!

CHAPITRE 11

À l'école

En avant! is an all-in-French, introductory college-level program. The text combines the most successful features of proficiency-based programs with a thorough treatment of grammar, vocabulary, and culture. Equal emphasis is given to vocabulary building and skill building so that learners will have something to say and will know how to say it. In addition, the cultural readings that appear throughout the text provide practice reading skills and offer a wealth of basic cultural knowledge about France and other French-speaking countries.

Organization of the text

The Student Text contains sixteen chapters, each organized around an important cultural context. Each chapter is divided into three main parts: *Structures*, *Vocabulaire*, and *Expression libre*. The material presented in these three sections relates clearly to the theme of the chapter, as do the three to five cultural readings distributed throughout the chapter.

Structures

Each chapter starts with the presentation of three to five numbered grammatical structures, which are sequenced and re-entered throughout the text in a spiralling progression. These are the structures students will need to express themselves in the cultural context of the chapter.

Each numbered structure begins with a presentation text, often in the form of a short dialogue or illustrated sample sentences. The presentation demonstrates the way the structure is used in an authentic spoken context. Following the presentation text there is an *Explication* section in which the structure just presented is explained in clear and simple French. The *Explication* is followed by contextualized oral exercises, which provide practice of the structure just taught. The vast majority of exercises are intended to be done by partners or groups of students.

Vocabulaire

The essential, active vocabulary terms that students will need to master in conjunction with the structures of the chapter are presented in the *Vocabulaire* section. There are four to ten vocabulary presentations in each *Vocabulaire* section.

Vocabulary is clearly presented in contextualized example sentences or in illustrated examples. When necessary, lexical and structural issues relating to the vocabulary are explained following the vocabulary presentation. Short, simple exercises provide students with the opportunity to practice the vocabulary just learned.

Expression libre

The last section of each chapter (starting with Chapter 2) is the *Expression libre* section. It contains a variety of activities that integrate all the material in the chapter. Activities are generally open-ended and situational. They offer students the opportunity to communicate in the cultural context of the chapter, using the structures and vocabulary thus far mastered. At least one activity in each *Expression libre* section is realia-based, allowing students to perform decoding and other tasks based on authentic material. Most chapters also include oral and written composition topics, promoting comprehensive development of both spoken and written language skills. Other activities include directed conversations, simulated interviews, skits, games, etc.

Notes et lectures culturelles: Each chapter contains three to five cultural notes or readings, appearing when appropriate in the *Structures* and the *Vocabulaire* sections. They are closely related to the lexical, grammatical, and cultural material that surrounds them. Their dual role as reading practice and cultural introductions makes them a rich source of thought-provoking topics for cross-cultural comparisons.

Annotations: Boxed annotations in the margins of the Student Text indicate which vocabulary sections relate to each *Structures* section and provide page references. In addition, annotations provide students with cross references to previously learned material directly related to the structure or vocabulary currently being studied.

Reference material

The reference section at the end of the text begins with a section called *Vocabulaire utile pour la classe*. It provides students with the basic terminology necessary to function in the all-in-French classroom. In addition, the reference section contains verb charts, a French-English vocabulary list of all words in *En avant!*, and an index.

TO THE STUDENT

Your instructor has chosen *En avant!*—meaning "onward!" or "forward!"—as your introduction to the French language and to the culture of the French-speaking world. This text has been written with you in mind. It focuses on making you a better language learner, whether French is the first language other than English you have chosen to learn or whether you have studied another language before.

While there are many individual learning styles and strategies, learning a language involves working on several skills at once. There are some things everyone has to do to acquire each of these skills. Here are some suggestions that will help you as you begin your study of French.

Listening

Your class will be taught entirely in French, right from the beginning. You may therefore find that you need to listen to what your instructor is saying even more carefully than you are accustomed. It may help to get in the habit of pronouncing silently to yourself what you hear and, in some instances, trying to visualize what individual words might look like in written form. Pay attention to intonation, body language, facial expression, and props. Try to get the sense of what is being said, even when you don't understand every word.

You will have further opportunities to improve your listening skills by working in the language laboratory or at home with the tape program accompanying *En avant!* and the lab manual portion of the Workbook/Lab Manual. Your instructor will assign these activities for you to do at the end of each chapter. By listening to the tape selection for each chapter and by doing its accompanying activities, you will improve your ability to understand French as spoken by native speakers of the language.

Reading

When you first look at a cultural note or reading at home, always begin by reading it straight through. There are clues to meaning in the title, in accompanying illustrations, and in the content itself. Often, by the time you have reached the end of a reading selection, you will be able to understand words or expressions that were puzzling at the beginning because the context will be more complete. Don't be afraid to guess or approximate meaning by assuming that a word means "more" or "less," "good" or "bad," or a "kind" of tree (or fish, or food, or building). After all, this is what we usually do in our own language the first time we encounter a new word. Since the written forms of many English and French words are a great deal alike, you will find that your reading vocabulary in French surpasses your speaking and writing vocabulary; words you recognize in print may not always be understandable unless you can visualize them.

Using context to guess meaning and using meaning to grasp the structure of sentences are two ways reading can help you make progress in French.

Speaking

Never be afraid to volunteer in class or to try to express your ideas in front of the class. Your instructor expects you to make this effort and will not be suprised when you make errors; this is part of the learning process. You will be surprised how much you are able to say in French starting the first day of class by modeling your speech on that of your instructor and on the patterns you see in the text.

You will have ample opportunity to speak French in class in situations that will be both instructive and fun. The majority of the exercises in *En avant!* are intended to be done in pairs or in small groups. You will find that working together with other students to perform a language task is more enjoyable and more profitable than working alone.

Writing

You will be practicing the structures, vocabulary, and cultural material of each chapter at home in written exercises found in the Workbook/Lab Manual that accompanies *En avant!* These workbook exercises provide more extensive practice in writing French than is possible during the regular class hour. You should plan to do each exercise with your textbook open to the related *Structure* or *Vocabulaire* section (indicated in brackets at the beginning of the exercise). By doing the workbook exercises faithfully each night, you will improve your written skills and enhance your mastery of the material taught in the chapter.

Starting in Chapter 3, the last activity of each text chapter is a written composition. When you write your composition, refer as much as possible to the *Vocabulaire* section of the chapter to identify the words you need to express your ideas. You will find all the words used in *En avant!* listed in the *Lexique* at the end of the text. These words should be more than sufficient to allow you to express yourself clearly. If you feel you must consult a dictionary, try to obtain one written all in French. Not only will a French/French dictionary help you acquire more vocabulary, it will also help you learn to paraphrase your ideas in French.

Vocabulary acquisition

Listening and speaking in the classroom is just the beginning of the practice you will need to develop proficiency in French. The more often you read, write, listen to, or say a word or phrase with attention focused on its meaning, the more likely it is that the word or phrase will be available to you from your memory when you want to use it again.

While there may be many more words used in each chapter than you can hope to remember, the words printed in **bold-face type** in the *Vocabulaire* section are the essential words you are expected to learn and on which you will be tested. Here, too, you will find exercises meant to be done in class to help you fix clearly in your mind how each word is used and how it sounds. Notice there are no English equivalents given. This is because your instructor wants you to remember that there is no such thing as an exact English equivalent for a given French word; the best way to *understand* what a French word means is to understand the sentence or the situation in which it is used. To show that you understand what a French word means, you will be given opportunities to use it appropriately in speaking or in writing.

The *En avant!* program, when used by you and your instructor as it was designed to be used, provides a variety of points of contact with the French language and with Francophone culture. It can be your passport into a new world of experience as well as a chance to explore another talent within yourself. Its authors envy you the experience of discovering a new language and wish you all good success in the adventure before you.

ACKNOWLEDGMENTS

I would like to thank all the people at Houghton Mifflin; their professionalism and graciousness made them a joy to work with. I am above all grateful to Katherine Gilbert, our development editor, whose relentless patience extorted from me more than I imagined I had to give. I also wish to thank my coauthors, who provided inspiration, insight, and work.

Friends, colleagues, and family were all supportive throughout my work on this project. I wish especially to thank the following people: Jim Jackson, Jr., Ron Kirkemo, Diane Perussi, Carmen Kennedy, and Nancy Kleiber. I am particularly grateful to Ann Ruppert for finding countless bits of miscellaneous information and to Madeleine Scott for typing and retyping the manuscript.

My coauthors and I would also like to express our sincere appreciation to the following people for their in-depth review of portions of the manuscript:

Teresa Cortey, Glendale Community College, Glendale, CA
Jill Kelly, Seton Hall College, Greensburg, PA
Sara Hart, Shoreline Community College, Seattle, WA
Christiane Fabricant, The Winsor School, Cambridge, MA
Mary Jorgensen, Mills College, Oakland, CA
Reginald Hyatte, University of Tulsa, Tulsa, OK
Jeanette Ludwig, State University of New York at Buffalo
Servanne Woodward, Wichita State University, Wichita, KS

Special thanks go to Sarah for her love and infinite patience. Last, but by no means least, I thank my husband. I appreciate his help, his patience, and his limitless belief in me.

H. W.

En avant!

STRUCTURES

CULTURE

▶ Bonjour! Quel est le commencement d'une conversation?

Tournez la page et ... en avant!

1 Les salutations

— Bonjour, Mademoiselle!
— Ah, bonjour, Monsieur!
— Comment allez-vous?
— Très bien, merci. Et vous, Monsieur?
— Très bien. Au revoir, Mademoiselle.
— Au revoir, Monsieur.

— Salut, Marc!
— Salut, Nicole!
— Ça va?
— Ça va bien, merci. Et toi?
— Ça va. Ciao, Marc.
— Ciao, Nicole.

EXPLICATION

For ideas on what to do at the first class meeting, see Instructor's Resource Manual (IRM).

Grammar section 1 is to be presented *before* Vocabulary 1, p. 14. Boxed student annos refer to appropriate vocabulary sections. See IRM for a description of how to integrate grammar and vocabulary.

Voir Vocabulaire 1, *Les formules de politesse,* p. 14.

Bonjour

Bonsoir

Monsieur (M.) = un homme (marié,[1] non marié)
Madame (Mme) = une femme mariée
Mademoiselle (Mlle) = une femme non mariée

Note absence of pronounced **-n-** or **-r** in **Monsieur**. WATCH OUT for unwanted [ʃ] in **Mon***s***ieur**. POINT OUT the period in the abbreviation **M.** In **Mme** and **Mlle** there is no period.

[1] Monsieur Leclerc est **marié** à Madame Leclerc; Madame Leclerc est **mariée** à Monsieur Leclerc.

question: Comment allez-vous?

réponse: Très bien, merci.   Pas mal, merci.   Comme ci, comme ça.

forme familière	**forme non familière**
Salut!	Bonjour. (Bonsoir.)
Comment vas-tu?	Comment allez-vous?
Ça va?	Comment allez-vous?
Ça va bien.	(Très) bien.
Et toi?	Et vous?
Ciao!	Au revoir.

NOTEZ: Ça va est une question *et* une réponse.

— Salut, Pierre! Ça va?
— Oui, ça va.

Les formes familières sont généralement pour les contacts ami/ami, étudiant/étudiant ou dans la famille.

un ami/une amie   un étudiant/une étudiante   une famille

Les contacts professeur/étudiant sont des contacts professionnels. Les formes non familières sont employées dans les situations professionnelles.

PROFESSEUR: Bonjour, Étienne. Comment allez-vous?
ÉTUDIANT: Très bien, Madame. Et vous?

Bonjour, Madame

On dit **Bonjour, Madame**; **Très bien, Monsieur**; **Oui, Mademoiselle**; **Au revoir, Madame**. On ne dit pas généralement *****Bonjour, Madame Chénier,***** etc. Le nom de famille est absent dans une salutation.

En France, la politesse est très importante. Pour chaque rencontre, on dit **Bonjour, Monsieur (Madame, Mademoiselle)** ou **Bonjour (Salut), Georges (Simone**, etc.**)**.

Le contact personnel est une autre forme de politesse en France; le contact personnel est un signe d'affection pour l'autre personne. Notez les différentes salutations.

Le contact cérémonieux

Le contact familier

Exercises are marked **I** (instructor-directed), **P** (pair activity) or **G** (group activity) when appropriate. Unmarked exercises can be done as the instructor desires. The goal of each exercise is stated. See IRM for explanation of labeling on exercises.

Present Vocabulary 1, p. 14, before doing Ex. A.

EXERCICE   A

GOAL: choosing formal/ informal register (G)

Salutations.   *(en groupes de quatre à six personnes)* Adoptez une des identités suivantes. Saluez les autres personnes dans le groupe.

1. Colette Leclerc, mariée, professeur
2. Kelly Stevens, étudiante
3. Jacques Saintonge, marié, secrétaire
4. John Riley, étudiant
5. Françoise Roger, mariée, étudiante
6. Marc Dupré, professeur

2 ▽ Comment vous appelez-vous?

— **Comment vous appelez-vous**?
— **Je m'appelle** Jean-Marc Solage.

— **Comment t'appelles-tu**?
— **Je m'appelle** Sylvie.

EXPLICATION

PRONUNCIATION: Point
out vowel shift: **Appélez/
appelle.**

question non familière:	Comment vous appelez-vous? (*respect*)
question familière:	Comment t'appelles-tu? (*familiarité*)
réponse:	Je m'appelle Simone (Martin).

REMARQUEZ: La lettre **-l-** dans **Comment vous appe***l***ez-vous?**; **-ll-** dans **Je m'appe***ll***e ...** et **Comment t'appe***ll***es-tu?**

• **Tu** indique *la familiarité*. **Vous** indique un certain respect, *une distance. Au pluriel*, **vous** est toujours la forme correcte.

> — Comment **vous** appelez-**vous**?
> — Je m'appelle Martine et voilà Nathalie.

Voir Vocabulaire 2, *Le nom personnel*, p. 15.

EXERCICE **B**

GOAL: asking and stating
names

À une fête,[2] présentez-vous et demandez le nom d'un(e) étudiant(e).

▶ *Bonsoir! Je m'appelle Jean-Luc. Comment t'appelles-tu?*

---

[2] **Fête** (*f.*) = une petite célébration.

3 ▽ L'identité

— **Vous êtes** américain?
— Oui, **je suis** américain. Et vous?
— **Je ne suis pas** américain; **je suis** français.

— **Comment êtes-vous?**
— Moi, **je suis** grand, extroverti, riche et modeste.

EXPLICATION

Voir Vocabulaire 3 et 4, *La description person-nelle* et *D'autres adjectifs*, p. 15.

POINT OUT liaison in **vous [z]êtes**. Watch out for un-wanted [ʃ] in je **s**uis.

• **Vous êtes ... ?** est une question sur des caractéristiques personnelles. **Tu es ... ?** est la forme familière. Réponse: **Je suis ... / Je ne suis pas ...**

    — **Vous êtes** fatigué, Monsieur Dupont?
    — Oui, **je suis** très fatigué.

    — **Tu es** riche, Monique?
    — Mais non, **je ne suis pas** riche; **je suis** pauvre!

• **Comment êtes-vous?** demande une description personnelle. **Comment es-tu?** est la forme familière.

    — **Comment êtes-vous**, Monsieur Telardier?
    — Je suis **grand** et **intelligent**.

    — **Comment es-tu**, Alain?
    — Je ne suis pas **patient**; je suis **impatient**.

Adjectives will be discussed at length in Ch. 3, p. 48.

POINT OUT: Le -e final du féminin indique une consonne prononcée: **petit, petite.** Quand l'adjectif masculin est terminé par **-e**, le féminin est identique: **triste** (*m.*), **triste** (*f.*).

• Un adjectif est masculin pour un nom ou pronom masculin et féminin pour un nom ou pronom féminin.

	masculin	**féminin**
	grand	grand**e**
	mécontent	mécontent**e**
	petit	petit**e**
Je suis ...	fatigué	fatigué**e**
	réservé	réservé**e**
	modeste	modest**e**
	énergique	énergiqu**e**
	beau	**belle**

NOTEZ: La forme féminine est terminée généralement par un **-e**. Remarquez que la forme spéciale féminine de **beau** est **belle**.

Français ou Européen?

La relation entre la France et l'Europe est complexe. Pour les Français, les autres Européens sont un peu «les autres», mais chaque Français est aussi un Européen. L'identité française est essentielle, mais l'identité européenne est de plus en plus importante aussi. On a demandé aux jeunes Français (13–17 ans) quelle identité est la plus importante pour eux.

ÊTES-VOUS FRANÇAIS OU EUROPÉEN?

Français avant d'être européen	69%
Européen avant d'être français	21%
Sans opinion	10%

QUESTIONS:

1. L'identité européenne est-elle importante pour les jeunes Français? Pourquoi ou pourquoi pas? 2. Est-ce que vous êtes américain(e) ou californien(ne) (texan(e), new-yorkais(e), etc.)? [Teach adjective appropriate to your state or province.]

Present Vocabulary 3 & 4, p. 15, before doing Exs. C–E.

EXERCICES **C**

GOAL: practice **tu es, je suis** (P)

Pair students. Have partners alternate asking questions. Move around from group to group to check on students' progress.

Conversation.   Parlez avec un(e) partenaire. Regardez le modèle.

▶ étudiant(e)
   — *Marc, tu es étudiant?*
   — *Oui, je suis étudiant.*

   professeur
   — *Tu es professeur?*
   — *Non, je ne suis pas professeur.*

1. américain(e)   3. fatigué(e)
2. grand(e)   4. réservé(e)

Make sure students understand that in exercises they choose the masculine *or* feminine form as appropriate when referring to themselves or to another student.

5. étudiant(e)   8. riche
6. français(e)   9. extroverti(e)
7. modeste   10. petit(e)

D **Encore une conversation.**   Parlez avec un(e) partenaire.

GOAL: forming questions, negations (P)

▶ grand(e)/petit(e)
— *Tu es grand(e) ou petit(e)?*
— *Je suis grand(e); je ne suis pas petit(e).*   OU
— *Je ne suis pas très grand(e), mais je ne suis pas petit(e).*

Voir Vocabulaire 5 et 6, *Les expressions de fréquence* et *L'existence*, p. 16.

1. fatigué(e)/énergique
2. riche/pauvre
3. grand(e)/petit(e)
4. extroverti(e)/réservé(e)
5. content(e)/mécontent(e)
6. américain(e)/français(e)

E Demandez une description personnelle à un(e) partenaire.

GOAL: asking for and giving self-description (P)

4 Comment est-il?

— **Comment sont** Anne et Laura?
— **Elles sont** patientes et intelligentes.

— **Comment est** Marc?
— **Il n'est pas** désagréable; **il est** sympathique.

EXPLICATION

PRONUNCIATION: Note silent -st in e**st**.

The rest of the verb **être** will be presented in Ch. 3, p. 44.

- **Comment est … ?** demande une description (physique, morale, etc.). Utilisez **Comment sont … ?** au pluriel.

  Comment est le professeur?
  Il est intelligent.
  Comment sont les étudiants?
  Ils sont intelligents aussi!

- Pour parler d'une autre personne (ou d'autres personnes), voici les pronoms personnels appropriés:

POINT OUT: **Il** and **ils** (**elle** and **elles**) have the same pronunciation. Plural is heard in the verb form. **Il est riche. Ils sont riches.** It is *not* heard in the pronoun *or* in the adjective.

See the IRM for an aural discrimination test on the recognition of singular vs. plural.

	masculin	féminin
singulier	il	elle
pluriel	ils	elles

Comment est Jean-Marie? **Il** est sympathique!
Comment sont Anne et Claire? **Elles** sont extraordinaires!

REMARQUEZ: Pour un groupe mixte (masculin et féminin), utilisez le masculin pluriel **ils**.

Voici Marc, Monique, Marie-Laure et Madeleine. **Ils** sont présents aujourd'hui.

- Un adjectif est au pluriel avec un nom ou pronom au pluriel. Généralement, un adjectif au pluriel est terminé par un **-s**.

POINT OUT: Singular and plural forms usually *sound* the same. Masculine and feminine forms usually sound different.

	masculin	féminin
singulier	présent	présente
pluriel	présent**s**	présente**s**

Max et Marc? Ils sont **présents**. Mais Monique n'est pas **présente**. Monique et Marie-Laure sont **absentes**. Et le professeur n'est pas **content**.

POINT OUT: La négation est dans le mot **pas**.

- Le négatif = **ne** + verbe + **pas**

  Jean et Michelle **ne** sont **pas** fatigués. Ils sont énergiques.

NOTEZ: **ne** + voyelle → **n'**

Marie est présente; elle **n'**est pas absente.

Voir Vocabulaire 7, *D'autres mots*, p.16.

EXERCICES | **F**

GOAL: describing other
people

Les gens[3] célèbres.   Comment sont ces personnes?

1. Comment est Mel Gibson?
2. Comment est Michelle Pfeiffer?
3. Comment sont Richard Pryor et Gene Wilder?
4. Comment est Madonna?
5. Comment est Bart Simpson?
6. Comment sont Monsieur et Madame Simpson?
7. Comment est Arnold Schwarzenegger?
8. Comment sont Mademoiselle Piggy et Elizabeth Taylor?
9. Comment est Monsieur Bush?
10. Comment est Danny De Vito?

G

GOAL: agreeing and dis-
agreeing (G)

Êtes-vous d'accord?   Voici quelques[4] observations. Êtes-vous d'accord (de la même opinion) ou pas d'accord?

▶   Elizabeth Taylor est belle.
    Non, je ne suis pas d'accord. Elle n'est pas belle.   OU
    Oui, je suis d'accord. Elle est très belle.

Put students in groups of
3–4. One student reads
sentence, others react.
Alternate.

1. Eddie Murphy est désagréable.
2. Joan Rivers est sympathique.
3. Oprah Winfrey et Phil Donahue sont intéressants.
4. Oprah Winfrey et Phil Donahue sont patients.
5. Mademoiselle Piggy est belle.

Robert De Niro :
cet acteur est magnifique !

---

[3] **Les gens** (*m. pl.*) = les personnes.
[4] **Quelques** (*adj. pl.*) = un nombre de.

5   Qui est-ce?

Qui est-ce?
C'est George Bush, le président
des États-Unis d'Amérique.

Qui est-ce?
C'est François Mitterrand,
le président de la
République française.

EXPLICATION

Point to a student and ask
Qui est-ce? If student
doesn't know other stu-
dent's name, have him/her
ask **Comment t'appelles-tu?**
and then tell you **C'est ...**

question: **Qui est-ce?**
réponse: C'est + personne

Qui est-ce? $\begin{cases} \text{C'est Georges.} \\ \text{C'est le professeur.} \\ \text{C'est Monsieur Smith.} \end{cases}$

Qui est-ce?

C'est Louis XIV,
le roi de France
(1643–1715).

C'est Napoléon Bonaparte,
le général et empereur
(1799–1815).

C'est le général de Gaulle,
le président de la République
(1959–1969).

C'est François Mitterrand,
le président de la République
(1981–   ).

EXERCICE H

GOAL: identifying people (P)

Put students in pairs. One reads cue, the other responds. Alternate. You may also have students point out the person who *does* correspond to the written identification by saying **Voilà ...**

Qui est-ce? Identifiez correctement ces personnes.

▶ C'est Ronald Reagan.
Mais non, c'est Madonna.

1. C'est François Mitterrand.

2. C'est George Bush.

3. C'est Charles de Gaulle.

4. C'est Louis XIV.

5. C'est Whoopi Goldberg.

6. C'est Napoléon Bonaparte.

▼ VOCABULAIRE

This presentation reinforces the students' understanding of those words already presented inductively in grammar section 1 as well as presenting any words not introduced there and treating nuances of vocabulary usage.

1. Les formules de politesse

Commencez une conversation avec ...

Bonjour,
Bonsoir,
Salut (*familier*),

}

Monsieur.
Madame.
Mademoiselle.
tout le monde.[5]
prénom (Éric, Cécile, etc.)

Continuez une conversation avec ...

Comment allez-vous?
Comment vas-tu?
(Comment) ça va?

Répondez ...

Très bien
Pas mal
Comme ci, comme ça
Assez mal
Oh! ça va (*familier*)
Ça ne va pas (*familier*)

} ... merci. | Et vous?
Et toi? (*familier*)

Terminez une conversation avec ...

Au revoir.
Ciao! (*familier*)
À demain.

- **Merci** marque fréquemment un refus. Pour accepter, dites **Oui, merci**; **S'il vous plaît** ou **Je veux bien**.

  — Un café?   — Alors, un thé?
  — Merci. (= *Non.*) — Oui, merci. Je veux bien!

---

[5] **Tout le monde** = la classe entière, un groupe entier.

2. Le nom personnel

> **Comment vous appelez-vous?**
> **Comment t'appelles-tu?**
> **Je m'appelle ...**

3. La description personnelle

PRONUNCIATION: Note uvular initial **r-**: **riche**, *réservé* and velar final or medial **-r**: **bonjou*r*, au revoi*r***.

Je suis		Je ne suis pas	
	étudiant(e).		**professeur.**
	grand(e).		**petit(e).**
	riche.		**pauvre.**
	énergique.		**fatigué(e).**
	extroverti(e).		**réservé(e).**
	content(e).		**mécontent(e).**
	américain(e).		**français(e).**

Vous êtes (tu es)	
	modeste?
	beau, belle?

EXERCICE 1

Caractéristiques. Indiquez si vous êtes ...

1. professeur
2. étudiant(e)
3. français(e)
4. extroverti(e)
5. riche
6. énergique

4. D'autres adjectifs

Je suis		Je ne suis pas	
	présent(e).		**absent(e).**
	sympathique.		**désagréable.**
	patient(e).		**impatient(e).**
	intelligent(e).		**stupide.**
	intéressant(e).		
	célèbre.		

• **Sympa** = abréviation familière de **sympathique. Sympa** est invariable; **sympa** est masculin ou féminin.

— Tu es très **sympa**, Nicole. — Et tu es **sympa** aussi, Nicolas.

5. Les expressions de fréquence

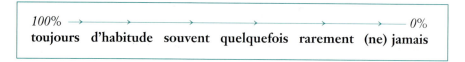

Job est **toujours** patient.
Papa est patient **d'habitude**; il est **rarement** impatient.
Caroline est **toujours** agréable. Elle **n'**est **jamais** désagréable!

EXERCICE 2   Indiquez la fréquence des traits caractéristiques suivantes pour vous.

1. présent(e)   5. content(e)
2. intéressant(e)   6. modeste
3. intelligent(e)   7. fatigué(e)
4. patient(e)   8. réservé(e)

6. L'existence

> **être**
> je suis
> tu es, vous êtes
> il est/elle est
> vous êtes
> ils sont/elles sont

Point out other use of **d'ac-cord** (**d'ac**) as synonym for *okay*.

• **Je suis d'accord** = expression d'unanimité.

— *Cyrano de Bergerac* est un film excellent.
— **Je suis d'accord**. Gérard Depardieu est formidable!

7. D'autres mots

et	mais	très	pour
ou	oui ≠ non	avec ≠ sans	selon

8. Les nombres 0–29

0	zéro	15	quinze
1	un, une	16	seize
2	deux	17	dix-sept
3	trois	18	dix-huit
4	quatre	19	dix-neuf
5	cinq	20	vingt
6	six	21	vingt et un
7	sept	22	vingt-deux
8	huit	23	vingt-trois
9	neuf	24	vingt-quatre
10	dix	25	vingt-cinq
11	onze	26	vingt-six
12	douze	27	vingt-sept
13	treize	28	vingt-huit
14	quatorze	29	vingt-neuf

• Remarquez le vocabulaire des mathématiques:

$$2 \quad + \quad 2 \quad = \quad 4$$
deux plus deux font quatre

$$5 \quad - \quad 2 \quad = \quad 3$$
cinq moins deux font trois

EXERCICE 3

Faites les calculs suivants.

1. 7 + 13
2. 16 + 9
3. 2 + 12
4. 15 − 5
5. 19 − 1
6. 24 − 6

9. Les accents

`	accent grave: très, célèbre, voilà;
´	accent aigu: étudiant, réservé
ç	cédille: ça, français
^	accent circonflexe: êtes, hôtel, maître

10. L'alphabet

POINT OUT: -ll- = deux -l-;
-ss- = deux -s-; etc.

a	[a]	j	[ʒi]	s	[ɛs]
b	[be]	k	[ka]	t	[te]
c	[se]	l	[ɛl]	u	[u]
d	[de]	m	[ɛm]	v	[ve]
e	[ə]	n	[ɛn]	w	[dubləve]
f	[ɛf]	o	[o]	x	[iks]
g	[ʒe]	p	[pe]	y	[igrɛk]
h	[aʃ]	q	[ky]	z	[zɛd]
i	[i]	r	[ɛr]		

Have students spell their
names while a partner
writes them down.

Page d'écriture

Deux et deux quatre
quatre et quatre huit
huit et huit font seize ...
Répétez! dit le maître°   *professeur pour les*
                                 petits
Deux et deux quatre
quatre et quatre huit
huit et huit font seize.
Mais voilà l'oiseau-lyre[a]
qui passe dans le ciel°   *l'air, l'atmosphère*
l'enfant le voit°   *remarque*
l'enfant l'entend
l'enfant l'appelle:
Sauve-moi°   *Aidez-moi*
Joue° avec moi   *amusons-nous !*
oiseau!
...

— *Jacques Prévert*

QUESTIONS:

1. Où est l'enfant?   2. La
classe est-elle intéressante?
3. L'enfant est-il attentif?
4. L'enfant est-il imaginatif?
Pourquoi?   5. Pourquoi dit-
il «Sauve-moi!»?

[a] **oiseau** (*m.*) = canari, pélican, pigeon, etc. **Oiseau-lyre** = oiseau avec
de longues plumes magnifiques en forme d'un lyre (instrument de musique antique).

En classe

STRUCTURES

L'identification d'une chose
C'est vs. **il est**
L'article défini **le, la, les**
De + nom
La question

CULTURE

Qu'est-ce que c'est?
Les présidents de la Cinquième République
Les pièces d'identité sont-elles importantes?

▶ Voici la classe de français, les personnes et les choses de la classe. Comment parler des choses dans la classe? Regardons ...

1 L'identification d'une chose

— Qu'est-ce que c'est?
— **C'est un livre.**

— Qu'est-ce que c'est?
— **C'est une chaise.**

Voir Vocabulaire 1, *Une classe*, p. 33.

EXPLICATION

Voir Vocabulaire 2, *Des possessions personnelles*, p. 34.

Voir Vocabulaire 3, *Le bureau d'un étudiant*, p. 35.

Note the silent **-st** of **c'est** and the liaison in **c'est [t]un(e)**. Note nasal vs. non-nasal vowels in **un** vs. **une**. Note the pronounced consonant in **une**, silent consonant in **un**. SAY: Quand vous étudiez un mot, employez un article: *un* **livre**, *une* **chaise**.

POINT OUT: Un groupe avec des personnes ou des objets masculins *et* féminins est au masculin pluriel.

1. L'identification d'une chose au singulier

question: **Qu'est-ce que c'est?**
réponse: **C'est un(e) ...**

Qu'est-ce que c'est?

C'est un bureau.

C'est une porte.

• Un nom est *masculin* ou *féminin*. Un nom est généralement précédé d'un article. L'article est masculin pour un nom masculin et féminin pour un nom féminin.

un = article indéfini masculin singulier
une = article indéfini féminin singulier

• **Qui est-ce** demande l'identification d'*une personne*. **Qu'est-ce que c'est** demande l'identification d'*une chose*.

> Qui est-ce? C'est un journaliste.
> Qu'est-ce que c'est? C'est un livre.

• Pour *demander* l'indication d'une chose, employez **Montrez-moi ... ;** pour *indiquer* une chose, employez **Voilà (voici) un(e) ...**

Montrez-moi un crayon.
Voilà un crayon.

Montrez-moi une calculatrice.
Voici une calculatrice.

2. L'identification au pluriel

• Pour l'identification au pluriel, utilisez **ce sont**.

> Qu'est-ce que c'est? **Ce sont** des clés et **ce sont** des stylos.

• **Des** est *l'article indéfini pluriel*, masculin ou féminin.

> un cahier → **des** cahiers
> une règle → **des** règles

REMARQUEZ: En français un article est obligatoire avec un nom; en anglais, l'article indéfini pluriel est souvent éliminé.

Circumstances where the article is omitted will be handled on a case-by-case basis.

• Le pluriel est d'habitude formé par un **-s** final: clé**s**, cahier**s**. Pour un nom en **-eau**, le pluriel est formé par un **-x** final: bureau**x**, tableau**x**.

• Le **-s** ou le **-x** finals sont muets (pas prononcés). La prononciation du nom au pluriel est identique à la prononciation du nom au singulier. La différence est dans l'article.

See IRM for an aural discrimination test of singular and plural.

> **une** porte   **des** porte~~s~~

EXERCICES A

Exercises are marked **I** (instructor-directed), **P** (pair activity) or **G** (group activity) when appropriate. Unmarked exercises can be done as the instructor desires. The goal of each exercise is stated. See IRM for explanation of labeling on exercises.

GOAL: identifying things and people

WATCH OUT for inappropriate pronunciation of **-s** at the end of a plural word.

Identifiez les choses suivantes. Votre partenaire confirme les identifications.

▶ une bague
  — *C'est une bague, n'est-ce pas?*[1]
  — *Mais oui, c'est une bague.*

1. un professeur
2. des règles
3. des étudiants
4. une porte
5. un bureau

6. des crayons
7. une bague
8. un sac
9. des stylos
10. des fenêtres

B

GOAL: pointing things out with **voilà** (P)

Mais non!   Un(e) autre étudiant(e) identifie mal[2] les choses dans la classe. Corrigez les identifications.

▶   PARTENAIRE: *C'est une porte.*
        VOUS: *Mais non, c'est un sac. Voilà une porte.*

---

[1] **... n'est-ce pas?** indique la probabilité d'une réponse *positive*. ... **n'est-ce pas?** demande une confirmation.
[2] **Mal** ≠ bien.

2 ▽ C'est vs. il est

C'est un garçon.
Il est en classe.
Il est fatigué.

EXPLICATION

Voir Vocabulaire 4, *Les personnes*, p. 36.

• La différence entre[3] **c'est** et **il est** est grammaticale.

> **C'est** + **un(e)** + nom (+ adjectif)
> **Il est** + adjectif
>   préposition

C'est un homme. **Il est** sympathique.
C'est un livre intéressant. **Il est** en français.

• La différence entre **c'est** et **il est** n'est pas une différence entre les choses et les personnes. **C'est** est pour les choses *et* les personnes. **Il est** est pour les choses *et* les personnes aussi.

> C'est **un livre**. Il est intéressant.
> C'est **Georges**. Il est intéressant.

La différence entre **c'est** et **il est** existe aussi[4] pour les autres formes (**elle est, ce sont, ils sont, elles sont**).

> **C'est** une femme. **Elle est** intéressante.
> **Ce sont** des chaussures. **Elles sont** grandes.
> **Ce sont** des étudiants. **Ils sont** en classe.

SAY: Attention à la différence entre **ils** et **elles**: Voilà deux tables (*elles* sont grandes) et deux bureaux (*ils* sont petits). **Ils** et **elles** représentent des personnes *ou* des choses.

---

[3] **B** est *entre* A et C dans l'alphabet: A-**B**-C; **3** est *entre* 2 et 4: 1-2-**3**-4.
[4] **Aussi** = en plus, en addition.

EXERCICE | **C**

GOAL: **c'est** vs. **il est** (I)

Mettez la forme nécessaire (**c'est**, **il est**, etc.) Regardez le modèle.

▶ _____ des étudiants. _____ fatigués.
Ce sont des étudiants. *Ils sont* fatigués.

1. _____ un livre. _____ intéressant. _____ en français.
   _____ un beau livre.
2. _____ des étudiants _____ américains. _____ grands et beaux.
   _____ sympathiques.
3. _____ un cours. _____ en français. _____ intéressant.
4. Qui est-ce? _____ Suzanne et Marie. _____ des jeunes filles.
   _____ intelligentes. _____ des étudiantes extraordinaires.

3 L'article défini **le, la, les**

C'est un chemisier.
C'est **le chemisier** de Michelle.

C'est une chemise.
C'est **la chemise** de Robert.

C'est un autre chemisier.
C'est **l'autre chemisier** de
Michelle.

Ce sont des chaussures.
Ce sont **les chaussures** de
Martine.

EXPLICATION

Voir Vocabulaire 5 et 6, *Des vêtements* et *Les adjectifs de couleur*, pp. 38–39.

PRONUNCIATION: Note liaison with **les**: les [z]amis, les [z]étudiants. WATCH OUT for mispronunciation of **le** as **les** or **leur**; **de** as **des**. Stress that **les** [le] = plural; **le** [lə] = singular.

See the IRM for another aural discriminator on recognition of singular vs. plural.

QUESTIONS:
1. Quel est le surnom de la France? de Massachusetts, de Nevada, etc.?   2. Quel est votre surnom?

• Voici les formes de l'article défini:

masculin singulier: **le** pantalon
féminin singulier: **la** chemise
pluriel: **les** chaussures, **les** amis

NOTEZ: Le, la + voyelle ou **h-** → **l'**. **L'** est *masculin* ou *féminin*: l'appartement, l'étudiante, l'autre bague, l'homme.

• La forme plurielle, **les**, est *masculin* ou *féminin*. **Les** est un mot important; c'est la marque du pluriel.

singulier: le chapeau   la chaise
pluriel: les chapeaux   les chaises

REMARQUEZ: l'article indéfini = générique, vague
                    l'article défini = spécifique

C'est **un** crayon.
C'est **le** crayon de Jean-Michel.

• **De** + nom = possession.

C'est la règle **de Marie-Laure**.

Qu'est-ce que c'est?

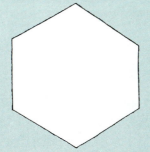

C'est un hexagone, une figure géométrique.

C'est l'Hexagone. L'Hexagone, c'est la France. L'Hexagone est *le surnom*[a] de la France.

---

[a] **Surnom** (*m.*) = nom supplémentaire qui distingue une personne ou une chose par un caractère particulier: Alexandre *le Grand*; Paris, *Ville Lumière*.

EXERCICE **D**

GOAL: using **de** + name as possessive

Make sure students use **d'** + vowel.

Le petit Nicolas remarque beaucoup de choses. Précisez ses remarques.

   NICOLAS: Voici un sac. (Marie)
            VOUS: *Oui, c'est le sac de Marie.*

1. Voici un pull. (Roger)
2. Voici des crayons. (Anne)
3. Voici une chemise. (Marc)
4. Voici un pantalon. (André)
5. Voici des stylos. (Bruno)

6. Voici une règle. (Monique)
7. Voici des livres. (Agnès)
8. Voici un portefeuille. (Delphine)
9. Voici des chaussures. (Christophe)
10. Voici un chemisier. (Isabelle)

4   De + nom

C'est le chapeau *de la jeune fille*.

Ce sont les livres *de l'étudiante*.

C'est le pantalon *du garçon*.

Ce sont les sacs *des jeunes filles*.

EXPLICATION

- **De** + nom = une identification précise (du possesseur, etc.).

$$de + \begin{cases} \textit{nom propre:} & \text{le chapeau } de \textit{ Georges} \\ \textit{article défini } + \textit{ nom:} & \text{les fenêtres } de \textit{ la classe} \\ \textit{article indéfini } + \textit{ nom:} & \text{le cahier } d'un \textit{ étudiant} \end{cases}$$

NOTEZ: De + voyelle ou **h-** → **d'**

- Les noms propres et quelquefois les noms des disciplines académiques sont sans article; ils sont placés directement après **de**.

    le chemisier **de Marie**
    la voiture **d'Anne**
    le professeur **de littérature**
    le livre **de biologie**

- Notez les formes de **de** + article défini.

        de + la = **de la**
        de + l' = **de l'**
        de + le → **du**
        de + les → **des**

POINT OUT: Notez la différence entre **des** = **de** + **les** and **des** = pluriel de **un(e)**.

    le stylo **de la** femme
    le cahier **de l'**étudiant
    les livres **du** professeur
    les questions **des** étudiants

NOTEZ: Avec les articles **le** et **les**, les contractions **du** et **des** sont obligatoires.

Les présidents de la Cinquième République

Charles de Gaulle
(1959–1969)

Georges Pompidou
(1969–1974)

Valéry Giscard d'Estaing
(1974–1981)

François Mitterrand
(1981–   )

EXERCICES   **E**

GOAL: identification using
de + definite article (I)

Le professeur vous demande d'indiquer les choses suivantes dans la classe. Répondez selon[5] le modèle.

▶ Montrez-moi une clé.
Voilà la clé de la jeune fille.

1. Montrez-moi une chemise.
2. Montrez-moi des stylos.
3. Montrez-moi un pull.
4. Montrez-moi des chaussures.
5. Montrez-moi un sac.
6. Montrez-moi un portefeuille.
7. Montrez-moi des murs.
8. Montrez-moi un tableau.
9. Montrez-moi des fenêtres.
10. Montrez-moi des cahiers.

Make sure students have
books closed.

F

Quel?   Répondez aux questions. Suivez[6] le modèle.

▶ C'est quel sac? (jeune fille)
C'est le sac de la jeune fille.

GOAL: expressing possessive
with **de**

1. C'est quel pull? (jeune fille)
2. Ce sont quels livres? (prof)
3. Ce sont quelles chaussures? (Anne)
4. C'est quelle montre? (homme)
5. C'est quelle chemise? (garçon)
6. Ce sont quels sacs? (étudiants)
7. C'est quel chapeau? (Robert)
8. C'est quel jean? (prof)
9. Ce sont quels devoirs? (étudiants)
10. Ce sont quels amis? (étudiante)

Le perroquet de Flaubert

---

[5] **Selon** = en imitation de.
[6] **Suivez** = imitez.

5 ▽ **La question**

— Qu'est-ce que c'est?
— Un livre de français.
— **Es-tu** dans le cours de français, Bill?
— Mais oui.
— **Il est** intéressant?
— ...
— **Est-ce que le cours est** intéressant?
— Pardon?
— **Le cours de français est-il** intéressant?
— Mais oui, bien sûr. Il est très intéressant.

EXPLICATION

Voir Vocabulaire 7, *Des adjectifs possessifs*, p. 40.

Voir Vocabulaire 8, *Les nombres de 30 à 69*, p. 41.

• Pour former une question en français, employez: (1) l'intonation, (2) **Est-ce que ... ?** ou (3) l'inversion.

> *L'intonation* est un changement dans *la musique de la phrase*.
> **Est-ce que ... ?** est l'addition d'une simple *formule*.
> *L'inversion* est un changement dans *l'ordre des mots*.

• Il est possible de former une question avec une intonation exagérée.

phrase affirmative   **question**

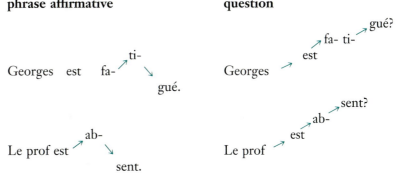

Les pièces d'identité sont-elles importantes?

En France les pièces d'identité sont importantes—pour les Français et pour les Américains. Pour les touristes, un passeport est nécessaire dans les hôtels et dans les banques. Une carte de crédit est importante aussi; on accepte partout[a] les cartes bancaires VISA (= Carte Bleue) et MasterCard (= Eurocarte). Pour les Français, comme pour les Américains, les cartes de crédit et le permis de conduire sont importants.

Mais d'autres pièces d'identité sont importantes aussi. Pour les Parisiens, une carte orange est essentielle pour utiliser le métro chaque jour. Et une carte d'identité nationale est obligatoire pour chaque Français. Mais un passeport n'est pas nécessaire si un Français visite un autre pays[b] de la Communauté économique européenne. Il existe un passeport européen pour les habitants des pays de la CEE.

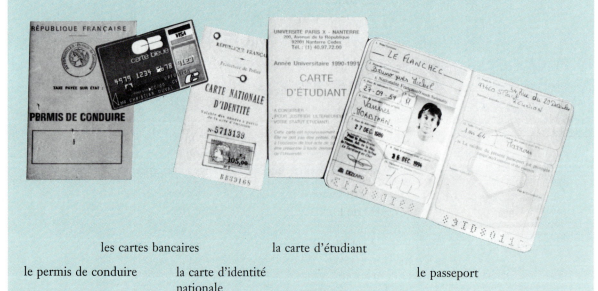

les cartes bancaires   la carte d'étudiant

le permis de conduire   la carte d'identité   le passeport
                          nationale

---

[a] **On accepte partout** = tout le monde accepte.
[b] **Pays (m.)** = nation.

Have students name as many countries as possible that are members of the EEC. Then have them study the map of the EEC on the inside front cover. Country names will be studied in detail in Ch. 14.

- On forme aussi une question avec **Est-ce que ...** + une phrase.

> **Est-ce que** Georges est fatigué?
> **Est-ce que** les clés sont importantes?

- Pour une question avec l'inversion, le pronom sujet est après[7] le verbe.

phrase affirmative	question
Il est fatigué.	Est-il fatigué?
Elles sont importantes.	Sont-elles importantes?
C'est un livre intéressant.	Est-ce un livre intéressant?

NOTEZ: L'inversion de **ce sont** n'est pas employée; on emploie **Est-ce que ce sont ...** ? ou **Ce sont ...** ?

- Quand le sujet de la phrase est un nom, le sujet n'est pas après le verbe dans une question avec l'inversion. Le sujet est à la place normale et le pronom sujet correspondant, placé après le verbe, forme la question.

phrase affirmative	question
Georges est fatigué.	**Georges** est-**il** fatigué?
Les clés sont importantes.	**Les clés** sont-**elles** importantes?

- La question avec *l'inversion* est correcte, mais elle n'est pas très fréquente dans la conversation. La question avec **Est-ce que ...** ? est fréquente dans la littérature et dans la conversation. La question avec *l'intonation* n'est pas très grammaticale, mais elle est très fréquente dans la *conversation*.

EXERCICES **G**

Formez des questions avec **Est-ce que ...** pour votre partenaire. Il (elle) répond à votre question.

▶ Le prof est fatigué.
— *Est-ce que le prof est fatigué?*
— *Non, il n'est pas fatigué.*

1. La porte de la classe est petite.
2. Les étudiants de l'université sont très stupides.
3. Le prof est toujours présent.
4. Le devoir est souvent intéressant.
5. Les autres étudiants sont intelligents et sympathiques.
6. Le livre est en français.
7. Les étudiants sont toujours fatigués.
8. Les jeunes filles de l'université sont belles.
9. La classe de français est intéressante.
10. Le prof est absent aujourd'hui.

---

[7] **D** et **E** sont *après* ABC dans l'alphabet: ABC**DE**; **31** est *après* 30: 30, **31**.

GOAL: alternate methods of
forming questions (P)

REMIND students to choose
masculine *or* feminine form
of adjective.

H **Une enquête.** Formez une question pour votre partenaire. Si votre question n'est pas claire, donnez une autre forme de la question. Votre partenaire répond.

▶ tu/triste

VOUS:	*Est-ce que tu es triste?*
VOTRE PARTENAIRE:	*Comment? (Pardon?)*
VOUS:	*Es-tu triste?*
VOTRE PARTENAIRE:	*Mais non, je ne suis pas triste!*

1. tu/extroverti(e)
2. le prof/sympathique
3. je/intéressant(e)
4. ton (ta) camarade de chambre/ intelligent(e)
5. tes amis/contents

6. tes amis/fatigués
7. tu/célèbre
8. ton (ta)/camarade de chambre
9. les étudiants/énergiques
10. je/présent(e)

GOAL: forming and answer-
ing questions with inversion
(P)

Make sure students use
masculine adjectives with
masculine nouns.

I **Sarah.** Voici quelques informations sur Sarah. Demandez à votre partenaire s'il (si elle) est comme Sarah.

▶ Sarah est sympathique.

VOUS:	*Es-tu sympathique aussi?*
VOTRE PARTENAIRE:	*Oui, je suis sympathique.*

1. Sarah est intelligente.
2. Sarah est américaine.
3. Sarah est belle.
4. Elle est étudiante de français.
5. Elle est énergique.

6. Elle est intéressante.
7. Elle est impatiente.
8. Elle est pauvre.
9. Elle est extrovertie.
10. Elle est contente.

GOAL: forming and answer-
ing questions with inversion
(P)

J **Curiosité.** Indiquez votre curiosité à un(e) ami(e).

▶ livre/intéressant
Est-ce ton livre? Est-il intéressant?

1. pull/beau
2. prof/intelligent
3. chaussures/grandes
4. devoir/terminé
5. sac/petit

6. prof/fatigué
7. petit(e) ami(e)/sympathique
8. livres/intéressants
9. amies/intelligentes
10. montre/belle

VOCABULAIRE

Vocabulary sections are meant to reinforce words inductively introduced in their related grammar sections as well as to present any necessary words not activated in grammar and to treat nuances of vocabulary. Vocabulary sections should be presented *after* related grammar sections but *before* the exercises for those grammar sections.

PRONUNCIATION: Point out [z] sound in **chaise**. Contrast with [s] sound in **classe**. Rule: voyelle + **-s-** + voyelle = [z]; **-ss-** = [s]. WATCH OUT for incorrect stress on first syllable of *bureau*, *tableau*. Work on [y] in **mur**, **bureau**. Note liaison in **un [n]autre mur**.

1. Une classe

Qu'est-ce que c'est?
C'est ...

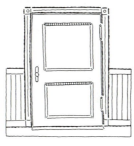

une porte   une portière

une fenêtre   une vitre   une vitrine

EXERCICE **1**   **En classe.**   Identifiez cinq choses en classe. Un(e) partenaire confirme les identifications.

▶ — *C'est un tableau.*
— *Oui, c'est un tableau.*

2. Des possessions personnelles

PRONUNCIATION: Note final pronounced [k] in **sac**. Note silent **-u-** in **bag*u*e**.

C'est	**un sac**.
	une clé.
	une bague.
	une montre.
	un portefeuille.

Ce sont des **choses** importantes.

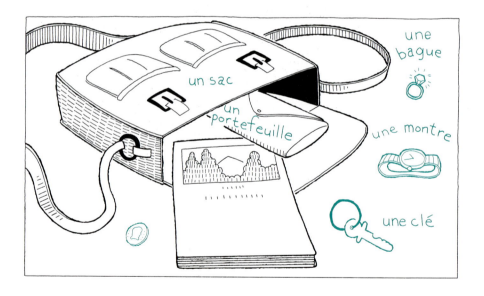

3. Le bureau d'un étudiant

PRONUNCIATION: Note silent **-r** in **cahier**, pronounced **-r** in **devoir**. WATCH OUT for stressing of first syllable in *stylo*, *crayon*, *cahier*.

Montrez-moi le bureau d'un étudiant.

Voilà	**un livre.**
	un crayon.
	un cahier.
Voici	**un devoir.**
	un stylo.
	une règle.
	une calculatrice.

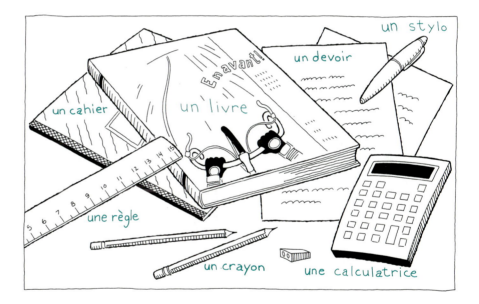

EXERCICES **2**   **Possessions.**   Demandez à un(e) partenaire de vous montrer quatre possessions personnelles.

3   **Qu'est-ce que c'est?**   Demandez à un(e) autre étudiant(e) d'identifier ces choses.

▶   — Qu'est-ce que c'est?
    — *C'est une chaise.*

1.    2. 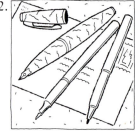   3.    4.

5.    6.    7. 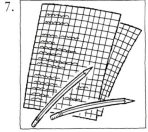   8.

4. Des personnes

PRONUNCIATION: **femme** = [fam]. Be sure vowel sound is [a], not [ã or ɛ].

Monsieur Leduc est **un homme.**
Madame Leduc est **une femme.**
Madame Leduc est **un professeur** formidable.
Mademoiselle Adrienne Leduc est **une jeune fille.**
Le petit Nicolas Leduc est **un garçon.**
Adrienne est | **l'amie** de Sophie.
              | **la camarade de chambre** de Monique.
              | **la petite amie** de Martin.
Ce sont **des personnes** intéressantes.
Les gens (*m. pl.*) sont souvent intéressants.

- **Personne** est un mot *spécifique*; on emploie **personne** au singulier ou au pluriel. **Gens** est un mot *général*; on emploie **gens** au pluriel.

- **Professeur** est toujours masculin.

  C'est Madame Dubois, **le** professeur de français.
  C'est **un** professeur formidable!

- **Un(e) petit(e) ami(e)** est une personne spéciale du sexe opposé.

  Voilà Virginie, **la petite amie** de Paul. Paul et Virginie ne sont pas fiancés, mais ils sont toujours ensemble!

EXERCICE **4**   **Les Dubois.**   Identifiez les personnes.

5. Des vêtements

PRONUNCIATION: Contrast **chemise** [z] and **chaussure** [s].

C'est	**la chemise** de Nicolas Leduc.
	le pull-over
	l'autre pull
	le pantalon
	le chapeau

Ce sont **les chaussures** (*f*.) de Nicolas.

C'est **quel** chemisier?

C'est	**le chemisier** d'Adrienne Leduc.
	la robe
	la jupe
	le jean

| Ce sont | **les chaussures** d'Adrienne. |
| | **les chapeaux** |

• Voici les formes de l'adjectif **quel(le)**:

	singulier	pluriel
masculin	quel	quels
féminin	quelle	quelles

- **Quel ... ?** + nom demande une spécification.[8]

  Quel livre est intéressant?   C'est **quelle** chemise?
  Le livre du professeur est intéressant.   C'est la chemise de Robert.

Indiquez les choses suivantes dans la classe et demandez à un(e) partenaire d'identifier ces choses.

> ▶ chapeau
>   — *C'est quel chapeau?*
>   — *C'est le chapeau du prof.*

1. chemise	4. stylos	7. montre
2. pull	5. portefeuille	8. clés
3. crayons	6. chaussures	9. bague

6. Les adjectifs de couleur

De quelle couleur est le drapeau américain?
Il est **rouge**, **blanc**, **bleu**.
Et le drapeau français?
Il est bleu, blanc et rouge **aussi**!
Voici un pull **orange** et **noir** pour Halloween.

rouge + **jaune** = orange
jaune + bleu = **vert**
bleu + rouge = **violet**

OPTION: You may wish to teach **clair** and **foncé**. Adjectives of color combined with **clair** or **foncé** are invariable: **des chaussures** *bleu foncé*, **une chemise** *vert clair*. You may also wish to teach **beige**, **brun** ou **marron** (invariable).

Practice colors by asking about students' clothes.

- Pour demander la couleur d'une chose: **De quelle couleur** est (sont) ... ?

  De quelle couleur est le drapeau français?
  Il est bleu, blanc, rouge.

- Le féminin de **blanc** est **blanche**.

  Voici un pantalon **blanc** et une chemise **blanche**. Très colonial!

- **Orange** est un adjectif invariable; il ne change pas au féminin ou au pluriel.

  Voici un pull **orange**, une jupe **orange** et des chaussures **orange**. Quel costume!

---

[8] **Quel** + nom = une exclamation: *Quel* **étudiant intelligent**! *Quelle* **classe**!

EXERCICES **6**   Demandez à un(e) partenaire la couleur de six choses différentes en classe.

> ▶ — *De quelle couleur est le tableau?*
>   — *Il est noir.*

7   Indiquez la couleur des choses suivantes.

1. le tableau
2. le bureau
3. les murs

4. le livre de français
5. les vêtements d'un autre étudiant
6. les vêtements du prof

7. Des adjectifs possessifs

	je	tu	vous
masculin singulier	mon	ton	votre
féminin singulier	ma	ta	votre
pluriel	mes	tes	vos

• L'adjectif possessif est masculin, féminin ou pluriel avec *une possession* masculine, féminine ou plurielle.

   mon pull   ma chemise   mes chaussures

NOTEZ: **ma, ta** + voyelle ou **h-** → **mon, ton**

ma bague, **mon** autre bague
mon amie, **ma** petite amie

DRILL: Have students combine **mon/ma/mes** with: **livre, amis** (*pl.*), **clé, autre clé, chemise, autre chemise, chaussures** (*pl.*), **jean**.

EXERCICES **8**   Votre partenaire demande si les choses suivantes sont les possessions d'un ami mutuel, Jean. Vous indiquez que ce sont *vos* possessions.

> ▶ sac
>   — *Est-ce que c'est le sac de Jean?*
>   — *Non, c'est mon sac.*

1. livre
2. montre
3. chaussures

4. règle
5. stylos
6. portefeuille

7. cahier
8. clé
9. autre clé

10. amis

9 **C'est votre livre?** Montrez l'objet proposé à votre partenaire et posez des questions selon le modèle. Votre partenaire donne une réponse.

▶ livre
 — *C'est votre livre?*
 — *Oui, c'est mon livre.* OU
 — *Non, ce n'est pas mon livre.*

1. pull-over   6. stylos
2. pantalon   7. cahier
3. chaussures   8. bague
4. crayon   9. règle
5. montre   10. clés

8. Les nombres 30–69

PRONUNCIATION: Note the -x- pronounced [s] in soixante.

Have students count by 10's and then by 5's.

GAME: Play paf! Students count off (1, 2, 3, etc.). However, instead of a multiple of 7 or a number with a seven in it, they must say paf! Therefore, students will count off thus: 1, 2, 3, 4, 5, 6, paf, 8 ... 13, paf, 15, 16, paf, etc. If anyone makes a mistake, start over at that person. By practicing every day, see how far the class can get.

30 = **trente**	40 = **quarante**	50 = **cinquante**	60 = **soixante**
trente et un	quarante et un	cinquante et un	soixante et un
trente-deux	quarante-deux	cinquante-deux	soixante-deux
trente-trois	quarante-trois	cinquante-trois	soixante-trois
...	...	...	...

REMARQUEZ: trente **et** un, mais trente-deux, etc.

• Notez le vocabulaire de la multiplication:

sept **fois** huit **font** cinquante-six
 7   ×   8   =   56

EXERCICE **10** **L'arithmétique.** Faites les calculs suivants.

1. 3×13 4. 7×9 7. 17×3
2. 6×7 5. 14×4 8. 6×8
3. 5×9 6. 11×5 9. 23×3

EXPRESSION LIBRE

CONVERSATIONS

Chaque phrase commence une petite conversation avec un(e) ami(e). Voici la question ou l'observation de votre partenaire. Continuez votre part de la conversation par trois phrases.

▶ «Comment est la classe de littérature?»
— *C'est une classe très intéressante. Le prof est énergique. Les étudiants sont intelligents.*

1. «Qu'est-ce que c'est?»
2. «C'est le devoir d'un étudiant.»
3. «Comment est le professeur de français?»
4. «Montrez-moi un livre.»
5. «Comment est la classe de français?»
6. «Qui est-ce?»
7. «La classe de français est intéressante?»
8. «Quels étudiants!»

INTERVIEWS   1

Vous êtes le professeur de la classe.

Demandez à un(e) partenaire l'identification de deux personnes et de deux choses en classe. L'autre étudiant(e) donne l'identification *et* une petite description.

▶ — Qui est-ce?
— *C'est Marc. Il est grand et il est américain.*

— Qu'est-ce que c'est?
— *C'est un sac. C'est le sac d'Anne. Il est petit.*

2 Posez douze questions personnelles à votre partenaire.

▶ — *Qui est ton camarade de chambre (ta petite amie, ton prof préféré)?*
— *Est-il (elle) extroverti(e), grand(e), etc.?*
— *De quelle couleur est ton pull préféré?*

CHAPITRE 3

À l'horizon

STRUCTURES

Le verbe **être**
Les adjectifs
Les adverbes interrogatifs
Les nombres et la date

CULTURE

L'accent grave (Jacques Prévert)
Quelles sont les deux ou trois choses essentielles
pour vous maintenant?
Pourquoi est-ce que le chat est à table?
Le calendrier français
Chanson

▶ Où? Quand? Pourquoi?
Comment situer un
événement dans le temps
et dans l'espace?

Le verbe être

— **Sommes-nous** ordinaires?
— Non, **nous ne sommes pas**
ordinaires; **nous sommes**
extraordinaires.

— Est-ce qu'**on est** occupés dans
un cours de français?
— Oui, **on est** occupés; les activités
sont très nombreuses.

Voir Vocabulaire 1 et 2,
L'université et *En classe*,
p. 58.

FOLLOW-UP QUESTIONS
(*see IRM for description of
use*): Sommes-nous intelligents? (*indicate by gestures
that nous = you + me*).
Sommes-nous présents?
américains? français? ordinaires? extraordinaires?
occupés? formidables?

EXPLICATION

	être		
je	**suis**	nous	**sommes**
tu	**es**	vous	**êtes**
il/elle/on	**est**	ils/elles	**sont**

	être *(au négatif)*		
je	**ne suis pas**	nous	**ne sommes pas**
tu	**n'es pas**	vous	**n'êtes pas**
il/elle/on	**n'est pas**	ils/elles	**ne sont pas**

Révisez le verbe **être** aux
formes **je, tu, il, elle,
vous, ils, elles** Vocabulaire 6 au Ch. 1, p. 16.

PRONUNCIATION: Note liai-
son in **vous [z]êtes**; no liaison in **vous / n'êtes pas**.

• **Moi** et une autre personne = **nous**.

Ma sœur et moi? **Nous** sommes des amis intimes!
Vous êtes tristes, Marc et Denise? Oui, **nous** sommes très tristes.

REMARQUEZ l'emploi obligatoire de **vous** au pluriel.

Tu es Marc? Et tu es Denise? Alors, **vous êtes** les enfants Dumenil!

Avec **tout le monde**, on emploie un verbe au singulier aussi.

• **On** = un groupe de gens, général et vague. **On** est un pronom *indéfini*. Avec le pronom **on**, le verbe est *au singulier*.

> Quand **on est** étudiant, **on est** souvent très occupé.
> Quand le cours de langue est facile, **on est** content.

La personne qui parle est souvent implicitement dans le groupe représenté par **on**. Dans la conversation, **on** est souvent une substitution pour **nous**.

POINT OUT: La forme du verbe est différente avec les différents sujets. À l'interrogatif, on emploie **est-ce que je suis** ... ? (pas l'inversion **suis-je** ... ?).

POINT OUT: **On** est similaire au pronom *one* en anglais, mais **on** est plus souvent employé en français.

Un instant! On est occupés!

REMARQUEZ: Quand **on** = **nous**, l'adjectif est au pluriel; le verbe est toujours au singulier.

Put students in pairs; have them read text aloud as a play. The instructor moves among the pairs, checking pronunciation.

L'accent grave

Le professeur

Élève° Hamlet!   *étudiant*

L'élève Hamlet (*sursautant*)

... Hein ... Quoi ... Pardon ... Qu'est-ce qui   *Hein ... Qu'est-*
se passe ... Qu'est-ce qu'il y a ...°   *ce qu'il y a? =*
Qu'est-ce que c'est?   *expressions de*
                                                                              surprise

Le professeur (*mécontent*)

Vous ne pouvez pas° répondre «présent» comme   *vous n'êtes pas*
tout le monde? Pas possible, vous êtes encore°   *capable de*
dans les nuages.°   *toujours/dans*
                                                                              un état de
                                                                              distraction

L'élève Hamlet

Être ou ne pas être dans les nuages!

Le professeur

Suffit°. Pas tant de manières.° Et conjuguez-moi   *assez / finies les*
le verbe être, comme tout le monde, c'est tout ce   *stupidités*
que je vous demande.

L'élève Hamlet

To be ...

Le professeur

En français, s'il vous plaît, comme tout le monde.

L'élève Hamlet

Bien, Monsieur. (*Il conjugue:*)
Je suis ou je ne suis pas
Tu es ou tu n'es pas
Il est ou il n'est pas
Nous sommes ou nous ne sommes pas ...

Le professeur (*excessivement mécontent*)

Mais c'est vous qui n'y êtes pas,° mon pauvre ami!   *vous êtes*
                                                                              ignorant
L'élève Hamlet

C'est exact, Monsieur le professeur.
Je suis «où»[a] je ne suis pas
Et, dans le fond, hein, à la réflexion,

QUESTIONS:
1. Qui est Hamlet? 2. Hamlet est-il très attentif?
3. Est-ce que le professeur est frustré? Pourquoi?
4. Conjuguez le verbe **être** comme Hamlet. 5. Selon Shakespeare, quelle est «la question» de Hamlet?
6. Quelle est la question de Hamlet selon Prévert? Expliquez la question selon Prévert.

> Être «où» ne pas être
> C'est peut-être° aussi la question. *maybe*
>
> — *Jacques Prévert*
>
> ---
>
> ° **Où** = *where*. Notez la similarité apparente, mais la différence de sens, entre **ou** conjonction et **où** adverbe de lieu.

EXERCICES **A**

GOAL: forming simple sentences with **être**

Portrait. Parlez de vous, de vos amis et de vos cours. Regardez le modèle.

▶ Mes amis et moi/intéressants
Mes amis et moi, nous sommes (ne sommes pas) intéressants.

1. je/énergique
2. on/formidables
3. mes cours/bons
4. nous/timides en classe
5. tout le monde/extraordinaire
6. les examens/difficiles

B

GOAL: asking and answering simple questions with **être** (P)

En classe. Posez des questions à un(e) partenaire. Votre partenaire donne une réponse.

▶ tu/timide en classe
— *Tu es timide en classe?*
— *Non, je ne suis pas timide en classe.*

1. le cours de français/obligatoire
2. les exercices/difficiles
3. tu/extroverti(e) en classe
4. le prof/formidable
5. nous/contents en classe
6. on/fatigués en classe
7. je/absent(e)
8. nous/travailleurs
9. les explications/faciles
10. on/intelligents

 C

GOAL: comprehension and integration

À l'université. Répondez aux questions par une phrase complète.

1. Est-ce que la cafétéria est bonne?
2. Est-ce que les résidences universitaires sont confortables? Est-ce que votre chambre est grande?
3. Est-ce que la bibliothèque de l'université est grande? Et les autres bâtiments sont-ils grands aussi?
4. Est-ce que vos cours sont faciles?
5. Est-ce qu'un cours de langue est obligatoire?
6. Quels cours sont intéressants? Quels cours sont difficiles?
7. Vous et vos amis êtes-vous toujours occupés? Êtes-vous travailleurs?
8. Vous et vos amis êtes-vous ordinaires ou extraordinaires?
9. Est-on toujours attentif en classe? Est-on toujours énergique?
10. Êtes-vous timide en classe? Et les autres étudiants? Et le prof?

2 Les adjectifs

C'est un **nouveau** pull. C'est une **nouvelle** montre.

Robert est heur**eux**. Anne est heur**euse**.

Ce sont des étudiants spor**tifs**. Ce sont des étudiantes spor**tives**.

EXPLICATION

Voir Vocabulaire 3, *Les étudiants de français*, p. 59. Révisez les adjectifs p. 59.

Voir Vocabulaire 4, *Formation des mots*, p. 61.

REMIND students: Il n'y a pas de **-s** supplémentaire au masculin pluriel d'un adjectif qui se termine par **-s** ou **-x** au masculin singulier: **français** (*sing.*), **français** (*pl.*), **heureux** (*sing.*), **heureux** (*pl.*).

PRONUNCIATION: Point out that the pronunciation of all forms of the **-el** adjectives is identical. Note the shift from a nasal to a nonnasal vowel in **-ien/-ienne** and **-on/-onne**.

1. Formes

• Pour certains adjectifs, le féminin ou le pluriel sont irréguliers. Voici une liste des systèmes irréguliers.

ADJECTIFS IRRÉGULIERS AU FÉMININ

terminaison		singulier		pluriel	
masculin	féminin	masculin	féminin	masculin	féminin
-eux	**-euse**	heureux	**heureuse**	heureux	heureuses
-eur	**-euse**[1]	travailleur	**travailleuse**	travailleurs	travailleuses
-if	**-ive**	sportif	**sportive**	sportifs	sportives
-el	**-elle**	cruel	**cruelle**	cruels	cruelles
-er	**-ère**	étranger	**étrangère**	étrangers	étrangères
-on	**-onne**	bon	**bonne**	bons	bonnes
-ien	**-ienne**	canadien	**canadienne**	canadiens	canadiennes

---

[1] Le féminin de certains adjectifs en **-eur** est en **-eure**: **supérieur(e)**, **inférieur(e)**, **extérieur(e)**, **intérieur(e)**.

ADJECTIFS IRRÉGULIERS AU MASCULIN PLURIEL

singulier	pluriel	masculin	féminin	masculin	féminin
-al	-aux	normal	normale	**normaux**	normales

NOTEZ: Les noms en **-al** sont aussi terminés en **-aux** au pluriel: un animal, **des animaux**; un hôpital, **des hôpitaux**.

ADJECTIFS SPÉCIAUX

• Les adjectifs **vieux**, **beau** et **nouveau** au *masculin singulier* changent en **vieil**, **bel** et **nouvel** devant une voyelle initiale ou un **h-** initial.

	un **vieil** homme	un **bel** éléphant	un **nouvel** étudiant
Mais:	de **vieux** hommes	de **beaux** éléphants	de **nouveaux** étudiants

<table>
<tr><th colspan="2">singulier</th><th colspan="2">pluriel</th></tr>
<tr><th>masculin</th><th>féminin</th><th>masculin</th><th>féminin</th></tr>
<tr><td>beau (**bel**)</td><td>**belle**</td><td>beaux</td><td>belles</td></tr>
<tr><td>nouveau (**nouvel**)</td><td>**nouvelle**</td><td>nouveaux</td><td>nouvelles</td></tr>
<tr><td>vieux (**vieil**)</td><td>**vieille**</td><td>vieux</td><td>vieilles</td></tr>
<tr><td>blanc</td><td>**blanche**</td><td>blancs</td><td>blanches</td></tr>
<tr><td>tout</td><td>toute</td><td>**tous**</td><td>toutes</td></tr>
</table>

PRONUNCIATION: Point out: Les formes masculines spéciales **vieil, bel, nouvel** sont prononcées exactement comme les formes féminines.

2. La position de l'adjectif

• La place normale de l'adjectif est *après* le nom.

une langue **étrangère**   un homme **triste**   des cours **intéressants**

• Certains adjectifs communs *précèdent* le nom.

bon ≠ **mauvais**	**beau, joli**	**grand** ≠ **petit**
chaque	**autre**	**jeune, nouveau** ≠ **vieux**

C'est un cours difficile, mais ce n'est pas un **mauvais** cours.
Chaque étudiant est un **bon** étudiant.

• Quand un adjectif au pluriel *précède* le nom, l'article indéfini **des** change en **de** (**d'** devant une voyelle).

de jolis bâtiments   **d'**autres livres   **de** grands hommes

Quelles sont les deux ou trois choses essentielles pour vous maintenant?

Voici les réponses d'un groupe de jeunes Français entre 13 et 17 ans en 1987 à la question «Quelles sont les deux ou trois choses essentielles pour vous maintenant?»

Un travail intéressant	53%
La liberté	50%
Une famille heureuse	39%
L'amour	30%
Le sport	27%
Les voyages	19%
La musique	15%
Le développement personnel	14%
L'argent[a]	13%
La sécurité	11%
La création personnelle	9%
La justice sociale	5%

Les valeurs des jeunes Français de 1987 sont une réflexion des valeurs de la société française en général et de la situation spécifique de 1987.

La liberté est une valeur française traditionnelle. *Liberté*, *égalité*, *fraternité* est la devise[b] de la France.

Traditionnellement la famille est très importante aussi. Pour beaucoup de Français, les personnes importantes dans la vie sont la famille et deux ou trois amis. Le reste, ce sont «les autres».

Pour les jeunes le travail est surtout essentiel parce qu'aujourd'hui les emplois intéressants et de bonne qualité ne sont pas nombreux et en général il est difficile de trouver un bon travail.

QUESTIONS:

1. Pour quel pourcentage des jeunes Français est-ce qu'une famille heureuse est importante? un travail intéressant? le développement personnel? la musique? la liberté?   2. Est-ce que les jeunes Français sont traditionnels?   3. Pourquoi est-ce que la famille est importante aux jeunes Français? Et le travail?   4. Est-ce que les jeunes Américains sont différents des jeunes Français?   5. Pour les jeunes Américains de 13 à 17 ans, quelles sont les 2–3 choses essentielles? Et pour un étudiant à l'université? Et pour vous maintenant? Pourquoi? Et pour vos parents?

[a] **Argent** (*m.*) = des francs ou des dollars, par exemple.
[b] **Devise** (*f.*) = *motto*.

 EXERCICES D

GOAL: adjective agreement

À mon université ... Décrivez votre université. Changez la forme de l'adjectif si nécessaire.

> ▶ Mon université/important
> *Mon université est (n'est pas) importante.*

1. je/travailleur
2. les jeunes filles/beau
3. tous les garçons/beau
4. la cafétéria/dangereux
5. la bibliothèque/nouveau

6. les autres bâtiments/vieux
7. les professeurs/normal
8. le professeur de français/étranger
9. toutes les classes/bon
10. les étudiants de l'université/heureux

E

GOAL: irregular adjective formation

Les Égalité. Madame Égalité ressemble à Monsieur Égalité en tout. Faites une description de Madame Égalité.

> ▶ Si Monsieur Égalité est heureux ...
> *S'il est heureux, elle est heureuse aussi.*

1. S'il est agressif ...
2. S'il est bon ...
3. S'il est anxieux ...
4. S'il est fatigué ...
5. S'il est intéressant ...

Et comment est Monsieur Égalité? Faites sa description.

6. Si Madame Égalité est sérieuse ...
7. Si elle est cruelle ...
8. Si elle est travailleuse ...
9. Si elle est sportive ...
10. Si elle est belle ...

Qui est en classe?   Identifiez les personnes en classe.

> ▶ une étudiante (intelligent)
> *Voilà une étudiante intelligente.*

GOAL: position and agreement of adjectives

1. des étudiants (étranger)
2. des étudiants (autre)
3. l'ami de Thérèse (petit)
4. des jeunes femmes (sympathique)
5. un professeur (bon)
6. un étudiant (nouveau)
7. des hommes (énergique)
8. une femme (fatigué)
9. des femmes (autre)
10. des étudiants (formidable)

 Les jugements.   Formez des phrases selon le modèle. Attention à la forme de l'adjectif.

GOAL: position and agreement of adjectives

> ▶ La Sorbonne/une université/excellent
> *La Sorbonne est une université excellente.*

1. le président américain/un homme/intelligent
2. le français/un cours/difficile
3. Kitty Kelly/une femme/heureux
4. les Simpson/des gens/normal
5. Katharine Hepburn/une femme/âgé
6. Martina Navratilova/une femme/sportif
7. Martina Navratilova/une femme/étranger
8. Matisse/un artiste/français
9. Picasso/un artiste/autre

Adjective precedes noun in #9 & 10.

10. les étudiants de français/des étudiants/bon

3 ▾ Les adverbes interrogatifs

> — **Quand** est-ce que vous êtes attentif?
> — Je suis attentif *quand* je suis dans la classe de maths.
> — **Pourquoi** êtes-vous attentif?
> — Je suis attentif *parce que* le cours de maths est difficile.

COMMENT

VOYEZ-VOUS

L'AVENIR?

EXPLICATION

Voir Vocabulaire 5, *Des adverbes interrogatifs*, p. 61.

Voir Vocabulaire 6 et 7, *Les jours de la semaine* et *Les prépositions de lieu*, p. 62–63.

POINT OUT: On emploie **quand** pour une question *ou* une réponse; on emploie **pourquoi** pour une question et **parce que** pour une réponse. Notez la liaison entre **quand** + nom/pronom qui commence par une voyelle: **quand [t]il est fatigué**. Notez que le son en liaison est [t].

• La réponse à une question est souvent un simple **oui** ou **non**. Un adverbe interrogatif demande une ou des informations comme réponse.

> **Quand** le livre est-il difficile?
> Il est difficile *quand les explications sont complexes.*

> **Pourquoi** est-ce que Georges est absent?
> Il est absent *parce qu'il est malade.*

> **Où** êtes-vous?
> Je suis *devant le tableau.*

> **Comment** êtes-vous?
> Je suis *grand*, *blond* et *sympathique.*

• Après un adverbe interrogatif, **est-ce que** ou l'inversion sont possibles.

> Pourquoi **êtes-vous** malheureux?
> Pourquoi **est-ce que vous êtes** malheureux?

Dans la langue parlée, la forme interrogative n'est pas obligatoire.

• Après certains adverbes interrogatifs comme **où** et **comment**, l'inversion du verbe et *d'un nom sujet* est possible.

> Comment **est le prof**?
> Où **sont les étudiants**?

Pourquoi est-ce que le chat est à table?

Le chat est à table parce qu'il est en France. Les Français adorent les animaux—au zoo, à la maison et même dans les restaurants! Les Français acceptent les animaux dans les restaurants. Souvent un chien est sous la table dans un restaurant ou, comme sur la photo, le chat du café est à table!

QUESTIONS:

1. Où est le chat sur la photo? Pourquoi?
2. Quand vous êtes au restaurant, est-ce qu'on accepte votre chat ou votre chien à table?

EXERCICES **H**

GOAL: asking and answering questions with interrogative adverbs (P)

WATCH OUT for mispronunciation of **quand** as [kwã]

Posez des questions à un(e) partenaire. Votre partenaire répond **oui** ou **non**. Posez une seconde question avec **quand** ou **pourquoi**. Votre partenaire répond.

 tu/énergique
   — *Tu es énergique?*
   — *Oui, je suis énergique.*
   — *Pourquoi es-tu énergique?*
   — *Je suis énergique parce que je suis très sportif!*

1. tu/fatigué(e) le lundi
2. le professeur de français/extraordinaire
3. on/heureux dans la classe de français
4. tous les étudiants/anxieux en classe
5. les cours de l'université/bons
6. nous/en classe le dimanche
7. l'université/belle
8. les bâtiments de l'université/nouveaux
9. tous les professeurs/intéressants
10. le cours de français/intéressant

Répondez aux questions par une phrase complète.

1. Quand êtes-vous malheureux (malheureuse)?
2. Pourquoi est-ce qu'une langue étrangère est nécessaire?
3. Comment êtes-vous?
4. Pourquoi est-ce que le livre est facile?
5. Quand l'université est-elle intéressante?
6. Quand est-ce que les profs sont heureux? malheureux?
7. Quand est-ce qu'un cours est mauvais? bon?
8. Quand est-ce que le professeur est très patient?
9. Pourquoi vous et les autres étudiants êtes-vous fatigués le vendredi?
10. Quand est-ce que vos amis sont heureux?

4 Les nombres et la date

Le Quotidien

**La Révolution
commence**

Réaction royale:
on perd la tête.

Voir Vocabulaire 8–10,
*Les mois de l'année,
La date et Les nombres
de 70 à l'infini*, p. 67–69.

— Quelle est la date aujourd'hui?
— C'est **le quatorze juillet**, le jour
de la prise de la Bastille, la fête
nationale française.
— Quelle est la date de la prise de la
Bastille?
— C'est **le quatorze juillet mille
sept cent quatre-vingt-neuf.**
— Comment? C'est en quelle année?
— C'est en **dix-sept cent quatre-
vingt-neuf.**

FOLLOW-UP QUESTIONS: Quelle est la date aujourd'hui? Quelle est la date de la fête
nationale américaine? la fête nationale française? Quelle est la date de votre anniversaire?

EXPLICATION

question	réponse
Quel jour sommes-nous? Quel jour est-ce?	Nous sommes aujourd'hui lundi. C'est lundi.
Quelle est la date aujourd'hui?	{ C'est aujourd'hui le cinq octobre. C'est le premier mai.
En quelle année sommes-nous?	{ Nous sommes en dix-neuf cent quatre-vingt-douze. Nous sommes en mille neuf cent quatre-vingt-douze.

- La date du jour = **le** + numéro du jour + mois

NOTEZ: **le** onze, **le** huit.

- On emploie toujours une forme spéciale, **le premier,** pour le premier jour d'un mois:

le premier janvier   **le premier** février   **le premier** mars

- L'abréviation de la date est **jour/mois**.

$$5/10 = \text{le cinq octobre}$$
$$1/6 = \text{le premier juin}$$
$$11/7 = \text{le onze juillet}$$

- Voici les deux méthodes pour indiquer l'année:

mille neuf cent quatre-vingt-douze
dix-neuf cent quatre-vingt-douze

REMARQUEZ: Le mot **cent** est toujours obligatoire.

- Devant le mois, on emploie la préposition **en**.

Mon anniversaire est **en** septembre.
Je suis toujours fatiguée **en** janvier après toutes les fêtes de décembre.

EXERCICES **J**

GOAL: recognizing dates

WATCH OUT for omission of **cent** in date and for incorrect forms ***le neuf** de janvier* or *janvier neuf*.

GOAL: giving dates as years

Quelle est la date?   Identifiez les dates suivantes.

▶ 3/5
  C'est le trois mai.

1. 6/7
2. 15/10
3. 11/1
4. 21/6
5. 1/11

6. 1474
7. 1621
8. 1236
9. 1993
10. 2001

K

EX. K: (1) 1492 (2) 1776 (3) 1988 (4) 1941 (5) 1066 (6) 1789 (7) 1981 (8) 1959

Pour les réponses aux questions 7 et 8, regardez la note culturelle *Les présidents de la Cinquième République,* au Ch. 2, p. 27.

En quelle année?   Identifiez l'année des moments historiques suivants.

▶ l'assassinat de JFK
  L'année de l'assassinat de JFK, c'est dix-neuf cent soixante-trois.

1. le voyage de Christophe Colomb
2. la déclaration de l'indépendance américaine
3. l'élection de George Bush comme président des USA
4. l'attaque sur Pearl Harbor
5. la bataille de Hastings
6. la prise de la Bastille
7. l'élection de François Mitterrand comme président de la France
8. l'élection de Charles de Gaulle comme président de la France

Le calendrier français

La majorité des Français sont catholiques, mais d'importantes minorités sont musulmanes, juives et protestantes.

Parce que la France est de tradition catholique, beaucoup de fêtes sont des fêtes catholiques (Noël, Pâques[a] et la Toussaint,[b] par exemple). En plus, le calendrier français indique souvent les jours des saints catholiques.

Chaque jour on célèbre un saint (S.) ou une sainte (S[te]). Si votre prénom est un nom de saint ou de sainte, le jour de votre saint(e) est votre fête et on vous dit «Bonne fête!» Quelle est votre fête?

QUESTIONS:

1. Quelle est la date de l'Assomption?   2. Quelle est la date de la Toussaint?
3. Quel jour de la semaine est le 18 février? C'est quelle fête?   4. Quelle est la date de la fête de S. Thomas?   5. Quel jour de la semaine est le 1er juillet? Quelle fête est-ce?
6. Quelle est la date de Noël?   7. Quelle est la date de la fête de S. Barthélemy?
8. Quelle est la date de Pâques?   9. Quel jour de la semaine est le 7 décembre? Quelle fête est-ce?
10. Quelle est la date de la fête du travail?

JANVIER ☼ 7h46 à 16h02

Sem.	Jour		Saint
01	1	M	JOUR de l'AN
	2	J	S. Basile
	3	V	S*Geneviève
	4	S	S. Odilon
	5	D	Épiphanie
02	6	L	S. Mélaine
	7	M	S. Raymond
	8	M	S. Lucien
	9	J	S*Alix
	10	V	S. Guillaume
	11	S	S. Paulin
	12	D	S*Tatiana
03	13	L	S*Yvette
	14	M	S*Nina
	15	M	S. Remi
	16	J	S. Marcel
	17	V	S*Roseline
	18	S	S*Prisca
	19	D	S. Marius
04	20	L	S. Sébastien
	21	M	S*Agnès
	22	M	S. Vincent
	23	J	S. Barnard
	24	V	S. Fr. de Sales
	25	S	Conv. S. Paul
	26	D	S*Paule
05	27	L	S*Angèle
	28	M	S. Th. d'Aquin
	29	M	S. Gildas
	30	J	S*Martine
	31	V	S*Marcelle

FÉVRIER ☼ 7h23 à 16h46

Sem.	Jour		Saint
	1	S	S*Ella
	2	D	Présentation
06	3	L	S. Blaise
	4	M	S*Véronique
	5	M	S*Agathe
	6	J	S. Gaston
	7	V	S*Eugénie
	8	S	S*Jacqueline
	9	D	S*Apolline
07	10	L	S. Arnaud
	11	M	N.-D. Lourdes
	12	M	S. Félix
	13	J	S*Béatrice
	14	V	S. Valentin
	15	S	S. Claude
	16	D	S*Julienne
08	17	L	S. Alexis
	18	M	S*Bernadette
	19	M	S. Gabin
	20	J	S*Aimée
	21	V	S. P. Damien
	22	S	S*Isabelle
	23	D	S. Lazare
09	24	L	S. Modeste
	25	M	S. Roméo
	26	M	S. Nestor
	27	J	S. Honorine
	28	J	S. Romain
	29	S	S. Auguste

Epacte 25 / Lettre dominic. ED / Cycle solaire 13 / Nbre d'or 17 / Indiction romaine 15

MARS ☼ 6h34 à 17h33

Sem.	Jour		Saint
	1	D	S. Aubin
10	2	L	S. Charles le B.
	3	M	S*Guénolé
	4	M	Cendres
	5	J	S. Olive
	6	V	S*Colette
	7	S	S*Félicité
	8	D	Carême
11	9	L	S*Françoise
	10	M	S. Vivien
	11	M	S*Rosine
	12	J	S*Justine
	13	V	S. Rodrigue
	14	S	S*Mathilde
	15	D	S*Louise
12	16	L	S*Bénédicte
	17	M	S. Patrice
	18	M	S. Cyrille
	19	J	S. Joseph
	20	V	PRINTEMPS
	21	S	S*Clémence
	22	D	S*Léa
13	23	L	S. Victorien
	24	M	S*Cath. de Su.
	25	M	Annonciation
	26	J	S*Larissa
	27	V	S. Habib
	28	S	S. Gontran
	29	D	S*Gwladys
14	30	L	S. Amédée
	31	M	S. Benjamin

AVRIL ☼ 5h29 à 18h20

Sem.	Jour		Saint
	1	M	S. Hugues
	2	J	S*Sandrine
	3	V	S. Richard
	4	S	S. Isidore
	5	D	S*Irène
15	6	L	S. Marcellin
	7	M	S. J.-B. de la S.
	8	M	S*Julie
	9	J	S. Gautier
	10	V	S. Fulbert
	11	S	S. Stanislas
	12	D	Rameaux
16	13	L	S*Ida
	14	M	S. Maxime
	15	M	S. Paterne
	16	J	S. Benoît-J.
	17	V	S. Anicet
	18	S	S. Parfait
	19	D	PAQUES
17	20	L	S*Odette
	21	M	S. Anselme
	22	M	S. Alexandre
	23	J	S. Georges
	24	V	S. Fidèle
	25	S	S. Marc
	26	D	Jour du Souvenir
18	27	L	S*Zita
	28	M	S*Valérie
	29	M	S*Catherine
	30	J	S. Robert

MAI ☼ 4h32 à 19h05

Sem.	Jour		Saint
	1	V	FÊTE du TRAVAIL
	2	S	S. Boris
	3	D	SS. Phil., Jacq.
19	4	L	S. Sylvain
	5	M	S*Judith
	6	M	S*Prudence
	7	J	S*Gisèle
	8	V	VICTOIRE 1945
	9	S	S. Pacôme
	10	D	Fête J.-d'Arc
20	11	L	S*Estelle
	12	M	S. Achille
	13	M	S*Rolande
	14	J	S. Matthias
	15	V	S*Denise
	16	S	S. Honoré
	17	D	S. Pascal
21	18	L	S. Eric
	19	M	S. Yves
	20	M	S. Bernardin
	21	J	S. Constantin
	22	V	S. Emile
	23	S	S. Didier
	24	D	S. Donatien
22	25	L	S*Sophie
	26	M	S. Bérenger
	27	M	S. Augustin
	28	J	ASCENSION
	29	V	S. Aymard
	30	S	S. Ferdinand
	31	D	Fête des Mères

JUIN ☼ 3h53 à 19h44

Sem.	Jour		Saint
23	1	L	S. Justin
	2	M	S*Blandine
	3	M	S. Kévin
	4	J	S*Clotilde
	5	V	S. Igor
	6	S	S. Norbert
	7	D	PENTECÔTE
24	8	L	S. Médard
	9	M	S*Diane
	10	M	S. Landry
	11	J	S. Barnabé
	12	V	S. Guy
	13	S	S. Antoine de P.
	14	D	S. Elisée
25	15	L	S*Germaine
	16	M	S. J.F. Régis
	17	M	S. Hervé
	18	J	S. Léonce
	19	V	S. Romuald
	20	S	S. Silvère
	21	D	F.-Dieu / ÉTÉ
26	22	L	S. Alban
	23	M	S*Audrey
	24	M	S. Jean-Bapt.
	25	J	S. Prosper
	26	V	S. Anthelme
	27	S	S. Fernand
	28	D	S*Irénée
27	29	L	SS. Pierre, Paul
	30	M	S. Martial

JUILLET ☼ 3h53 à 19h56

Sem.	Jour		Saint
	1	M	S. Thierry
	2	J	S. Martinien
	3	V	S. Thomas
	4	S	S. Florent
	5	D	S. Antoine
28	6	L	S*Mariette
	7	M	S. Raoul
	8	M	S. Thibaut
	9	J	S*Amandine
	10	V	S. Ulrich
	11	S	S. Benoît
	12	D	S. Olivier
29	13	L	SS. Henri, Joël
	14	M	F. NATIONALE
	15	M	S. Donald
	16	J	N.D.Mt-Carmel
	17	V	S*Charlotte
	18	S	S. Frédéric
	19	D	S. Arsène
30	20	L	S*Marina
	21	M	S. Victor
	22	M	S*Marie-M.
	23	J	S*Brigitte
	24	V	S*Christine
	25	S	S. Jacques
	26	D	SS. Anne, Joa.
31	27	L	S*Nathalie
	28	M	S. Samson
	29	M	S*Marthe
	30	J	S*Juliette
	31	V	S. Ignace de L.

AOUT ☼ 4h26 à 19h27

Sem.	Jour		Saint
	1	M	S. Alphonse
	2	D	S. Julien-Ey.
32	3	L	S*Lydie
	4	M	S. J.M. Vianney
	5	M	S. Abel
	6	J	Transfiguration
	7	V	S. Gaétan
	8	S	S. Dominique
	9	D	S. Amour
33	10	L	S. Laurent
	11	M	S*Claire
	12	M	S*Clarisse
	13	J	S. Hippolyte
	14	V	S. Evrard
	15	S	ASSOMPTION
	16	D	S. Armel
34	17	L	S. Hyacinthe
	18	M	S*Hélène
	19	M	S. Jean Eudes
	20	J	S. Bernard
	21	V	S. Christophe
	22	S	S. Fabrice
	23	D	S*Rose de L.
35	24	L	S. Barthélemy
	25	M	S. Louis
	26	M	S*Natacha
	27	J	S*Monique
	28	V	S. Augustin
	29	S	S*Sabine
	30	D	S. Fiacre
36	31	L	S. Aristide

SEPTEMBRE ☼ 5h09 à 18h31

Sem.	Jour		Saint
	1	M	S. Gilles
	2	M	S*Ingrid
	3	J	S. Grégoire
	4	V	S*Rosalie
	5	S	S*Raïssa
	6	D	S. Bertrand
37	7	L	S*Reine
	8	M	Nativité N.D.
	9	M	S. Alain
	10	J	S*Inès
	11	V	S. Adelphe
	12	S	S. Apollinaire
	13	D	S. Aimé
38	14	L	La S*Croix
	15	M	S. Roland
	16	M	S*Edith
	17	J	S. Renaud
	18	V	S*Nadège
	19	S	S*Emilie
	20	D	S. Davy
39	21	L	S. Matthieu
	22	M	AUTOMNE
	23	M	S. Constant
	24	J	S*Thècle
	25	V	S. Hermann
	26	S	SS. Côme, Dam.
	27	D	S. Vinc. de Paul
40	28	L	S. Venceslas
	29	M	S. Michel
	30	M	S. Jérôme

OCTOBRE ☼ 5h52 à 17h28

Sem.	Jour		Saint
	1	J	S*Th. de l'E.J.
	2	V	S. Léger
	3	S	S. Gérard
	4	D	S. Fr. d'Assise
41	5	L	S*Fleur
	6	M	S. Bruno
	7	M	S. Serge
	8	J	S*Pélagie
	9	V	S. Denis
	10	S	S. Ghislain
	11	D	S. Firmin
42	12	L	S. Wilfried
	13	M	S. Géraud
	14	M	S. Juste
	15	J	S*Th. d'Avila
	16	V	S*Edwige
	17	S	S. Baudouin
	18	D	S. Luc
43	19	L	S. René
	20	M	S*Adeline
	21	M	S*Céline
	22	J	S*Elodie
	23	V	S. Jean de C.
	24	S	S. Florentin
	25	D	S. Crépin
44	26	L	S. Dimitri
	27	M	S*Emeline
	28	M	SS. Sim., Jude
	29	J	S. Narcisse
	30	V	S. Bienvenue
	31	S	S. Quentin

NOVEMBRE ☼ 6h39 à 16h29

Sem.	Jour		Saint
	1	D	TOUSSAINT
45	2	L	Défunts
	3	M	S. Hubert
	4	M	S. Charles
	5	J	S*Sylvie
	6	V	S*Bertille
	7	S	S*Carine
	8	D	S. Geoffroy
46	9	L	S. Théodore
	10	M	S. Léon
	11	M	ARMISTICE 1918
	12	J	S. Christian
	13	V	S. Brice
	14	S	S. Sidoine
	15	D	S. Albert
47	16	L	S*Marguerite
	17	M	S*Elisabeth
	18	M	S*Aude
	19	J	S. Tanguy
	20	V	S. Edmond
	21	S	Prés. Marie
	22	D	S*Cécile
48	23	L	S. Clément
	24	M	S*Flora
	25	M	S*Catherine L.
	26	J	S*Delphine
	27	V	S. Séverin
	28	S	S. Jacq. d.l.M.
	29	D	Avent
49	30	L	S. André

DÉCEMBRE ☼ 7h24 à 15h55

Sem.	Jour		Saint
	1	M	S*Florence
	2	M	S*Viviane
	3	J	S. Xavier
	4	V	S*Barbara
	5	S	S. Gérald
	6	D	S. Nicolas
50	7	L	S. Ambroise
	8	M	Imm. Concept.
	9	M	S. P. Fourier
	10	J	S. Romaric
	11	V	S. Daniel
	12	S	S*Jeanne F.C.
	13	D	S*Lucie
51	14	L	S*Odile
	15	M	S*Ninon
	16	M	S*Alice
	17	J	S. Gaël
	18	V	S. Gatien
	19	S	S. Urbain
	20	D	S. Abraham
52	21	L	HIVER
	22	M	S*Fr.-Xavière
	23	M	S. Armand
	24	J	S*Adèle
	25	V	NOËL
	26	S	S. Etienne
	27	D	S. Jean
01	28	L	SS. Innocents
	29	M	S. David
	30	M	S. Roger
	31	J	S. Sylvestre

[a] **Pâques** (*f. pl.*) = la résurrection de Jésus-Christ. Pâques avec un **-s** est une fête chrétienne (catholique, protestante, orthodoxe); Pâque sans **-s** est une fête juive.

[b] **la Toussaint** (*f.*) = la fête de *tous* les *saints*; elle honore les morts (les personnes décédées).

▼

VOCABULAIRE

1. L'université (f.)

PRONUNCIATION: Note silent **-u-** in **langue**.

Voici	**un bâtiment.**
	la bibliothèque.
	le restaurant (la cafétéria).
	une résidence.
	une chambre d'étudiant.

Je suis étudiant dans **un cours**	**de langue.**
	de littérature.
	de sciences.

Voici	**un exercice.**
	une explication.
	un examen.

2. En classe

PRONUNCIATION: Point out stress on final syllable in French: **extraordiNAIRE, nécesSAIRE, formiDABLE, travaiLLEUR.**

Le livre est **bon**; il n'est pas **mauvais.**
Il est **facile**; il n'est pas **difficile.**
Il est **nécessaire** (= **obligatoire**).

Nous sommes	**extraordinaires**; nous ne sommes pas **ordinaires.**
	formidables (= **extraordinaires**).
	occupés.
	travailleurs (= **studieux**).

• **Extra** est une abréviation familière de l'adjectif **extraordinaire**. L'abréviation **extra** est invariable.

> Quel prof intéressant! Il est **extra**!
> Mes amies Pauline et Adrienne sont **extra**.

• Notez que le féminin de **bon** est **bonne**.

> Quand les explications sont **bonnes,** le livre est **bon.**

EXERCICE **1**   Complétez la description de la classe de français.

1. Les explications ne sont pas difficiles; elles sont ...
2. Les explications ne sont pas mauvaises; elles sont ...
3. Nous sommes très studieux; nous sommes ...
4. Le cours est nécessaire; il est ...
5. Les examens sont faciles; ils ne sont pas ...
6. Le prof n'est pas ordinaire; il est ...

3. Les étudiants de français

Jean est	**heureux** (= content); il n'est pas **malheureux.**
	jeune; il n'est pas **vieux.**
	américain; il n'est pas **étranger.**
Jean est	**normal**; il n'est pas bizarre.
	sportif.
Le pull de Jean est	**nouveau** (= récent).
	joli (= beau).

Jean est **malade** aujourd'hui; il est absent.
Tous les étudiants sont intelligents. (= **Chaque** étudiant est intelligent.)

EXPLAIN: Quelquefois on emploie **tout** comme synonyme de **très**: **C'est un tout petit** détail.

• Remarquez l'ordre des mots avec **tout**:

$$\text{tout} + \begin{cases} \text{article} \\ \text{adjectif possessif} \end{cases} + \text{nom}$$

Selon le prof de biologie, **tous les** animaux sont intelligents.
Tous mes cours sont difficiles.
Toute une classe sans examens? Quel miracle!

POINT OUT: **Les blondes** can also mean **les cigarettes blondes**; **les américaines** can mean **les voitures américaines**, etc.

NOTEZ: Quelquefois on utilise un adjectif avec un article comme un nom. Souvent le mot **homme**, **femme** ou **gens** est implicite.

les riches = les gens riches
les jeunes = les jeunes gens
les blondes = les femmes blondes
les Américains = les gens américains

EXERCICES **2** **Des portraits.**   Donnez une description des personnes suivantes avec trois adjectifs.

> ▶ le prof
> *Il est grand, intelligent et sympathique.*

1. votre mère[2]
2. votre père[3]
3. votre camarade de chambre
4. votre prof d'anglais
5. votre prof préféré

3 Comment est-on dans les situations suivantes?

1. quand le cours est facile
2. quand le cours est difficile
3. quand on adore le tennis
4. quand on n'est pas américain
5. à 10 ans[4]
6. à 60 ans

4 Composez des phrases avec la forme correcte des éléments suivants.

			malheureux
			sportifs
	mes amis		jeunes
	les étudiants		vieux
	mes profs		jolis
tous	les professeurs	être	occupés
	les hommes		difficiles
	les Américains		riches
	les Français		pauvres
			intelligents
			heureux

---

[2] **Mère** (*f.*) = maman.
[3] **Père** (*m.*) = papa.
[4] **An** (*m.*) = 365 jours.

4. Formation des mots

• Beaucoup d'adjectifs français ressemblent à des adjectifs anglais.

terminaison		adjectifs
français	**anglais**	
-eux	*-ous*	danger**eux**, curi**eux**, studi**eux**, pi**eux**, anxi**eux**, nombr**eux**
-if	*-ive*	agress**if**, pass**if**, imaginat**if**, communicat**if**, émot**if**, naï**f**
-el	*-al,-el*	natur**el**, usu**el**, traditionn**el**, ré**el**, cru**el**
-ien	*-ian*	ital**ien**, austral**ien**, paris**ien**
-al	*-al*	génér**al**, spéci**al**, or**al**, loy**al**, nation**al**, fondament**al**

EXERCICE 5

Terminez la description de Jean.

1. Jean adore les traditions; il est …
2. Jean adore l'agression; il est …
3. Jean adore les sports; il est …
4. Jean est un artiste avec une grande imagination; il est …
5. Jean adore les études; il est …
6. Jean est un étudiant avec beaucoup de curiosité; il est …
7. Jean adore les émotions; il est …
8. Jean a beaucoup de naïveté; il est …
9. Jean a beaucoup d'anxiété; il est …
10. Jean habite en Australie; il est …

5. Des adverbes interrogatifs

> **quand**
> **où**
> **pourquoi**
> **comment**

6. Les jours de la semaine

[mai]						
lundi	mardi	mercredi	jeudi	vendredi	samedi	dimanche
		1	2	3	4	
6	7					

SEE p. 65 for an explanation of avant/après vs. devant/derrière.

Voilà les sept jours de la semaine.
Le **premier** jour de la semaine, c'est **lundi**.
Mardi est **après** lundi et **avant** mercredi.
Jeudi et **vendredi** sont après mercredi.
Samedi et **dimanche** sont les jours du **week-end**.
Dimanche est le **dernier** jour de la semaine.

• Un lundi spécifique = **lundi**. Chaque lundi = **le lundi**.

L'examen final, c'est **lundi**.
Le samedi nous ne sommes pas en classe.

TEACH whole song as given in IRM.

Chanson

Lundi matin, l'empereur
Sa femme° et le petit   Mme l'empereur
   prince
Sont venus chez moi° pour   arrivent à ma maison
Me serrer la pince.°   me donner la main
Comme j'étais parti°   je suis absent
Le petit prince a dit:°   exclame
Puisque° c'est ainsi°   parce que/comme ça
Nous reviendrons° mardi.   nous retournons

— *chanson d'enfant*
traditionnelle

EXERCICES **6**

REMIND students: **C'est** + jour. Point out that since names of days are nouns, they are preceded by **c'est** not **il est**.

Quel jour? Identifiez les jours suivants.

1. le jour après lundi
2. le jour avant vendredi
3. le premier jour de la semaine
4. le premier jour du week-end
5. le jour avant jeudi
6. le jour après dimanche
7. le dernier jour de la semaine
8. votre jour préféré

7

Quel jour est-on ... ? Expliquez quel(s) jour(s) de la semaine on est généralement ...

1. fatigué
2. occupé
3. en classe
4. énergique
5. anxieux
6. heureux

7. Les prépositions de lieu

Jean est **à la** bibliothèque.
Jeanne est **à l'**université.

Marc est **au** restaurant.
Marie est **au** restaurant aussi,
mais elle est **aux** W.C.

Le livre est **sur** la table.
La chaussure est **sous** la table.

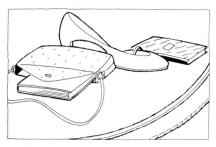

Le livre est **dans** le sac.
La chaussure est **entre** le sac
et le cahier.

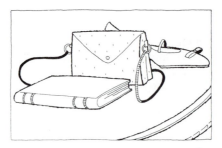

Le livre est **devant** le sac.
La chaussure est **derrière** le sac.

Le restaurant est **à côté
de** la pharmacie.
La bibliothèque est **en face
du** restaurant.

Boston est **près de** New York.
Paris est **loin de** New York.

Baskin Robbins est **à gauche**.
Häagen-Dazs est **à droite**. Quelle
décision!

- Notez les formes de la préposition **à** + l'article défini.

$$à + la = à la$$
$$à + l' = à l'$$
$$à + le \rightarrow au$$
$$à + les \rightarrow aux$$

DRILL these forms by saying: Combinez à + la bibliothèque (= *à la bibliothèque*), l'hôpital, le théâtre, la résidence, le laboratoire, l'hôtel, la télévision, le restaurant, les W.C., la pharmacie.

à la bibliothèque
à l'hôpital
au cinéma
aux W.C.

- Remarquez les contractions après les prépositions composées **à côté de**, **en face de**, **près de** et **loin de**:

Mon bureau est **près du** restaurant.
La bibliothèque est **loin des** résidences universitaires.

- Remarquez la différence entre:

Astérix est **sur** la télévision.   Astérix est **à** la télévision.

- **Avant** et **après** sont pour la chronologie. **Devant** et **derrière** sont pour l'espace.

Mardi est **après** lundi et **avant** mercredi.
Ma voiture est **devant** la bibliothèque, **derrière** la cafétéria.

EXERCICES 8

Où, comment, pourquoi, quand? Pour chaque dessin posez des questions à un(e) partenaire avec **où**, **comment**, **pourquoi** et **quand**. Regardez le modèle.

▶

— *Où est Marc?*
— *Il est à la bibliothèque.*
— *Comment est-il?*
— *Il est heureux.*
— *Pourquoi est-il heureux?*
— *Il est heureux parce qu'il est avec une femme intéressante.*
— *Quand es-tu heureux (heureuse)?*
— *Je suis heureux (heureuse) quand c'est le week-end.*

1.    2.    3.    4.

9 Décrivez[5] à un(e) partenaire la position de six objets. Il (elle) identifie l'objet.

▶ — *L'objet est derrière le bureau du prof et devant les étudiants. Qu'est-ce que c'est?*
— *C'est le tableau.*

10 Demandez à votre partenaire la position de six objets dans la classe.

▶ — *Où est le bureau?*
— *Le bureau est devant le tableau.*

11 Regardez le dessin et répondez en français par une phrase complète.

1. Où est la bibliothèque?
2. Où est le professeur?
3. Où est le gorille?
4. Où est le zoo?
5. Où sont les appartements?

6. Où est la table du café?
7. Où est le petit animal?
8. Où sont les voitures?
9. Où sont l'éléphant et le lion?
10. Où est le chat?

---

[5] **Décrivez** = donnez une description de.

8. Les mois et les saisons de l'année

ASK: Quel est le mois avant juillet? après avril? avant janvier? votre mois préféré? Quels sont les mois du printemps? de l'été?

PRONUNCIATION: août = où = [u].

Les mois (m. pl.) *de l'année sont ...*

janvier	juillet
février	août
mars	septembre
avril	octobre
mai	novembre
juin	décembre

L'hiver (*m.*) **le printemps, l'été** (*m.*) et **l'automne** (*m.*) sont les quatre **saisons** (*f. pl.*) de l'année.

Décembre, janvier et février sont **en hiver**.

Mars, avril et mai sont **au printemps**.

Juin, juillet et août sont **en été**.

Septembre, octobre et novembre sont **en automne**.

SAY: Identifiez une fête au printemps. Et en automne? en hiver? en été?

• Les **jours** et les **mois** commencent par une lettre minuscule.

    *l*undi   *m*ardi   *j*anvier   *f*évrier

EXERCICE 12

En quelle saison? Indiquez la saison des dates suivantes.

▶ Thanksgiving
Thanksgiving est en automne.

1. votre anniversaire
2. la fête de saint Valentin
3. Pâques
4. la fête nationale française
5. l'anniversaire de votre père
6. l'anniversaire de votre mère
7. la Toussaint
8. la fête nationale américaine
9. la rentrée[6] des classes
10. Noël

---

[6] **Rentrée** (*f.*) = période juste après les grandes vacances d'été où les classes recommencent.

9. La date

Notez les dates **importantes** sur **un calendrier**.

Les dates importantes sont | **les fêtes** (*f.pl.*) nationales.
votre **anniversaire** (*m.*).
la date d'**aujourd'hui**.

EXERCICE **13** **La date.** Demandez à votre partenaire la date des fêtes suivantes.

1. Noël
2. votre anniversaire
3. la Saint-Valentin
4. l'anniversaire de George Washington
5. la fête nationale américaine
6. la fête nationale française

10. Les nombres de 70 à l'infini

POINT OUT the **-s** in **quatre-***vingts*, **deux** *cents* but the lack of **-s** in **quatre-***vingt-***un, deux** *cent* **un**. Also point out hyphens in **quatre-vingt-un, quatre-vingt-onze**, but not in **vingt et un, trente et un**.

70	= soixante-dix	90	= quatre-vingt-dix
71	= soixante et onze	91	= quatre-vingt-onze
72	= soixante-douze	92	= quatre-vingt-douze
73	= soixante-treize	93	= quatre-vingt-treize
74	= soixante-quatorze	94	= quatre-vingt-quatorze
75	= soixante-quinze	95	= quatre-vingt-quinze
76	= soixante-seize	96	= quatre-vingt-seize
77	= soixante-dix-sept	97	= quatre-vingt-dix-sept
78	= soixante-dix-huit	98	= quatre-vingt-dix-huit
79	= soixante-dix-neuf	99	= quatre-vingt-dix-neuf
80	= quatre-vingts	100	= cent
81	= quatre-vingt-un	101	= cent un
82	= quatre-vingt-deux	102	= cent deux
83	= quatre-vingt-trois	200	= deux cents
84	= quatre-vingt-quatre	201	= deux cent un
85	= quatre-vingt-cinq	1.000	= mille
86	= quatre-vingt-six	1.001	= mille un
87	= quatre-vingt-sept	1.002	= mille deux
88	= quatre-vingt-huit	1.000.000	= un million
89	= quatre-vingt-neuf	1.000.000.000	= un milliard[7]

POINT OUT: **cent, mille** without article (never *un* **cent***, *un* **mille***)*. But: **un million, un milliard**.

PRONUNCIATION: **cent** = **sans** = [sã].

Have students count by 10's, then by 5's.

- En français:

  70 = 60 + 10 (soixante-dix)
  80 = 4 x 20 (quatre-vingts)
  81 = (4 x 20) + 1 (quatre-vingt-un)
  90 = (4 x 20) + 10 (quatre-vingt-dix)

- **Mille** est invariable. **Deux mille, trois mille**, etc., sont sans **-s**.

- Devant un nom: **un million de** et **un milliard de**.

  Il y a 58 millions **de** personnes en France? C'est beaucoup.
  Un milliard **de** francs, c'est approximativement 200 millions **de** dollars.

---

[7] **Milliard** (*m.*) = *a billion*.

EXPRESSION LIBRE

JOUONS: Play in groups of 6–8. See IRM for an explanation of how to do exercises in groups.

JOUONS

1   Imaginez que vous êtes une personne célèbre. Chaque étudiant(e) pose une question qui demande la réponse **oui** ou **non** pour trouver votre identité.

2   Imaginez que vous êtes un objet dans la classe. Chaque étudiant(e) pose une question qui demande la réponse **oui** ou **non** sur votre position, votre couleur et votre apparence physique pour trouver votre identité.

IMAGINONS

Dans chaque situation vous interviewez un(e) autre étudiant(e). Posez quatre ou cinq questions. L'autre étudiant(e) donne une réponse à chaque question.

1   Vous êtes un(e) futur(e) étudiant(e) de français. Vous interviewez un(e) étudiant(e) de français pour évaluer le cours et le professeur.

2   Vous êtes conseiller (conseillère) à l'université. Vous interviewez un(e) étudiant(e) de première année pour évaluer ses impressions de l'université et son adaptation.

3   Vous êtes reporter pour le journal de l'université. Vous interviewez le nouveau professeur de français pour évaluer ses impressions de l'université en général et de ses étudiants en particulier.

CONVERSATION

Chaque phrase commence une petite conversation avec un(e) ami(e). Voici la question ou l'observation de votre partenaire. Continuez votre part de la conversation par trois ou quatre phrases.

1. «Pourquoi êtes-vous à l'université?»
2. «Sylvester Stallone est très beau. Quel bon acteur!»
3. «Les universités privées sont excellentes, mais les universités publiques sont médiocres.»
4. «La vie[8] d'un(e) adolescent(e) est très facile.»
5. «Les Français ne sont pas différents des Américains.»
6. «Où est votre portefeuille?»
7. «Vos cours sont-ils difficiles?»
8. «Où est la bibliothèque?»

CONVERSATION: Have partners alternate starting and continuing the conversation.

---

[8] **Vie** *(f.)* = l'existence.

EN RÉALITÉ

Regardez le petit plan et expliquez exactement où est le bâtiment en question.

1. le restaurant
2. l'appartement des Lebrun
3. la bibliothèque municipale
4. la pharmacie
5. l'appartement des Beauregard

COMPOSITION ORALE

En trois ou quatre phrases décrivez ...

1. votre ami(e) idéal(e).
2. le (la) président(e) idéal(e).
3. un cours horrible.
4. l'homme idéal (la femme idéale).
5. le journaliste typique.
6. le professeur typique.
7. l'artiste typique.

COMPOSITION ÉCRITE

Écrivez une composition d'un paragraphe minimum sur un des sujets suivants.

1 Faites une description (physique et morale) de trois personnes (vous, vos parents, vos amis ou des personnalités du cinéma ou de la télévision).

VOCABULAIRE UTILE

calme / nerveux
agressif / passif
extroverti / introverti
réservé / ouvert
gros / mince
mère / père

2   Faites une description (physique et morale) de la femme dans le dessin et de
sa vie.

En France

STRUCTURES

Il y a
Les verbes réguliers en **-er**
La négation (*suite*)
L'impératif

CULTURE

Qu'est-ce qu'il y a en France?
La France et la population française
En Guyenne, en Gironde ou en Aquitaine?
Les activités préférées des jeunes Français

▶ Comment est la France et comment sont les Français? Comment parler des éléments principaux qui caractérisent la France et les habitudes des Français?

1 Il y a

Qu'est-ce qu'il y a dans votre ville?
Il y a un musée d'art.
Il y a des magasins.
Il y a un parking et des voitures.
Y a-t-il un théâtre dans votre quartier?
Il n'y a pas de théâtre, mais **il y a** un cinéma et une
école dans mon quartier.

FOLLOW-UP QUESTIONS: Est-ce qu'il y a un hôpital dans votre ville? une bibliothèque?
des maisons? des appartements? des parcs?

EXPLICATION

Voir Vocabulaire 1, *Des bâtiments*, p. 87.

Voir Vocabulaire 2, *Les avantages et inconvénients de la ville*, p. 88.

• **Il y a** indique *l'existence* ou *la présence* d'une chose ou d'une personne. On utilise **il y a** avec un nom *au singulier* ou *au pluriel*.

Il y a **des appartements modernes** dans l'immeuble.
Il y a **une nouvelle voiture** dans votre garage!

• On forme une question avec l'intonation, **est-ce que** ou l'inversion. Il y a un **-t-** supplémentaire dans la question avec l'inversion.

Il y a une école dans le quartier?
Est-ce qu'il y a un parc en ville?
Y a-t-il des magasins élégants en ville?

ATTENTION: **un, une, des** → **de** au négatif

Est-ce qu'il y a **un** monument devant votre maison?
Non, il **n'**y a **pas de** monument devant ma maison.

Y a-t-il **des** voitures dans le parking?
Non, il **n'**y a **pas de** voitures dans le parking.

SAY: **Pas de** indique une absence totale de quelque chose. **Pas de** est *indéfini*; il ne remplace pas les formes spécifiques **le**, **la**, **les**; **mon**, **ma**, **mes**, etc.

* **Qu'est-ce qu'il y a?** demande *une liste* de choses.

   Qu'est-ce qu'il y a en ville?
   Il y a *des bâtiments, des parkings et des maisons.*

   Qu'est-ce qu'il y a à l'université?
   Il y a *des résidences, une bibliothèque et des bâtiments.*

NOTEZ: **Est-ce qu'il y a … ?** demande une réponse **oui** ou **non**.

   Est-ce qu'il y a des maisons en brique dans votre quartier?
   Oui, il y a des maisons en brique dans mon quartier.

EXERCICES **A**

Près de l'université.   Demandez si les choses suivantes existent près de l'université; un(e) autre étudiant(e) répond. Regardez le modèle.

POINT OUT the **-t-** in the question, but never in the answer. Also point out, if you wish, the colloquial pronunciation of **il y a** ([ija] or [ja]) and of **y a-t-il** ([jati]).

GOAL: asking and answering questions with **il y a** (P)

   ▶ une grande bibliothèque
      — *Y a-t-il une grande bibliothèque près de l'université?*
      — *Oui, il y a une grande bibliothèque près de l'université.*

1. des bâtiments en brique
2. un grand parking
3. de bons restaurants
4. un grand zoo
5. des cinémas
6. des parcs

B

En ville.   Demandez s'il y a les choses suivantes dans la ville de votre partenaire.

GOAL: asking and answering questions about your town (P)

   ▶ un restaurant français
      — *Est-ce qu'il y a un restaurant français dans ta ville?*
      — *Oui, il y a un restaurant français dans ma ville.*   OU
      — *Non, il n'y a pas de restaurant français dans ma ville.*

1. des musées intéressants
2. des maisons en brique
3. des magasins élégants
4. des écoles excellentes
5. une grande bibliothèque

6. des cinémas
7. un joli parc
8. un immeuble
9. des quartiers intéressants
10. un monument important

Regardez la carte de la France à la couverture intérieure du livre.

Regardez encore la note culturelle, p. 25.

QUESTIONS:
1. Combien de fleuves y a-t-il en France? 2. Quelles sortes de frontières y a-t-il en France? 3. Combien de côtés y a-t-il sur une carte de France? 4. Combien de frontières artificielles y a-t-il? 5. Quels climats y a-t-il en France? Pourquoi est-ce important? 6. Y a-t-il beaucoup de pétrole dans l'Hexagone? assez de pétrole? Pourquoi? 7. Quelles solutions y a-t-il à l'absence de pétrole? 8. Comment est-ce que les caractéristiques géographiques de la France favorisent l'agriculture? la protection des habitants?

POINT OUT: La France est n° 2 en production d'énergie nucléaire au monde.

Have students study map of France on inside cover of book. Have them hold up their books and point out the principal rivers. Ask students to identify a major city on each river. Have students describe the borders of their state or province, the U.S., Canada, etc.

GOAL: describing contents of places and things

ALTERNATE: Put students in groups of 3–5. The first student mentions one item for #1, the second person repeats that item and adds an item, and so on. The last person also starts the next question.

Qu'est-ce qu'il y a en France?

Quelles sont les caractéristiques naturelles de la France? Voici quelques faits et statistiques géographiques.

• Il y a quatre fleuves[a] importants: la Seine, la Loire, la Garonne et le Rhône.
• Il y a cinq chaînes de montagnes: les Alpes, les Pyrénées, le Jura, les Vosges, et le Massif central.
• Il y a des frontières naturelles. La Manche[b] et la Mer du Nord, l'océan Atlantique, les Pyrénées, la mer Méditerranée, les Alpes, le Jura, les Vosges et le Rhin forment des frontières naturelles. Cinq des six côtés de l'Hexagone sont des frontières naturelles.
• Il y a une frontière «artificielle». La frontière entre la France d'un côté et la Belgique, le Luxembourg et l'Allemagne de l'autre n'est pas naturelle.
  Il y a huit pays voisins[c] de la France: l'Espagne, l'Andorre, l'Italie, Monaco, la Suisse, l'Allemagne, la Belgique et le Luxembourg.
• Il y a une grande variété de climats. Parce que le climat français est très varié et la terre très fertile, il y a aussi une agriculture riche et variée en France.
• Il y a beaucoup de ressources naturelles en France. Mais il n'y a pas beaucoup de pétrole. Il n'y a pas assez de pétrole pour une nation industrialisée. Voilà pourquoi de bonnes relations avec les nations arabes sont très importantes pour la France. Voilà aussi pourquoi l'énergie nucléaire est très développée en France.

---

[a] **Fleuve** (*m.*) = comme une rivière, mais un fleuve se jette toujours dans la mer ou dans l'océan. **Une rivière** se jette dans un fleuve ou dans une autre rivière.
[b] **La Manche** est la partie de l'Atlantique entre la France et l'Angleterre.
[c] **Voisin(e)** = à côté de.

 Répondez en français par une phrase complète. Quand c'est possible, donnez une liste de trois ou quatre choses.

▶ Qu'est-ce qu'il y a dans la classe de français?
Il y a un professeur, des étudiants et un tableau.

1. Qu'est-ce qu'il y a dans un sac?
2. Qu'est-ce qu'il y a près de l'université?
3. Qu'est-ce qu'il y a en ville?
4. Qu'est-ce qu'il y a dans un magasin?
5. Qu'est-ce qu'il y a à la campagne?

FOLLOW-UP QUESTIONS: Parlez-vous français? anglais? une autre langue? Est-ce qu'il y a quelqu'un dans votre résidence universitaire (votre appartement, etc.) qui parle une autre langue? Qui? Quelle langue? Est-ce qu'il y a quelqu'un dans votre famille qui parle une autre langue?

2   Les verbes réguliers en -er

— **Vous parlez** français?

— Oui, **je parle** souvent le français.

— Pourquoi?

— Pourquoi **est-ce que je parle** français ou pourquoi **est-ce que je parle** souvent le français?

— Pourquoi **parlez-vous** souvent le français?

— **Je parle** français dans la classe de français et à la maison.

— Ah bon! **Vos parents parlent** français aussi?

— **Ma mère** ne **parle** pas français, mais mon père, oui. Mon père et moi **nous parlons** français ensemble.

— Pourquoi est-ce que **votre père parle** français?

— C'est simple. **Il parle** français parce qu'il est français.

EXPLICATION

- Chaque verbe consiste en un *radical* et une *terminaison*. Le radical d'un verbe en **-er** est l'infinitif moins **-er**.

Il n'y a pas d'article devant le nom d'une
langue après le verbe
parler: **Je parle français.**
Mais: **J'aime le français.**

infinitif	radical
parlé~~r~~	**parl-**
mangé~~r~~	**mang-**

Ask students to spell out
the radical of several **-er**
verbs. The one irregular **-er**
verb, **aller**, will be taught in
Ch. 6.

Voir Vocabulaire 4, *Pour
parler de vos préfé-
rences*, p. 92.

- Tous les verbes en **-er** emploient les mêmes terminaisons (voilà pourquoi ce sont des verbes *réguliers*).

POINT OUT: Le radical ne
change pas, mais les terminaisons changent avec les
différents sujets.

POINT OUT: Il n'y a géné-
ralement pas de différence
de prononciation entre le
singulier et le pluriel: **il
parle, ils parlent**. Mais pour
les verbes qui commencent
par une voyelle il y a une
différence: **il écoute, ils[z]
écoutent**. La prononciation
du singulier et du pluriel est
aussi identique à l'interrogatif: **écoute-t-elle,
écoutent-elles**.

parler		travailler	
je	parl **e**	je	travaill **e**
tu	parl **es**	tu	travaill **es**
il/elle/on	parl **e**	il/elle/on	travaill **e**
nous	parl **ons**	nous	travaill **ons**
vous	parl **ez**	vous	travaill **ez**
ils/elles	parl **ent**	ils/elles	travaill **ent**

NOTEZ: La prononciation des formes **je, tu, il/elle/on** et **ils/elles** est identique. Les terminaisons de ces formes ne sont pas prononcées: parl~~e~~, parl~~es~~, parle et parl~~ent~~.

Voir encore Chapitre 2,
p. 29.

J'**étudie** le français et ma camarade de chambre **étudie** le français aussi. Mes voisins **étudient** l'espagnol. Et toi, est-ce que tu **étudies** le français ou l'espagnol?

See IRM for related aural
discrimination tests.

- On forme la question avec l'intonation, l'inversion ou **est-ce que**.

Tu habites en ville ou à la campagne?
Est-ce que vous étudiez beaucoup pour vos cours?
Pourquoi **mange-t-on** à la cafétéria?

On n'emploie pas l'inver-
sion avec **je** dans la
langue courante.

- Avec l'inversion, si la forme **il/elle/on** est terminée par une voyelle, un **-t-** est nécessaire entre le verbe et le pronom sujet.

Danse-**t**-il?
Mais: Est-elle?

• Remarquez l'ordre des mots au négatif: sujet + **ne** + verbe + **pas**

> Je **ne** parle **pas** italien.
> Nous **ne** dansons **pas**.
> Elle **ne** travaille **pas** en ville.

NOTEZ: **je** + voyelle ou **h** → muet **j'**
  ne + voyelle ou **h** → muet **n'**

j'habite   **j'**aime   je **n'**écoute pas

• Quand il y a deux verbes dans une phrase simple, le premier verbe est conjugué, mais le deuxième n'est pas conjugué; il est à l'infinitif.

> **J'aime** *parler* à mes amis.
> **Je** ne **déteste** pas *manger* à la cafétéria.
> **Préfères-tu** *travailler* à la bibliothèque ou chez toi?

EXERCICES D

Quelle coïncidence!   Il y a beaucoup de choses en commun entre les gens. Après chaque observation d'un(e) ami(e), continuez la conversation par l'exclamation **Quelle coïncidence!** et une phrase selon le modèle.

GOAL: forming -er verbs

▶ J'habite en banlieue. (nous)
  Quelle coïncidence! Nous habitons aussi en banlieue!

1. J'aime les grandes villes. (Paulette et Nicole)
2. Madame Smith étudie à l'université. (Monsieur et Madame Leclerc)
3. Mon ami mange beaucoup. (nous)
4. J'habite dans une petite maison. (Dominique)
5. Le prof déteste les films de Pee Wee Herman. (je)
6. J'aime étudier le français. (les autres étudiants)
7. Les profs travaillent à la bibliothèque. (tu)
8. Nous étudions beaucoup. (mon amie)
9. Mes amis parlent italien. (je)
10. Je préfère les chats. (mes amis et moi)

E

Activités de tous les jours.   Quelles sont les activités de tous les jours à l'université?

GOAL: talking about daily activities

1. Est-ce que les étudiants étudient souvent à la bibliothèque?
2. Quand vous étudiez, écoutez-vous la radio? Regardez-vous la télé? Êtes-vous anxieux (anxieuse) quand vous travaillez?
3. Les étudiants travaillent-ils trop? Et les profs?
4. Quand vous êtes anxieux (anxieuse), parlez-vous beaucoup?
5. Quand vous êtes malheureux (malheureuse), regardez-vous la télé?
6. Mange-t-on bien à l'université? Où mange-t-on bien?
7. Où habitent les étudiants? Habitez-vous avec un(e) ami(e)?
8. Préférez-vous habiter près de l'université ou loin de l'université? Préférez-vous habiter en ville ou en banlieue?

GOAL: talking about pastimes

Divertissements.   Comment vous et vos amis passez-vous votre temps libre? Répondez aux questions.

1. Regardez-vous souvent la télévision? Préférez-vous le cinéma?
2. Vous et vos amis, écoutez-vous des disques? Quelle musique est-ce que vos amis aiment? Et vous?
3. Jouez-vous de la musique? Préférez-vous écouter de la musique ou jouer de la musique?
4. Quand vous écoutez la radio, chantez-vous avec la musique? Dansez-vous avec la musique? Préférez-vous chanter ou danser?
5. Est-ce que les étudiants dansent le tango? Aiment-ils les films de Patrick Swayzee?
6. Le week-end, est-ce qu'on danse à l'université? Est-ce qu'on travaille?
7. Le week-end, aimez-vous regarder la télévision ou préférez-vous parler à vos amis? Aimez-vous parler à vos amis quand vous êtes malheureux (malheureuse)?
8. Le week-end, est-ce que vous et vos amis mangez dans des restaurants élégants? Mangez-vous au restaurant universitaire?
9. Détestez-vous le restaurant universitaire? Préférez-vous manger chez vous?
10. Quand vous voyagez, aimez-vous manger dans de nouveaux restaurants? Aimez-vous voyager?

La France et la population française

Territoires

	milliers[a] de km^{2}[b]	millions d' habitants
les États-Unis	9.385	242
le Texas	678	17
la France	**547**	**56**
la Californie	404	27
la Californie, l'état de New York et l'Illinois	671	56

La France est le plus grand pays européen après la Russie. La superficie de la France est entre celle du Texas et celle de la Californie. La population des États-Unis est quatre fois plus grande que celle de la France. La population de la France est équivalente aux populations combinées de trois grands états américains.

Densité

	personnes par km²
les États-Unis	24
la France	**102**
l'Italie	190
la Grande-Bretagne	234
l'Allemagne[c]	245
les Pays-Bas[d]	354

QUESTIONS:

1. Comparez votre état (ou votre province) et la France. Votre état est-il plus grand ou moins grand (que la France)? 2. La densité de population de la France est-elle assez forte pour un pays européen ou assez faible? 3. Les Américains désirent-ils une plus grande population? Pourquoi ou pourquoi pas? Et les Français? 4. La population américaine est-elle rurale ou urbaine? Est-elle plus urbanisée que la population française? 5. Quelle ville américaine domine la vie politique aux Etats-Unis? la vie culturelle? la vie économique? la vie industrielle? 6. Quelle est la ville dominante de votre état? Pourquoi? Et en France?

Il y a une densité de population assez faible en France pour un pays européen. La densité de la population est une préoccupation française parce qu'il y a généralement une correspondance en Europe entre la densité de la population et la force économique.

Distribution

Si la population française de 1900 est avant tout rurale, aujourd'hui elle est beaucoup plus urbaine. Il y a quatre villes de plus d'un million d'habitants (Paris, Lyon, Marseille et Lille) et treize villes de plus de 300.000 habitants. Aujourd'hui 18% des Français habitent dans la région parisienne et 12% de plus sont dans les autres grandes villes de 300.000 habitants ou plus.[e]

Par conséquent, il est impossible d'exagérer l'importance de Paris dans tous les aspects de la vie française: culturel, économique et politique. La position centrale de Paris dans la nation est une grande préoccupation pour les Français. Le gouvernement encourage la décentralisation, mais Paris continue à dominer la vie politique, les médias, les transports, les arts et beaucoup d'industries.

---

[a] **Millier** (*m.*) = groupe de mille.
[b] **Kilomètre** (*m.*): un kilomètre (km) = 0,6 *miles*. **Kilomètre carré** (*m.*): un kilomètre carré (km²) = 0,36 *sq. miles*.
[c] **Allemagne** (*f.*): Berlin est la capitale de **l'Allemagne**.
[d] **Pays-Bas** (*m.pl.*) = la Hollande.
[e] Pour comparer: Il y a 37 villes de plus d'un million d'habitants et 116 de plus de 300.000 habitants aux États-Unis. 18% de la population américaine habite les régions de New York, de Los Angeles et de Chicago: approximativement 40% de plus de la population habite les autres régions urbaines de 300.000 habitants ou plus.

Have students find Bordeaux on map on inside front cover of text.

En Guyenne, en Gironde ou en Aquitaine?

Les gens qui habitent à Bordeaux habitent en Guyenne, une des 37 provinces de la France; en Gironde, un des 95 départements de la France; et en Aquitaine, une des 22 régions économiques organisées en 1964 par le président de Gaulle.

Le système des provinces est l'ancien système administratif des rois,[a] la continuation d'un système féodal. Les provinces ne sont pas des divisions administratives actuelles,[b] mais elles sont encore importantes pour les Français. Un Français considère qu'il est Breton, Lorrain, Gascon, Provençal, etc. La province donne au Français une identité historique, des traditions, une cuisine et quelquefois une deuxième langue.[c]

QUESTIONS:

1. Quelles sont les divisions les plus nombreuses: les départements, les provinces ou les régions? Quelles sont les divisions les plus anciennes? les plus récentes? les plus grandes? 2. Quelle division de la France donne une identité historique aux Français? 3. Est-ce que vous êtes d'abord américain(e) ou californien(ne) (floridien(ne), texan(e), etc.)?
4. Dans la vie politique d'aujourd'hui, quelles sont les divisions les plus importantes? Pourquoi?
5. Quelle est la différence entre les provinces et les départements? 6. Quelle division est importante pour le planning économique? Pourquoi?

Les départements, formés au moment de la Révolution française pour régulariser l'administration de la France, sont des divisions administratives actuelles. Les provinces sont de tailles[d] très différentes, mais les départements sont tous approximativement de la même taille. Les départements sont importants dans la vie politique et officielle. Les sénateurs et les députés à l'Assemblée nationale sont élus par département. Le département donne au Français une identité politique.

Les départements sont trop petits pour le planning économique, qui est si important dans le monde moderne. Pour la planification bien considérée, une perspective plus grande que la perspective départementale est nécessaire. La solution? Les 22 régions de la France organisées par le président de Gaulle en 1964. C'est par région qu'on fait les plans économiques d'aujourd'hui. La région donne au Français une identité économique pour le futur.

---

[a] **Le roi** et **la reine** sont des personnes royales, les personnes principales d'une monarchie.
[b] **Actuel(le)** = d'aujourd'hui.
[c] Dans certaines régions de la France, le breton, le provençal, le corse, l'occitan, le catalan, l'italien, le basque et l'allemand sont toujours des langues importantes qu'on parle surtout à la maison.
[d] **Taille** (*f.*) = la grandeur.

3 La négation *(suite)*

— Pardon, Monsieur.
— Oui?
— Y a-t-il un examen en classe aujourd'hui?
— Non, il **n'**y a **pas d'**examen aujourd'hui.
— Y a-t-il une discussion des caractéristiques de la France?
— Non, il **n'**y a **pas de** discussion.
— Voit-on des photos de la France?
— Non, on **ne** voit **pas de** photos. On regarde un petit film et on pratique les verbes réguliers.

EXPLICATION

Pas de (jamais de) indique une absence totale de quantité dans le nom. **Pas de** = zéro.

Voir Vocabulaire 5, *Des divertissements*, p. 93.

- Après une négation (**ne ... pas**, **ne ... jamais**), **un, une, des** changent en **de**.

  J'écoute **un** concert rock. Je **n'**écoute **jamais de** concerts classiques.
  Elle regarde **des** émissions sérieuses. Elle **ne** regarde **jamais d'**émissions comiques.

- On n'emploie jamais **pas de** après le verbe **être**.

  Paris est une ville importante. Ce n'est **pas une** petite ville.

- L'article défini (**le, la, les**) et l'adjectif possessif (**mon, ton**, etc.) ne changent jamais en **de** dans une phrase négative.

  Nous regardons la télé. Nous **ne** regardons **pas le** journal.
  J'aime mes amis. Je **n'**aime **pas tes** amis.

EXERCICES G

GOAL: responding negatively

Contradictions.   Répondez à un(e) ami(e) selon le modèle.

▶ Tu vois des chaussures orange au magasin?
Mais non! Je ne vois pas de chaussures orange.

1. Tu écoutes des disques classiques?
2. Tes amis aiment la télévision?
3. On regarde un livre en français?
4. On voit un film en classe aujourd'hui?
5. Tu regardes une émission?
6. Nous regardons la télé?

7. On écoute la radio?
8. Tu écoutes un concert samedi?
9. Tu habites en ville?
10. Tu vois une pièce de théâtre lundi?

H **Mais non!** Vous n'êtes pas d'accord avec les observations d'un(e) ami(e).

▶ Tu regardes une émission à la télé?
Mais non, je ne regarde pas d'émission.

GOAL: choosing **pas de** vs. pas un(e)/des

1. Tu manges un sandwich?
2. Tu manges ton sandwich?
3. Ce sont des architectes intéressants?
4. Il y a des architectes dans ta famille?
5. Tu regardes la télévision?
6. Il y a des étudiants en classe?
7. Il y a beaucoup d'étudiants en classe?
8. Tu écoutes un concert?
9. Tu vois un film?
10. Nous écoutons la radio?

The similarity of certain sentences (1/2, 3/4, 6/7, 5/9, 8/10) is meant to focus students' attention on vital cues that determine use of **pas de**.

4 L'impératif

Sois sympa. **Ne parle pas** quand les autres parlent.

Regardons la télé. Il y a une bonne émission.

EXPLICATION

- L'impératif est la forme d'un ordre direct. On emploie les formes **tu, nous** et **vous** pour l'impératif.

L'impératif = **présent** sans pronom sujet

Il y a un examen de grammaire lundi; **étudions** les verbes dimanche.
Tu es trop fatigué pour travailler? Alors, **regarde** la télé.
Le football américain est trop brutal pour vous? Alors, **jouez** au tennis.

- À l'impératif d'un verbe en **-er** il n'y a pas de **-s** final à la forme **tu**.

tu parles   →   **parle**
tu ne chantes pas   →   **ne chante pas**

- L'impératif du verbe **être** est irrégulier: **sois, soyons, soyez**.

EXERCICE   I

GOAL: giving orders (P)

Donnez deux ordres logiques à un(e) ami(e) dans les situations suivantes.

1. Votre ami(e) parle à Marc, un autre étudiant, et il n'écoute pas le prof.
2. Il y a un grand examen de grammaire vendredi.
3. Votre ami(e) écoute un disque horrible de Swamp Thing.
4. Votre ami(e) regarde une émission stupide.
5. Votre ami(e) habite loin d'une ville, mais il (elle) aime les diversions des villes (cinéma, pièces).
6. Il y a un film français au cinéma.
7. Il y a une exposition de dinosaures au musée des sciences naturelles.

VOCABULAIRE

Note the pronunciation of **zoo** with an [o] not an [u] sound and **quartier** with a [ka] not a [kwa] sound.

1. Des bâtiments

En ville il y a	**un musée (d'art, des sciences).**
	un magasin.
	un cinéma.
	un parking pour les **voitures** (*f.*).
	un zoo avec **des animaux** (*m.*).
Dans **mon quartier** il y a	**une école.**
	des maisons (*f.pl.*).
	un immeuble avec **des appartements** (*m.pl.*).
	un théâtre.
	un parc.
	un monument.

Also: **une grande surface**

• **Un grand magasin** est un magasin où il y a beaucoup de choses différentes: des vêtements pour hommes, des vêtements pour femmes, des livres, des chaises, du parfum, etc.

• Le pluriel d'un nom en **-al** est en **-aux**: un animal, des **animaux**; un journal, des **journaux**; un hôpital, des **hôpitaux.**

Révisez l'explication des adjectifs en -al, Chapitre 3, p. 49.

EXERCICE 1

Qu'est-ce qu'il y a?   Dites s'il y a les choses suivantes dans votre ville.

1. un musée d'art
2. un immeuble moderne
3. des cinémas
4. des grands magasins
5. un zoo célèbre
6. un théâtre
7. un musée des sciences
8. des maisons
9. des appartements
10. un parking

2. Les avantages et les inconvénients de la ville

En ville il n'y a pas **assez d'espaces** (*m. pl.*) verts.
Quelquefois il y a | **un jardin** public avec **des fleurs** (*f.*).
| des animaux domestiques (**un chien**, **un chat**).
| beaucoup de **divertissements** (*m.pl.*) (des
| restaurants, des cinémas, des théâtres).
Souvent il y a **trop de bruit** (*m.*) avec les radios, les autos, les gens.
Avec beaucoup d'automobiles, il y a trop de | **pollution** (*f.*).
| **circulation** (*f.*).

Expressions of quantity will
be discussed in depth in
Ch. 10.

• **Beaucoup** indique une *grande quantité*, **trop** une *quantité excessive* et **assez**
une *quantité suffisante*.

$$
\left.\begin{array}{l} \textbf{beaucoup} \\ \textbf{trop} \\ \textbf{assez} \end{array}\right\} \quad + \quad \textbf{de} \quad + \quad \text{nom}
$$

REMARQUEZ: Il n'y a pas d'article défini avec le nom.

Il y a **beaucoup de** monuments célèbres à Paris.
Il n'y a pas **assez d'**espaces verts dans les villes modernes.

EXERCICE 2 Indiquez s'il y a **beaucoup, trop, assez** ou **pas assez** des choses suivantes dans
votre ville.

1. fleurs
2. gens
3. espaces verts
4. parking
5. bruit
6. pollution
7. divertissements
8. jardins
9. parcs
10. chiens

3. Des activités fréquentes

Chaque jour	je **mange** à la cafétéria. je **parle** avec mes amis. je **travaille** | **beaucoup** pour mes cours. **trop** **assez**
J'habite	dans une résidence universitaire. **chez moi.** **à la campagne.** **en banlieue** (*f.*).
J'étudie le français à l'université.	
Le week-end	**je regarde** la télévision. **j'écoute** la radio. **je chante** avec la musique. **je danse** dans les discothèques.

PRONUNCIATION: **-g-** + **-o-** = [g]: **golf, gouvernement.**

POINT OUT: *Chez* le dentiste, *chez* le médecin.

CULTURE: Maxim's est un restaurant très élégant à Paris.

• Dans les verbes en **-ger** il y a un **-e-** supplémentaire dans la forme **nous** pour conserver la prononciation du **-g-**: **nous mangeons, nous voyageons**, etc.

• **Chez** = à la maison de, à l'établissement de

Il y a un chien **chez mon ami Marc.**
Il arrive **chez le dentiste.**
Il y a une grande maison à côté de **chez moi.**
Dînons **chez *Maxim's*** dimanche!

• **Beaucoup de**, **assez de** et **trop de** sont des expressions de quantité; elles accompagnent *un nom*. **Beaucoup**, **assez** et **trop** sont des adverbes; ils accompagnent un *verbe*.

$$\text{verbe} + \begin{cases} \textbf{beaucoup} \\ \textbf{trop} \\ \textbf{assez} \end{cases}$$

Je travaille **beaucoup** à l'université.
Vous étudiez **assez.**
Les jeunes Français ne regardent pas **trop** la télévision.

- **Parler à** + personne; **parler de** + quelque chose

  Je parle **à mes amis** quand je suis malheureux.
  Je parle souvent **de mes problèmes**.
  Je parle **de mes problèmes à mes amis**.

- En français il y a un objet direct après **regarder** et **écouter**.

  Je *regarde* **la télévision** chaque jour.
  Les étudiants *écoutent* **les suggestions du prof**.

EXERCICES **3**

WATCH OUT for inappropriately pronounced **-ent** ending in **parlent**. Practice distinguishing **parlent** and parlons.

Qui parle français?   Indiquez si les personnes suivantes parlent français aux moments suivants.

1. les étudiants/en classe
2. je/avec mes amis
3. le prof/toujours
4. vous/à la maison
5. moi et les autres étudiants/après la classe
6. les autres étudiants/quand le prof parle

4

Quel sujet?   Déterminez si votre partenaire parle des choses suivantes avec son (sa) camarade de chambre.

1. les cours
2. les sports
3. la musique
4. la télévision
5. les films
6. le français

5

Qui travaille où?   Indiquez si les personnes suivantes travaillent aux endroits indiqués.

1. je/à la bibliothèque
2. les étudiants/au restaurant
3. mes amis et moi/chez moi
4. je/en classe
5. nous/au cinéma
6. le prof/à la bibliothèque

Be sure **h-** is not pronounced in **habiter**.

6 **Qui habite où?** Demandez à un(e) partenaire si les personnes suivantes habitent dans les localités indiquées.

1. tu/dans une résidence
2. les riches/en ville
3. beaucoup d'étudiants/dans un appartement
4. les étudiants/en banlieue
5. beaucoup de gens/à la campagne
6. toi et tes amis/dans une maison
7. tu/avec des amis
8. tes amis/un immeuble moderne

7 Quelles activités associez-vous aux endroits suivants?

▶ en classe
On parle français en classe.

1. au restaurant
2. à la bibliothèque
3. chez moi
4. au cinéma
5. au téléphone
6. à l'université
7. à la discothèque
8. à la cafétéria

8 **Combien?** Indiquez avec **beaucoup**, **trop**, **assez** ou **pas assez** l'importance de chaque action pour la personne mentionnée.

▶ je/manger
Je mange beaucoup, mais je ne mange pas trop.

1. je/étudier
2. tu/chanter
3. mes amis/regarder la télé
4. mes amis/manger
5. le prof/danser le tango
6. vous/écouter la radio
7. le prof/travailler
8. nous/étudier pour les cours
9. je/travailler
10. nous/parler en classe

4. Pour parler de vos préférences

> **Je déteste** la musique country.
> **J'aime** la musique classique, mais **je préfère** la musique rock.

• Il y a des changements de voyelle dans le verbe **préférer**.
(*é + consonne + er*).

préférer (*é + consonne + er*)			
je	**préfère**	nous	**préférons**
tu	**préfères**	vous	**préférez**
il/elle/on	**préfère**	ils/elles	**préfèrent**

EXERCICES **9**

Préférences.   Demandez ses préférences à votre partenaire.

▶ les films/les livres
— *Tu aimes les films?*
— *J'aime (je n'aime pas) les films.*
— *Tu préfères les livres?*
— *Je préfère (je ne préfère pas) les livres.*

1. les villes/la campagne
2. les musées d'art/les musées des sciences
3. le français/les maths
4. ta résidence/ta maison
5. étudier à la bibliothèque/étudier chez toi
6. les chiens/les chats
7. parler/manger
8. les gens/les animaux
9. le bruit/le silence
10. le cinéma/le théâtre

10   **Aimer ou détester?**   Déterminez si votre partenaire aime ou déteste les choses suivantes.

1. la ville
2. la campagne
3. le bruit
4. les parcs
5. la cafétéria de l'université
6. les fleurs
7. les examens
8. le cinéma
9. les animaux
10. le théâtre

5. Des divertissements

*Quels sont **vos divertissements** préférés?*

Moi, je regarde **la télé.**

j'écoute	**un disque.**
	un concert.
	la radio.
	la musique

		rock.
		classique.
		folklorique.

je vois	**un film.**
	une émission à la télé.
	une pièce de théâtre.

je joue	**du piano.**
	de la guitare.
	au bridge.

• Le verbe **voir** au présent est irrégulier:

		voir		
je	**vois**		nous	**voyons**
tu	**vois**		vous	**voyez**
il/elle/on	**voit**		ils/elles	**voient**

POINT OUT the singular endings -s, -s, -t. Most verbs except -er verbs follow this pattern.

• On joue **à** un sport ou **à** un jeu; on joue **de** la musique ou **d'**un instrument.

Je joue **au bridge.**   Marc joue **de la musique.**
Simone joue **au tennis.**   Jouez-vous **du piano**?

• Il y a des similarités entre les noms des instruments musicaux en français et en anglais.

la harpe	le saxophone	le trombone
la flûte	les cymbales	le piano
la trompette	la guitare	le tuba
le violon		

- Il y a des similarités entre le vocabulaire des sports en français et en anglais.

  le base-ball   le golf   le basket
  le tennis   le volley

NOTEZ la différence entre **le football** et **le football américain**.

11 **Jouons!** Indiquez si les personnes suivantes jouent des instruments ou aux jeux suivants.

1. mes amis/le bridge
2. je/la trompette
3. mon père/le piano
4. mes amis et moi/le tennis
5. les Français/le football
6. ma mère/le violon
7. les jeunes/la guitare
8. mes amis et moi/le football américain
9. je/les cartes
10. tout le monde/la musique

12 **Divertissements.** Quels sont les divertissements des personnes suivantes?

1. vos amis
2. vous
3. le prof
4. votre mère
5. les intellectuels
6. les jeunes Américains
7. vous et vos amis
8. les étudiants
9. votre père
10. les jeunes Français

Les activités préférées des jeunes Français

La nature de plus en plus urbaine de la population française est reflétée dans les habitudes des jeunes. Aujourd'hui les divertissements préférés des jeunes sont urbains plus que familiaux ou solitaires. On a demandé aux jeunes Français comment ils aiment passer une soirée libre. Voici leurs réponses.

Regarder un film	15%
Écouter un concert ou du rock	2%
Le théâtre	2%
La lecture d'un livre	5%
Une sortie en groupe avec des amis	36%
Écouter de la musique chez soi	7%
Regarder la télévision	7%
Danser	10%
Jouer à un sport	3%
Des sorties avec une personne du sexe opposé	4%
Une soirée en famille	3%

QUESTIONS:
1. Quelle est l'activité préférée des jeunes Français?
2. Quelle est l'activité numéro 2? numéro 3?
3. Quelles activités mentionnées sont les moins populaires?   4. Quelles sont les activités préférées des étudiants à votre université?
5. Quelles sont vos activités préférées?

EXPRESSION LIBRE

IMAGINONS

Pour chaque situation, commencez une petite conversation avec un(e) autre étudiant(e). Après les politesses nécessaires continuez la conversation par un minimum de quatre phrases par étudiant(e).

1. Vous êtes chez un(e) ami(e) pour étudier le français, mais il y a une bonne émission à la télévision.

2. Vous parlez à Cécile qui est dans sa dernière année à l'école secondaire. Elle aime la littérature, la musique et les beaux garçons.

3. Vous interviewez un(e) éventuel(le) camarade de chambre.

4. Vous êtes un(e) Français(e) dans une université américaine. Vous parlez à un(e) étudiant(e) américain(e) de la vie américaine.

5. Vous êtes un(e) étudiant(e) américain(e) en France. Vous habitez avec une famille française. Vous êtes curieux (curieuse) de la vie en France.

6. Interviewez un(e) autre étudiant(e) et, après, présentez l'étudiant(e) à la classe.

CONVERSATION

Chaque phrase commence une petite conversation avec un(e) ami(e). Voici la question ou l'observation de votre partenaire. Continuez votre part de la conversation par quatre phrases ou questions.

1. «Il n'y a pas de jolis vêtements ici. Regardons dans un autre magasin.»

2. «Les blue-jeans ne sont pas très élégants.»

3. «Y a-t-il un bon restaurant à l'université?»

4. «Pourquoi la classe de français est-elle si difficile?»

5. «Est-ce que les cours universitaires sont difficiles?»

6. «Il n'y a pas de différences importantes entre les hommes et les femmes.»

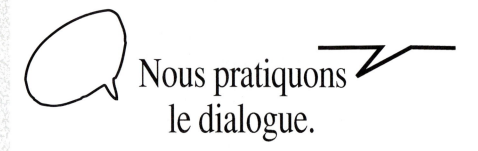

Nous pratiquons
le dialogue.

Paris

▲ Coucher de soleil sur la Seine

▼ Interaction de l'art et de l'enfance

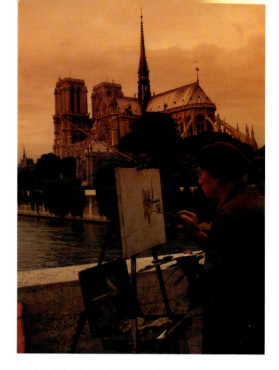

▲ L'artiste s'inspire du passé

▼ Le Tour de France: le grand
événement sportif francais

Autres villes françaises

▲ Carnaval de Nice

◄ Marseille entre la
mer et la montagne

► La France est un jardin fleuri

▲ La cathédral de Strasbourg aperçue entre ses deux tours carrées

► Jeanne d'Arc: défilé commémoratif à Orléans

EN RÉALITÉ

Nous voici dans la ville imaginaire de Villeneuve-en-l'Air. Où sont les bâtiments suivants?

EN RÉALITÉ (FOLLOW UP):
Have a student describe location of a building on campus, in town, etc. Other students guess what building is
being described.

1. la gare
2. l'hôtel
3. la pharmacie
4. le supermarché
5. la boulangerie
6. le monument
7. le parc
8. l'université

COMPOSITION ORALE

Vous désirez acheter une maison, mais où habiter—à la campagne, en banlieue ou en ville? Regardez les questions pour faciliter votre décision. Expliquez à la classe en six phases minimum votre préférence. Indiquez aussi les avantages et les inconvénients de votre lieu préféré.

1   Y a-t-il trop de silence à la campagne? Et en ville? Et en banlieue?

2   Y a-t-il assez d'activité à la campagne? en ville? en banlieue?

3   Préférez-vous le silence ou le bruit?

4   Y a-t-il beaucoup de pollution à la campagne?

5   Y a-t-il beaucoup de pollution en ville? Et en banlieue?

6   Y a-t-il des monuments en ville? Et en banlieue?

7   Préférez-vous l'air frais ou les divertissements?

8   Y a-t-il des voitures en ville?

9   Y a-t-il des fleurs en ville?

10 Y a-t-il des enfants en banlieue? Et en ville?

11 Où aimez-vous habiter?

12 Pourquoi préférez-vous la campagne, la banlieue ou la ville?

COMPOSITION ÉCRITE

Écrivez une composition d'une page minimum sur un des sujets suivants.

1   Ma ville

2   La ville idéale

3   Ma ville préférée

En famille

STRUCTURES

Le verbe **avoir**
L'adjectif possessif
Il est + nom
Le passé composé

CULTURE

La famille française
Avez-vous l'essentiel?
Dualisme (Paul Géraldy)
Les professions préférées

▶ Pour les Français la famille passe avant tout le reste. C'est le groupe essentiel, l'élément principal de l'identité de l'individu. Elle forme aussi l'identité sociale, religieuse et culturelle. La famille, c'est notre première école!

Le verbe **avoir**

— **Avez-vous** une famille nombreuse?
— Oui, **j'ai** un père et une mère.
— Ce n'est pas beaucoup.
— **Mon père a** trois sœurs et ma mère a deux frères.
— Ah bon! Alors **vous avez** trois tantes et deux oncles.
— C'est ça. Et **j'ai** beaucoup de cousins et de cousines
   parce que toutes mes tantes et tous mes oncles **ont**
   beaucoup d'enfants.
— Et vous? **Avez-vous** des sœurs ou des frères?
— Non, mais mon père, ma mère et moi, **nous avons**
   quatre chiens et trois chats.
— C'est une famille bien nombreuse!

FOLLOW-UP QUESTIONS: Avez-vous une famille nombreuse? un père? une mère? des sœurs? des frères?

EXPLICATION

Voir Vocabulaire 1 et 2, *La famille* et *Caractéristiques personnelles*, p. 112–113.

PRONUNCIATION: Point out the difference between **ils sont** [il sɔ̃] and **ils ont** [il zɔ̃]. Make sure students do not confuse the verbs in **(j')ai** and **(il) est**. See IRM for related aural discrimination test.

OPTIONAL: Tell students that **ai-je?** is used in formal speech.

REMIND students: Le **-t-** est à l'interrogatif avec l'inversion, mais pas dans la réponse: **a-t-il?**, mais **il a**.

NOTE: **un an** (no **-s.**) An is pronounced identically to **en**: [ã].

• Le verbe **avoir** indique la possession. Voici les formes du verbe **avoir** au présent:

avoir (à l'affirmatif)			
j'	**ai**	nous	**avons**
tu	**as**	vous	**avez**
il/elle/on	**a**	ils/elles	**ont**

avoir (à l'interrogatif)	
est-ce que j'ai?	avons-nous?
as-tu?	avez-vous?
a-t-il/elle/on?	ont-ils/elles?

NOTEZ: On n'emploie pas l'inversion avec la forme **je**.

   Est-ce que j'ai les yeux de mon père ou **est-ce que j'ai** les yeux de ma mère?

• Il y a un **-t-** avec l'inversion à la forme **il/elle/on**.

   A-t-on toujours des difficultés à quinze ans?

• Pour demander l'âge d'une personne on dit **Quel âge avez-vous?** (**Quel âge a-t-il?**, etc.). Pour indiquer l'âge d'une personne on emploie **avoir ... an(s)**.

   Quel âge ont vos enfants?
   Marc **a quinze ans** et Marie **a un an**.

EXERCICES	A

Décrivez votre famille.   Formez des phrases selon le modèle.

GOAL: forming **avoir**;
using **pas de** in negative
sentences

REMIND students: **un, une,
des** changent en **de** après
une négation.

▶ Mes cousins/les cheveux blonds
Mes cousins ont les cheveux blonds.

▶ Mes cousins/des enfants
Mes cousins n'ont pas d'enfants.

1. je/des grands-parents
2. mon père/des nièces
3. mes grands-parents/beaucoup d'enfants
4. mon père et moi/les yeux bleus
5. ma mère et moi/les cheveux bruns
6. nos cousins/une grande maison
7. je/une sœur
8. mon père/des petits-fils

B

Possessions.   Répondez en français par une phrase complète.

GOAL: talking about possessions

▶ Avez-vous des amis intéressants?
Mais oui, j'ai des amis très intéressants.

1. Avez-vous une télévision dans votre chambre? Et votre camarade?
2. Vous et votre camarade avez-vous un réfrigérateur dans votre chambre?
3. Avez-vous une voiture? Et vos amis?
4. Si on est riche, a-t-on une grande voiture?
5. Si on est étudiant, a-t-on beaucoup de livres?
6. Avez-vous beaucoup de livres pour vos cours? Avons-nous un bon livre pour la classe de français?
7. Avez-vous des disques de musique folklorique? Quels disques avez-vous?
8. Est-ce que vos amis ont beaucoup de disques? Et votre mère?
9. Est-ce que votre mère a beaucoup de nouveaux gadgets? Et votre père?
10. Vous et vos parents avez-vous des fleurs en plastique à la maison?

E N Q U E T E
Les écrivains
ont-ils
le cœur sec?

The Paris Review
1
Entretiens avec
Nelson Algren
Saul Bellow
William Burroughs
Truman Capote
John Cheever
John Dos Passos
T.S. Eliot
William Faulkner
John Gardner
Allen Ginsberg
William Goyen
Joseph Heller

MAZARINE

QUESTIONS:
1. Quelles sont les trois caractéristiques de la famille
française traditionnelle?
2. Dans quel sens est-ce que
la famille française est nombreuse? Dans quel sens est-
ce qu'elle n'est pas nom-
breuse?   3. Quels sont les
deux sens du mot «parent»?
4. Qu'est-ce que c'est
qu'une allocation familiale?
Pourquoi y a-t-il un système
d'allocations familiales?
5. Est-ce que le gouvernement encourage des fam-
illes nombreuses aux États-
Unis?   6. Pourquoi n'y a-t-il
pas beaucoup de familles
nombreuses en France
aujourd'hui?   7. Nommez
quelques caractéristiques
des parents français. Quel
est le rôle d'un père ou
d'une mère français?
8. Comment est-ce que la
famille française est fermée?   9. Votre famille est-
elle ouverte ou fermée?

La famille française

La famille française traditionnelle a trois caractéristiques principales. Elle est nombreuse. L'autorité des parents est une force considérable. Et la famille constitue le groupe social principal, un groupe qui exclut les gens qui ne sont pas de la famille.

La famille traditionnelle est nombreuse parce qu'elle est constituée des membres de la famille immédiate et aussi des tantes, des oncles, des neveux, des nièces, des cousins, des cousines, etc. Quand on parle de «la famille» en français, c'est de ce groupe qu'on parle. Le mot «parent» a même deux sens en français: (1) mère ou père et (2) membre de la famille.

La famille immédiate d'aujourd'hui n'est généralement pas très nombreuse. Le nombre d'enfants est une préoccupation gouvernementale parce que le gouvernement désire augmenter la densité de la population française.[a] Pour encourager les familles nombreuses le gouvernement a adopté un système d'*allocations familiales* qui accorde une certaine somme d'argent chaque mois aux familles avec des enfants. Plus on a d'enfants, plus le gouvernement envoie d'argent. De plus, la Sécurité sociale offre des avantages aux femmes enceintes pendant leur grossesse.[b] Malgré l'encouragement du gouvernement les familles françaises ne sont pas nombreuses, peut-être parce que pour les familles urbaines les enfants risquent de diminuer la qualité matérielle de la vie.

Beaucoup d'Américains trouvent les familles françaises très autoritaires. Il est certain que les parents français sont très sévères par rapport aux parents américains. Les Français ont une conception différente d'un parent. Pour les Français, la responsabilité d'un parent est de *former* un adulte selon les valeurs traditionnelles; pour les Américains, c'est de *développer* l'individualité de l'enfant. L'autorité parentale est moins absolue qu'avant, mais elle reste considérable.

Enfin, aujourd'hui comme hier, la famille française constitue un groupe fermé. La majorité des fêtes se passent en famille et la famille est le groupe social principal de l'individu. La famille a peu d'autres contacts sociaux. Si on est invité à dîner par un Français, on est souvent invité au restaurant. La famille est un territoire privé où très peu d'autres personnes sont admises. Une invitation à dîner en famille est un rare privilège.

Mais, comme d'autres institutions traditionnelles, la famille est en train de[c] changer sous la pression[d] de la vie[e] moderne. L'urbanisation, le divorce, l'entrée des femmes dans la vie professionnelle et l'influence de la culture internationale moderne sont des forces en train de former la famille française du futur.

---

[a] Voir *La France et la population française*, note culturelle, p. 80.
[b] Une femme **enceinte** a un bébé après neuf mois de **grossesse**.
[c] **En train de** = dans l'acte de.
[d] **Pression** (*f.*) = les demandes.
[e] **Vie** (*f.*) = l'existence.

2 L'adjectif possessif

— **Notre** pauvre ami Marc! **Ses** parents sont divorcés.
— Et alors? Beaucoup de **mes** amis ont des parents divorcés.
— Mais **son** père s'est remarié et **sa** mère aussi.
— C'est assez commun.
— Oui, mais où habiter? Il n'aime pas **son** père ni **sa** belle-mère, mais **leur** maison est très grande.
— Il n'habite pas chez **sa** mère alors?
— Il aime **sa** mère et **son** beau-père, mais **leur** appartement est trop petit et **leurs** enfants, **son** demi-frère et **sa** demi-sœur, sont difficiles.
— Voilà des problèmes! La vie moderne est compliquée.

EXPLICATION

Voir Vocabulaire 3, *La famille du mariage et du divorce*, p. 114.

Voir Vocabulaire 4, *Des possessions*, p. 115.

POINT OUT: On dit *son* **beau-frère** parce que le mot **beau-frère** est masculin.

OPTIONAL: Mention use of **à lui** and **à elle** to distinguish *his* and *her* in ambiguous situations: **son cahier à lui (à elle)**.

DRILL: Employez l'adjectif **mon (ma)** plus les noms suivants: **adresse, nouvelle adresse, amie (f.), petite amie, chaise, homme, ordinateur, livre, clé, autre clé, exercice, voiture, autre voiture, explication, université, tante, autre tante.**

• L'adjectif possessif indique *la possession*. L'adjectif possessif, comme l'article défini, donne un sens spécifique au nom.

	je	tu	il/elle/on	nous	vous	ils/elles
masculin singulier	mon	ton	son	notre	votre	leur
féminin singulier	ma	ta	sa	notre	votre	leur
pluriel	mes	tes	ses	nos	vos	leurs

• L'adjectif possessif pour un possesseur féminin est identique à l'adjectif possessif pour un possesseur masculin. L'adjectif possessif est masculin ou féminin pour représenter le genre de *la possession*.

> Voilà Marie. **Son** beau-frère est sympa. (= *le beau-frère de Marie*)
> Voilà Marc. **Son** beau-frère est sympa. (= *le beau-frère de Marc*)

• On emploie les adjectifs possessifs **son, sa, ses** avec le pronom impersonnel **on**.

> D'habitude on aime **son** père, **sa** mère et **ses** amis.

• Devant un nom féminin singulier qui commence par une voyelle ou un **h-** muet **ma, ta, sa** changent en **mon, ton, son**.

ma petite amie	sa nouvelle histoire
Mais: **mon** amie	*Mais:* **son** histoire
ma belle-sœur	sa cousine
Mais: **mon** autre belle-sœur	*Mais:* **son** autre cousine

ATTENTION: Ses indique qu'une personne (singulière) a des possessions (plurielles). **Leur(s)** indique que des personnes (plurielles) ont une (des) possession(s) en commun.

> Mon ami aime **ses** parents.
> Ils n'ont pas **leur** voiture aujourd'hui.

EXERCICES **C**

GOAL: use of possessive adjectives

Quelle coïncidence! Après chaque observation, vous notez une coïncidence. Suivez le modèle.

▶ Je parle à mes parents chaque samedi. (ma camarade de chambre)
Quelle coïncidence! Ma camarade de chambre parle aussi à ses parents chaque samedi.

1. Charles et Annick aiment leur cours de français. (je)
2. Je vois souvent mes amis. (mon cousin)
3. Ma sœur aime ses amies. (mes sœurs)
4. Je travaille pour mon grand père. (ma petite sœur et moi)
5. Nous aimons notre oncle. (Émilie)
6. Il déteste ma voiture. (mes parents)
7. Mon ami Éric a les yeux de sa mère et les cheveux de son père. (tu)

D

GOAL: identifying personal possessions

Possessions. Répondez à l'affirmatif aux questions suivantes.

▶ Est-ce la voiture d'Annette?
Oui, c'est sa voiture.

1. Est-ce votre vélo?
2. Est-ce l'ordinateur de Renée?
3. Est-ce la télévision de vos frères?
4. Est-ce que ce sont vos cartes de crédit?
5. Est-ce la chaîne stéréo de Jean et d'Hélène?
6. Est-ce que ce sont les chaussures de Paul?
7. Est-ce que ce sont les parents de Nicolas et de Suzanne?
8. Est-ce que ce sont les amis de votre frère?
9. Est-ce votre montre?
10. Est-ce que ce sont mes livres?

E

GOAL: talking about one's family

En famille. Répondez aux questions et continuez la conversation logiquement par trois phrases.

▶ Votre frère a-t-il beaucoup d'amis?
Mon frère a beaucoup d'amis. Ses amis sont souvent chez nous. En général ses amis sont sympathiques, mais je n'aime pas Bill, un de ses amis. Bill parle trop.

1. Comment sont vos parents?
2. Est-ce que votre mère aime travailler? Et votre père?
3. Y a-t-il beaucoup de personnes dans votre famille?
4. Votre père parle-t-il souvent à ses parents?
5. Est-ce que votre mère aime ses beaux-frères et ses belles-sœurs?
6. Vous et vos amis parlez-vous aux parents de vos amis? Parlez-vous aux amis de vos parents?
7. Aimez-vous les parents de vos amis?
8. Voyez-vous souvent les parents de vos amis? Et vos parents?

F

GOAL: giving one's opinions

Opinions.   Donnez vos opinions.

▶   Aimez-vous les amis de votre camarade de chambre?
  Oui, j'aime bien ses amis. Ses amis sont aussi mes amis.

1. Aimez-vous vos cours? Quel est votre cours préféré?
2. Vous et vos amis aimez-vous vos professeurs? Qui est votre professeur préféré?
3. Est-ce que votre livre de maths a beaucoup d'illustrations? Et les livres de vos amis?
4. Vos camarades de classe ont-ils des opinions intéressantes? Et votre camarade de chambre?
5. Est-ce que votre chambre à l'université est élégante? Et les chambres de vos amis?
6. Aimez-vous votre voiture? Et la voiture de votre mère?
7. Vos amis sont-ils intelligents? Et les amis de votre mère?
8. Est-ce que le travail de votre mère est difficile? Et le travail de vos amis?

3   Il est + nom

— Quelle est la profession de Gérard Depardieu?
— **Il est** acteur.
— **Est-ce un** acteur américain?
— Non, **il est** français. **C'est un** acteur français.

EXPLICATION

Voir Vocabulaire 5–8,
*Les professions, L'histoire
professionnelle de mes
grands-parents, Les na-
tionalités* et *La religion*,
p. 117–123.

OPTIONAL: To check for
misperception, ask: **Comment dit-on** *it is* **en français?** Remind students *it is*
= **il/elle est** or **c'est.**

• En général, on emploie **c'est** + article (**un, le,** etc.) + nom; on emploie **il**
(**elle**) **est** + préposition ou adjectif (sans nom).

  C'est un *appareil.*
  Il est *à côté de* la chaîne stéréo.
  Ce sont les *chaussures* de Jean.
  Elles sont très *confortables.*

• On emploie aussi **c'est** + adjectif possessif + nom.

  C'est *mon* vélo.
  Ce sont *tes* amis?

POINT OUT that in this situation nouns function as adjectives and thus do not have articles. If the noun is modified by an adjective, then **c'est un(e)** or **ce sont des** must be used: **Elle est avocate.** *Mais*: **C'est une bonne avocate.**

• Pour parler de *la religion*, *la nationalité* ou *la profession* de quelqu'un, on emploie **il est** (**elle est**, etc.) *sans* article.

Il est *catholique.*
Ils sont *canadiens.*
Elle est *avocate.*

EXERCICES   G

GOAL: identifying professions

#9: **Il est poète.** Students have read poems by Prévert in Chs. 1 and 3.

Professions.   Donnez la profession des personnes suivantes.

▶   Gérard Depardieu
     Voilà Gérard Depardieu. Il est acteur.

1. Pablo Picasso
2. Fred Astaire et Patrick Swayze
3. Barbara Walters
4. Perry Mason
5. François Mitterrand
6. Edward Kennedy
7. Dolly Parton
8. Lee Iacocca
9. Jacques Prévert
10. Meryl Streep

H

GOAL: identifying nationality

Les chefs d'état.   De quelle nationalité sont les personnes suivantes?

nationalités

allemand	espagnol	polonais
américain	français	russe
anglais	irakien	
chinois	japonais	

1. George Bush
2. la reine Elizabeth
3. l'empereur Akihito
4. le roi Juan Carlos
5. Saddam Hussein
6. Mikhaïl Gorbatchev
7. Édith Cresson
8. Lech Walesa
9. Richard von Weizsacher
10. Li Peng

LES FUTURS CADRES DE L'AN 2000. C'EST VOUS!

WOLINSKI

Avez-vous l'essentiel?

Les Américains imaginent quelquefois que certaines possessions sont essentielles. Mais les Français n'ont pas toujours les mêmes possessions «essentielles». Selon une enquête récente, seulement 11% des jeunes Français (de 18 à 25 ans) ont une voiture, par exemple. Les voitures et l'essence coûtent cher en France et d'habitude on n'achète pas les voitures à crédit; et, si on habite Paris, il y a un excellent système de transport en commun.

Beaucoup de Français n'ont pas de maison. Ces dernières années, la construction de maisons dans les banlieues des grandes villes a un peu changé la situation, mais il y a encore beaucoup de Français qui habitent toute leur vie dans un appartement. Beaucoup de familles françaises ont maintenant le téléphone, mais c'est une situation assez récente et il y a des familles qui n'ont pas le téléphone. Si on habite une chambre indépendante, on n'a probablement pas le téléphone. Même quand on a des appareils, on n'a pas toujours la quantité d'appareils que les Américains jugent normale.

Pour chaque 1.000 habitants, il y a ...

	téléphones	télévisions	radios
en France:	217	237	329
en Amérique:	677	549	1.752

Si on n'a pas le téléphone, on téléphone d'un bar, d'un café ou d'une cabine téléphonique (dans la rue ou dans certains bâtiments publics). Quand on téléphone d'un bar, d'un café ou d'un bureau de poste, d'habitude on paie sur place ou on emploie une carte télématique (une **télécarte**), semblable à une carte de crédit. On achète une télécarte au bureau de poste.

Mais il y a aussi en France des appareils qu'on ne trouve pas dans une famille américaine comme un Moulinex pour la cuisine ou un Minitel, une combinaison de téléphone et d'ordinateur. Avec un Minitel on a accès à beaucoup de services sans quitter la maison. Quel appareil essentiel à la vie moderne!

QUESTIONS:
1. Est-ce que la majorité des Français ont une voiture? Avez-vous une voiture?
2. Pourquoi est-il difficile d'acheter une voiture en France? 3. Quelles possessions «essentielles» est-ce que les Français n'ont pas quelquefois? 4. Est-ce que tous les Français ont le téléphone? 5. Les Français ont-ils beaucoup de téléphones? de radios? Les Américains ont-ils beaucoup de téléphones? 6. Combien de télévisions vous et vos parents avez-vous? Avez-vous un téléphone personnel à l'université? chez vos parents? 7. Combien de radios avez-vous? Combien de radios votre famille a-t-elle?
8. Comment téléphone-t-on en France, si on n'a pas le téléphone à la maison? Où achète-t-on une télécarte?
9. Quels appareils français est-ce que les Américains n'ont pas d'habitude?
10. Donnez une définition d'un Minitel.

4

Le passé composé

— Quelle jolie robe! **Tu as acheté** cette robe pour toi?
— Non. **J'ai acheté** la robe pour l'anniversaire de ma
    mère, mais **j'ai décidé** de lui offrir un autre cadeau.
— Pourquoi?
— Hier, avant la fête, mon père **a téléphoné** et **je lui
    ai demandé** son opinion.
— Et?
— Ma mère n'aime pas les robes à la mode. Alors **je lui
    ai donné** un livre. Ma mère n'**a pas été** surprise,
    mais elle **a été** contente.
— Quel âge a-t-elle?
— Hier **elle a eu** 49 ans.

The distinction between the passé composé and the imperfect will be taught in Ch. 9.

EXPLICATION

1. Formation

Voir Vocabulaire 9, *Des
interactions familiales*,
p. 124.

• Pour parler du passé, on emploie *le passé composé*. Le passé composé est formé
d'un verbe auxiliaire (généralement **avoir**) au présent et d'un participe passé.

parler *(au passé composé)*			
j'	**ai parlé**	nous	**avons parlé**
tu	**as parlé**	vous	**avez parlé**
il/elle/on	**a parlé**	ils/elles	**ont parlé**

Point out that **j'ai parlé** par-
allels English *I have spoken.*
However, **j'ai parlé** has
other meanings in English:
I spoke, I did speak.

Ask students to spell out
the past participles of several **-er** verbs.

• Pour former le participe passé d'un verbe en **-er**, on élimine la terminaison
-er de l'infinitif et on ajoute **-é.**

$$visit\cancel{er} \rightarrow visité$$
$$travaill\cancel{er} \rightarrow travaillé$$
$$étudi\cancel{er} \rightarrow étudié$$

Nous **avons téléphoné** au prof hier.
Le prof **a posé** beaucoup de questions.

• Le participe passé de quelques verbes est irrégulier. Notez le participe passé des verbes suivants: **être** (**été**), **avoir** (**eu**), **voir** (**vu**).

> J'ai **vu** la pyramide du Louvre! Quel joli bâtiment!
> As-tu déjà **été** à Québec?
> J'ai **eu** 21 ans hier; nous avons dîné au restaurant pour fêter mon anniversaire.

2. À l'interrogatif et au négatif

POINT OUT that small common adverbs (**beaucoup, souvent, jamais, assez, bien, pas, trop, toujours**) are usually placed between **avoir** and the past participle.

• Voici l'ordre des mots d'une phrase négative au passé composé:

ne + avoir + pas (jamais, etc.) + participe passé

> Je **n'**ai **pas** mangé hier.
> Il **n'**a **jamais** étudié le français.

Révisez la formation de l'inversion au présent, p. 31.

• Pour former une question au passé composé, on emploie la forme interrogative du verbe **avoir** et le participe passé. Toutes les méthodes d'interrogation (l'intonation, **est-ce que** et l'inversion) sont possibles.

> **Tu as acheté** un cadeau aux Galeries Lafayette?
> **Est-ce que tu as acheté** un cadeau aux Galeries Lafayette?
> **As-tu acheté** un cadeau aux Galeries Lafayette?

On n'emploie pas l'inversion pour former la question avec le pronom **je**. Voir p. 100.

• **Notez** l'ordre des éléments à l'inversion avec un nom sujet.

> *La France et les États-Unis* **ont-ils signé** des accords économiques?
> *La France* **a-t-elle donné** la statue de la Liberté aux États-Unis?

Carven

EXERCICES   **I**

GOAL: describing completed past actions

Excuses. Répondez aux suggestions d'un(e) ami(e) par des excuses au passé. Regardez le modèle.

▶   Tu étudies pour l'examen aujourd'hui?
Non, j'ai étudié pour l'examen hier.

1. On parle français ensemble aujourd'hui?
2. Tu manges au restaurant aujourd'hui?
3. Tes amis téléphonent aujourd'hui?
4. Nous voyons un film en classe aujourd'hui?
5. Tu achètes tes livres aujourd'hui?
6. J'étudie avec toi aujourd'hui?
7. Il y a un examen aujourd'hui?

J

GOAL: talking about past actions

Répondez aux questions selon le modèle.

▶   Avez-vous déjà étudié le français?
Oui, j'ai étudié le français.   OU   *Non, je n'ai jamais étudié le français.*

1. Avez-vous donné un chien à vos parents?
2. Avez-vous jamais vu les parents de vos grands-parents?
3. Avez-vous jamais visité la maison de vos grands-parents?
4. Est-ce que votre mère a déjà visité la France? Et vous?
5. Est-ce que vos parents ont toujours posé beaucoup de questions à vos amis?
6. Est-ce que vos parents ont toujours beaucoup travaillé? Ont-ils trop travaillé? Et vos profs?
7. Est-ce que vos parents ont acheté les livres pour vos cours? Et vos vêtements?
8. Avez-vous déjà acheté une maison? une voiture?
9. Avez-vous jamais téléphoné à Paris?
10. Votre mère a-t-elle déjà visité l'Australie? Et vous?

K

Notez que **un, une, des** → **de** après une negation.

GOAL: asking and answering questions in the past tense (P)

La semaine dernière. Votre partenaire vous pose des questions sur la semaine dernière. Répondez à ses questions selon le sens.

▶   tu/visiter un musée
— *Est-ce que tu as visité un musée la semaine dernière?*
— *Oui, j'ai visité un musée.*   OU
— *Non, je n'ai pas visité de musée.*

1. tu/étudier les maths
2. ta mère/téléphoner
3. tes amis/travailler à la bibliothèque
4. toi et tes amis/danser à la discothèque
5. le professeur de français/manger avec les étudiants
6. tes amis/manger des escargots
7. nous/voir un film en classe
8. tu/poser des questions en classe
9. je/parler beaucoup en classe
10. on/jouer au Monopoly en classe

VOCABULAIRE

Have students locate Lille on map on front inside cover. Point out pronunciation: [lil].

POINT OUT: **Arrière** is invariable; it is an adverb and thus does not agree.

1. La famille

Je suis d'**une famille** nombreuse.
J'ai **un père** et **une mère.**
Ce sont **des parents** formidables.
Mon père a **un frère**; c'est mon **oncle** Oscar.
Mon oncle a **une femme**; c'est ma **tante** Émilie.
Ma mère a **une sœur**; c'est mon autre tante, Rachel.
Ma tante Rachel a **un mari**; c'est mon autre oncle, Paul.

Mon oncle Paul a | **un fils**; c'est Éric, mon **cousin préféré.**
| **une fille**; c'est Rose, ma **cousine préférée.**

Éric et Rose sont **le neveu** et **la nièce** de mes parents.
Ce sont **des enfants** sympathiques.

J'ai | **un grand-père** et **une grand-mère** à New York.
| d'autres **grands-parents** à Lille.

Les parents de mes grands-parents, mes **arrière-grands-parents**, sont morts.
Mes grands-parents à New York n'ont pas d'autres **petits-enfants.**
Mes grands-parents à Lille ont d'autres **petits-fils** et **petites-filles.**
Mais je n'ai pas de frères ou de sœurs; je suis **enfant unique.**

• **Les parents** = (1) la mère et le père ou (2) toutes les personnes dans la famille.

Marc Honfleur est **un parent** du côté de ma mère.

• Le nom **enfant** est masculin ou féminin selon le sens.

Claire est **une belle enfant.**
Cet enfant mécontent est mon cousin.

POINT OUT that **-eu** nouns are similar to **-eau** nouns in forming their plurals with **-x: neveux, cheveux.**

• Le pluriel de **neveu** est **neveux.**

Mes deux **neveux**, Éric et Paul, sont les fils de ma sœur.

• Notez le pluriel des noms composés: des grand**s**-parent**s**, des grand**s**-père**s**, des grand**s**-mère**s**, des arrière-grand**s**-père**s**.

Mes **grands-parents** habitent le même village que mes **arrière-grandsparents.**

EXERCICES **1** **La famille.** Demandez à votre partenaire s'il y a les personnes suivantes dans sa famille.

REMIND students that **un**, **une**, **des** -> **de** after a negation.

▶ oncle
— *As-tu un oncle?*
— *Oui, j'ai un oncle.*   OU
— *Non, je n'ai pas d'oncle.*

1. frère
2. sœur
3. neveu
4. grand-père
5. cousins
6. tante

2 **Quel âge?** Indiquez l'âge des membres de votre famille.

▶ *Mon père a quarante-huit ans, ma mère a quarante-cinq ans, mon frère a vingt-trois ans et j'ai dix-neuf ans. Mon frère a un fils, mon neveu; il a un an.* (etc.)

2. Caractéristiques personnelles

J'ai **les yeux** (*m.pl.*)	bleus.
	bruns.
	verts.

J'ai **les cheveux** (*m.pl.*)	bruns.
	blonds.
	roux.
	noirs.

Je suis	blond(e).
	brun(e).
	roux (rousse).

• On emploie le verbe **avoir** et *l'article défini* avec les caractéristiques physiques.

> J'**ai les** yeux verts.
> En Irlande beaucoup de gens **ont les** cheveux roux.

• On parle de cheveux **roux**, pas **rouges.**

> Lucie est **rousse** comme Lucille Ball; avec ses cheveux **roux**, elle n'aime pas les robes rouges.

EXERCICE **3** Indiquez les caractéristiques personnelles des personnes suivantes.

> ▶ votre cousine préférée
> *Ma cousine préférée a les yeux bleus et les cheveux roux.*

1. votre père
2. votre mère
3. vous

4. votre camarade de chambre
5. votre frère ou votre sœur
6. votre oncle ou votre tante

3. La famille du mariage et du divorce

Mon père et ma mère sont **divorcés.**

Mon père a | une autre femme, ma **belle-mère.**
un autre fils, mon **demi-frère.**

Ma mère a un autre mari, mon **beau-père.**
Mon frère est **marié** à ma **belle-sœur.**
Ma sœur est mariée à mon **beau-frère**, mais ils sont **séparés.**
Mon autre sœur est **célibataire** (elle n'est pas mariée).
Elle et une collègue habitent **ensemble.**

• **Beau- (belle-,** etc.) indique une relation de parenté établie par *le mariage* ou *le remariage.* Votre **beau-père** est le père de votre femme *ou* le second mari de votre mère. Votre **belle-sœur** est la fille de votre beau-père *ou* la femme de votre frère *ou* la sœur de votre mari.

• Un **demi-frère** (une **demi-sœur**) est un frère (une sœur) qui a un parent en commun avec vous. Vous et votre demi-frère avez le même père *ou* la même mère.

EXERCICES **4** **Qui est-ce?** Voici quelques personnes dans la famille de Jean. Identifiez chaque personne.

1. la seconde femme de son père
2. le fils de son père et de sa seconde femme
3. la fille de son père et de sa seconde femme
4. le père de sa femme
5. la sœur de sa femme
6. le frère de sa femme
7. les parents de sa femme
8. la mère de sa femme

5 **Marié, séparé, divorcé ou célibataire?** Interviewez vos camarades de classe.
Trouvez quelqu'un qui ...

Have students move around
the class, interviewing as
many other students as
possible.

1. est marié(e).
2. a un demi-frère.
3. a un beau-père.
4. a une belle-sœur.
5. a un arrière-grand-parent.

6. a quatre frères (ou plus).
7. a une demi-sœur.
8. a quatre sœurs (ou plus).
9. adore sa grand-mère.
10. a une belle-mère.

4. Des possessions

Julie a beaucoup de possessions.

Elle a | **sa motocyclette.**
son vélo.
sa chaîne stéréo.
son appareil-photo (*m.*)
son ordinateur (*m.*); c'est un IBM.
son magnétoscope pour regarder des films vidéo.
son magnétophone pour écouter des cassettes.
son téléphone.
ses cartes de crédit.

• **Appareil** est un mot général qui indique une machine. On emploie **appareil**
comme abréviation pour un appareil-photo, un appareil télephonique ou un
appareil ménager comme un mixer.

Monsieur Lucas répond au téléphone qui sonne: «Allô? Qui est à
l'appareil?»

• Notez les différentes significations du mot **carte**.

EXERCICES   **6**   Répondez à l'affirmatif, selon le modèle.

▶ C'est ton livre?
   Oui, c'est mon livre.

1. C'est l'appareil de ta mère?
2. Ce sont les cartes de crédit de ton père?
3. C'est la clé du prof?
4. C'est l'autre clé du prof?
5. C'est ton magnétoscope?
6. Ce sont les disques de tes amis?
7. C'est la chaîne stéréo de Marc?
8. C'est la moto de Marie et de Sylvie?
9. Ce sont les enfants de Jeanne?
10. C'est l'ordinateur de tes enfants?

7   Indiquez si les personnes suivantes possèdent les choses suivantes.

▶ mes cousins/un Minitel
   Mes cousins n'ont pas de Minitel.

1. ma mère/une motocyclette
2. je/des cartes de crédit
3. mon père/un magnétophone
4. mon (ma) camarade de chambre/une télévision en couleurs
5. ma grand-mère/un vélo
6. mes grands-parents/une chaîne stéréo
7. ma mère/un appareil-photo
8. je/un ordinateur
9. mes amis/un magnétoscope
10. je/le téléphone

Dualisme

Chérie, explique-moi pourquoi
tu dis:° «MON piano, MES roses»,   *tu parles de*
et «TES livres, TON chien» ... pourquoi
je t'entends déclarer parfois:°   *tu dis quelquefois*
«c'est avec MON argent À MOI
que je veux° acheter ces choses.»   *je désire*

Ce qui m'appartient t'appartient!°   *mes choses sont*
Pourquoi ces mots qui nous opposent: *tes choses*
le tien°, le mien°, le mien, le tien?   *tes choses, mes*
Si tu m'aimais tout à fait bien,   *choses*
tu dirais: «LES livres, LE chien»
et: «NOS roses».

                                        — *Paul Géraldy*

5. Les professions

1. Formation de mots

• Il y a des similarités entre les noms des professions en français et en anglais.
Les professions en **-er** ou **-or** en anglais sont en **-eur** ou **-teur** (**-euse**, **-trice**
ou ———) en français.

un acteur	une actrice
un compositeur	une compositrice
un décorateur	une décoratrice
un chanteur	une chanteuse
un moniteur	une monitrice
un ingénieur	———
un danseur	une danseuse
un programmeur	une programmeuse
un directeur	une directrice
un sénateur	———

une informaticienne/un chercheur

un médecin / une infirmière

un ingénieur

une chanteuse

une avocate

un agent de police

Chez Jean

• D'autres noms de professions sont presque identiques en anglais et en français; leur prononciation en français n'est pas nécessairement similaire à leur prononciation en anglais.

un architecte	une architecte
un dentiste	une dentiste
un journaliste	une journaliste
un pilote	——
un poète	——
un président	une présidente
un reporter	——
un secrétaire	une secrétaire
un assistant social	une assistante sociale
un homme d'affaires	une femme d'affaires
un mécanicien	une mécanicienne
un pharmacien	une pharmacienne
un psychiatre	une psychiatre
un psychologue	une psychologue

PRONUNCIATION: Note that **psychiatre** and **psychologue** are pronounced with a [psi] not a [si] sound.

2. Genre

• Pour la majorité des professions, il y a une forme masculine et une forme féminine du nom.

un avocat	une avocate
un acteur	une actrice
un infirmier	une infirmière
un vendeur	une vendeuse
un pharmacien	une pharmacienne

REMIND students that they have already learned the word **un(e) enfant**, p. 112.

• Pour quelques noms, la forme masculine et la forme féminine sont identiques; l'article change selon le sens.

un architecte	une architecte
un journaliste	une journaliste
un dentiste	une dentiste
un secrétaire	une secrétaire
un comptable	une comptable

• Pour certaines professions, il existe seulement une forme masculine du nom.

un médecin	un professeur	un ingénieur
un pilote	un reporter	un banquier

NOTEZ: Il est parfaitement possible de parler d'une femme qui exerce une de ces professions.

Madame Duclos est **un professeur formidable**.
Le pilote du 747 s'appelle Christiane Landry.
Le docteur Suzanne Delorme est **un excellent médecin**.

EXERCICES 8

Définitions. Terminez les définitions suivantes.

1. Un homme qui travaille dans une banque est ...
2. Un homme qui programme des ordinateurs est ...
3. Une femme qui travaille pour un journal est ...
4. Un homme qui travaille dans les affaires est ...
5. Une femme qui travaille dans une pharmacie est ...
6. Un homme qui compose des poèmes est ...
7. Une femme qui danse est ...
8. Un homme qui travaille dans l'architecture est ...

9   Indiquez qui dans votre famille exerce les professions suivantes.

▶ ingénieur
  Ma tante (mon oncle, etc.) est ingénieur.   OU
  Il n'y a pas d'ingénieurs dans ma famille.

1. dentiste
2. infirmier (infirmière)
3. médecin
4. homme (femme) d'affaires
5. acteur (actrice)

6. pilote
7. journaliste
8. comptable
9. avocat(e)
10. artiste

10   **Enquête.**   Interviewez vos camarades de classe pour trouver quelqu'un qui désire être ...

Have students move around the class, interviewing as many other students as possible.

1. journaliste
2. avocat(e)
3. banquier
4. dentiste
5. secrétaire

6. chanteur (chanteuse)
7. psychiatre
8. pharmacien(ne)
9. chercheur (chercheuse)
10. médecin

6. L'histoire professionnelle de mes grands-parents

1946: Voici ma grand-mère avec mon arrière-grand-père, **un agriculteur**. Ma grand-mère quitte la ferme à 16 ans pour aller à la ville.

1947: En ville, elle accepte un travail comme **ouvrière** dans une usine.

1951: Elle change de travail. Elle commence à travailler comme **vendeuse** dans un petit magasin.

1971: Elle achète le magasin. **Maintenant** elle est **patronne**; il y a des **employés** qui travaillent pour elle.

1935: Les membres de la famille de mon grand-père sont **des fonctionnaires**. Tout le monde dans sa famille travaille pour le gouvernement.

1937: Parce qu'il désire être **homme d'affaires**, il commence comme **secrétaire** dans une grande **entreprise**.

1939: La guerre commence. Il est **soldat** dans l'armée française.

POINT OUT that **cadre** has no feminine form.

1946: Il recommence **sa carrière** avec son entreprise. **Aujourd'hui** il est **cadre** dans cette entreprise.

EXERCICE 11

Quelle est ma profession? Quelle est la profession des personnes suivantes?

▶ Elle travaille avec les malades …
Elle est médecin.

1. Je travaille pour la Sécurité sociale …
2. Il travaille comme employé dans une petite boutique …
3. Nous travaillons à la campagne dans une petite ferme …
4. Ils travaillent dans l'armée …
5. Elle est dans le management …
6. Vous avez la direction d'une grosse entreprise …
7. J'envoie les lettres de mon patron …

7. Les nationalités

EXPANSION: teach **espagnol(e)**, **allemand(e)**, and the adjective that would refer to your state or province.

Je suis	anglais(e).
	italien(ne).
	canadien(ne).
	mexicain(e).
	chinois(e).
	japonais(e).
	australien(ne).

QUESTIONS:
1. Quelles sont les professions libérales? 2. Quel pourcentage des Français désirent exercer une profession libérale? 3. Pourquoi préfère-t-on les professions libérales? 4. Quel pourcentage des Français préfèrent travailler dans les affaires? 5. Préférez-vous travailler dans les affaires? 6. Désirez-vous exercer une profession libérale? 7. Désirez-vous beaucoup de sécurité? d'argent? un travail intéressant?

Les professions préférées

On a demandé aux jeunes Français quelle profession ils désirent exercer comme adultes. Voici leurs réponses.

Journaliste	9%	Agriculteur	4%
Professeur	8%	Chercheur	3%
Ingénieur	8%	Patron d'entreprise	
Médecin	7%	industrielle	3%
Steward/Hôtesse de l'air	7%	Artisan	3%
Avocat	5%	Chanteur	3%
Commerçant[a]	5%	Directeur commercial	2%
Ouvrier	5%	Banquier	1%
Instituteur[b]	4%	Autre	12%
Employé	4%	Sans opinion	7%

Beaucoup de jeunes Français (31%) désirent avoir une profession libérale (professeur, ingénieur, médecin, avocat, chercheur) parce que les professions libérales offrent des avantages économiques et beaucoup de sécurité.

Seulement 13% des jeunes Français désirent travailler dans les affaires (commerçant, patron, directeur commercial, cadre de la publicité, banquier). Pour la plupart des travailleurs, il n'y a pas de sécurité ni beaucoup d'avantages dans ces professions.

[a] **Commerçant(e)**: une personne qui travaille dans le commerce.
[b] **Instituteur (institutrice)**: un professeur pour les jeunes enfants.

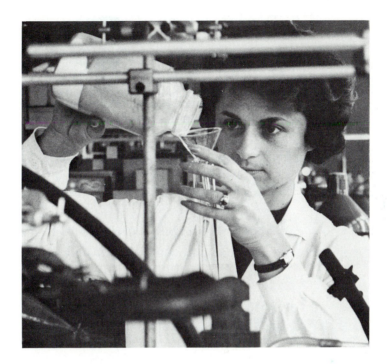

8. La religion

> **Le prêtre** est **catholique.**
> **Le rabbin** est **juif.**
> **L'iman** est **musulman.**
> **Le pasteur** est **protestant.**
> Il y a des femmes **juives** qui sont rabbins et des femmes
>   **protestantes** qui sont pasteurs. Il n'y a pas de femmes prêtres
>   ou de femmes imans.

• Un **pasteur** est responsable d'une congrégation protestante; un **ministre** travaille pour le gouvernement: le **ministre** de la culture, le **ministre** de la défense, le Premier **ministre.**

9. Des interactions familiales

J'ai	**téléphoné** à mes parents **hier**. **demandé** de leurs **nouvelles**. **déjà parlé** à ma sœur la semaine **dernière**.
J'ai	**posé** beaucoup de questions. **visité** Rouen le mois dernier. **acheté un cadeau** pour mes neveux. **donné** le cadeau à mes neveux.

- On **pose** une question; on **demande** d'autres informations.

> Le professeur **pose** beaucoup de questions.
> *Mais:* «Comment allez-vous?» **demande** Jean.
> **Demandez** à votre ami s'il est fatigué.

- On téléphone **à** une personne.

> Quand je suis malheureux, je téléphone **à** mes parents.
> Quand téléphonez-vous **à** vos amis?

Have students deduce the rule: -e- -> -è- + consonant + mute -e- (je, tu, il/elle/on, and ils/elles forms).

- Il y a un changement de prononciation marqué par un accent écrit aux formes **je, tu, il/elle/on, ils/elles** du présent du verbe **acheter**. Le **-e-** sans accent n'est pas prononcé. Comparez:

> achète [aʃɛt]   acheté [aʃte]

acheter			
j'	**achète**	nous	**achetons**
tu	**achètes**	vous	**achetez**
il/elle/on	**achète**	ils/elles	**achètent**

passé composé: j'**ai acheté**

EXERCICES **12**

La semaine dernière. Indiquez si vous avez vu les personnes suivantes ou si vous avez parlé ou téléphoné aux personnes suivantes la semaine dernière.

1. mon père
2. le prof
3. ma nièce
4. ma sœur
5. ma mère
6. mes amis
7. mon (ma) camarade de chambre
8. mon sénateur
9. mes grands-parents
10. mon frère

13

Noël dernier. Qui a accompli les actions suivantes à Noël l'année dernière?

▶ écouter des disques
À Noël, l'année dernière, mes sœurs et moi nous avons écouté des disques.

1. téléphoner aux amis
2. parler aux cousins
3. manger beaucoup
4. acheter un arbre de Noël
5. donner des cadeaux
6. voir un film
7. regarder la télé
8. chanter en groupe
9. décorer la maison
10. écouter des disques
11. avoir beaucoup de cadeaux
12. être fatigué

Nous avons fait beaucoup à Noël

NOËL

l'année dernière ...

EXPRESSION LIBRE

INTERVIEW

Interviewez votre partenaire sur sa famille. Posez autant de questions que possible. Découvrez:

1. combien de personnes il y a dans sa famille
2. comment sont les membres de sa famille immédiate
3. où habitent ses grands-parents
4. la nationalité de ses grands-parents
5. la profession des différentes personnes de sa famille
6. qui sont ses personnes préférées dans sa famille
7. les diversions préférées de chacune des personnes de sa famille

Communiquez à la classe ce que vous avez découvert.

IMAGINONS

Imaginez que vous êtes dans une des situations suivantes. Jouez les rôles avec un(e) partenaire.

1

Vous êtes conseiller (conseillère) dans une grande université et vous aidez un(e) étudiant(e) à trouver la profession qu'il (elle) désire exercer. Posez six questions générales pour vous aider à déterminer ses aptitudes.

▶ *Aimez-vous avoir beaucoup de contact avec le public quand vous travaillez?*
Aimez-vous les enfants / les animaux / les maths, etc.?
Désirez-vous être riche?
Désirez-vous beaucoup de sécurité / d'aventure / un salaire considérable dans votre travail?

2

Votre partenaire désire assurer[1] ses possessions avec votre compagnie d'assurance. Sollicitez une déclaration orale pour un minimum de six possessions, en suivant le modèle.

▶ *— Avez-vous une voiture?*
— Oui, j'ai une voiture.
— Avez-vous une seule voiture?
— Non, j'ai deux voitures.
— De quelle marque[2] sont vos voitures?
— Mes voitures sont une Volkswagen et une Renault.

---

[1] **Assurer** = *to insure.*
[2] **Marque** (*f.*): Ford est une **marque** de voiture. Citroën, Renault et Peugeot sont d'autres **marques**.

SITUATIONS

Posez trois questions pour commencer une conversation dans chaque situation.

1. Vous mangez dans un restaurant universitaire en France. Il y a un étudiant français à côté de vous qui a un livre de Hemingway (version française). Vous demandez ...
2. Vous êtes chez un ami français à Paris pour votre première visite à ses parents. Votre ami est dans la cuisine avec son père qui est journaliste et vous êtes au salon avec sa mère qui est pilote. Après les politesses vous demandez ...
3. Vous dînez chez vos parents. À table avec vous il y a un jeune couple français qui habite près de chez vos parents. Le mari travaille dans l'informatique pour une entreprise de votre région et sa femme, qui ne parle pas anglais, ne travaille pas parce qu'elle a deux enfants (4 ans et 2 ans). Vous demandez ...

CONVERSATIONS

Chaque phrase commence une petite conversation avec un(e) ami(e). Voici la question ou l'observation de votre ami(e). Continuez la conversation par cinq phrases.

1 «Votre père aime-t-il son travail?»

2 «Désirez-vous être professeur de français un jour?»

3 «Les cours d'une université américaine sont-ils difficiles?»

4 «Il n'y a pas d'émissions intéressantes à la télévision américaine.»

5 «Pourquoi les jeunes Américains ne parlent-ils pas souvent de politique?»

6 «Votre famille est-elle très nombreuse?»

COMPOSITION ORALE

Préparez une composition orale (dix phrases minimum) sur un des sujets suivants. Présentez votre composition orale en classe.

1. Combien de personnes y a-t-il dans votre famille? Qui sont-elles? Quel âge ont-elles? Comment sont-elles?
2. Votre mère est-elle occupée? A-t-elle une carrière? Qu'est-ce que c'est? Est-ce qu'elle a toujours travaillé?
3. Est-ce que votre père travaille beaucoup? Est-ce qu'il a toujours travaillé où il travaille maintenant? Est-ce qu'il aime son travail? Quelle est sa profession?
4. Quels sont les divertissements préférés de votre famille? Regarde-t-on beaucoup la télé? Qui joue du piano? Qui aime les sports? Qui écoute des disques?
5. Voyez-vous souvent vos parents? Avez-vous vu vos parents la semaine dernière?

COMPOSITION ÉCRITE

Écrivez une composition d'une page sur un des sujets suivants.

1. Ma famille.
2. Ma famille préférée à la télévision.
3. Regardez l'illustration suivante et puis donnez une description de la famille. Quels sont les rapports entre les différentes personnes de la famille? Imaginez les traits caractéristiques et les passe-temps préférés de chaque personne.

CHAPITRE 6

À l'heure

STRUCTURES

Le verbe **aller** (présent et passé composé)
Le futur immédiat
Le verbe **faire**
L'heure

CULTURE

Comment va-t-on au travail?
À quelle heure va passer votre émission favorite?
Familiale (Jacques Prévert)
L'horaire français
Combien de fois par semaine regardez-vous la télévision?

▶ Comme les Américains, les Français ont une vie active. Comment parler de leurs activités et d'un emploi du temps de tous les jours? Regardons!

Le verbe **aller** (présent et passé composé)

— Comment **allez-vous**, Madame Dupré?
— **Je vais** bien, merci.
— Et votre mari?
— **Il va** mal. Il est très malade. Voilà pourquoi **je vais** à la pharmacie.
— Et les enfants?
— **Ils vont** très bien, merci.
— Et où sont-ils?
— Mais, à l'école. **Ils vont** à l'école tous les jours.

Voir Vocabulaire 1 et 2, *Des endroits* et *Des moyens de transport*, pp. 145–147.

EXPLICATION

FOLLOW-UP QUESTIONS: **Comment allez-vous? Comment va votre camarade de chambre? vos amis?** Vary subjects. Insist on the use of **aller** in students' answers.

1. **Aller** au présent

See the Instructor's Resource Manual (IRM) for a discussion of how to teach this material.

aller			
je	**vais**	nous	**allons**
tu	**vas**	vous	**allez**
il/elle/on	**va**	ils/elles	**vont**

PRONUNCIATION: Note liaison in **nous** [z]**allons** and **vous** [z]**allez.**

- **Aller** signifie *changer de place*. Avec le verbe **aller**, on indique *où* ou *comment* on va.

    — **Où** va-t-il?
    — Il va *à la banque.*
    — **Comment** va-t-il à la banque?
    — Il y va *en métro.*

Révisez l'emploi du **-t-** supplémentaire à la forme **il/elle/on** à l'interrogatif avec l'inversion au Ch. 4, p. 78.

- On emploie le verbe **aller** pour demander l'état *physique ou morale* d'une personne ou d'une chose.

    — Comment **allez-vous?**
    — **Je vais** très bien, merci.
    — Et votre travail, **ça va** bien?
    — Oui, mais mes parents **ne vont pas** bien. Ils sont malades.

POINT OUT that in the **tu** form of the imperative, as in other **-er** verbs, there is no **-s: tu vas -> va!**

2. **Aller** au passé composé avec **être**

- Le verbe **être** est l'auxiliaire du verbe **aller** au passé composé. Le participe passé a un **-e** supplémentaire si le sujet est féminin et un **-s** si le sujet est pluriel. Le **-e** ou le **-s** finals ne changent pas la prononciation du participe passé.

> Mes amis **sont allés** à la fête.
> Marie-Hélène, es-tu **allée** avec les autres?

Exercises are marked **I** (instructor-directed), **P** (pair activity), or **G** (group activity) when appropriate. Unmarked exercises can be done as the instructor desires. The goal of each exercise is stated. See the IRM for explanation of labeling on exercises.

EXERCICES   A

GOAL: present tense of **aller**

Qui va ou? Indiquez si les personnes suivantes vont aux destinations suivantes.

> ▶ je/à Tokyo en juin
> *Je vais (je ne vais pas) à Tokyo en juin.*

1. ma mère et moi/souvent au théâtre
2. mes amis/à la classe de français
3. mon (ma) camarade de chambre/au Louvre en juin
4. mon (ma) camarade de chambre et moi/à une fête aujourd'hui
5. je/à New York quelquefois
6. mes parents/à Paris pour Noël

B

GOAL: asking about and stating past destinations

En voyage. Les autres étudiants de votre classe ont beaucoup voyagé. Où vont-ils pour les vacances d'été?

> ▶ Marc/Casablanca
> — *Marc va-t-il à Casablanca en été?*
> — *Non, il est déjà allé à Casablanca.*

1. Martine/Londres
2. Henri et Pierre/Grenoble
3. vous/Tahiti
4. Suzanne et Nicole/Dakar
5. Paul/Port-au-Prince
6. vous et vos amis/Montréal

C

GOAL: comprehension and integration

Répondez aux questions par une phrase complète.

1. Est-ce que vos grands-parents vont aux concerts de rock?
2. Vous et vos amis allez-vous souvent à la bibliothèque?
3. Quand va-t-on chez le médecin?
4. Où allez-vous quand vous êtes malheureux (malheureuse)? Pourquoi?
5. Aimez-vous aller à la campagne? Est-ce que vous et vos amis êtes allés à la campagne le week-end dernier?
6. Est-ce que votre camarade de chambre va souvent au cinéma? Est-il (elle) allé(e) au cinéma la semaine dernière?
7. Vous et vos amis allez-vous souvent à des restaurants chinois? À quelle sorte de restaurant préférez-vous aller?
8. Est-ce que vos amis vont quelquefois à la discothèque?

QUESTIONS:

1. Quel pourcentage de la population française habite la région parisienne? 2. Où est-ce que la plupart des habitants de la région travaillent? 3. Qu'est-ce que c'est que la RATP? 4. Quels transports font partie de la RATP? 5. Quelle est la différence entre ces 4 transports? 6. Pourquoi a-t-on établi le RER? Quand a-t-on établi le RER? 7. Si on habite trop loin pour aller en métro, comment va-t-on au travail à Paris? Pourquoi les Parisiens ne vont-ils pas au travail en voiture? (*voir p. 108*) 8. Y a-t-il un métro dans votre ville? un train ou un métro qui va en banlieue? un bateau? Comment est-ce que les habitants de votre ville vont au travail? Combien de temps passe-t-on souvent pour aller au travail? 9. Comment allez-vous à l'université? Et vos amis? 10. Pourquoi y a-t-il un si grand système de transports en commun à Paris? 11. Expliquez chaque mot de la formule *Métro, boulot, dodo.* Est-ce que cette formule résume votre vie? la vie de quelqu'un dans votre famille? Qui?

Comment va-t-on au travail?

Un Français sur six habite Paris ou la région parisienne. Cela fait environ dix millions de si elles! La plupart de ces elles travaillent à Paris, même si elles habitent en banlieue. Comment vont-elles au travail?

Beaucoup de gens emploient la **RATP** (la Régie autonome des transports parisiens). La RATP comprend le métro, l'autobus, le batobus et le RER. La RATP est un système de transport excellent. Il y a treize lignes de métro. Tout à Paris est près d'une station de métro. Il y a aussi, à l'intérieur de Paris, soixante routes d'autobus. Il y a même un batobus, un bateau qui va le long de la Seine. Et tout cela pour une ville qui mesure 12 kilomètres sur 9 kilomètres![a]

Le RER est assez récent. On l'a développé pendant les années 70 quand l'augmentation de la population en banlieue a forcé la ville de Paris à développer des moyens de transport rapides entre la banlieue et la ville. Le **RER** (le Réseau express régional) est un métro ultra-rapide. Les gens qui habitent en banlieue et les gens qui vont d'un bout de Paris à l'autre emploient souvent le RER. Toutes les stations du RER à l'intérieur de Paris sont aussi des stations de métro ordinaire; donc on passe facilement du RER au métro. Il y a quatre lignes de RER à l'intérieur de Paris et quatorze extensions du RER qui vont de la périphérie de Paris aux banlieues.

Pour les gens qui habitent encore plus loin de Paris, il y a aussi la **SNCF** (la Société nationale des chemins de fer français), c'est-à-dire *le train*. Les trains de banlieue vont directement aux six gares[b] de Paris, d'où il est possible de prendre le métro ou l'autobus.

Même avec un système de transport excellent, beaucoup de gens passent une heure ou plus pour aller au travail. Certains résument leur existence par la formule **Métro, boulot, dodo**.[c]

_____

[a] **12 km par 9 km** = 7,5 *miles* par 5,5 *miles* (un kilomètre = 0,6 *miles*).
[b] Les six gares de Paris sont la gare du Nord, la gare de l'Est, la gare Saint-Lazare, la gare Montparnasse, la gare de Lyon et la gare d'Auster-litz. L'ancienne gare d'Orsay a été transformée en musée: *le musée d'Orsay*.
[c] **Boulot** = travail; **dodo** = mot d'enfant pour le repos, le sommeil.

2 ▼ Le futur immédiat

— Aimez-vous danser?
— Oui, j'aime danser.
— **Allez-vous danser?**
— Non! **Je ne vais pas danser; je vais** simplement **regarder** les autres.

EXPLICATION

Voir Vocabulaire 3 et 4, *Les divisions de la journée et moments futurs* et *L'adjectif démonstratif*, pp. 148–149.

FOLLOW-UP QUESTIONS: Allez-vous danser demain? travailler? étudier? étudier le français? téléphoner à des amis? aller au cinéma?

• Le futur immédiat = **aller** au présent + infinitif

Demain soir **je vais étudier** le français.
Ils vont téléphoner au patron le matin?
Nous n'allons pas aller au cinéma la semaine prochaine.

• Dans une phrase négative, **ne ... pas** entoure le verbe auxiliaire **aller**.

Elles **ne** vont **pas** téléphoner à Delphine ce soir.

EXERCICES **D**

La routine.   Tout le monde a une routine. Imaginez les activités de demain basées sur les activités habituelles.

▶ Nous mangeons souvent à la cafétéria.
   Nous allons manger à la cafétéria demain aussi.

1. Je téléphone souvent à mes parents.
2. Mon camarade de chambre regarde souvent la télé.
3. Nous parlons souvent ensemble.
4. Je vais souvent au restaurant universitaire.
5. Les étudiants écoutent le professeur.
6. On voit souvent un petit film.
7. Le professeur est souvent énergique.
8. Les étudiants posent souvent beaucoup de questions.
9. Le prof donne souvent un examen en classe.
10. Nous travaillons souvent après la classe.

E

Répondez par une phrase complète.

1. Est-ce que le prof de français va donner un examen en classe aujour-d'hui? A-t-il donné un examen hier? Est-ce qu'il donne trop d'examens?
2. Est-ce que vous et vos amis allez dîner chez le professeur la semaine prochaine?
3. Est-ce que votre mère va travailler demain? Comment va-t-elle a travail d'habitude?
4. Comment allez-vous aller en Europe? Êtes-vous jamais allé(e) en Europe?
5. Va-t-on aller sur d'autres planètes un jour?
6. Est-ce que les Américains vont habiter Mars en 2001?
7. Est-ce que les gorilles vont dominer notre planète?
8. Les gorilles vont-ils parler anglais un jour? Pourquoi?

3   Le verbe **faire**

Que **faites-vous**?
Je regarde la télé.

Que **fait-il**?
Il parle à son chien.

Qu'est-ce que **ces gens font**?
Ils jouent à la pétanque.

EXPLICATION

Voir Vocabulaire 5 et 6, *Pour parler d'une chose* et *Pour parler de l'activité en général*, pp. 150–152.

Notez la différence de prononciation entre **vous faites** [fɛt] et **nous faisons** [fəzɔ̃].

POINT OUT the singular endings **-s, -s, -t.** Remind students that they learned this pattern with **voir** in Ch. 4. Note the pronunciation of **faisons** [fəzɔ̃]. Point out that the **ils/elles** forms of 4 verbs end in **-ont** rather than **-ent: font, vont, ont, sont.**

faire			
je	**fais**	nous	**faisons**
tu	**fais**	vous	**faites**
il/elle/on	**fait**	ils/elles	**font**

PASSÉ COMPOSÉ: j'**ai fait**

- **Faire** indique l'action en général.

   — Que **faites-vous** maintenant?

- On emploie souvent le verbe **faire** dans les questions, mais pour les réponses on emploie d'habitude d'autres verbes.

   — Que **faites**-vous?
   — Je *regarde* la télé et je *mange* quelque chose.

   — Que **fait** votre mère?
   — Elle *est* avocate.

Mime the following actions and ask: **Qu'est-ce que je fais?** (manger, danser, chanter, regarder, écouter, parler, travailler, étudier, aller, téléphoner).

À quelle heure va passer votre émission favorite?

LA SEMAINE PROCHAINE *du 16 au 22 juillet*

TF1	A2	FR3	LA CINQ	M6
SAMEDI				
20.04 - *Variétés* : OH COCO L'ETE CHAUD, de S. Collaro. 22.10 - *Série* : Rick Hunter. 23.00 - L'heure Simenon.	20.35 - CHAMPS-ELYSEES ; spécial Tour de France à Toulouse. 22.30 - L'amour en héritage.	20.30 - DISNEY CHANNEL. 22.10 - Le divan. 22.30 - Musicales.	20.30 - *Téléfilm* : LES OTAGES, avec Barbara Bosson, Ned Beatty. 22.05 - La loi de Los Angeles.	20.30 - *Téléfilm* : LE NINJA ATTAQUE, avec D. Yamanaka. 22.00 - Tant qu'il y a des hommes (nº1/3).
DIMANCHE				
20.35 - *Film* : FENETRE SUR COUR, avec James Stewart, Grace Kelly. 22.25 - Sport dimanche soir.	20.35 - *Téléfilm* : PERRY MASON, avec Raymond Burr. 22.00 - L'Allemagne change-t-elle de peau ? (2).	20.30 - *Variétés* : CATHERINE LARA A L'OLYMPIA. 22.30 - *Film* : Les sorcières, avec Silvana Mangano.	20.30 - *Film* : LE ROI DU KUNG FU, avec Wang Yu. 22.20 - Inxs in concert.	20.30 - *Téléfilm* : ENLEVEMENT A NASHVILLE. 22.30 - *Film* : Scotland Yard joue et gagne, avec John Mills.
LUNDI				
20.30 - *Téléfilm* : L'ASSASSIN, avec Robert Conrad. 22.10 - Super-sexy. 23.00 - *Feuilleton* : Le bateau.	20.35 - *Feuilleton* : NORD ET SUD, avec James Read. 22.00 - Un juge, un flic. 23.00 - La planète miracle.	20.30 - *Film* : OPERATION CROSSBOW, avec Sophia Loren, George Peppard. 22.15 - Océaniques.	20.30 - *Téléfilm* : LES ENVOUTES, avec James Farantino. 22.15 - La loi de Los Angeles.	20.30 - *Téléfilm* : MASSACRE A MINUIT, avec Robert Clarke, Ann Robinson. 22.05 - Cagney et Lacey.
MARDI				
20.35 - *Film* : LE CAVALEUR, avec Jean Rochefort, Nicole Garcia. 22.15 - Histoires naturelles.	20.35 - *Film* : OPERATION DRAGON, avec Bruce Lee. 22.00 - Dossiers de l'écran : les arts martiaux.	20.30 - *Film* : FERNAND CLOCHARD, avec Fernand Raynaud, Colette Castel. 22.00 - Programme régional.	20.30 - *Film* : L'ILE DU DOCTEUR MOREAU, avec Burt Lancaster. 22.00 - La loi de Los Angeles.	20.30 - *Téléfilm* : UN AUTRE MONDE, avec Sally Struthers, James Wood. 22.05 - Cagney et Lacey.
MERCREDI				
20.40 - *Théâtre* : DESIRE, avec Marie-José Nat, Jean-Claude Brialy. 22.20 - *Série* : Texas police.	20.35 - JEUX SANS FRONTIERES. 21.55 - La loi, c'est la loi. 22.45 - C'était Dim dam dom.	20.30 - *Téléfilm* : COW-BOYS, avec James Brolin, Ted Danson, Annie Potts. 22.30 - Abel et Bela.	20.30 - *Téléfilm* : MORT SUSPECTE, avec Ben Murphy, Lauren Hutton. 22.00 - La loi de Los Angeles.	20.30 - *Téléfilm* : LA FILIERE CHINOISE, avec Georges C. Scott, Ali McGraw. 22.0 - Cagney et Lacey.
JEUDI				
20.35 - *Feuilleton* : LE VENT DES MOISSONS, avec Annie Girardot, Jacques Dufilho. 22.00 - Sacrés gendarmes.	20.35 - *Film* : VERA CRUZ, avec Gary Cooper, Burt Lancaster. 22.00 - Edition spéciale.	20.30 - *Téléfilm* : OPERATION SCORPIO, avec Alex Cord, Shirley Beaton. 22.30 - Océaniques.	20.30 - *Téléfilm* : L'AMOUR EN CAVALE, avec Stefanie Zimbalist Jr. 22.00 - La loi de Los Angeles.	20.30 - *Téléfilm* : QUI A TUE LE PRESIDENT ? avec Jeff Bridges, John Huston, Anthony Perkins. 22.10 - Cagney et Lacey.
VENDREDI				
20.35 - INTERVILLES : Lyon-Nice. 22.25 - Ushuaia ; Les Menuhin. 23.25 - *Téléfilm* : Au bon beurre (nº 1).	20.35 - *Feuilleton* : LA CAMORRA (fin). 23.10 - *Film* : L'arrangement, avec Kirk Douglas, Faye Dunaway, Deborah Kerr.	20.30 - *Série* : TERRE DES GANGS. 21.30 - Thalassa : souvenirs de vacances. 22.40 - L'amour du métier.	20.30 - *Téléfilm* : THE LETTER, avec Lee Remick, Ronald Pickup, Jack Thompson. 22.35 - La loi de Los Angeles.	20.30 - *Série* : LE SAINT. 21.20 - La clinique de la Forêt-Noire. 22.30 - *Film* : Les fleurs du soleil, avec S. Loren.

En France il y a six chaînes de télévision. Trois de ces chaînes datent des années cinquante. Les autres sont assez récentes.

La création des nouvelles chaînes a provoqué beaucoup de discussion parce que ces chaînes sont privées par contraste aux trois premières chaînes qui sont publiques.[a] Les critiques des chaînes privées accusent ces chaînes de montrer trop d'émissions américaines et de diminuer la qualité de la télévision française.

Regardez cette page de *La semaine de télé*. Comment trouvez-vous cette semaine de télévision française? Notez une différence entre la télévision française et la télévision américaine: aux États-Unis, les émissions de télévision commencent ou se terminent à l'heure exacte ou à la demi-heure. En France, les émissions se terminent à des moments irréguliers et l'émission suivante commence tout de suite après.

Notez les différents types d'émissions:

Série. Une émission qui passe chaque semaine avec les mêmes personnages principaux mais une situation différente.
Feuilleton. Une émission qui passe chaque semaine (ou chaque jour) avec les mêmes personnages principaux et secondaires et la même situation qui continue.
Film. Un film tourné spécialement pour le cinéma.
Téléfilm. Un film tourné spécialement pour la télévision.
Variété. Une émission qui offre une variété de distractions.

ᵃ Une des trois chaînes originales a été privatisée; elle est maintenant privée. Notez qu'une des chaînes, CANAL +, n'est pas mentionnée sur cette page de *La semaine de télé*.

EXERCICES F

QUESTIONS:
1. Combien de chaînes y a-t-il à la télévision française?
2. Pourquoi les nouvelles chaînes sont-elles différentes des premières chaînes? 3. Est-ce que toutes les émissions des nouvelles chaînes sont américanisées? 4. Quelles sortes d'émissions préférez-vous? 5. Quelle est votre émission préférée? Aimez-vous les variétés? 6. Regar-

On y va? On va au cinéma en groupe, mais qu'est-ce que tout le monde fait? Demandez à votre partenaire de vous indiquer les activités des personnes suivantes.

  votre sœur/manger quelque chose
   — *Qu'est-ce que votre sœur fait?*
   — *Elle mange quelque chose.*

1. votre père/parler au téléphone
2. Éric et Marc/faire une promenade
3. vous/écouter la radio
4. Suzanne et Mélanie/regarder la télévision
5. nous/faire des devoirs
6. je/faire un exercice

GOAL: asking about and telling what people are doing (P)

G

Les jumeaux. Stéphane est toujours en retard. Sa sœur Stéphanie est toujours en avance. Quand est-ce qu'ils font les choses suivantes?

  les devoirs
   Stéphane va faire les devoirs demain; Stéphanie a déjà fait les devoirs.

1. un effort en classe
2. des économies
3. des progrès en maths
4. une promenade dans le parc
5. beaucoup de choses

GOAL: using **faire** expressions in past or future

dez *La semaine de télé*. À quelle heure va passer un téléfilm le mardi soir? Sur quelle chaîne va-t-il passer? 7. Combien de films vont passer à TF1 pendant la semaine? Combien de téléfilms? 8. Sur quelle chaîne va passer une émission de Disney samedi? 9. Qu'est-ce que vous allez regarder à la télé ce soir? Un téléfilm? 10. Quel jour va passer votre émission préférée?

QUESTIONS:
1. Combien de personnes y
a-t-il dans cette famille?
2. Que fait la mère?
3. Que fait le père?　4. Que
fait le fils?　5. Est-ce que les
parents sont anxieux parce
que leur fils fait la guerre?
Est-ce que leur réaction est
normale?　6. Est-ce le fils
est anxieux?　7. Est-ce qu'il
pense beaucoup à la
guerre?　8. Qu'est-ce qu'il
va faire après la guerre?
9. Qu'est-ce qu'il fait en
réalité?　10. Quelle est la
réaction des parents à sa
mort?　11. Pourquoi y a-t-il
beaucoup de répétition
dans ce poème?　12. Quelle
relation y a-t-il entre la
mentalité «métro, boulot,
dodo» et la mentalité des
personnages dans ce
poème?

Familiale

La mère fait du tricot°　　　　　　　　　　　　　　knit
Le fils fait la guerre°　　　　　　　　　　　　　　conflict militaire
Elle trouve ça tout naturel la mère
Et le père qu'est-ce qu'il fait le père?
Il fait des affaires
Sa femme fait du tricot
Son fils la guerre
Lui des affaires
Il trouve ça tout naturel le père
Et le fils et le fils
Qu'est-ce qu'il trouve le fils?
Il ne trouve rien absolument rien le fils
Le fils sa mère fait du tricot son père
　　des affaires lui la guerre
Quand il aura fini° la guerre　　　　　　　　　　à la fin de
Il fera° des affaires avec son père　　　　　　　va faire
La guerre continue la mère continue
　　elle tricote
Le père continue il fait des affaires
Le fils est tué il ne continue plus
Le père et la mère vont au cimetière°　　　　　　endroit où on
Ils trouvent ça naturel le père et la mère　　　enterre les morts
La vie continue la vie avec le tricot la guerre
　　les affaires
Les affaires la guerre le tricot la guerre
Les affaires les affaires et les affaires
La vie avec le cimetière.

— *Jacques Prévert*

H **Emploi du temps.** Déterminez l'emploi du temps d'un(e) partenaire; quelles sont ses activités aux moments suivants? Posez votre question au présent, au futur immédiat ou au passé composé selon le contexte.

1. le dimanche
2. hier soir
3. maintenant
4. demain
5. la semaine dernière
6. le samedi
7. la semaine prochaine
8. lundi prochain
9. lundi dernier
10. demain matin

I Répondez par une phrase complète.

1. Que font les médecins quand ils ne vont pas au travail?
2. Qu'est-ce que vos parents ont fait l'année passée?
3. Vous et les autres étudiants de français, que faites-vous en classe?
4. Que fait le professeur quand vous parlez anglais en classe?
5. Qu'est-ce que vous faites? Imaginez que vous êtes riche.
6. Que fait-on quand il n'y a rien à faire?
7. Que fait-on à la Maison-Blanche?
8. Que font les étudiants le dimanche?
9. Qu'avez-vous fait la semaine dernière? Qu'est-ce que vous allez faire la semaine prochaine?
10. Qu'est-ce que vous faites quand vous êtes malheureux (malheureuse)?

4   L'heure

Que faites-vous au cours d'une journée typique?

Je quitte la maison **à huit heures et quart**.

À neuf heures je commence mon travail.

Je déjeune **à midi. À une heure et demie** je recommence mon travail.

Je travaille jusqu'**à six heures moins dix**.

Je rentre **à sept heures moins le quart** pour dîner.

Je regarde la télé jusqu'**à minuit**.

EXPLICATION

Voir Vocabulaire 7 et 8, *Expressions de temps* et *Avance et retard*, pp. 153–156.

PRONUNCIATION: Watch out for incorrect pronunciation of **heure** as [ur], [yr] or [ɔr]. Practice vowel distinctions between: **port/pour/pur/peur**: [pɔr/pur/pyr/pœr]. Point out that **quart** = **car** = [kar].

PRONUNCIATION: Point out the liaison in **neuf** [v]**heures, deux** [z]**heures, six** [z]**heures, dix** [z]**heures.**

1. Formes

- Employez **Quelle heure est-il?** pour demander l'heure.

  Quelle heure est-il?
  Il est huit heures.
  Il est une heure et demie.
  Il est cinq heures moins le quart.
  Il est neuf heures dix.

- **Heure** est au singulier pour **une heure** et au pluriel pour deux **heures**, trois **heures**, etc.

  Mon cours de français est à une **heure** et mon cours de chimie à trois **heures**.

- Pour préciser l'heure en français on emploie les expressions **du matin, de l'après-midi** et **du soir**.

  Il est une heure **du matin**. Je suis au lit.
  Il est cinq heures **de l'après-midi**. Je quitte mon bureau.
  Il est dix heures **du soir**. Je regarde la télé.

- Pour demander l'heure précise d'une certaine action, on emploie **À quelle heure ... ?** La réponse est toujours **à** + l'heure.

  À quelle heure déjeunez-vous?
  Je déjeune **à midi** d'habitude, mais hier j'ai déjeuné **à une heure**.

- **De quelle heure à quelle heure ... ?** demande les limites d'une action (le commencement et la fin). La réponse est toujours **de** + l'heure du commencement, **à** + l'heure de la fin.

  De quelle heure à quelle heure êtes-vous à l'université?
  Je suis à l'université **de huit heures** du matin **à sept heures** du soir.

2. Le système officiel

- En français on emploie souvent un système officiel de 24 heures. On emploie ce système pour les transports, pour le cinéma, pour la radio, pour la télévision, pour le théâtre et aussi dans la conversation.
- Pour le système officiel, on emploie l'heure et le nombre de minutes. On n'emploie pas les expressions **et demie, et quart, moins le quart, midi** ou **minuit**.

système ordinaire	système officiel
Il est huit heures du matin.	Il est huit heures.
Il est huit heures du soir.	Il est vingt heures.
Il est deux heures et quart de l'après-midi.	Il est quatorze heures quinze.

QUESTIONS:

1. À quelle heure est-ce qu'on commence le travail chez vous? Et en France? 2. À quelle heure est-ce que la plupart des Américains quittent le bureau? Et les Français? 3. Les Américains ont généralement combien de temps pour le déjeuner? Et les Français? 4. Est-ce que la plupart des magasins aux États-Unis ferment leurs portes à midi ou est-ce qu'ils font la journée continue? 5. À quelle heure est-ce que les banques américaines ouvrent leurs portes le matin? Et les banques françaises? 6. Si vous allez en France en août, allez-vous trouver beaucoup de magasins fermés? Pourquoi?

L'horaire français

À quelle heure dîne-t-on? À quelle heure va-t-on au travail? De quelle heure à quelle heure les magasins sont-ils ouverts? Et les banques? L'horaire typique varie d'un pays[a] à l'autre. Voici quelques détails intéressants sur l'horaire français.

On commence le travail à 9 heures ou à 9 heures et demie et on rentre à 18 heures ou à 19 heures pour dîner en famille entre 19 heures et 20 heures. On déjeune souvent de 12 heures à 14 heures. Avec deux heures pour le déjeuner on a le temps de manger tranquillement au restaurant ou, si on a des enfants, de rentrer à la maison préparer quelque chose.

Beaucoup d'entreprises et de commerces français ferment leurs portes entre 12 heures et 14 heures pour le déjeuner. Mais les grands magasins et les magasins de style américain restent souvent ouverts entre 12 heures et 14 heures. Ils font la journée continue. La majorité des petits commerces sont ouverts de 9 heures à 18 heures; les boulangeries[b] sont ouvertes à 7 heures et ferment à 20 heures. Mais une boulangerie est souvent fermée entre 12 heures et 16 heures.

Les banques sont ouvertes du lundi au vendredi, de 9 heures à 16 heures 30 et le samedi de 9 heures à 12 heures. Il y a certaines banques qui sont ouvertes le samedi de 9 heures à 16 heures 30, mais qui sont fermées le lundi. Beaucoup de magasins sont fermés le dimanche. Les magasins qui sont ouverts le dimanche sont fermés un autre jour de la semaine.

Beaucoup de magasins et beaucoup d'entreprises sont fermés en août quand la grande majorité des Français ont leurs vacances de quatre ou cinq semaines.

ᵃ **Pays** (*m.*) = nation.
ᵇ **Boulangerie** (*f.*) = où on achète le pain.

EXERCICES   J

GOAL: asking and answering questions about daily schedules (P)

D'habitude.   Demandez à votre partenaire à quelle heure il (elle) fait les choses suivantes.

▶ dîner
— *À quelle heure est-ce que tu dînes d'habitude?*
— *Je dîne d'habitude à six heures.*

1. étudier
2. regarder la télévision
3. déjeuner

4. arriver en classe
5. quitter la classe
6. rentrer le samedi soir

GOAL: situating activities in time

K

EXPANSION: ask when the French do these activities. This can serve as a lead-in to the cultural note *L'horaire français.*

Aux États-Unis.   Aux États-Unis, à quelle heure est-ce qu'on fait les choses suivantes?

1. aller au bureau
2. déjeuner
3. quitter le bureau

4. arriver à la maison
5. dîner
6. regarder la télévision

L

Quelle heure est-il à Paris?   À quelle heure est-ce que vous faites les choses suivantes? Et quelle heure est-il à Paris à ce moment-là?

GOAL: comparing American and Paris times

Have students adjust for their own time zone.

San Diego	Denver	Saint Louis	Boston	Paris
3 h	4 h	5 h	6 h	12 h

▶ aller au travail
Je vais au travail à 8 heures du matin; à ce moment-là il est 5 heures du soir à Paris.

1. arriver à l'université
2. aller à ma première classe
3. déjeuner
4. aller à ma dernière classe

5. dîner
6. quitter l'université
7. rentrer chez moi
8. étudier

Le train.   Voici les horaires de départ de quelques trains. Expliquez les heures de départ à un(e) ami(e). Utilisez le système ordinaire.

GOAL: converting from 24-hour to 12-hour time system

Have students locate cities on map on inside front cover. Help them with pronunciation: **Lyon** = **lion** = [ljɔ̃]; **Caen** = **quand** = [kã]; **-g** is silent in **Strasbourg**.

▶ Dijon: 21 h 30
Remarquez! Le train pour Dijon est à neuf heures et demie du soir.

1. Strasbourg: 13 h 45
2. Nancy: 12 h 15
3. Lyon: 19 h 30
4. Bordeaux: 15 h 35
5. Caen: 11 h 50
6. Avignon: 23 h 40

Voilà la question.   Vous écoutez chaque réponse. Quelle a été la question?

GOAL: forming time-related questions

▶ Il est 11 heures 10.
Quelle heure est-il?

1. J'arrive en classe à 2 heures 15.
2. Nous déjeunons de 12 heures à 14 heures.
3. Il est 10 heures et demie.
4. Le train arrive à 13 heures 30.
5. Il est midi vingt.
6. Je dîne de 8 heures à 9 heures.
7. La classe commence à 8 heures moins le quart.
8. Il est 8 heures moins le quart.

Exercise O:
GOAL: reading and discussing TV log

Have students look at the TV schedule on p. 136 while you ask the questions.

Regardez à la page 136 le sommaire de la télévision pendant les heures de grande écoute pour la semaine du 16 au 22 juillet. Répondez aux questions.

ANSWERS:
(1) *Rick Hunter*, TF1,22.10; *La loi de LA*, La 5, 22.05.
(2) *Operation Cross Bow*, FR3, 20.30.
(3) La 5, 20.30.
(4) Samedi, TFI, 20.04; dimanche, FR3, 20.30.
(5) *Operation Dragon*, A2, 20.35; *Dossiers de l'écran (les arts martiaux)*, A2, 22.00.
(6) *La planète miracle*, A2, 23.00; *Océaniques*, FR3,22.15.
(7) Dimanche, 22.20, *Inxs en concert.*
(8) La 5
(9) *La loi de LA*; mardi 22.15; vendredi 22.35
(10) *Au bon beurre*, TFI, 23.25; *The Letter*, La 5, 20.30.

1. Quelles séries américaines passent samedi soir? À quelles heures et sur quelles chaînes?
2. Quel film américain montre-t-on le lundi, à quelle heure et sur quelle chaîne?
3. À quelle heure et sur quelle chaîne montre-t-on *L'île du docteur Moreau*?
4. Quels jours y a-t-il des variétés à la télévision? À quelle heure et sur quelle chaîne passent-elles?
5. Si on aime le karaté, quelles émissions va-t-on regarder mardi soir? À quelle heure et sur quelle chaîne passent-elles?
6. Si on aime les sciences, quelle émission va-t-on regarder lundi soir? À quelle heure et sur quelle chaîne passe-t-elle?
7. Si on aime la musique, quelle émission va-t-on regarder sur la Cinq? Quel jour et à quelle heure passe-t-elle?
8. Quelle chaîne montre beaucoup d'émissions américaines?
9. Que montre-t-on sur la Cinq après dix heures du soir? Avez-vous déjà vu cette émission? À quelle heure passe-t-elle mardi? Et vendredi?
10. Quels téléfilms montre-t-on vendredi soir? À quelle heure et sur quelles chaînes montre-t-on ces films?

▼ VOCABULAIRE

REMIND students that they already know **au musée, au magasin, à l'université, chez le médecin, au restaurant, à la résidence, à la bibliothèque.**

1. Des endroits

Aujourd'hui je vais ...	**à la banque**.
	à l'hôpital *(m.)*.
	à l'hôtel *(m.)*.
	à la gare pour voir les trains.
	à la pharmacie.
	au théâtre.
	au cinéma.
	au travail pour travailler.

Après le travail, je vais **à la plage** parce que j'adore l'océan.

Le dimanche, je vais **à l'église** *(f.)*; je suis catholique.

- **Endroit** est un mot général.

    Ce restaurant est un très joli **endroit**.
    À quel **endroit** allez-vous pour travailler?

- **Place** est un mot très spécifique.

    Place =
    - place publique, un square dans une ville
    - siège au théâtre ou au cinéma
    - espace personnel à l'intérieur d'une pièce, d'une voiture, d'un avion

    Allons **place** de la République.
    Achetons deux **places** pour le film *Camille Claudel*.
    Y a-t-il de la **place** pour moi?

- On trouve des médicaments dans une **pharmacie**; on trouve tout (excepté les médicaments) dans un **drug-store**.

    Lise va au **drug-store** pour acheter des disques.

EXERCICES **1**

Encourage students to think of as many different options as possible.

Destination.   Où va-t-on dans les circonstances suivantes?

1. quand on est riche
2. quand on est malheureux
3. quand on est malade
4. quand on voyage
5. quand on est pauvre
6. quand on a un rendez-vous
7. quand on a des problèmes
8. quand on désire parler à un prêtre

2 **Où allez-vous?**   Expliquez où vous allez d'habitude aux moments suivants.

1. le lundi
2. le dimanche
3. après le cours de français
4. quand vous êtes malade
5. quand vous êtes malheureux (malheureuse)
6. quand vous travaillez

3 **Où allez vous?**   Indiquez si vous allez aux endroits suivants aujourd'hui.

1. l'université
2. le cinéma
3. la bibliothèque
4. l'hôpital
5. le travail
6. le laboratoire

4 Déterminez si votre partenaire est allé(e) aux endroits suivants hier.

1. la banque
2. la classe
3. la gare
4. l'église
5. le cinéma
6. la plage
7. le travail
8. la pharmacie
9. la bibliothèque
10. le théâtre

2. Des moyens de transport

Also en **(auto)car**, **à cheval**.
POINT OUT use of **en** *inside* a transport (**en voiture, en bateau**) and of **à** *on top* or *astride* the transport (**à pied, à vélo**)

CULTURE: Distinguish **(auto)bus** (city/local bus) and **(auto)car** (long-distance /touring bus).

Comment va-t-on à Montréal? On y[1] va ...

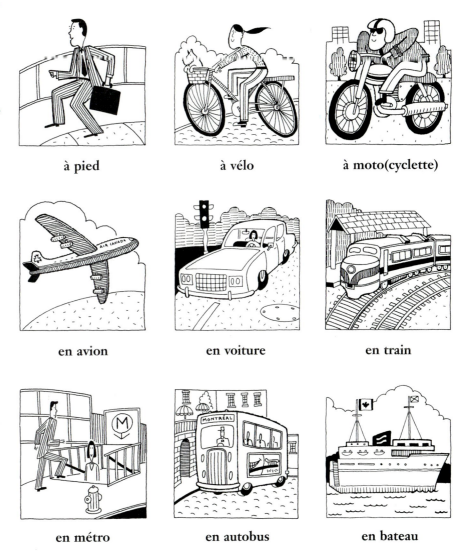

à pied à vélo à moto(cyclette)

en avion en voiture en train

en métro en autobus en bateau

---

[1] **Y** = à l'endroit mentionné; là.

EXERCICE 5   **Quel moyen de transport?**   Comment va-t-on d'habitude aux destinations suivantes?

1. en classe
2. au travail dans votre ville
3. au travail à Paris
4. de New York à Los Angeles
5. à une autre ville
6. de Montréal à Marseille

3. Divisions de la journée et moments futurs

Quand allez-vous préparer vos devoirs de français?

Moi, je vais travailler	**le matin.**
	l'après-midi (*m.*).
	le soir.
	la nuit.
	pendant les vacances.

*Quand allez-vous travailler à votre composition pour votre **prochaine** classe?*

Je vais travailler	dimanche **prochain.**
	demain.

*Je ne vais pas travailler aujourd'hui; je ne suis pas **libre** (- je suis occupé(e)).*

huit jours = une semaine; quinze jours = deux semaines

The distinction between **soir /soirée** and **an/année** is not taught at this level.

Révisez la différence entre **lundi** et **le lundi**, p. 62.

POINT OUT: **Matin, soir,** and **après-midi** can also be used with **hier.**

• On emploie **jour** après un nombre. On emploie **journée** quand on parle des activités ou des événements à l'intérieur d'une période de temps.

> J'ai passé huit **jours** à Nice.
> Un examen de maths, une composition de français et un accident au laboratoire ... Quelle **journée** catastrophique!

• D'habitude les expressions **matin, après-midi** et **soir** sont précédées de l'article défini (sans préposition) ou du nom d'un *jour*.

> Elle va au travail **le matin** et elle rentre **le soir**.
> Je vais dîner chez mes parents **samedi soir**.
> Je vais aller chez le dentiste **demain matin**.

EXERCICES **6** **Projets.** Expliquez vos activités pour chaque moment.

▶ lundi soir
Je vais regarder la télé lundi soir.

1. demain matin
2. jeudi soir
3. demain soir
4. pendant les vacances
5. le week-end prochain
6. l'après-midi
7. samedi soir
8. la semaine prochaine

7 **La semaine prochaine.** Indiquez ce que vous allez faire chaque jour de la semaine prochaine.

▶ *Dimanche prochain je vais aller à l'église. Lundi prochain ...*

4. L'adjectif démonstratif *ce, cet, cette, ces*

	singulier	pluriel
masculin	ce (cet)	ces
féminin	cette	ces

Make sure students understand the difference between **ce** (pronoun) and **ce** (adjective).

• L'adjectif démonstratif, comme l'article défini, donne un sens spécifique au nom.

— Vous voulez un stylo? Pourquoi pas **ce** stylo?
— Parce que **ce** stylo, c'est le stylo de Claire!
— Je vais employer **cet** autre stylo.

REMARQUEZ: **ce** + voyelle ou **h-** muet → **cet**

PRONUNCIATION: Be sure students pronounce **cet** and **cette** identically. Point out that they are both pronounced like **sept** [sɛt]. Remind them of the special masculine forms **bel, vieil, nouvel** (Ch. 3, p. 149). Have students deduce need to avoid juxtaposition of 2 vowels.

— Aimez-vous **ce** livre?
— Non, je préfère **cet** autre livre.

— Est-ce que vous êtes à **cet** hôtel?
— Non, je suis à **ce** grand hôtel-là.

• **Ces** est la forme plurielle au masculin et au féminin.

Regardez **ces** garçons et **ces** filles! Tous **ces** enfants sont des violonistes magnifiques!

EXERCICES **8** **Distinctions.**   Indiquez les différences entre les choses ou les personnes suivantes.

> ▶ pull/chemise
> *Ce pull est noir mais cette chemise est bleue.*

1. livre/cahier
2. professeur/étudiants
3. pull/autre pull
4. pantalon/chaussures
5. étudiante/étudiant
6. tableau/murs

9 **Activités.**   Indiquez vos activités aux moments donnés. Employez un adjectif démonstratif.

> ▶ matin
> *Ce matin j'ai étudié à la bibliothèque.*

1. soir
2. après-midi
3. week-end
4. semaine
5. année
6. semestre

5. Pour parler d'une chose

> — **Que** mangez-vous, Éric et Cécile?
> — Éric **ne** mange **rien**, mais je mange des pâtisseries.
> — Elles sont bonnes?
> — Viens, mange **quelque chose** avec moi.

POINT OUT: **Que** + **est-ce que** = **qu'est-ce que**. Remind students they have already learned **Qu'est-ce qu'il y a**? in Ch. 4.

• **Qu'est-ce que ... ?** ou **Que ... ?** est le pronom interrogatif pour *une chose objet du verbe*.

    — **Qu'est-ce que** vous mangez?
    — Je mange *un sandwich*.

    — **Que** regardez-vous?
    — Nous regardons *une émission de télévision*.

Les formes **qu'est-ce que** et **que** ont un sens identique; la différence est dans la forme de la question. Employez **qu'est-ce que** devant un sujet + verbe et **que** devant l'inversion.

Qu'est-ce que vous regardez?	**Que** regardez-vous?
Qu'est-ce qu'il mange?	**Que** mange-t-il?

NOTEZ: La réponse à une question avec **est-ce que** est toujours **oui** ou **non**. La réponse à une question avec **qu'est-ce que** n'est jamais **oui** ou **non**. **Qu'est-ce que** demande une *réponse spécifique*.

    — **Est-ce que** vous regardez la télé?
    — *Oui*, je regarde la télé.

    — **Qu'est-ce que** vous regardez?
    — Je regarde *le chat qui est dans le jardin*.

• **Ne ... rien** est le contraire, ou la négation, de **quelque chose**. **Quelque chose** et **ne ... rien** répondent à la question **Qu'est-ce que ... ?** (**Que ... ?**).

    — **Qu'est-ce que** vous mangez le soir?
    — Je **ne** mange **rien**.

    — **Qu'est-ce que** vous avez dans vos sacs?
    — J'ai **quelque chose** de bon dans mon sac, mais Anne **n'**a **rien** dans son sac.

EXERCICE 10

Posez une question à votre partenaire selon le modèle.

▶ regarder/la télé
    — *Qu'est-ce que tu regardes à la télé?*
    — *Je regarde un feuilleton.*   OU
    — *Est-ce que tu regardes la télé?*
    — *Oui, je regarde la télé.*

1. étudier/l'université	6. détester/l'université
2. parler/la maison	7. aimer/la télé
3. acheter/la bibliothèque	8. détester/la télé
4. voir/le musée d'art	9. regarder/la télé demain soir
5. aimer/l'université	10. étudier/le semestre prochain

POINT OUT: On **entre** *dans* une salle; on **passe** *par* ou *devant* un bâtiment. Be sure students understand that **rester** means *to stay,* not *to rest.*

The intransitive meaning of **passer** is used in this book in the present only. To avoid confusion, only the transitive meaning of **passer** is taught in the passé composé.

6. Pour parler des activités en général

*Qu'est-ce que vous allez **faire** ce vendredi?*

Je vais | **quitter** la maison pour aller au travail.
| **arriver** au bureau.
| **entrer dans** le bureau et travailler.

À la fin de la journée je vais | **passer par** le supermarché.
| **rentrer** chez moi.

Samedi je vais **rester** chez moi. (= Je ne vais pas quitter la maison.)

Voir la discussion du verbe **aller** au passé composé, p. 131.

Practice forming the past tense of these verbs by asking: **À quelle heure êtes-vous rentré(e) hier soir? Êtes-vous resté(e) sur le campus le week-end dernier?**

• Les verbes **arriver, entrer, rentrer** et **rester** sont conjugués avec **être** au passé composé. Les participes passés s'accordent avec le sujet du verbe.

Marc n'**est** pas encore **arrivé?**
Nous **sommes restés** chez nous hier soir.
Marie **est rentrée** après trois mois en France.
Elles **sont entrées** dans le magasin pour regarder les robes.

EXERCICES **11**   **Qui fait quoi?**   Que font ces personnes? Répondez en employant les verbes **quitter, arriver, entrer, passer, rentrer,** et **rester.**

12 Demandez à votre partenaire ce qu'il (qu'elle) fait aux moments suivants.

▶ le matin
— *Qu'est-ce que tu fais le matin?*
— *Le matin je vais à la cafétéria.*

1. après la classe
2. le soir
3. le week-end
4. quand tu es malade
5. quand tu n'aimes pas un film.
6. en juillet
7. quand tu vas au restaurant
8. l'après-midi
9. pendant les vacances
10. quand tu es malheureux (malheureuse)

13 **Qu'est-ce que vous allez faire?**   Expliquez les activités que vous projetez pour les moments suivants.

1. demain
2. ce soir
3. ce week-end
4. lundi soir
5. la semaine prochaine
6. en juillet prochain

7. Expressions de temps

Combien de **temps** (*m.*) va **durer** la classe?
Elle **commence** à 11 heures et elle dure | soixante **minutes**.
une **heure**.
jusqu'à 12 heures (jusqu'à **midi**, pas **minuit**).

Je mange trois **fois** par jour.
Je déjeune à midi.
Je dîne à 6 heures du soir.

• **Une heure** est une mesure de temps. Une heure = soixante minutes. Étudiez les expressions avec **heure**.

Quelle heure est-il?
Il est 3 **heures**.
C'est **l'heure** du dîner.

OPTIONAL: Teach the expression **temps libre**. Ask: **Avez-vous beaucoup (assez, trop) de temps libre?**

• **Le temps** est une abstraction; il ne fait pas référence à une quantité mesurée, mais au temps en général.

Le temps passe vite.
Je n'ai pas **le temps** d'étudier ce soir.
Je passe **mon temps** à regarder la télévision.

• **Une fois** est une occurrence ou une occasion; avec un nombre, il indique la quantité de répétitions.

> Le professeur répète le mot **une fois**.
> Je vais aller à la banque **encore une fois**.
> **Combien de fois** par semaine regardez-vous la télé?

EXERCICES 14 Déterminez à quelle heure votre partenaire fait les choses suivantes.

▶ étudier
 — *À quelle heure est-ce que tu étudies?*
 — *J'étudie à 8 heures du soir.*

1. dîner
2. déjeuner
3. arriver en classe
4. quitter la classe
5. aller au travail
6. rentrer

15 **La durée.** Indiquez les limites et la durée des événements suivants.

▶ le déjeuner: 12 h 30/1 h 45
 Le déjeuner est de midi et demie à 2 heures moins le quart.
 Il dure une heure et quart.

1. le laboratoire de biologie: 2 h 15/4 h 45
2. mon émission favorite: 10 h 30/11 h 30
3. la journée d'un étudiant français: 8 h/18 h
4. les vacances de Noël: le 24 décembre/le 7 janvier
5. les vacances d'été: le 15 mai/le 15 août

16 Combien de fois par semaine allez-vous à ces endroits?

▶ au musée
 Je vais au musée deux fois par semaine.

1. en classe
2. à la banque
3. au restaurant
4. au cinéma
5. au restaurant universitaire
6. au laboratoire

QUESTIONS:
1. Combien de fois par semaine regardez-vous la télé?   2. Combien d'heures par jour regardez-vous la télé?   3. Combien de fois par jour mangez-vous?   4. Combien d'heures par jour travaillez-vous? parlez-vous français?   5. Combien de fois par semaine êtes-vous en classe?

Combien de fois par semaine regardez-vous la télévision?

On a demandé aux jeunes Français (18–25 ans) combien de fois par semaine ils regardaient la télévision. Voici leurs réponses.

Environ chaque jour	57%
Deux ou trois fois par semaine	31%
Environ une fois par semaine	9%
Rarement ou jamais	3%

Les jeunes Français regardent-ils souvent la télévision? Et les jeunes Américains?

17 **Temps, heure, fois.**   Mettez le mot correct (**temps, heure, fois**) dans les phrases suivantes.

1. Quelle _____ est-il?
2. Le _____ passe vite dans la classe.
3. J'ai vu la tour Eiffel deux _____.
4. C'est l_____ du déjeuner; mangeons!
5. Combien de _____ êtes-vous allée en Europe?
6. Voir un film? Non, je n'ai pas le _____.
7. J'ai étudié pendant trois _____ hier soir.

8. Avance et retard

J'arrive en classe	cinq minutes **en avance** (cinq minutes avant le commencement).
	cinq minutes **en retard** (cinq minutes après le commencement).
	à l'heure (pas en avance, pas en retard).

• **En retard** et **en avance** sont des termes relatifs. Une personne est **en retard** si elle arrive après le commencement d'un événement ou après une heure fixée; une personne est **en avance** si elle arrive avant cette heure.

> Si on arrive **en avance** pour le film, on va manger une pizza.
> Monsieur! Il est 9 heures et quart et la classe commence à 9 heures. Pourquoi êtes-vous **en retard?**

EXERCICE 18   **En avance, à l'heure ou en retard?**   Le cours de français commence à 1 heure de l'après-midi. Les personnes suivantes sont arrivées aux heures notées. Indiquez si elles sont arrivées en avance, à l'heure ou en retard.

▶ Jean-Pierre et Paul/1 h 10
  À une heure dix, Jean-Pierre et Paul sont arrivés en retard.

1. André/12 h 45
2. Martine/1 h 15
3. Colette et Renée/1 h
4. Marc et moi/12 h 30
5. vous/1 h

EXPRESSION LIBRE

INTERVIEWS

Qu'est-ce que vous aimez faire? Pour chaque situation, interviewez un(e) partenaire. Vous désirez déterminer ses activités favorites, ses préférences personnelles. Dans chaque situation posez un minimum de six questions. (N'oubliez pas de commencer par les formules de politesse nécessaires.)

VOCABULAIRE UTILE

les sports	**les jeux de société**
le football	le bridge
le football américain	le poker
le base-ball	le Scrabble
le basket-ball	le Remue-Méninges[2]
le tennis	Scrupules
le volley-ball	Risque
	Cluedo

1 Vous rentrez chez vos parents. Il y a une nouvelle famille dans la maison à côté avec un jeune homme (une jeune fille) de votre âge. Imaginez votre première conversation avec ce jeune homme (cette jeune fille).

2 Vous êtes un homme (une femme) de 40 ans. Vous travaillez sur un bateau de luxe où vous organisez des divertissements pour les passagers. Vous interviewez un(e) passager (passagère) pour déterminer ses divertissements favoris.

3 Vous êtes conseiller (conseillère) dans un lycée et vous parlez à un(e) nouvel(le) étudiant(e) qui n'est pas heureux (-euse) au lycée. Vous posez des questions pour déterminer ses activités favorites. Quelles choses intéressantes le lycée offre-t-il à cet(te) étudiant(e)?

4 Vous avez votre premier rendez-vous avec un jeune homme (une jeune fille) de votre cours de français. Vous posez beaucoup de questions pour déterminer qui il (elle) est.

CONVERSATION

Chaque phrase commence une petite conversation avec un(e) partenaire. Voici la question ou l'observation de votre partenaire. Continuez la conversation par cinq autres phrases ou questions.

1. «C'est l'heure de rentrer.»
2. «As-tu le temps d'aller au cinéma ce soir?»
3. «Nous allons étudier pour l'examen de français ce soir.»

---

[2] **Remue-Méninges** (*m.*) = *Trivial Pursuit.*

4. «Les discothèques sont out.» (**out** = *pas cool*)
5. «On va à la fête de ton frère ce soir?»
6. «Un match de base-ball? Ah, non alors!»
7. «On dîne en groupe ce soir?»
8. «Faisons quelque chose de différent ce soir.»

IMAGINONS

1   Imaginez que vous préparez un vidéo-clip pour une agence de rencontres.[3] Vous avez trois minutes pour donner une bonne idée de qui vous êtes. Vous allez parler de votre personnalité, de vos préférences, de vos activités passées, de vos intentions pour le futur.

2   Voici quatre occasions importantes. Avant chaque occasion vous allez indiquer trois résolutions. Quelles sont vos résolutions?

IMAGINONS: Have students prepare notes and give presentations in small groups of 4–5.

- un examen très difficile
- une grande fête
- une visite chez vos parents
- un rendez-vous important

Maintenant, c'est le jour suivant. Décrivez le jour précédent. Quelles sont vos résolutions maintenant?

3   Donnez l'emploi du temps des personnes suivantes. Parlez d'un minimum de six moments pour chaque personne.

- l'étudiant idéal
- l'étudiant typique
- un touriste à Paris

EN RÉALITÉ

Regardez l'horaire du train-bateau. Répondez aux questions en français par une phrase complète. Donnez vos réponses dans les deux systèmes.

EN RÉALITÉ: Have students work cooperatively in groups of 3–4. See IRM for a discussion of cooperative learning activities.

1. On va de Paris à Londres[4] et on désire arriver vers[5] cinq heures de l'après-midi. À quelle heure va-t-on quitter Paris?
2. On désire quitter Paris vers deux heures et demie de l'après-midi. À quelle heure est-il possible d'arriver à Londres?
3. Si on quitte Londres pour aller vers Paris à deux heures de l'après-midi, à quelle heure va-t-on arriver à Calais-Maritime?

---

[3] **Agence** (*f.*) **de rencontres** = *dating agency.*
[4] **Londres** = capitale de l'Angleterre.
[5] **Vers** = à approximativement.

4. On va de Londres à Paris et on désire bien dîner dans le train. À quelle heure va-t-on arriver à Paris?
5. On va de Paris à Londres et on désire bien dîner dans le train. À quelle heure va-t-on passer la frontière française?
6. On va de Londres à Paris et on désire passer la nuit en wagon-lit dans le train. À quelle heure va-t-on arriver à Paris?
7. On va de Paris à Londres et on désire passer la nuit en wagon-lit. À quelle heure va-t-on passer la frontière anglaise?

train/bateau Sealink
HORAIRES (heure locale)

ALLER	1-2 A	1-2 Y	1-2 Y	1-2	1-2 ✕ Y	1-2	1-2 🛏1 Y B	1-2 C
PARIS–Nord . . . . dép.	6 48	8 08	10 24		13 30	14 25	21 25	
PARIS–Saint-Lazare . . . . dép.				10 45				22 36
Amiens . . . . dép.	8 00	9 27	11 33		14 42	15 42		
Rouen . . . . dép.				12 11				0 03
Dunkerque–Maritime . . . . 🚉. dép.							2 00	
Calais–Maritime . . . . 🚉. dép.	10 25	11 50			16 50			
Boulogne–Maritime . . . . . 🚉. dép.			13 50			18a20		
Dieppe–Maritime . . . . 🚉. dép.				13 45				2 00
Dover . . . . 🚉. arr.	11 05						3 20	
Folkestone–Maritime . . . . 🚉. arr.		12 40	14 40		17 40	19 10		
Newhaven . . . . arr.					16 45			5 00
LONDON–Victoria . . . . arr.	13 17	14 48	16 42	18 45	19 48	21 17	7b45	6 57

RETOUR	1-2 D	1-2 E	1-2 Y	1-2 Y	1-2 ✕ Y	1-2	1-2 C	1-2 🛏1 B
LONDON–Victoria . . . . dép.	7c20	9 00	9 00	10 30	11 00	11 10	14 00	20 10	21e25
Newhaven . . . . dép.	10 00					13 00		22 00	
Folkestone–Maritime . . . . 🚉. dép.			10 45	10 45	12 15			16 10	
Dover . . . . 🚉. dép.						13 00			23 40
Dieppe–Maritime . . . . 🚉. arr.	15 00						18 00	3 00	
Boulogne–Maritime . . . . . 🚉. arr.		13d35	13 35		15 50				
Calais–Maritime . . . . 🚉. arr.				15 05			19 00		
Dunkerque–Maritime . . . . 🚉. arr.									3 10
Rouen . . . . arr.								4 56	
Amiens . . . . arr.	16 46	15 27	15 39	17 08	18 06		21 12		
PARIS–Saint-Lazare . . . . arr.	18 12					21 05		6 25	
PARIS–Nord . . . . arr.		16 39	16 54	18 27	19 22		22 30		8 42

🛏	Voitures-lits directes	🚉	Gare frontière.
✕	Service de restauration sur le parcours français.	Y	Restauration simplifiée

COMPOSITION ÉCRITE

Écrivez une composition d'une page sur un des sujets suivants.

1. Votre semaine typique (où vous allez, quand et comment; vos activités etc.)
2. Votre endroit favori (qui va à cet endroit, quand et comment; qu'est-ce qu'on fait à cet endroit, etc.)
3. Les moyens de transport de votre ville (qui va où, quand et comment)
4. La semaine d'André. Voici l'emploi du temps d'André pour une semaine assez typique. Il a beaucoup de choses à faire! Imaginez les détails et donnez une description d'André et de sa semaine.

septembre

	lundi	mardi	mercredi
9	français	français	français vocab.
10	bibliothèque	tennis	biblio
11	maths	botanique	maths
12	Claire	travail	Sophie
13			
14	golf		golf
15	histoire		histoire
16	travail		travail
17	travail	↓	travail
18		↓	
19	↓		↓
20			

	jeudi	vendredi	samedi	dimanche
9	français	français	tournoi	Retour
10		tennis	de	Autobus
11	botanique	maths - examens	golf	10 h 15 -
12	Labo de botanique	Line	en	15 h 40
13			Arizona	
14		bridge avec Jean ?		
15	↓	histoire	Carole	
16		autobus 16.30	429 - 6219	étudier
17	Martine			avec Jean
18	cinéma	Arizona	Arizona	Examen de
19				maths
20				pp. 215 - 222

CHAPITRE 7

En voyage

STRUCTURES

Les verbes **vouloir** et **pouvoir**
Les verbes comme **dormir**
Les pronoms objets directs **le**, **la**, **les**
Les adverbes réguliers

CULTURE

Quelle chambre voudriez-vous?
Paris par Arrondissement
Le voyage (Charles Baudelaire)
Peut-on aller vite d'un bout de la France à l'autre?

▶ Beaucoup d'étudiants imaginent un voyage futur en France. Pendant les voyages on est souvent obligé de parler aux autres de nos intentions et de demander aux autres de nous aider. Tournez la page et utilisez les expressions nécessaires.

1

Les verbes **vouloir** et **pouvoir**

— As-tu déjà beaucoup voyagé?
— Non, pas encore.
— **Est-ce que tu veux** beaucoup voyager un jour?
— **Je voudrais** aller à Haïti.
— Alors, allons à Haïti en juin! **On peut** acheter les
  billets demain.
— **Je veux bien**, mais **je ne peux pas.**
— Pourquoi **ne peux-tu pas?**
— Parce que je suis obligé de travailler tout l'été.

Voir Vocabulaire 1 et 2,
En voyage et *À l'hôtel*,
pp. 178–180.

EXPLICATION

• Le verbe **vouloir** indique *le désir*. Le verbe **pouvoir** indique *la possibilité* ou
la capacité. Voici les verbes **vouloir** et **pouvoir** au présent:

vouloir			
je	**veux**	nous	**voulons**
tu	**veux**	vous	**voulez**
il/elle/on	**veut**	ils/elles	**veulent**

PASSÉ COMPOSÉ: **j'ai voulu**

pouvoir			
je	**peux**	nous	**pouvons**
tu	**peux**	vous	**pouvez**
il/elle/on	**peut**	ils/elles	**peuvent**

PASSÉ COMPOSÉ: **j'ai pu**

FOLLOW-UP QUESTIONS:
Voudriez-vous aller à Haïti
un jour? Pouvez-vous aller à
Haïti cet été? la semaine
prochaine?

PRONUNCIATION: Help stu-
dents with the sound [φ] in
veux, peux. Help them to
produce contrasting vowels
in **voulu** [u/y] and to distinguish the initial vowel
sound in **pouvez** [u] and
pu [y].

POINT OUT: The final -e is
not pronounced in **puis-je.**

NOTEZ: Les formes **je** et **tu** de **vouloir** et **pouvoir** se terminent en **-x**, à la
différence de tous les autres verbes. La consonne de l'infinitif existe seulement
au pluriel: **nous voulons, ils peuvent.**

• Par politesse on préfère **je voudrais** et **vous voudriez** à **je veux** et **vous
voulez**. **Je voudrais** indique une préférence personnelle. **Je veux** indique un
désir absolu.

> **Je veux** mon dîner, tout de suite!
> **Je voudrais** manger à 7 heures, mais on peut manger à 8 heures si vous
> préférez.

• À l'interrogatif, **je peux** → **est-ce que je peux ... ?** ou **puis-je ... ?**

> **Est-ce que je peux** avoir des renseignements sur les hôtels à Lyon?
> **Puis-je** avoir un aller et retour pour Bordeaux?

• Il y a souvent un second verbe à l'infinitif après les verbes **vouloir** et **pouvoir**. Il n'y a pas de préposition entre ces verbes et l'infinitif.

> **Je voudrais trouver** un bon hôtel à Paris.
> **Peut-on réserver** une place dans une auberge de jeunesse?

The contrast between the passé composé and imperfect of these verbs will be discussed in Ch. 9.

• **Vouloir** au passé composé indique un désir très fort ou que l'on a fait un effort; le négatif **je n'ai pas voulu** est synonyme de **j'ai refusé**.

> **J'ai voulu** aller en Chine. = *J'ai fait un effort* pour aller en Chine.
> **Je n'ai pas voulu** aller en Sibérie. = *J'ai refusé d'*aller en Sibérie.

• **Pouvoir** au passé composé indique le succès; le négatif **je n'ai pas pu** indique un effort sans succès.

> **J'ai pu** trouver un hôtel qui ne coûte pas cher. = *J'ai eu du succès à*; j'ai trouvé un hôtel.
> **Je n'ai pas pu** réserver une chambre avec salle de bains. = *J'ai fait un effort, mais sans succès, pour* réserver cette chambre.

EXERCICES | **A**

GOAL: discussing motivations

Pourquoi? Expliquez pourquoi ces personnes veulent ou ne veulent pas faire les choses indiquées.

▶ Pauline/parler à sa mère
Pauline ne veut pas parler à sa mère parce que sa mère n'écoute pas bien.

1. le professeur/donner un examen
2. je/faire mes devoirs
3. les autres étudiants/déjeuner à la cafétéria
4. mon (ma) camarade de chambre et moi/étudier ensemble
5. vous/poser des questions
6. mes amis/parler français

B

GOAL: talking about present capacities

Capacités. Qu'est-ce que ces personnes ne peuvent pas faire dans les circonstances suivantes? Complétez les phrases.

1. Si on n'est pas très riche ...
2. Si nous n'avons pas beaucoup de temps ...
3. Si je n'ai pas mon passeport ...
4. Si vous n'êtes pas présent(e) ...
5. Si les étudiants n'ont pas étudié ...
6. Si le professeur ne pose pas de questions ...

CULTURE: You may also contrast French and American door handles, windows, and door bells.

QUESTIONS:

1. Quelle est la différence entre un hôtel à 4 étoiles et un hôtel à une étoile?
2. Est-ce qu'une chambre d'hôtel en France coûte toujours cher?   3. Où peut-on trouver des renseignements sur les hôtels?   4. Imaginons que vous êtes en France et que vous voulez trouver un hôtel. Voudriez-vous un hôtel à 4 étoiles? Pouvez-vous payer une chambre dans un hôtel de luxe?   5. Voudriez-vous une chambre avec W.C.? douche? téléphone?
6. Voudriez-vous être près du métro? du centre ville?
7. Comment voudriez-vous payer? Pouvez-vous payer en liquide? Allez-vous payer par chèque de voyage?

Quelle chambre voudriez-vous?

Comment trouver une chambre d'hôtel en France? Les hôtels en France sont d'une (*) à quatre (****) étoiles[a] selon leur degré de confort. Les hôtels à quatre étoiles sont des hôtels de luxe et leurs chambres coûtent très cher. Mais il y a beaucoup d'hôtels à une ou deux étoiles qui sont parfaitement agréables, confortables et faciles à trouver. On peut trouver des renseignements sur un hôtel dans une agence gouvernementale touristique (*un Accueil* ou *un Syndicat d'initiative*) ou dans une association d'hôtels.[b]

Les chambres d'hôtel françaises ne sont pas exactement comme les chambres d'hôtel américaines. Une chambre d'hôtel n'a pas nécessairement de téléphone, de télévision ou de salle de bains. Si les chambres d'hôtel à Paris sont de plus en plus à l'américaine, c'est-à-dire avec téléphone et salle de bains, ce n'est pas toujours le cas en province. On peut trouver des chambres avec salle de bains, mais elles coûtent beaucoup plus cher que les chambres ordinaires. Si on accepte d'utiliser une salle de bains et les toilettes dans le corridor, on peut trouver des chambres à des prix très raisonnables.

Même les petites choses ordinaires en France peuvent être différentes: sur le lit il y a probablement **un traversin**; dans la salle de bains on trouve **un bidet**; il n'y a pas nécessairement de porte pour la douche; et toute la douche n'est pas nécessairement attachée au mur!

[a] **Étoile** (*f.*). L'astronomie est la science des *étoiles*.
[b] Par exemple: **France-Accueil**, 85, rue du Dessous-des-Berges, 75013 Paris; ou **Logis et auberges de France**, 23, rue Jean-Mermoz, 75008 Paris.

> Si vous trouvez que les hôtels coûtent trop cher, vous pouvez toujours aller dans une auberge de jeunesse, comme beaucoup de jeunes Européens. Dans une auberge de jeunesse on peut être dans une grande chambre avec beaucoup d'autres jeunes personnes. On peut demander des renseignements à la FUAJ ou à la LFAJ.[c]
>
> _____
>
> [c] **Fédération unie des auberges de jeunesse**, 27, rue Pajol, 75018 Paris; **Ligue française pour les auberges de jeunesse**, 38, boulevard Raspail, 75007 Paris.

C

Excuses.   Votre partenaire pose des questions. Répondez selon le modèle.

GOAL: contrasting desires and capacities (P)

▶ vous/déjeuner avec moi//aller à la bibliothèque
  — *Voudriez-vous déjeuner avec moi?*
  — *Je voudrais déjeuner avec vous, mais je ne peux pas; je vais à la bibliothèque.*

1. vous/aller à la plage//étudier
2. les étudiants/voir un film en français//aller à une autre classe
3. vous et Michèle/faire un pique-nique//travailler
4. votre professeur/montrer un film en classe//expliquer la grammaire
5. vous/parler avec moi une minute//aller en classe
6. vos amis/aller au théâtre demain//dîner chez leur professeur
7. je/quitter la classe//faire cet exercice

D

En voyage.   Répondez par une phrase complète.

GOAL: comprehension and integration

1. Où voudriez-vous aller en vacances?
2. Quand pouvez-vous aller en vacances?
3. Votre camarade de chambre veut-il (elle) aller avec vous?
4. Peut-il (elle) aller avec vous?
5. Que peut-on faire si on va à Tahiti?
6. Vous et vos amis voudriez-vous aller à Tahiti? Et à Montréal?
7. Est-ce que les Américains peuvent aller à Montréal sans passeport? Et les Français?
8. Quand veut-on faire un long voyage?
9. Quand vos amis font un voyage, veulent-ils voir tous les monuments? Et vous?
10. Quels monuments voudriez-vous voir un jour?

2 ▼ Les verbes comme **dormir**

— Mardi **nous partons** en voyage.
— **Dormez-vous** quand vous voyagez en avion?
— **Je ne dors jamais** parce que je suis très énervé. Et
   quand **on sert** le dîner, je ne veux rien manger.
— **Mentez-vous** quand vous passez la douane?
— Mais non, **je ne mens pas**! C'est imprudent.

> Voir Vocabulaire 3 et 4,
> *En train* et *Pour le*
> *voyage*, pp. 181–183.

EXPLICATION

> Révisez le passé composé
> avec **être**, pp. 131 et 152.

FOLLOW-UP QUESTIONS:
Partez-vous en voyage en
été? Dormez-vous quand
vous voyagez en avion? en
train? en voiture? Dormez-
vous en classe? Mentez-vous
quand vous répondez aux
questions du prof? quand
une question est trop
personnelle?

PRONUNCIATION: The verb
il sent is pronounced identically to **cent** [sã]. Help students differentiate it from
ils sont [sɔ̃].

The use of **avoir** with **sortir**
is not taught at this level.

• Voilà un groupe de verbes en **-ir** avec la même conjugaison: **dormir**, **partir**,
sortir, **sentir**, **servir** et **mentir**. Voilà **dormir** au présent:

dormir			
	dor-		**dorm-**
je	**dor s**	nous	**dorm ons**
tu	**dor s**	vous	**dorm ez**
il/elle/on	**dor t**	ils/elles	**dorm ent**
PASSÉ COMPOSÉ: j'**ai dormi**			

• Remarquez la différence entre la prononciation de la troisième personne du
singulier et la prononciation de la troisième personne du pluriel.

il sort [sɔr]   elle dort [dɔr]
ils sortent [sɔrt]   elles dorment [dɔrm]

• Les verbes **sortir** et **partir** sont conjugués avec **être** au passé composé.

> **Nous sommes sortis** hier soir pour aller au théâtre.
> Jeanne **est partie** pour l'Europe la semaine dernière.

EXERCICES **E**

GOAL: present tense of
dormir

Qui dort? Dites si les personnes suivantes dorment aux moments suivants ou de la façon indiquée.

1. je/l'après-midi
2. mon (ma) camarade de chambre et moi/bien
3. ma mère/mal
4. le chat typique/la nuit

5. on/en avion
6. vous/en classe
7. mes amis/trop
8. je/avant un grand examen

F

GOAL: passé composé of
dormir verbs

Chez Mamie. Cécile et sa sœur ont passé leurs vacances chez leurs grands-parents. Cécile explique à sa mère comment les choses sont différentes chez Mamie.

▶ Tu peux aller au supermarché pour moi.
Chez Mamie, je ne suis jamais allée au supermarché!

1. Le chat ne peut pas dormir sur ton lit.
2. Toi et Lise, vous ne pouvez pas sortir après 19 heures.
3. Si tu ne changes pas tes chaussures, elles peuvent sentir mauvais.
4. On ne peut pas servir de dessert ce soir.
5. Toi et Lise, vous pouvez dormir un peu cet après-midi.
6. Tu peux faire ton lit.
7. On peut partir trente minutes en avance.
8. Tu ne peux pas sortir sans chaussures.

G

GOAL: comprehension and
integration

Répondez aux questions suivantes par une phrase complète.

1. À quel âge êtes-vous sorti(e) pour la première fois avec une fille (un garçon)?
2. Quand est-ce que vous et vos amis sortez ensemble? Êtes-vous sortis hier soir?
3. Sortez-vous souvent pour aller au restaurant?
4. Votre restaurant favori sert-il des dîners français?
5. Quelle sorte de dîners sert-on à la cafétéria? Et hier soir?
6. Quand votre mère sert un dîner horrible, mentez-vous?
7. Est-ce que vous et vos amis mentez à vos profs quand vous avez oublié les devoirs?
8. Quand est-ce que vous avez menti à vos professeurs?
9. Dormez-vous en classe? Avez-vous jamais dormi en classe?
10. Quand vous partez en vacances, dormez-vous bien?

REMIND students: Il y a beaucoup de places à Paris et dans d'autres villes françaises: place de la Concorde, place de la République, place de la Bastille, la Grand' Place (Bruxelles), etc.

QUESTIONS:

1. Qu'est-ce que c'est que *Paris par Arrondissement*? 2. Pourquoi est-ce qu'on a besoin d'un plan quand on va à Paris? 3. Qu'est-ce qu'on peut trouver dans ce petit livre? 4. Où peut-on acheter ce livre? 5. Qui emploie *Paris par Arrondissement*? 6. Est-ce que le quartier est plus grand que l'arrondissement? 7. Pourquoi est-ce que le quartier est important? 8. Est-ce que *Paris par Arrondissement* peut vous aider si vous voulez voyager en métro?

Paris par Arrondissement

Quand on part en voyage pour Paris, de quoi a-t-on besoin au juste? On a besoin d'un passeport, de bagages, d'argent et aussi d'un plan de Paris.

Un excellent plan de Paris, c'est *Paris par Arrondissement*, un petit livre surnommé «l'Indispensable» et employé par les touristes et les habitants de Paris. On a besoin de ce livre parce que Paris n'a pas un système de rues parallèles espacées régulièrement et nommées logiquement par lettre ou par chiffre. Paris est organisé comme une série «d'étoiles». Les rues partent d'un rond-point central et rayonnent vers d'autres places. Il y a une multiplicité de petites rues qui vont dans toutes les directions. Quel problème pour le touriste! La solution? *Paris par Arrondissement*.

Paris est vraiment beaucoup de villes séparées. Paris est composé de vingt arrondissements qui forment une spirale. Chaque arrondissement a son nom, son histoire, sa personnalité. Un parisien ne dit pas qu'il habite Paris; il dit qu'il habite un arrondissement, le septième ou le seizième, par exemple. Et chaque arrondissement est divisé en parties, ou «quartiers». Chaque quartier a aussi un nom et une personnalité; c'est dans le quartier que le Parisien a sa vraie communauté.

Paris par Arrondissement aide le touriste ou l'habitant de Paris à s'orienter dans cet ensemble complexe de petites villes mélangées. Dans ce petit livre on trouve une liste alphabétique de toutes les rues de Paris avec la rue où elles commencent, la rue où elles se terminent et la station de métro la plus proche.[a] On y[b] trouve aussi un plan détaillé de chaque arrondissement et le nom, l'adresse et la position sur le plan de toutes sortes d'endroits importants: théâtres, cinémas, églises, hôpitaux, gares, aéroports, bureaux de poste, écoles, musées, bibliothèques et d'autres encore!

Tout ceci dans un petit livre qui ne coûte pas cher et qu'on peut facilement mettre dans un sac ou dans une poche. Il est vraiment indispensable!

---

[a] **Proche** ≠ loin. [b] **Y** = ici; dans ce livre.

3 ▾ Les pronoms objets directs **le, la, les**

je vois
tu vois
il voit
elle voit

— Voyez-vous *le tableau*?
— Oui, je **le** vois.
— Voyez-vous *ces mots sur le tableau*?
— Oui, je **les** vois.
— Étudions-nous *le verbe **voir***?
— Oui, nous **l'**étudions.
— Regardez-vous *cette explication dans le livre*?
— Oui, je **la** regarde.

EXPLICATION

Voir Vocabulaire 5 et 6, *Le train* et *Formation de mots*, p. 185.

FOLLOW UP: Point to various classroom objects, students, etc. and ask **Voyez-vous ... ?** Elicit responses using object pronouns.

Make sure students understand that direct object pronouns are not limited to replacing nouns preceded by definite articles (**le, la, les**).

1. Formes

•   Un objet direct est généralement précédé d'un article défini, d'un adjectif possessif ou d'un adjectif démonstratif. Il n'y a jamais de préposition entre le verbe et l'objet direct.

> J'adore **les** musées.
> Aimez-vous **ces** musées?
> On va visiter **mes** musées favoris cet été à Londres.

> *Mais*: Je vais **à** ces musées. (≠ objet direct)
> Je parle **de** ces musées. (≠ objet direct)

•   Un pronom objet direct (**le, la, les**) remplace un objet direct; les pronoms objets **le, la, les** peuvent représenter *les personnes* ou *les choses*.

> Je regarde *ce livre*.   →   Je **le** regarde.
> Je regarde *Georges*.   →   Je **le** regarde.

	singulier	pluriel
masculin	le	les
féminin	la	les

NOTEZ: Devant une voyelle ou un **h-** muet, **le** et **la** → **l'**.

Le travail? Je **le** fais, mais je ne **l'**aime pas toujours.

2. La place du pronom objet direct

POINT OUT: Au passé composé, le verbe conjugué est **avoir** ou **être**.

Agreement of past participle with preceding direct object will be taught in Ch. 9.

POINT OUT the word order in interrogative sentences with inversion: object pronoun + verb + subject. *Le voyez-vous*? *La connaît-il*?

POINT OUT: à + **le (les)** article -> contraction (**au, aux**); à + **le (les)** pronoun ≠ contraction: **Je commence à parler français; je commence à le parler.**

• Un pronom objet direct est généralement placé directement *devant le verbe conjugué.*

> — Aimez-vous *les cigarettes*?
> — Je **les** déteste. Je ne **les** aime pas du tout.
>
> — Regardez-vous *la télévision*?
> — Je ne **la** regarde pas souvent.
>
> — Avez-vous étudié *le français* hier soir?
> — Je **l'**ai étudié.

• Le pronom objet direct est devant le verbe, même à l'interrogatif et au négatif.

> — Cette émission, **la** regardes-tu?
> — Je ne **la** regarde jamais.

• S'il y a deux verbes dans la phrase, le pronom objet direct précède son verbe (généralement l'infinitif).

> Nous sommes devant le Louvre. Je vais **le** visiter demain. (**Le** est l'objet du verbe **visiter**, pas du verbe **aller**.)

• À l'impératif affirmatif, le pronom objet direct est immédiatement *après* le verbe, attaché au verbe par un trait d'union (–). Au négatif, il est *devant* le verbe, à la position normale.

> — Je veux faire mon devoir demain.
> — Fais-**le** maintenant! Ne **le** fais pas demain!
>
> — Où puis-je garer ma voiture?
> — Garer-**la** au parking. Ne **la** garer pas devant la maison!
>
> — Où sont les enfants?
> — Cherchons-**les** au parc.

EXERCICES **H**

GOAL: giving opinions using direct object pronouns

EXPANSION: Have students explain their opinions.

Opinions. Une nouvelle connaissance veut savoir votre opinion sur l'université.

> ▶ Comment trouvez-vous le laboratoire de français?
> *Je le trouve fascinant (intéressant, difficile, etc.).*

1. Comment trouvez-vous l'explication du professeur?
2. Comment trouvez-vous les examens de français?
3. Comment trouvez-vous cet exercice?
4. Comment trouvez-vous le professeur de français?
5. Comment trouvez-vous les autres étudiants?
6. Comment trouvez-vous l'université en général?

Le voyage

Pour l'enfant, amoureux° de cartes et   *qui aime*
    d'estampes,
L'univers est égal à son vaste appétit.
Ah! que° le monde est grand à la clarté des   *c'est vrai que*
    lampes!
Aux yeux du souvenir° que le monde est petit!   *mémoire*

Un matin nous partons, le cerveau plein de   *l'imagination*
    flammes°   *enflammée*
Le cœur° gros de rancune° et de désirs   *les émotions/*
    amers,°   *hostilité/bitter*
Et nous allons, suivant le rythme de la lame°,   *au rythme de*
     l'océan

Berçant[a] notre infini° sur le fini[b] des mers.°   *infinité/océans*

                — *Charles Baudelaire*

---

[a] **Berçant** = calmant. On **berce** un bébé pour le calmer.
[b] **Fini** (*m.*) ≠ l'infini.

QUESTIONS:
1. Qu'est-ce que l'enfant aime? 2. Pourquoi aime-t-il le monde? Pourquoi l'enfant trouve-t-il le monde si grand? 3. Quand trouve-t-on le monde petit? Pourquoi est-ce que notre perspective est transformée? 4. Comment est le voyageur quand il part? 5. Qui part? Pourquoi employer un pronom inclusif (**nous**)? 6. Comment est-ce que le voyageur contrôle sa destinée? Comment est-ce qu'il ne la contrôle pas? 7. D'habitude on parle de l'océan infini; Baudelaire parle d'un océan *fini*. Pourquoi? 8. Baudelaire emploie le voyage comme métaphore. De quoi? 9. Quel contraste y a-t-il entre l'homme et le monde? Quels contrastes de mots reflètent ce contraste? 10. Comment le rythme renforce-t-il le sens du poème?

 Préférences. Employez les verbes **aimer**, **détester** ou **préférer** pour déterminer les préférences de votre partenaire.

GOAL: discussing preferences using direct object pronouns

> ▶ La cuisine italienne/la cuisine française
>   — *Tu aimes la cuisine italienne?*
>   — *Non, je ne l'aime pas.*
>   — *Tu préfères la cuisine française?*
>   — *Oui, je la préfère.*

1. la musique classique/le rock
2. le jazz/la musique folkorique
3. les études/le travail
4. le travail/les vacances
5. les sports/la musique
6. la cafétéria/McDonald's
7. les musées d'art/les musées des sciences
8. le théâtre/les films

GOAL: object pronouns + **avoir**

This exercise prepares students to use object pronouns in the passé composé.

J **N'oublie pas.** Vous allez à l'université, mais juste au moment où vous quittez la maison, votre ami(e) a des questions à vous poser. Répondez à ses questions selon le dessin. Regardez le modèle.

This exercise prepares students to use object pronouns in the passé composé.

PRONUNCIATION: Note similarity of **l'ai** and **les**, but difference of meaning: **je les regarde** vs. **je l'ai regardé**. Also point out **l'a** vs. **la**: **il la regarde** vs. **il l'a regardé**. Note importance of listening for context and for the following verb form. See IRM for related aural discrimination test.

▶ Tu as ton chapeau?
Non, je ne l'ai pas.

1. tes livres
2. ton devoir
3. ton cahier
4. tes chaussures
5. ta veste

6. ton déjeuner
7. tes clés
8. ton sac
9. ton argent
10. ton stylo

EXPANSION: Have students ask their partners **Tu as oublié ton cahier?**, etc. Done orally, agreements will not be a problem.

K **Enquête.** Un reporter de votre journal local fait une enquête sur les divertissements préférés de ses lecteurs. Répondez à ses questions. Employez des pronoms objets directs.

GOAL: talking about leisure activities

1. Écoutez-vous souvent la radio? Préférez-vous les compact-disques?
2. Vous et vos parents regardez-vous la télévision chaque soir? Quelles émissions regardez-vous?
3. Regardez-vous vos émissions favorites chaque semaine?
4. Préférez-vous les films?
5. Vos parents aiment-ils les sports?

POINT OUT that verbs which take direct objects in English do not necessarily take direct objects in French and vice versa: **regarder**, **écouter** + direct object, but **téléphoner** + indirect object.

6. Aiment-ils le football?
7. Préfèrent-ils le football américain?
8. Vous et vos parents aimez-vous l'art moderne?
9. Préférez-vous l'art classique?
10. Quel est votre divertissement préféré?

 Les vacances de Noël.   Répondez par une phrase complète.

GOAL: comprehension and integration

1. Voudriez-vous visiter la France pendant les vacances de Noël? Voudriez-vous voir le Louvre?
2. Vous et vos parents avez-vous déjà visité le Louvre? Et la tour Eiffel?
3. Est-ce que les monuments impressionnent vos parents?
4. Allez-vous visiter Versailles un jour?
5. Vous et votre famille allez-vous quitter votre ville pour Noël?
6. Avez-vous acheté tous vos cadeaux de Noël?
7. Achetez-vous d'habitude vos cadeaux avant Thanksgiving?
8. Est-ce que votre mère va acheter ses cadeaux le 24 décembre?
9. Est-ce que les prix irritent votre mère?
10. Comment trouvez-vous la fête de Noël?

4 Les adverbes réguliers

— Vous n'avez pas terminé les exercices? Vous
travaillez **lentement**, Mademoiselle.
— Oui, Monsieur, mais je travaille **méticuleusement**.
Regardez.
— Il y a **seulement** une erreur. C'est un devoir
absolument merveilleux. Vous travaillez
parfaitement bien.
— Merci **infiniment**, Monsieur.

EXPLICATION

Voir Vocabulaire 7 et 8,
Le train français et
*Expressions pour donner
des indications*, pp.
186–187.

FOLLOW UP: **Comment tra-
vaillent les étudiants? Vite?
Bien?** Have students supply
as many adverbs as possible
to describe someone's work.

1. Formes

• Ne confondez pas l'adjectif et l'adverbe. Un adjectif modifie *un nom*; un
adverbe modifie *un verbe*, *un adjectif* ou *un autre adverbe*.

C'est un *train* **rapide** et **confortable**. (adjectifs)
Elle *parle* **clairement** et **lentement**. (adverbes)

• La majorité des adverbes sont formés sur la base d'un adjectif.

adjectif au féminin singulier + **-ment**

adjectif	adverbe
cruel, cruelle	cruellement
heureux, heureuse	heureusement
entier, entière	entièrement
naïf, naïve	naïvement

• Voici quelques exceptions:

1. L'adjectif masculin est terminé par une voyelle.

adjectif masculin + **-ment**

adjectif	adverbe
vrai	vraiment
absolu	absolument
probable	probablement
autre	autrement

EXCEPTION: **lent** -> **lente-ment**.

2. L'adjectif masculin est terminé par **-ant** ou **-ent**.

adjectif masculin sans **-ent, -ant** + **-emment, -amment**

adjectif	adverbe
récént	ré**cemment**
fréquént	fréqu**emment**
constánt	const**amment**
évidént	évid**emment**

2. Place de l'adverbe

• Quand l'adverbe modifie un verbe, on place l'adverbe après le verbe. L'adverbe ne sépare jamais le sujet et le verbe. Au passé composé, l'adverbe est d'habitude après le participe passé.

Ma mère parle **continuellement** à ses amies.
Il travaille **fréquemment** à la bibliothèque.
Elle a parlé **clairement** devant toute la classe.
Mes parents sont allés **récemment** en France.

Adverbs at the beginning of the sentence often indicate an emotional attitude towards the entire sentence.

• Il est quelquefois possible de placer l'adverbe au début de la phrase pour insister.

Je voudrais aller en France en juin. **Malheureusement,** je n'ai pas d'argent.
Ma tante et mon oncle ont 14 enfants. **Évidemment,** ils aiment les enfants.

EXERCICES **M**

GOAL: formation of adverbs

Formez les adverbes qui correspondent aux adjectifs donnés.

1. heureux
2. vrai
3. autre
4. absolu
5. actif
6. naturel
7. réel
8. récent
9. malheureux
10. parfait
11. entier
12. constant
13. probable
14. différent
15. seul
16. évident

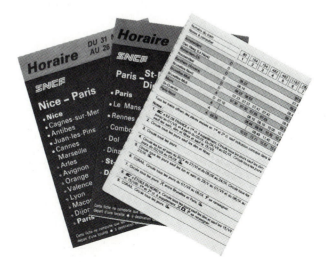

Review *Comment va-t-on au travail?* Ch. 6, pp. 132–133.

QUESTIONS:
1. Qu'est-ce que c'est que la SNCF? 2. Qu'est-ce que c'est que le TGV? 3. Peut-on acheter son billet de TGV dans le train? 4. Est-on obligé de réserver une place dans le TGV? 5. Comment peut-on le faire? 6. Pourquoi est-ce que le train est plus important en France qu'aux États-Unis? 7. À quelle vitesse roule le TGV? 8. Quelle est l'importance du TGV?

Peut-on aller vite d'un bout de la France à l'autre?

Les Français ont un système de transports formidable. Il y a, bien sûr, à Paris la RATP (le métro, le bus, le batobus et le RER pour aller en banlieue). Mais pour voyager en France (et partout en Europe) il y a aussi la SNCF (la Société nationale des chemins de fer français), le train.

Le train n'a pas été remplacé par la voiture en France, comme aux États-Unis. Les trains sont employés également par les gens qui vont au travail et par les voyageurs. Parce qu'on voyage beaucoup par le train, les trains français sont d'excellente qualité. Ils sont toujours très ponctuels et très confortables.

Tous les trains français sont excellents, mais il y a un train spécial qui est presque unique au monde, le TGV (Train à Grande Vitesse). Le TGV est un train qui va très vite (jusqu'à 310 kilomètres à l'heure).[a] Par ce train on peut aller d'un bout à l'autre de la France en très peu de temps.

[a] 310 kilomètres = 186 *miles*. On parle d'un TGV futur capable de rouler à 400 kilomètres à l'heure.

Le TGV est très utile si on veut arriver vite à sa destination. Mais attention: ce n'est pas un train ordinaire. Une réservation est obligatoire pour le TGV. On réserve une place spécifique, c'est-à-dire un siège numéroté, comme en avion. On peut réserver une place par correspondance à l'avance ou on peut même réserver une place dans le TGV à la dernière minute à la gare quand on achète son billet, mais on ne peut pas acheter un billet de TGV dans le train.

Le TGV est utile pour les touristes et représente une contribution française considérable au monde technologique, mais il a aussi une autre importance. Un train qui diminue le temps de voyage entre les grandes villes européennes peut être un instrument important dans la création d'une Europe unie.

Le TGV de l'avenir

temps de parcours		actuels	futurs	gains de temps
PARIS	Londres	5 h 35	2 h 10 (1)	3 h 25
	Luxembourg	3 h 30	1 h 50	1 h 40
	Francfort	5 h 50	3 h 00	2 h 50
	Stuttgart	6 h 10	2 h 30	3 h 40
	Strasbourg	3 h 50	1 h 55	1 h 55
	Marseille	4 h 40	3 h 10	1 h 30
	Montpellier	4 h 40	3 h 10	1 h 30
	Barcelone	9 h 40	4 h 40	5 h 00
STRASBOURG	Londres	11 h 20	4 h 00 (1)	7 h 20
	Luxembourg	2 h 10	1 h 10	1 h 00
	Bruxelles	4 h 40	2 h 30 (2)	2 h 10
	Francfort	2 h 30	1 h 10	1 h 20
	Cologne	3 h 55	2 h 10	1 h 45
	Lyon	4 h 50	2 h 15 (3)	2 h 35
	Marseille	8 h 20	3 h 25 (3)	4 h 55
	Barcelone	15 h 30	5 h 00 (3)	10 h 30

N Répondez aux questions de votre ami(e). Employez l'adverbe entre parenthèses dans votre réponse.

GOAL: placement of adverbs

1. Tu aimes tes cours? (beaucoup)
2. Tu veux une bonne note dans ce cours? (naturellement)
3. Tu travailles pour le cours? (constamment)
4. Les examens sont difficiles? (vraiment)
5. Tu as étudié pour le dernier examen? (évidemment)
6. Les étudiants l'ont aimé? (beaucoup)
7. Tu as fait tes devoirs? (bien)
8. Les étudiants ont vu un film en français? (récemment)
9. Ils ont vu *Diva*? (ne ... jamais)
10. Ils veulent voir d'autres films? (évidemment)

VOCABULAIRE

1. En voyage

Je voudrais | **faire un voyage autour du monde.**
voyager en France.
acheter **un (billet)** | **aller simple.**
| **aller et retour.**

Je vais **chercher** (= faire un effort pour trouver) un hôtel.
Je voudrais **trouver** | un hôtel confortable.
| **une auberge** de jeunesse.

Pour **des renseignements** (*m.pl.*) (= des informations) sur l'hôtel, je vais demander au bureau.
Je voudrais **réserver** une chambre.

Est-ce que je peux | **employer une carte de crédit?**
payer | **en liquide?**
| **par chèque (de voyage)?**

• L'expression **vouloir bien** a le sens de **consentir, accepter. Je veux bien,** sans infinitif = **j'accepte** ou **d'accord.**

— On va au cinéma ce soir?
— **Je veux bien.**

REMIND students: **Merci** peut indiquer un refus.

• Il n'y a pas de préposition entre les verbes **chercher** et **payer** et leurs objets.

Qu'est-ce que **vous cherchez?**
Je cherche mon portefeuille et mes clés.
Combien **avez-vous payé** ces billets?

PRONUNCIATION: Note pronunciation of **billet** [bije]. Double **l** is pronounced [j], except in **ville, tranquille, mille**, and related words.

POINT OUT: **Un billet** = pour le théâtre, l'avion, le train, etc.; **un ticket** = pour le métro, l'autobus, etc.

• Notez les changements d'orthographe dans les conjugaisons de **payer** et **employer**.

payer			
je	paie	nous	**payons**
tu	paies	vous	**payez**
il/elle/on	paie	ils/elles	paient

PASSÉ COMPOSÉ: j'**ai payé**

employer			
j'	emploie	nous	**employons**
tu	emploies	vous	**employez**
il/elle/on	emploie	ils/elles	emploient

PASSÉ COMPOSÉ: j'**ai employé**

• On peut employer **trouver** pour indiquer une opinion ou comme contraire de **chercher**.

— Comment **trouvez-vous** cet hôtel?
— **Je trouve** l'hôtel confortable, mais **je trouve** ma chambre trop petite.
— J'ai cherché partout, mais je ne peux pas **trouver** mes clés!

EXERCICES **1** **Comment trouvez-vous ... ?** Vous êtes en voyage en Suisse. Vous parlez avec un(e) autre passager (passagère) dans le train. Indiquez votre opinion sur les choses et les personnes suivantes.

1. les voyages
2. les voyages en avion
3. les voyages en train
4. les autres voyageurs
5. les dîners en avion
6. les chambres d'hôtel

2 **Voyages.** Formez une phrase logique en employant un élément de chaque colonne. Votre partenaire vous pose une question et vous répondez. Puis, votre partenaire forme une phrase et vous posez une question.

POINT OUT that **voyager** is conjugated like **manger**, with an **-e-** before the **-ons** ending of **nous voyageons**.

▶ — *Je voudrais voyager en Afrique un jour.*
— *Pourquoi est-ce que tu veux voyager en Afrique?*
— *Parce que je voudrais visiter Casablanca et Marrakech.*

je voudrais	faire un voyage autour du monde	l'été prochain
je ne veux pas	trouver un restaurant bon marché	un jour
mes parents ne	voyager en Afrique	souvent
peuvent pas	rester dans une auberge de jeunesse	dans toutes les
nous pouvons	réserver une chambre dans un hôtel	villes
je vais	à quatre étoiles	au Nouveau-
un étudiant peut	demander des renseignements au	Brunswick
	bureau de tourisme	à New York
	payer un billet d'avion en liquide	
	employer une carte de crédit	

2. À l'hôtel

> Je voudrais une chambre avec | **salle de bains** (*f.*).
> | **douche** (*f.*).
> | **W.C.** (*m.pl.*).
> | **un grand lit.**
>
> Quels sont les **tarifs** (= les **prix**)?
>
> Avez-vous | **quelque chose d'autre?**
> | une chambre qui **coûte moins cher?**
> Je voudrais **régler la note.**

- **Cher** est invariable dans l'expression **coûter cher**, parce qu'il est employé comme adverbe.

Ces chaussures **coûtent cher**!
Mais: Oui, ce sont des chaussures **chères**, mais elles sont si jolies!

- Une **salle de bains** est l'endroit où on trouve la douche ou la baignoire. On trouve les toilettes dans la pièce marquée **W.C.**, **cabinets** ou **lavabos**. Les deux endroits ne sont pas nécessairement les mêmes.

EXERCICES **3** **Qu'est-ce qui coûte cher?** Indiquez si les choses suivantes coûtent cher.

1. un dîner à McDonald's
2. aller au cinéma
3. les cassettes
4. une chambre avec salle de bains
5. un voyage en avion
6. une nouvelle voiture
7. les livres
8. une chambre sans salle de bains

4 **À l'hôtel.** Vous demandez une chambre d'hôtel. Vous indiquez vos désirs et le patron de l'hôtel indique ce qu'il a.

▶ une grande chambre/une petite chambre
— *Est-ce que je peux avoir une grande chambre?*
— *Non, mais vous pouvez avoir une petite chambre.*

1. un grand lit/deux petits lits
2. une chambre avec salle de bains/une chambre avec douche
3. une chambre qui ne coûte rien/une chambre qui ne coûte pas cher
4. une chambre avec le téléphone/une chambre à côté du téléphone
5. une chambre avec W.C./une chambre sans W.C.

3. En train

Vous allez faire un long voyage en Europe par le train.

Vous pouvez voyager | **seul(e).**
| **accompagné(e).**
| **en groupe.**

Le train va | **partir** a l'heure.
| **sortir** de la gare.

Le restaurant va **servir** un dîner magnifique. **Le service** est **compris** (= inclus); vous n'êtes pas obligé(e) de payer un supplément.

Bon est invariable dans l'expression **sentir bon**. Comparez: l'expression **coûter cher**, p. 180.

Le dîner va **sentir** bon!

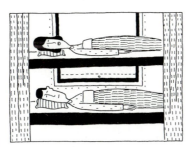

Vous pouvez **dormir** dans le train si vous réservez **une couchette.**

Quand vous passez **la douane**, faites une déclaration exacte; ne **mentez** pas!

• **Partir** est le contraire du verbe **arriver**; **sortir** est le contraire du verbe **entrer**. **Sortir** indique une absence temporaire.

> Où est le prof? Il **est sorti** (mais il va être de retour dans dix minutes).
>
> *Mais*: Où est le prof? Il **est parti**. (= Il a fini son travail aujourd'hui.)

On emploie aussi **sortir** pour indiquer une excursion sociale.

> **Cécile sort** avec Jean-Luc!? Quelle histoire!

On emploie **partir** ou **sortir** + **de** + endroit. On peut aussi les employer sans objet.

> Où est Jeanne? **Elle est sortie?**
>
> J'ai un cours à 8 heures; **je pars** immédiatement.

• **Quitter** = **partir**, mais on emploie toujours **quitter** avec un objet direct.

> À quelle heure vas-tu **quitter** *la maison*?

EXERCICES **5**

Seul, accompagné, en groupe?   Comment sortent les personnes suivantes?

▶ les jeunes Français
   Les jeunes Français sortent en groupe.

1. mon père
2. mes amis
3. je
4. les jeunes Américains
5. mon (ma) camarade de chambre et moi
6. ma mère

6

Mensonges.   Indiquez si les personnes suivantes mentent dans les circonstances suivantes.

▶ je/à mes amis
   Je ne mens jamais à mes amis.

1. mes parents/à la douane
2. ma mère/quand on demande son âge
3. je/à mes professeurs
4. je/au fisc[1]
5. les étudiants/quand on pose des questions personnelles
6. mes amis et moi/quand on nous demande nos opinions politiques

---

[1] **Fisc** (*m.*) = l'agence gouvernementale à laquelle on paie les impôts (il ressemble à l'*IRS* américain).

4. Pour le voyage

Pour faire un voyage on **a besoin** | **d'un passeport**.
d'argent (*m.*).
d'un guide touristique.
de bagages (*m.pl.*).

On **a** | **envie de** tout voir.
peur de manquer le train si on arrive en retard.

Si on a mauvaise mémoire, on a peur | **d'oublier** quelque chose.
de laisser son portefeuille à la maison.

• On peut employer un infinitif ou un nom après les expressions **avoir besoin de**, **avoir peur de** et **avoir envie de**.

> J'*ai envie d'*aller au cinéma ce soir.
> Martin est toujours en avance; il *a peur de* **manquer** le train.
> On *a besoin d'***un passeport** en Europe.

• Pour poser une question générale avec ces verbes on emploie **De quoi ... ?** pour les choses et **De qui ... ?** pour les personnes.

> — **De quoi** a-t-on besoin pour un voyage?
> — On a besoin *d'un billet*.
>
> — **De qui** avez-vous peur?
> — J'ai peur *du monstre* qui habite sous mon lit.

• Le verbe **laisser** est différent des verbes **sortir**, **partir** et **quitter** parce que ce n'est pas un verbe de mouvement. **Laisser** indique (1) la permission ou (2) la séparation, l'abandon.

> **J'ai laissé** mon fils passer le week-end chez son ami.
> **J'ai laissé** mes clés dans la voiture. Quel désastre!

EXERCICES **7** **Exagérations.**   Votre partenaire aime exagérer. Répondez à ses observations selon le modèle. Il (elle) répond à votre question.

> ▶ Je n'ai pas besoin d'amis.
>   — *De quoi as-tu besoin alors?*
>   — *J'ai besoin d'argent.*

1. Je n'ai pas peur de la mort.
2. Je n'ai jamais besoin d'argent.
3. Je n'ai pas peur des serpents.
4. Je n'ai pas envie d'une nouvelle voiture.
5. Ma petite sœur n'a pas peur des monstres.
6. Mon père n'a pas besoin d'amis.
7. Mes amis et moi n'avons pas envie de voyager.
8. Mon frère n'a pas envie d'argent.

8   **Quand je suis en voyage.**   Indiquez si vous avez peur, besoin ou envie des choses suivantes quand vous êtes en voyage.

> ▶ Aller voir beaucoup de monuments
>   *Quand je suis en voyage, j'ai envie d'aller voir beaucoup de monuments.*

1. oublier mon passeport	6. une carte de crédit
2. voyager seul	7. voyager en avion
3. parler français	8. manquer l'avion
4. voir la tour Eiffel	9. beaucoup de bagages
5. un guide touristique	10. beaucoup d'argent

9   **En voyage.**   Expliquez les réactions des personnes suivantes quand elles voyagent. Commencez vos phrases avec **Quand il est (ils sont,** etc.) **en voyage** ... Employez une expression de chaque colonne dans chaque phrase. Faites tous les changements nécessaires.

> ▶ *Quand il est en voyage, mon père a peur de parler une langue étrangère.*

		régler	à l'heure
mon père		manquer	des renseignements
ma sœur		oublier	son train
mes amis	envie	trouver	une autre langue
le voyageur typique	peur	demander	son passeport
la voyageuse typique	besoin	laisser	un bon hôtel
les enfants		partir	son portefeuille
je		parler	la note d'hôtel
		réserver	une chambre

5. Le train

L'exactitude des trains français peut	**impressionner** un touriste. **irriter**
Les employés du bureau touristique veulent	**encourager** un touriste. **aider**
Beaucoup de visites peuvent	**fatiguer** un touriste. **amuser**

POINT OUT that **encourager** is conjugated like **manger** and **voyager**.

EXERCICE 10

Réactions.   Quel est l'effet des choses suivantes sur vos amis?

▶ les voyages en train
Les voyages en train irritent mes amis.

1. les longs voyages
2. les guides touristiques
3. les cigarettes
4. les professeurs

5. la technologie
6. la publicité
7. les films
8. les grands monuments

6. Formation de mots

POINT OUT absence of **-u-** in **fatigant(e)**. But: **-e-** in **encourageant**.

nom	verbe	adjectif	adjectif
_____	fatiguer	fatigué(e)	fatigant(e)
l'amusement (*m.*)	amuser	amusé(e)	amusant(e)
l'encouragement (*m.*)	encourager	encouragé(e)	encourageant(e)
l'impression (*f.*)	impressionner	impressionné(e)	impressionnant(e)
l'irritation (*f.*)	irriter	irrité(e)	irritant(e)
la réservation (*f.*)	réserver	réservé(e)	_____
l'obligation (*f.*)	obliger	obligé(e)	obligeant(e)

• Beaucoup de verbes en **-er** sont associés à des adjectifs en **-é** et en **-ant** et à des noms en **-ment** ou en **-(t)ion**.[2]

• On peut employer le participe passé d'un verbe comme adjectif.

Un acteur **oublié** par le public est très malheureux.
Pierre Richard, un acteur très **aimé** des Français, est beaucoup **apprécié** aux États-Unis.

---

[2] Les noms en **-ment** sont toujours masculins; les noms en **-tion** sont toujours féminins.

• Remarquez bien la différence entre les adjectifs en **-é** et les adjectifs en **-ant**.

> Je suis très **irrité**; c'est un programme très **irritant**!
> Mon frère a été **impressionné** par la tour Eiffel. C'est un monument **impressionnant**!
> Je suis **fatiguée**! La danse aérobique est très **fatigante**!

EXERCICES **11**   Terminez les phrases.

1. Une personne qui encourage les autres est ...
2. Une chose qui impressionne les gens est ... Les gens sont ...
3. Quand quelque chose irrite votre patron, votre patron est ... ; la chose est ...
4. Une personne qui amuse les autres est ...
5. Un client qui paie est un client ...
6. Quand beaucoup de gens aiment une personne, cette personne est ...

12   Mentionnez une personne ou une chose qui a les qualités suivantes.

> ▶ amusant(e)
> *Ma camarade de chambre est très amusante.*

1. fatigant(e)   5. fatigué(e)
2. amusé(e)   6. irritant(e)
3. réservé(e)   7. irrité(e)
4. impressionnant(e)   8. encourageant(e)

13   Donnez des noms français qui sont dérivés des verbes suivants.

1. indiquer   4. encourager
2. démontrer   5. expliquer
3. gouverner   6. manifester

-quer (verbe) -> **-cation** (nom). **Expliquer** -> **explication**, **impliquer** -> **implication** (provoquer, appliquer, communiquer etc).

7. Le train français

POINT OUT: **Actuellement** ≠ *actually*. Teach students **à vrai dire** or **en réalité** for this meaning. You may teach **les actualités** = **les nouvelles du moment actuel**.

> **Actuellement** (= au moment présent) les trains français sont excellents.
> Ils sont │ **absolument** formidables!
>   │ **complètement** modernes.
> Ils sont **vraiment rapides**; ils ne sont pas **lents.**
> Ils vont très **vite** (= rapidement).
> **Récemment** on a construit un tunnel entre la France et la Grande-Bretagne.
> **Évidemment** les trains français sont **presque parfaits!**

- **Vite** = rapidement. L'adjectif correspondant est **rapide**.

  Ce train est **rapide**; il va **vite!**

8. Expressions pour donner des indications

Pour aller à la gare ...

Vous quittez l'hôtel et vous allez **vers** le centre-ville.

Vous **tournez** | à droite.
| à gauche.

Vous continuez **tout droit** (vous ne tournez pas!).

Vous allez | **jusqu'au** stop.
| **jusqu'à la** rue Madrid.

Vous tournez à droite et voilà la gare!

- **Droite** est le contraire de **gauche**. **Tout droit** = on ne va pas à droite et on ne va pas à gauche.

- **Jusqu'à** (**au**, **à la**, etc.) indique une limite physique ou temporelle.

  Tu peux aller **jusqu'à la** porte, mais tu ne peux pas entrer.
  Je travaille **jusqu'à la** fin juillet; en août je vais en vacances.

EXERCICE 14

Indications. Comment fait-on pour aller aux endroits indiqués?

1. la bibliothèque
2. le musée
3. les magasins
4. la gare
5. la banque

Vous êtes ici **X**

EXPRESSION LIBRE

EN RÉALITÉ: Have students work cooperatively in groups of 3–4.

CONVERSATION

Chaque phrase commence une petite conversation avec un(e) ami(e). Voici la question ou l'observation de votre partenaire. Continuez votre part de la conversation par cinq phrases.

1. «Voudriez-vous voyager en France un jour?»
2. «Nous avons toutes sortes de chambres dans notre hôtel.»
3. «Qu'est-ce que vous avez fait ce week-end?»
4. «Je ne dors pas bien avant de partir en vacances.»
5. «Allons en Europe et voyageons en voiture.»

EN RÉALITÉ

Regardez les sélections tirées d'un guide touristique du Bureau de Tourisme à Paris. Puis, répondez aux questions par une phrase complète.

1. Vous adorez l'art moderne, mais vous êtes libre seulement mardi et les autres jours après 18 heures. Quels musées d'art moderne pouvez-vous visiter et quand pouvez-vous les visiter?

2. Vous étudiez le français à Paris et tous les étudiants de votre classe veulent visiter un musée d'art moderne mardi entre 9 heures 30 et 10 heures 30. Qu'est-ce que vous avez besoin de faire pour organiser cette visite?

3. Il est 18 heures 15 mercredi soir et vous êtes devant le Louvre. Pouvez-vous y entrer?

4. C'est samedi. Il est 12 heures 45. Pouvez-vous entrer dans l'Institut océanographique?

5. Vous êtes amateur de l'art de la Renaissance et vous êtes toujours libre entre 11 heures et 13 heures. Quels musées pouvez-vous visiter et quand pouvez-vous les visiter?

6. Vous êtes amateur de photographie. Où pouvez-vous aller le lundi? Si vous allez au musée le mardi, à quel autre musée pouvez-vous aller?

7. Quels musées sont ouverts tous les jours?

8. Quels sont les jours où beaucoup d'endroits sont fermés?

9. Vous aimez l'art oriental. À quels musées pouvez-vous aller pour regarder des collections d'art oriental?

10. Votre classe veut visiter le musée d'Orsay en groupe. Quand peut-elle le visiter? Est-on obligé de téléphoner avant d'aller au musée?

Have students guess from the context the meaning of **sauf**, as used in the realia on the facing page.

2. Si vous voulez aller au Musée Picasso, vous téléphonez au musée pour arranger une visite en groupe.

Musées et Monuments de Paris et de l'Ile-de-France

Air et de l'Espace (Musée de l')
Aéroport du Bourget, B.P. 73, 93350 Le Bourget – Tél. 48 35 99 99.
Ouvert tous les jours sauf le lundi de 10 h à 17 h, du 1er novembre au 30 avril, de 10 h à 18 h du 1er mai au 30 octobre.

Art moderne de la ville de Paris (Musée d')
11, avenue du Pdt-Wilson, 75016 Paris – Tél. 47 23 61 27.
Ouvert de 10 h à 17 h 30, sauf lundi. Nocturne le mercredi jusqu'à 20 h 30. Les horaires et les tarifs peuvent être modifiés pendant les expositions temporaires.

Centre national d'art et de culture Georges Pompidou
75191 Paris Cédex 04 – Tél. 42 77 12 33.
Ouvert : lundi, mercredi, jeudi, vendredi de 12 h à 22 h. Samedi, dimanche et jours fériés de 10 h à 22 h. Fermé le mardi.

Cernuschi (Musée) (Musée d'Art chinois de la Ville de Paris)
7, avenue Vélasquez, 75008 Paris – Tél. 45 63 50 75.
Ouvert de 10 h à 17 h 40, sauf lundi et jours fériés.

Louvre (Musée national du)
Palais du Louvre, 75041 Paris Cédex 01 – Tél. renseignements publics : 42 86 99 00 – Service éducatif – Réservation Conférences : 42 96 58 30 – Direction et conservation : 42 60 39 26.
Ouvert tous les jours sauf les mardis et jours de fête légales de 9 h 45 à 17 h 00 ou 18 h 30 selon les salles (entrée jusqu'à 18 h 00). Pour des raisons de service, ces horaires peuvent faire l'objet de modifications. Se renseigner à ce sujet auprès des bureaux d'information. Tél. : 42 86 99 00.

Mer et des Eaux (Centre de la) Institut océanographique
195, rue St Jacques, 75005 Paris – Tél. 46 33 08 61.
Ouvert de 10 h à 12 h 30 et de 13 h 15 à 17 h 30 sauf lundi, sans interruption samedi et dimanche, jours de fête. Fermé au mois d'août.

Orsay (Musée d')
1, rue de Bellechasse – 75007 Paris.
Tél. 45 49 48 14 ; répondeur automatique pour informations générales : 45 49 11 11.
Collections permanentes (2e moitié du XIXe siècle et début du XXe siècle) et expositions-dossiers.
Ouvert de 9 h à 18 h. Nocturne le jeudi jusqu'à 21 h 45. Dimanche de 9 h à 18 h. Fermé le lundi.
Visites des groupes le matin, du mardi au samedi à partir de 9 h. (Tél. 45 49 45 46 ; répondeur automatique : 45 49 49 49).

Photographie (Musée français de la)
78, rue de Paris, B.P. n° 3, 91570 Bièvres – Tél. 69 41 10 60 – 69 41 03 60 et 43 22 11 72.
Ouvert tous les jours y compris dimanche et fêtes de 9 h à 12 h 30 et de 13 h 30 à 18 h. Présentation permanente de l'Histoire technique et artistique de la Photographie des origines à nos jours – Exposition temporaire de photographie renouvelée tous les deux mois.

Picasso (Musée)
5, rue de Thorigny. 75003 Paris – Tél. 42 71 25 21.
Ouvert tous les jours sauf mardi de 9 h 15 à 17 h 15, jusqu'à 22 h le mercredi. Prise de rendez-vous par téléphone pour les visites en groupe (avec ou sans conférencier). Tél. 42 71 70 84.

Renaissance (Musée national de la)
Château d'Ecouen, 95440 Ecouen – Tél. 39 90 04 04.
Ouvert de 9 h 45 à 12 h 30 ; 14 h à 17 h 15, sauf mardi et jours fériés. Ouverture du rez de chaussée le matin ; du 1er étage toute la journée ; du 2e étage l'après-midi. Restaurant ; tél. 39 94 32 02. Parc de 17 ha dans une forêt de haute futaie.

IMAGINONS

Dans chaque situation donnée, commencez une conversation par trois phrases ou questions.

1   Vous êtes à Paris avec un petit groupe (deux garçons, deux jeunes filles) et vous voulez trouver deux chambres dans un hôtel. Un des garçons est assez pauvre, une jeune fille déteste le bruit et vous allez tous faire du tourisme au centre de Paris pendant votre visite. Vous entrez donc dans une agence de tourisme et vous dites ...

2   Vous cherchez une robe pour votre mère. Vous allez dans un grand magasin et quand la vendeuse arrive, vous lui dites ...

3 Un ami vous a invité(e) à dîner ce soir. Vous avez accepté, mais maintenant vous êtes obligé(e) de rentrer chez vos parents. Téléphonez à votre ami pour expliquer. Imaginez pourquoi vous êtes obligé(e) de rentrer. N'oubliez pas les formules de politesse avant de commencer votre explication.

4 Un jeune Français en voyage aux États-Unis visite le cours de français. Les étudiants peuvent poser des questions. Vos questions sont ...

5 Vous avez trouvé le jeune Français, Raymond, très intéressant parce qu'il aime bien la musique, comme vous, et parce qu'il est très sportif. Vous voudriez parler avec lui après la classe. Alors, à la fin de la classe vous lui dites ...

DIALOGUES

*Avec le (la) partenaire que votre professeur vous donne, parlez d'un des sujets suivants. Employez les questions données **seulement** si vous avez besoin d'aide pour commencer la conversation ou pour la continuer. Vous n'êtes pas obligé(e) de poser toutes les questions données.*

1 **En voyage**
Avez-vous beaucoup voyagé?
Aimez-vous voyager? Avec qui? Comment?
Voudriez-vous voyager en TGV un jour?
Dormez-vous bien quand vous voyagez?
Qu'est-ce que vous aimez faire quand vous êtes en voyage?
Où voudriez-vous aller?

DIALOGUES: Set students in pairs in which the partners are matched for linguistic ability. This exercise WILL NOT WORK well if very good students are paired with very poor ones. Allow at least 10 minutes.

2 **En été**
Qu'est-ce que vous voudriez faire en été?
Où voudriez-vous passer l'été?
Peut-on facilement trouver un bon travail? Comment?
Partez-vous en voyage pendant l'été?
Voyez-vous souvent vos amis?
Qu'est-ce que vous faites le soir? Le week-end?

3 **Après mes études**
Qu'est-ce que vous voudriez faire après vos études?
Pouvez-vous le faire? Comment?
Allez-vous voyager?
Où allez-vous habiter? Avec qui?
Allez-vous avoir une vie comme la vie de vos parents?
Quelle sorte de vie voudriez-vous?

COMPOSITION ÉCRITE

Écrivez une composition d'une page sur un des sujets suivants.

1. Ma vie idéale et ma vie réelle.
2. Je voudrais ... Je peux ...
3. Ma semaine idéale et ma semaine réelle.

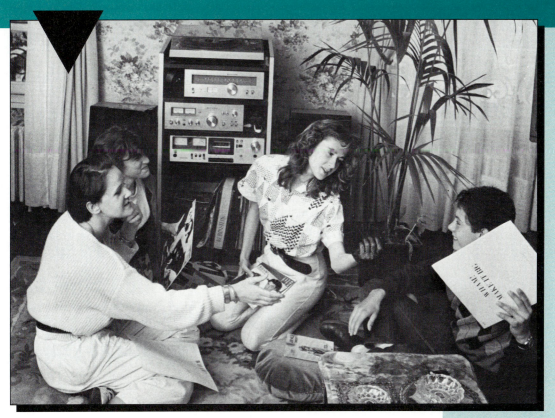

CHAPITRE 8

Chez nous

STRUCTURES

Les verbes **savoir** et **connaître**
Le comparatif
Les pronoms relatifs **qui** et **que**

CULTURE

Savez-vous planter les choux?
Les Français sont-ils plus distants que
 les Américains?
Une maison française
La salle à manger (Francis Jammes)

▶ Selon Thomas Jefferson
chaque homme a deux
pays, son pays d'origine et
la France. Comment être
chez nous en France?

1 Les verbes **savoir** et **connaître**

— **Connaissez-vous** cet homme?
— Oui, **je** le **connais**.
— **Savez-vous** son nom?
— Oui, **je** le **sais**. C'est Pierre.
— **Savez-vous** où il habite?
— **Je ne sais pas** son adresse exacte, mais **je sais** qu'il habite dans un immeuble ancien dans le dix-septième.
— C'est un joli quartier?
— **Je ne sais pas. Je ne connais pas** le dix-septième arrondissement.

EXPLICATION

Voir Vocabulaire 1, *Le logement*, p. 207.

savoir			
je	**sais**	nous	**savons**
tu	**sais**	vous	**savez**
il/elle/on	**sait**	ils/elles	**savent**

PASSÉ COMPOSÉ: j'**ai su**

connaître			
je	**connais**	nous	**connaissons**
tu	**connais**	vous	**connaissez**
il/elle/on	**connaît**	ils/elles	**connaissent**

PASSÉ COMPOSÉ: j'**ai connu**

Remarquez l'accent circonflexe à l'infinitif et à la forme **il/elle/on** du verbe **connaître**.

FOLLOW-UP QUESTIONS: Connaissez-vous le président des Etats-Unis? Savez-vous son nom? son prénom? son adresse?

• On emploie le verbe **savoir** pour donner *des informations*. **Savoir** + infinitif indique *la capacité de faire quelque chose*.

> **Je sais** le numéro de téléphone de l'hôtel. (*une information*)
> **Nous savons** qu'un concierge est une personne importante en France. (*une information*)
> **Ma mère sait** danser le Charleston. (*une capacité*)

► Les fleurs vous
invitent à entrer

La campagne

◄ Vignes de France: le
repas de midi

▲ Procession en Bretagne: les femmes portent la coiffe traditionnelle

▶ A la recherche des truffes en Dordogne

◄ L'abbaye médiévale
du Mont-Saint-Michel
sur la Manche

▼ Canal fleuri à Annecy

▶ Artisanat traditionnel

▼ Un très ancien pont
en Dordogne

POINT OUT that the **ils/elles** form of **savoir** has the same radical as the **nous & vous** forms, not as the singular forms.

• Le verbe **connaître** indique *une familiarité* avec une personne, un endroit ou une discipline académique.

> **Je** ne **connais** pas le restaurant *Maxim's*.
> **Mes parents connaissent** les gens du troisième étage de notre immeuble.
> **Les Américains** ne **connaissent** pas la littérature canadienne.

• **Savoir** et **connaître** sont employés dans des contextes différents.

> **Nous** ne **connaissons** pas nos voisins de gauche, mais **nous savons** leur nom.
> **Je** ne **connais** pas bien le Quartier latin, mais **je sais** que c'est un quartier animé.
> **Mon ami connaît** les sports; **il sait** parler de tous les sports.

REMIND students that **vouloir** and **pouvoir** also have special meanings in the passé composé (Ch. 7).

• Au passé composé **savoir** indique qu'on a trouvé une certaine information.

> — Bordeaux a gagné le match de foot?
> — Oui, **je l'ai su** par la radio. (= *La radio a communiqué cette information.*)

• Au passé composé **connaître** = faire la connaissance de.

> — Connaissez-vous la mère de Marcelline?
> — Non, mais **j'ai connu** son père pendant mon séjour à Strasbourg.

• Quand on est présenté à une autre personne pour la première fois, on dit:

> Je suis très content(e) de **vous connaître.**
> Je suis très content(e) de **faire votre connaissance.**

EXERCICES **A**

GOAL: describing capacities with **savoir**

Talents divers. Décrivez vos activités favorites.

▶ mes amis/faire du foot
Mes amis savent (ne savent pas) faire du foot.

1. je/jouer au base-ball
2. mes amis/jouer au poker
3. mon (ma) camarade de chambre/faire la cuisine
4. moi et mon (ma) camarade de chambre/faire du ski
5. je/faire du ski nautique

Savez-vous planter les choux?

Voici une vieille chanson d'enfants:

Savez-vous planter les choux[a] *à la mode, à la mode,*
Savez-vous planter les choux à la mode de chez nous?

Cette petite chanson a un sens assez profond. Chaque peuple, chaque groupe, a ses règles, des manières précises d'agir,[b] des façons de penser et de comprendre la vie. Ces façons sont souvent arbitraires et quelquefois elles traitent de choses simples, comme «planter des choux».

Mais simples ou non, ce sont les traditions «de chez nous» et «les autres»—les étrangers, les gens qui ne sont pas «de chez nous»—sont obligés de faire attention à ces règles s'ils veulent qu'on les accepte. Malheureusement, ces règles ne sont pas évidentes parce qu'elles sont implicites plutôt qu'explicites.

Pour les Français, observer les règles de la société est très important. Si on les observe, on a du savoir-vivre[c] et on est bien élevé.[d] Si on ne les observe pas, on est mal élevé.

Savez-vous planter ces «choux»? Est-ce qu'on fait comme ça chez vous aussi?

Quelques coutumes françaises:

1. Quand on passe par une porte, la personne la plus âgée passe la première.
2. Au début d'une conversation, on demande toujours des nouvelles de la famille.
3. Quand on mange, on pose les mains sur la table. On ne les pose pas sur les genoux, sous la table.
4. Un homme n'est pas obligé d'aider une femme à s'asseoir à table.
5. Un homme n'est pas obligé d'ouvrir la portière d'une voiture pour une femme.
6. Il est toujours nécessaire de respecter la distance «correcte» entre les gens. Une femme bien élévée ne fait absolument pas de contact visuel avec les hommes dans la rue, dans le métro, etc. Ce contact constitue une invitation. Attention!

---

[a] **Chou** (*m.*) = gros légume vert et rond, très populaire en Alsace; le chou est l'ingrédient principal de la choucroute.
[b] **Agir** = faire des actions.
[c] **Savoir-vivre** (*m.*) = qualité d'une personne qui connaît et observe les règles de la bonne société.
[d] **Bien élevé(e)** = qui connaît et observe les règles de la bonne société; ≠ **mal élevé(e)**.

QUESTIONS:

1. De quelles règles parle-t-on? 2. Ces règles sont-elles évidentes? importantes? Pourquoi? 3. Regardez les 8 «règles» françaises. Quelles règles sont identiques aux règles sociales américaines? 4. Quelles règles n'existent pas aux États-Unis? Qu'est-ce qu'on fait dans la même situation chez nous? 5. Est-ce que les règles sociales de vos parents et de leurs amis sont identiques aux règles sociales de vous et de vos amis? Comment sont-elles différentes?

7. Quand on dîne chez un Français, il est poli d'apporter des fleurs comme cadeau, mais n'apportez jamais de chrysanthèmes. Ce sont les fleurs qu'on apporte au cimetière!

8. Quand on rend visite à un ami, on n'entre pas dans une pièce sans invitation. Si votre ami va dans la cuisine chercher quelque chose, vous ne le suivez[e] pas sans invitation. C'est très impoli. La maison n'est pas à vous; vous n'avez pas automatiquement le privilège d'aller dans les lieux privés.

---

[e] **Suivez** ≠ précédez.

B **Connaissances.** Votre partenaire veut parler à quelqu'un qui connaît les endroits où il (elle) va aller en voyage. Répondez à ses questions et employez des pronoms objets directs.

GOAL: talking about personal knowledge (P)

▶ ta mère/de bons restaurants à Boston
   — *Est-ce que ta mère connaît de bons restaurants à Boston?*
   — *Elle connaît (ne connaît pas) de bons restaurants à Boston.*

1. tu/New York
2. ton père/les cafés de Paris
3. tes parents/le théâtre
4. toi et ta mère/Chicago
5. ta mère/quelqu'un à New York

À Paris.   Vous êtes à Paris avec un(e) ami(e) parisien(ne). Employez **savoir** ou **connaître** pour demander les renseignements suivants à votre ami(e).

GOAL: **savoir** vs. **connaître** (P)

▶ où est la station de métro la plus proche
   — *Savez-vous où est la station de métro la plus proche?*
   — *Oui, je sais où elle est. Continuez tout droit.*

1. le premier arrondissement
2. où est le Centre Georges-Pompidou
3. le Centre Georges-Pompidou
4. l'art moderne
5. qui sont les artistes à la mode
6. la Comédie-Française
7. quelle pièce de Molière on joue ce week-end
8. le théâtre classique
9. à quelle heure commence la pièce
10. le prix d'un billet

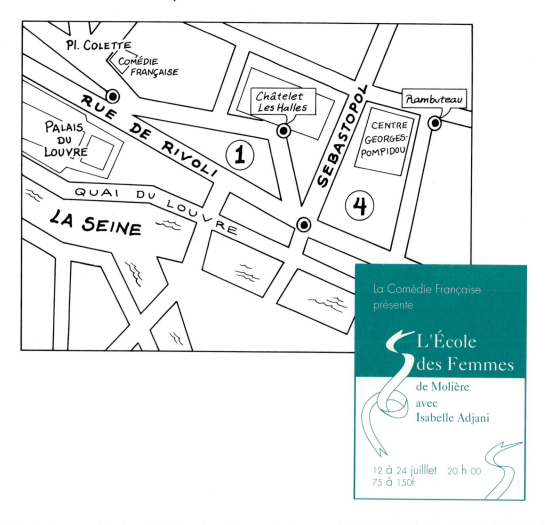

2 Le comparatif

— Pourquoi est-ce que les Américains voyagent **moins** en train **que** les Français?

— C'est sans doute parce que les États-Unis sont **plus grands que** la France.

— La France est **moins grande que** les États-Unis, mais elle est **moins grande que** l'URSS aussi et les Russes voyagent beaucoup en train. Et puis la France est **plus grande que** les autres pays européens, mais les Français voyagent en train **autant que** les autres européens.

— Tu es sûr? La France est **plus grande que** tous les pays européens, sauf l'URSS? Depuis la réunification, l'Allemagne est **plus grande que** la France, n'est-ce pas?

— Non, pas du tout. La France est la **plus grande** des deux.

— Et les trains allemands? Sont-ils **aussi populaires que** les trains français?

— Oui. Ils sont **aussi populaires**, mais ils sont **plus chers**.

EXPLICATION

Voir Vocabulaire 2 et 3, *Une comparaison* et *Formation de mots*, pp. 210–211.

FOLLOW-UP QUESTIONS: Est-ce que notre ville est plus grande que Paris? moins grande? aussi grande? Voyagez-vous en train plus que les Français? moins? autant?

1. Adjectifs

• Pour comparer les caractéristiques de deux choses ou deux personnes, employez les formes suivantes.

$$\left.\begin{array}{l}\textbf{plus}\\\textbf{aussi}\\\textbf{moins}\end{array}\right\} + \text{adjectif} \, (+ \, \textbf{que})$$

Les Américains sont **moins élégants que** les Français.
Les Français sont **aussi intéressants que** les Américains.
La France est grande, mais les États-Unis sont encore **plus grands**.

NOTEZ: Les adjectifs s'accordent avec leur nom (le premier nom de la comparaison).

Les États-Unis sont plus **grands** que la France.
La France est moins **grande** que les États-Unis.

POINT OUT use of **bien** and **un peu** to modify comparative: **bien plus grand, un peu plus riche.**

- Le comparatif de supériorité de **bon(ne)** est **meilleur(e)**.

  Les kiwis sont **meilleurs** que les oranges.
  Mais: Ils sont **moins bons** que les bananes et **aussi bons** que les poires.

2. Adverbes

- On emploie **plus que**, **aussi que** ou **moins que** pour comparer les adverbes aussi.

  Le TGV va **plus vite qu**'un train ordinaire.
  Les Français regardent la télé **moins souvent que** les Américains.

- Le comparatif de supériorité de **bien** est **mieux**.

  Nathalie parle **mieux** français que Richard.
  Mais: Elle parle **moins bien** que le professeur et **aussi bien que** Guy.

POINT OUT: Make sure students understand that adverbs never agree: **Elle va** *mieux*; **nous allons** *mieux*.

- Remarquez bien la différence entre **meilleur(e)** et **mieux**. **Meilleur(e)** est un *adjectif* qui modifie (explique) un nom ou pronom. **Mieux** est un *adverbe* et modifie un verbe.

  Cet immeuble est **meilleur** que l'autre. Oui, on est **mieux** *logé* ici.

  Ma note est **meilleure** parce que j'ai **mieux** *fait* mes devoirs.

Ces structures sont similaires aux expressions de quantité **beaucoup de**, **trop de** et **assez de**. Voir p. 88.

3. Noms

- Pour comparer les quantités, employez ces structures:

$$\left.\begin{array}{l}\textbf{plus de}\\\textbf{autant de}\\\textbf{moins de}\end{array}\right\} + \text{nom } (+ \textbf{ que})$$

  Il y a **plus d**'appartements dans mon immeuble **que** dans cet autre immeuble.
  J'ai **moins d**'espace **que** vous dans ma cuisine, mais j'ai **autant d**'appareils ménagers.

  REMARQUEZ: Il n'y a jamais d'article défini après **de** dans cette structure.

Voir la différence entre **beaucoup de** et **beaucoup**, p. 89.

4. Verbes

- Pour comparer des actions, employez ces structures:

$$\text{verbe } + \left\{\begin{array}{l}\textbf{plus}\\\textbf{autant}\\\textbf{moins}\end{array}\right\} (+ \textbf{ que})$$

  Ma mère travaille **plus que** mon père.
  Je travaille **autant que** mon père, mais mon frère travaille **moins**.

Les Français sont-ils plus distants que les Américains?

Beaucoup d'Américains trouvent les Français distants et agressifs. Mais les Français trouvent les Américains assez froids et agressifs aussi. Comment expliquer cette contradiction apparente?

En général les rapports humains sont réglés par un système de conventions, une sorte de «dictionnaire» social. Dans ce dictionnaire, on trouve des définitions de ce qui constitue la distance sociale et physique correcte entre étrangers, collègues de travail, amis, membres d'une famille, etc. On trouve aussi dans ce dictionnaire des définitions de ce qui constitue l'espace privé, des sujets de conversation appropriés, des actions qui indiquent qu'on s'intéresse à l'autre personne.

Les Français et les Américains ont des dictionnaires sociaux très différents. Quand on va en France, il est important de parler français avec ses gestes aussi bien qu'avec ses mots. Malheureusement, un Américain ne peut pas acheter ce dictionnaire social français parce qu'il n'existe que[a] dans l'esprit des Français. Mais voici quelques détails à noter.

Les opinions. Pour les Américains, l'échange des idées et des opinions est très délicat. Aux États-Unis, on hésite à s'opposer aux idées d'une autre personne pendant une discussion. On emploie beaucoup de tact parce que les opinions sont personnelles. En France, les idées et les opinions ne sont pas personnelles. On peut défendre ses idées férocement sans insulter les autres.

Quand un Américain discute avec un Français (et les Français adorent discuter), l'Américain imagine souvent que le Français est agressif. Un Américain indique qu'il s'intéresse à l'autre personne quand il *écoute* avec patience; mais un Français indique son intérêt quand il *parle* avec enthousiasme et intensité.

La vie personnelle. Les Américains parlent ouvertement des petits détails de leur vie personnelle; quand on fait la connaissance de quelqu'un, on lui pose souvent des questions personnelles. Mais pour les Français, ces petits détails sont personnels et ils vous invitent lentement à entrer dans cet espace privé. Quand un Américain qui veut faire la connaissance d'un Français lui pose des questions personnelles, le Français pense: «Quel homme agressif! Vraiment il a de l'audace de me poser cette sorte de questions!»

---

[a] **Ne ... que** = seulement.

QUESTIONS:
1. Comment les Français trouvent-ils les Américains?
2. Comment les Américains trouvent-ils les Français? Pourquoi?   3. Qu'est-ce qu'il y a dans un «dictionnaire social»?   4. Est-ce que les Américains aiment exprimer leurs opinions personnelles plus ou moins que les Français? Pourquoi?
5. Comment un Français indique-t-il son intérêt à ce que dit une autre personne? Et un Américain?   6. Est-ce que vous posez des questions sur la famille et la vie personnelle aux gens que vous ne connaissez pas très bien? Et les Français?

EXERCICES  **D**

GOAL: comparing housing

Où habiter?   Vous changez de logement. Comparez les possibilités suivantes avec les adjectifs suivants.

1. un appartement/une maison (grand, confortable, tranquille, bon marché)
2. un appartement au deuxième étage/un appartement au cinquième étage (commode, bon marché, fatigant)
3. les quartiers tranquilles/les quartiers animés (intéressant, populaire, bon)
4. un logement en ville/un logement à la campagne (amusant, pittoresque, animé, cher)

E

GOAL: making comparisons

Faites des comparaisons avec les termes donnés.

▶ film/livre
   Un film est moins difficile qu'un livre.   OU
   Un film est aussi intéressant qu'un livre.

1. un vélo/une motocyclette
2. le train/l'avion
3. la beauté/l'intelligence
4. les vêtements de Prisunic/les vêtements de Chanel
5. les Américains/les Canadiens
6. un escalier/un ascenseur
7. la banlieue/la ville
8. les avocats/les artistes
9. les médecins/les professeurs
10. les enfants/les parents

F

GOAL: comparing quantities

Entre amis.   Comparez vous et votre meilleur(e) ami(e) selon le modèle.

▶ avoir/énergie
   Mon (ma) meilleur(e) ami(e) a plus (moins, autant) d'énergie que moi.

1. connaître/gens
2. avoir/argent
3. parler/langues
4. avoir/frères
5. faire/voyages
6. acheter/vêtements
7. voir/films

G **Comparaison.** Employez les verbes donnés pour comparer votre père et votre mère.

GOAL: comparing actions

▶ jouer au tennis
Mon père joue au tennis plus (moins, autant) que ma mère.

1. regarder la télé
2. voyager
3. parler
4. travailler
5. sortir
6. oublier
7. dormir
8. chanter
9. manger
10. jouer du piano

H Le père de Pierre Levantard exagère tout ce que son fils fait par rapport à son cousin Paul. Voici les actions de Paul. Expliquez les actions de Pierre.

GOAL: using all comparative forms

▶ Paul travaille vite.
Pierre travaille encore plus vite.

Paul ne fait pas attention.
Pierre fait encore moins attention.

1. Paul ne mange pas beaucoup.
2. Paul connaît beaucoup de gens.
3. Paul ne regarde pas souvent la télé.
4. Paul travaille beaucoup.
5. Paul travaille bien.
6. Paul a une voiture élégante.
7. Paul a un bon ordinateur.
8. Paul n'a pas beaucoup de problèmes.
9. Paul ne dort pas beaucoup.
10. Paul a une grande maison.

I **Faisons connaissance!** Répondez par une phrase complète.

GOAL: comprehension & integration

1. Qui dans votre famille est plus timide que vous?
2. Avez-vous des amis moins intelligents que vous? Préférez-vous les gens qui sont plus intelligents que vous? Pourquoi?
3. Qui dans votre famille parle français mieux que vous?
4. Qui joue au tennis mieux que vous?
5. Quel sport est meilleur que le basket-ball?
6. Quel sport est plus difficile que le football américain?
7. Est-il plus amusant de faire du sport ou de regarder les matchs à la télé?
8. Est-il moins amusant de regarder le football américain ou le base-ball?
9. Regardez-vous plus de matchs à la télé que vos amis?
10. Mange-t-on plus devant la télé ou au cinéma?

3 Les pronoms relatifs **qui** et **que**

— Qui est Yannick Noah?
— C'est un sportif français.
— Décrivez-le.
— C'est un Français **qui joue au tennis**, un Français
que je vois quelquefois à la télévision.

— Qu'est-ce que c'est que les *Dossiers de l'écran?*
— C'est une émission de télévision française.
— Quelle sorte d'émission est-ce?
— C'est une émission **qui est très appréciée**, une
émission **qu'on peut regarder** le mardi à 20 heures
45 sur Antenne 2.

Voir Vocabulaire 4 et 5,
Un appartement et *Chez
nous*, pp. 212–214.

EXPLICATION

POINT OUT: **Qu'est-ce que
c'est** *que* demande une
définition.

FOLLOW-UP QUESTIONS:
Qu'est-ce que c'est que les
Dossiers de l'écran? *La loi
de LA?* Qui est Yannick
Noah? Gérard Depardieu?

Pierre Richard = star of *Les
compères* and *Le grand
blond avec une chaussure
noire.*

Make sure students do not
omit **que** as can be done in
comparable situations in
English: *the dress (that) I
bought ...*

• Un pronom relatif introduit *une proposition relative*. Le choix du pronom relatif dépend de sa fonction grammaticale dans la proposition relative.

> L'acteur **qui joue dans** *Les Ripoux* est Thierry Lhermite. (**qui** = *sujet de la proposition*)
> L'acteur **que je préfère** est Pierre Richard. (**que** = *l'objet direct de la proposition*)

REMARQUEZ l'ordre typique des éléments dans une phrase avec une proposition relative:

> ... nom + **qui** + verbe ...
> ... nom + **que** + sujet + verbe ...

• **Qui** représente les personnes ou les choses. **Que** représente les personnes ou les choses aussi.

> Le professeur aime **les étudiants** *qui* travaillent beaucoup.
> **La maison** *qui* est à côté de chez moi n'a pas assez de fenêtres.

> Nous allons manger **au restaurant** *que* vous avez recommandé.
> Je ne connais pas **le jeune homme** *que* vous avez présenté à Lise.

• Le verbe de la proposition relative s'accorde avec le nom qui précède le pronom relatif **qui**.

> Le professeur aime *les étudiants* qui **parlent** bien en classe.
> Mais c'est *vous* qui **avez impressionné** le prof!
> Ce n'est pas *moi* qui **ai commandé** un coca-cola.

> Ne confondez pas **que** pronom relatif, **que** deuxième terme d'une comparaison (p. 197), **que** pronom interrogatif (p. 151) et **que** conjonction (p. 192)!

REMARQUEZ: Que → qu' devant une voyelle ou un **h-** muet.

> L'appartement **qu'**elle a loué pour l'été est près de la plage.
> La petite maison de campagne **qu'**Henri achète coûte dans les 900.000 francs.

• S'il n'y a pas de nom spécifique représenté par **qui** ou **que**, on emploie les formes **ce qui** et **ce que**.

> Je sais **ce qui** est important.
> *Mais:* J'aime *les livres* **qui** sont amusants.

> Nous mangeons **ce que** le chef prépare.
> *Mais:* Nous apprécions *les salades* **qu'**il prépare.

EXERCICES · J

GOAL: forming relative clauses

Expliquez-moi. Après chaque observation de votre partenaire, vous demandez des précisions selon le modèle.

▶ Un film intéressant passe à l'Odéon ce soir. (Quel est le film ... ?)
   Quel est le film qui passe à l'Odéon ce soir?

   Mes amis ont vu un film intéressant hier soir. (Quel est le film ... ?)
   Quel est le film que vos amis ont vu hier soir?

1. Je connais des gens. (Comment sont les gens ... ?)
2. J'ai acheté un pull-over hier. (De quelle couleur est le pull-over ... ?)
3. Certaines personnes impressionnent mes parents. (Comment sont les personnes ... ?)
4. Un film récent a scandalisé mes amis. (Comment as-tu trouvé le film ... ?)
5. Je cherche des disques. (Quels sont les disques ... ?)
6. J'ai acheté une nouvelle voiture. (Où est la nouvelle voiture ... ?)
7. Je donne des cadeaux à mes amis. (Où achètes-tu les cadeaux ... ?)
8. Un livre excellent parle de la France. (Quel est le livre ... ?)
9. Je préfère un de mes profs. (Comment est-ce que les autres étudiants trouvent le prof ... ?)
10. Un de mes profs donne des examens difficiles. (Comment trouves-tu le prof ... ?)

  Préférences. Employez un mot de chaque colonne et **qui** ou **que** pour parler de vos préférences.

GOAL: describing preferences

		sont élégant(e)s
	les vêtements	vous recommandez
	les livres	coûtent cher
	les hommes	parlent beaucoup
	les femmes	vous achetez
J'aime	les films	ne sont pas long(ue)s
	les professeurs	mes amis aiment
	les voitures	travaillent beaucoup
	les émissions	je connais bien
		sont comiques

Une maison française

Une maison, un appartement ou même une chambre d'hôtel en France n'est pas exactement comme une maison, un appartement ou une chambre d'hôtel aux États-Unis. Il y a beaucoup de petites (et de grandes) différences. Voilà des choses à noter.

Les fenêtres et les portes françaises sont différentes des fenêtres et des portes américaines.

En France on entre dans une maison au rez-de-chaussée. On monte au premier étage. Le deuxième étage en France, c'est le «*3rd floor*» en anglais. Alors, si vous louez un appartement au cinquième étage sans ascenseur, vous allez avoir beaucoup de marches à monter!

Dans les immeubles français il y a d'habitude un(e) concierge, un homme ou une femme qui habite au rez-de-chaussée et qui surveille tout dans l'immeuble. Quand on cherche l'appartement d'un(e) ami(e), on est souvent obligé de s'adresser d'abord au concierge.

Dans la plupart des immeubles on trouve une cour intérieure. C'est là où il y a des fleurs ou de petits arbres. On ne peut pas juger d'un bâtiment si on le regarde seulement de la rue. Les appartements qui donnent sur la cour sont tranquilles, mais quelquefois n'ont pas beaucoup de lumière; les appartements qui donnent sur la rue ont de la lumière, mais ne sont pas toujours tranquilles.

Puisque la France n'a pas de grandes ressources, on essaie de conserver l'énergie par différentes méthodes. Alors, le chauffage dans les immeubles est souvent réglé. Il y a du chauffage entre octobre et avril. Entre mai et septembre, il n'y a pas de chauffage. Si on a froid en mai ou en septembre? Alors, on porte beaucoup de pulls!

QUESTIONS:
1. On entre dans un immeuble en France. On est à quel étage? 2. On monte au prochain étage. On est à quel étage? 3. Comment s'appelle la personne qui est chargée de la surveillance d'un immeuble? 4. Si on veut un appartement tranquille, est-ce qu'on habite un appartement qui donne sur la rue ou un appartement qui donne sur la cour? Pourquoi? 5. Qu'est-ce que c'est qu'une minuterie? Décrivez son emploi. 6. Pourquoi les Français font-ils de si grands efforts pour conserver de l'énergie?

Pour conserver de l'électricité dans les corridors et dans l'escalier il y a souvent une minuterie. Quand on l'allume, on a de la lumière pendant *une minute*. Il y a un bouton sur le mur à chaque étage d'un immeuble ou d'un hôtel. Si une minute ne suffit pas[a] pour aller jusqu'à votre chambre, vous pouvez rallumer la minuterie à l'étage suivant. Il y a de la lumière quand on a besoin de lumière, mais quand on n'a pas besoin de lumière, on n'emploie pas d'électricité. C'est génial!

———————

[a] **Ne suffit pas** = n'est pas assez.

L

En famille.   Votre père est toujours un peu perplexe. Expliquez-lui les habitudes familiales.

GOAL: verb agreement in relative clauses

▶ Dominique déteste les carottes. (Jean-François)
    Mais non! C'est Jean-François qui les déteste.

1. J'adore aller au théâtre. (maman et tante Rose)
2. Tu es toujours en retard. (Frédéric et toi)
3. Les cigarettes irritent ta mère. (Frédéric)
4. Je travaille beaucoup à la maison. (Nathalie et moi)
5. Les grandes voitures impressionnent Sébastien. (maman)
6. Les professeurs ont encouragé Nathalie. (Sébastien)
7. Sébastien connaît bien la musique. (Frédéric et moi)
8. Tu es sorti trop souvent le semestre dernier. (Sébastien et Nathalie)

M

À Dijon.   Vous voudriez tout savoir du voyage d'un(e) ami(e) à Dijon. Complétez ces phrases.

GOAL: **ce qui** vs. **ce que**

▶ Raconte-moi _____ peut intéresser un artiste à Dijon.
    Raconte-moi ce qui peut intéresser un artiste à Dijon.

1. Raconte-moi _____ tu as fait pendant ton voyage.
2. Raconte-moi _____ impressionne les touristes.
3. Raconte-moi _____ il y a au musée.
4. Raconte-moi _____ est intéressant à voir à Dijon.
5. Raconte-moi _____ tu as vu quand tu es parti(e) de Dijon.
6. Raconte-moi _____ tu veux revoir.
7. Raconte-moi _____ tu vas faire à la prochaine visite.
8. Raconte-moi _____ est délicieux dans la cuisine bourguignonne.

N **Alors!**   Votre ami(e) est facilement découragé(e). Encouragez-le (-la) selon le modèle.

▶ Je ne veux pas acheter de jeans.
   Alors, achète ce que tu veux.

1. Je ne veux pas manger d'escargots!
2. Je ne peux pas donner 1000 dollars aux institutions charitables!
3. Je ne vais pas acheter cette robe. Elle n'est pas confortable.
4. Donner un livre à Luc? Il n'aime pas les livres.
5. Je ne vais pas regarder cette émission. Elle n'est pas intéressante.
6. Je ne peux pas faire cet exercice.

O **Définitions.**   Complétez chaque définition avec le pronom relatif **ce qui** ou **ce que**.

1. Un cadeau est _____ on donne pour un anniversaire.
2. Un dictionnaire est _____ on emploie pour trouver des définitions de mots.
3. L'argent est _____ impressionne les Américains.
4. L'art de vivre est _____ est important pour les Français.
5. Un devoir est _____ on fait pour un cours.
6. Le vocabulaire est _____ aide à parler.

P Répondez aux questions par une phrase complète.

1. Avez-vous acheté ce que vous allez donner à votre mère pour son anniversaire?
2. Savez-vous ce que vous allez acheter à vos amis pour Noël? Achetez-vous souvent des vêtements comme cadeaux?
3. Qui achète ce que vous portez?
4. Préférez-vous acheter ce qui est joli ou ce qui est bon marché? Pourquoi?
5. Qui achète ce que porte votre père? Aime-t-il acheter ses vêtements?
6. Quand ne fait-on pas ce qu'on veut faire? Pourquoi?
7. Les étudiants font-ils ce qui est important? Pourquoi?
8. Étudiez-vous ce qui est important? Savez-vous ce que vous voulez étudier?
9. Avez-vous décidé ce que vous allez faire après vos études universitaires?
10. Savez-vous ce qui est important pour vous maintenant?

VOCABULAIRE

1. Le logement

Ancien = *former* before the noun. **Ancien** = *old* after the noun.

Le logement est un problème quand il n'y a pas assez d'appartements.
Je voudrais habiter un quartier **animé**; je n'aime pas les quartiers **tranquilles**.

Je vais chercher un appartement dans **un immeuble** | **moderne.**
| **ancien.**

Je ne sais pas | **l'adresse** (*f.*) de cet immeuble moderne, mais je peux le **reconnaître** quand je le vois.
| **le numéro de téléphone du (de la) concierge** qui s'occupe de l'immeuble.

Je suis allé à l'immeuble et j'**ai fait la connaissance** du concierge.
J'ai décidé de **louer** un appartement dans l'immeuble.
Je suis obligé de payer **le loyer** le premier du mois.
Mon appartement est **au troisième étage** (*m.*).
Pour aller jusqu'au troisième on est obligé de **monter**.

On peut prendre | **l'escalier** (*m.*) si on veut monter à pied.
| **l'ascenseur** (*m.*) si on est fatigué.

Si on habite **au rez-de-chaussée**, on n'est pas obligé de monter.

Je connais | **mon voisin** (= l'homme qui habite à côté de moi), Monsieur Monier.
| **ma voisine**, Madame Delattre.

- **Un immeuble** est un bâtiment avec beaucoup d'appartements ou de bureaux.
Un bâtiment est un terme général.

  Martin habite un vieil **immeuble** dans le vingtième.
  Leur maison est un vieux **bâtiment** du dix-huitième siècle.

• Nombre ordinal = nombre cardinal + **-ième**

nombre cardinal	nombre ordinal	abréviation
un	premier, première	1ᵉʳ, 1ʳᵉ
deux	deuxième	2ᵉ
cinq	cinquième	5ᵉ
vingt et un	vingt et unième	21ᵉ
trente	trentième	30ᵉ

REMARQUEZ: Un → premier, première, mais **vingt et un → vingt et unième**. Notez l'addition d'un **-u-** dans **cinquième**. Si un nombre est terminé en **-e**, on élimine le **-e** dans le nombre ordinal: trent**e** → trent**ième**.

• On arrange les chiffres d'un numéro de téléphone par groupes de deux. Quand on donne son numéro de téléphone l'article **le** précède le numéro.

À Paris, mon numéro c'est **le 42-38-68-16**.
Téléphonez-moi **au 40-43-29-80** à Nantes.

• **Monter** est conjugué avec **être** au passé composé.

Nous sommes montés au cinquième pour voir nos amis.

EXERCICES 1

Qu'est-ce que c'est?   Terminez les définitions suivantes.

1. Un quartier où il y a beaucoup d'activité est un quartier ...
2. Un quartier où il n'y a pas d'activité est un quartier ...
3. Un bâtiment avec de vieux appartements est ...
4. Un bâtiment avec de nouveaux appartements est ...
5. Les gens qui habitent à côté sont ...
6. L'argent payé chaque mois pour un appartement est ...

PARIS: LE GUIDE DES PRIX ET DES LOYERS

COTE DES LOCATIONS - Loyer mensuel hors charges

COMMUNES		STUDIO	3 PIÈCES	5 PIÈCES et +
PARIS Iᵉʳ	Tuileries-Opéra	2 200 à 3 200	4 500 à 6 500	7 500 à 10 000
PARIS Iᵉʳ	Halles	1 900 à 2 800	3 800 à 5 500	6 500 à 8 500
PARIS IIᵉ		1 700 à 2 500	3 500 à 4 500	5 700 à 7 500
PARIS IIIᵉ	Marais	2 000 à 2 800	3 800 à 5 000	6 500 à 9 000
PARIS IIIᵉ	Autres	1 700 à 2 500	3 500 à 4 500	5 000 à 7 500
PARIS IVᵉ	Place des Vosges St-Louis/Bords de Seine	2 700 à 4 000	5 500 à 7 500	9 000 à 16 000
PARIS IVᵉ	Autres	1 900 à 2 800	3 600 à 5 200	6 000 à 8 500

2 **À quel étage?** Où habitent les personnes suivantes?

1. Jean
2. Sylvie
3. les Ledru
4. Pierre et Nicole
5. Pauline
6. les Maher

3 **On monte?** Indiquez si les bâtiments suivants sont équipés ou non d'un escalier, d'un ascenseur ou des deux.

1. votre résidence universitaire
2. la maison de votre mère
3. la cafétéria
4. la bibliothèque
5. l'hôpital dans votre ville
6. le cinéma

2. Une comparaison

Révisez **coûter cher** et **sentir bon**, p. 180 et p. 181.

Préférez-vous un appartement en ville ou une petite maison à la campagne?

Un appartement en ville | coûte plus **cher**.
est | plus **utile**.
plus **commode** (= pratique).

Une petite maison à la campagne est | **bon marché**.
meilleur marché qu'un appartement en ville.

En France **la plupart** (= la majorité) des gens dans les grandes villes habitent un appartement.
Aux États-Unis (= aux USA) est-ce **la même** chose (= une situation identique)?

• D'habitude **la plupart** précède **de** + un nom au pluriel. Le verbe est au pluriel.

> **La plupart** *des maisons* **sont** en banlieue.

• L'adjectif **même** (= identique) précède le nom.

> Mon frère et moi sommes identiques. Nous avons les **mêmes** parents, les **mêmes** amis et les **mêmes** divertissements.

• **Bon marché** est un adjectif invariable. Il ne change pas avec un nom féminin ou pluriel. Le comparatif de supériorité pour **bon marché** est **meilleur marché**. L'adjectif **meilleur marché** est invariable aussi.

> Cette maison est **bon marché**! À 200.000 francs, elle ne coûte pas cher. Les vêtements à Prisunic ne coûtent pas cher, mais les vêtements au marché aux puces sont encore **meilleur marché**.

EXERCICE 4

Comparaison. Étienne ne sait pas s'il veut habiter un appartement en ville ou une chambre dans une résidence universitaire. Aidez-le à considérer les avantages et les inconvénients des deux.

▶ Une chambre dans une résidence universitaire est pratique.
Oui, un appartement est moins pratique qu'une chambre.

1. Une chambre dans une résidence universitaire est bon marché.
2. Il y a beaucoup de parking devant une résidence universitaire.
3. Une chambre dans une résidence universitaire est jolie.
4. Une chambre dans une résidence universitaire est grande.

5. On a des voisins intéressants si on a une chambre dans une résidence universitaire.
6. Une chambre dans une résidence universitaire est commode.
7. Une chambre ne coûte pas cher.
8. On n'a pas beaucoup de responsabilités si on a une chambre.
9. Il y a beaucoup de bruit dans une résidence.

3. Formation de mots

- **In-** ou **im-** devant un adjectif indique *l'absence* de la qualité en question.

utile	inutile
commode	incommode
évitable	inévitable
attentif	inattentif
actif	inactif
connu	inconnu
certain	incertain
variable	invariable
modéré	immodéré
possible	impossible
patient	impatient

POINT OUT this rule applies to nouns as well: **immeuble** [immœbl].

NOTEZ: Devant une consonne **in-**/**im-** sont nasalisés [ɛ̃]: **inconnu, impossible.** Devant une voyelle ou **-n-** ou **-m-**, **in-**/**im-** ne sont pas nasalisés; ils se prononcent [in] ou [im]: **inactif, immodéré.**

- Devant un adjectif qui commence par **r-** ou **l-**, **in-** est remplacé par **i-** et on double la consonne initiale.

logique	illogique
légal	illégal
limité	illimité
responsable	irresponsable
régulier	irrégulier

EXERCICE 5

Terminez les phrases suivantes.

1. Une chose qu'on ne peut pas utiliser est ...
2. Une personne qui ne fait pas attention est ...
3. Une personne qui n'est pas logique est ...
4. Quelqu'un que vous ne connaissez pas est une personne ...
5. Quand on n'est pas certain, on est ...
6. Les choses qui ne varient pas sont ...
7. Une chose qui n'est pas légale est ...
8. Si on ne prend pas de responsabilités, on est ...
9. Une chose sans limites est ...
10. Si une chose n'est pas possible, elle est ...

4. L'appartement

J'ai un appartement qui	**donne sur**	**la rue** (**l'avenue, le boulevard**).
		la cour.
	a beaucoup de **lumière** parce qu'il y a beaucoup de fenêtres.	
Mon appartement a	**quatre pièces: une salle de séjour** (= un living), **une salle à manger,** deux **chambres. une cuisine, une salle de bains** et les **W.C.** aussi. (Ce ne sont pas des pièces).	

Mon appartement est **chauffé;** je n'**ai** pas **froid** en hiver.
Quand j'ai froid, je **porte** un sweater.
Mon appartement est **climatisé;** il est agréable en été. Je n'**ai** pas **chaud** en été.

CULTURE: A French apartment owner might also have **une cave,** his space in the basement, and **une chambre de bonne,** his space in the attic for storage or else available to rent, perhaps to a student.

• **Un deux-pièces** est un appartement qui a un living/salle à manger et une chambre plus la salle de bains et la cuisine.

   Je cherche **un trois-pièces** parce qu'**un deux-pièces** est vraiment trop petit pour moi.

• Une personne **a** froid ou **a** chaud. Une chose **est** froide ou **est** chaude.

   J'ai froid; donne-moi un pull-over.
   Je n'aime pas cette soupe; elle **est** déjà **froide.**

EXERCICES **6**

De la fenêtre.   Sur quoi donnent les pièces suivantes? Qu'est-ce qu'on voit de la fenêtre de ces pièces?

   ▶ le bureau du professeur
      Le bureau du professeur donne sur l'océan.

   1. votre chambre à l'université
   2. votre chambre chez vos parents
   3. la cuisine chez vos grands-parents
   4. le salon chez votre tante ou votre oncle
   5. la cuisine chez un(e) ami(e)
   6. la salle de classe

7 **Tout-confort.** Indiquez si les endroits suivants sont ou ne sont pas bien chauffés en hiver et climatisés en été.

1. votre chambre à l'université
2. la bibliothèque
3. votre chambre chez vos parents
4. votre voiture ou la voiture d'un(e) ami(e)
5. la classe de français
6. l'autobus ou le métro près de l'université

8 **L'habit ne fait pas le moine.** Demandez à votre partenaire ce que les personnes suivantes portent dans les circonstances indiquées.

1. le prof/en classe
2. tu/à une fête
3. les artistes/au travail
4. tes amis/quand ils ont froid
5. un petit enfant/dans le bain
6. toi et tes amis/quand vous avez chaud

5. Chez nous

Dans le living il y a ...

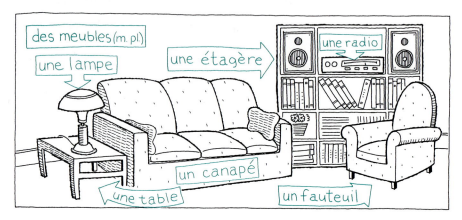

Dans la cuisine il y a ...   Dans la chambre il y a ...

EXERCICES **9**   **Chez nous.**   Indiquez quels meubles ou quels appareils électriques il y a dans les pièces suivantes.

1. votre chambre à l'université
2. le salon de votre meilleur(e) ami(e)
3. votre chambre chez vos parents
4. la salle à manger de votre tante ou votre oncle
5. la cuisine de votre grand-mère

10   **Installons la maison.** Indiquez dans quelle pièce on trouve les choses suivantes.

1. un réfrigérateur
2. un canapé
3. une lampe
4. un lit
5. une chaise
6. une armoire
7. une cuisinière
8. un fauteuil
9. une étagère
10. une télévision

Table de salon avec jardinière ou rafraîchissoir. Fauteuil Napoléon III.

Canapé Louis-Philippe présenté en shintz; réalisable en dos capitonné.

Bibliothèque Charles X en merisier avec incrustations en noyer. Réalisable aussi en 2 et 3 portes ou en enfilade 2, 3 et 4 portes avec tiroirs intérieurs.

Création Daisy Simon. Modèle déposé.

Before starting the comprehension questions, point out that the poem is divided into 4 **strophes** and that each **strophe** in this poem contains 5–7 **vers**.

QUESTIONS:

1. Qu'est-ce qu'il y a dans la salle à manger du poète? (*or*: Nommez 3 choses dans ...). 2. Est-ce qu'on a eu l'armoire depuis longtemps? Comment le savez-vous? 3. Qu'est-ce que c'est qu'un coucou? 4. Ce coucou, qu'est-ce qu'il ne fait pas? Pourquoi? 5. Au passé, qu'est-ce qu'il y a eu dans le buffet? Comment le sait-on aujourd'hui? 6. Le poète habite-t-il seul? Est-il triste d'être seul? Pourquoi pas? 7. Le poète insiste beaucoup sur l'âge de l'armoire, du buffet, etc. Pourquoi est-ce important?

JOUONS: This can be played as a game. Divide class into 2 teams. Say: Je vais poser les questions aux deux équipes à tour de rôle. Si une équipe répond mal, l'autre a un point. Si une équipe répond bien, elle gagne un point. L'équipe qui a le plus de points gagne.

JOUONS: REPONSES:
(1) F: 20. (2) F: 58. (3) V.
(4) F: la France.
(5) F: mais il n'y a pas beaucoup de pétrole.
(6) V. (7) V.
(8) F: le TGV. TF1 est une chaîne de télé.
(9) F: 6. (10) V. (11) V.
(12) F: jusqu'à 16 h 30 pendant la semaine, jusqu'à 12 h le samedi.
(13) F: en août, de tradition, et maintenant en juillet
(14) F: 1/6 (15) V.
(16) F. (17) V.
(18) F: la Carte bleue.
(19) F: sur la table. (20) V.

La salle à manger

Il y a une armoire à peine luisante°   sombre
Qui a entendu° les voix[a] de mes grand-tantes,   écouté
Qui a entendu la voix de mon grand-père,
Qui a entendu la voix de mon père,
À ces souvenirs l'armoire est fidèle°.   dévoué(e), loyal
On a tort de croire qu'elle ne sait que se taire,[b]
Car je cause° avec elle.   parce que je parle

Il y a aussi un coucou en bois.
Je ne sais pourquoi il n'a plus° de voix,   n'a pas maintenant
Je ne veux pas le lui demander.
Peut-être bien qu'elle est cassée,°   ne fonctionne pas
La voix qui était dans son ressort°,   intérieur
Tout bonnement comme celle° des morts.   la voix

Il y a aussi un vieux buffet
Qui sent la cire°, la confiture,   wax
La viande, le pain et les poires mûres.[c]
C'est un serviteur fidèle qui sait

Qu'il ne doit° rien nous voler.[d]   est obligé de
Il est venu chez moi bien des hommes et des
  femmes
Qui n'ont pas cru à ces petites âmes.[e]
Et je souris° que l'on me pense seul vivant°   suis amusé/que
Quand un visiteur me dit en entrant: j'habite seul
«Comment allez-vous, monsieur Jammes?»

— *Francis Jammes*

---

[a] **Voix** (*f.*) = le son qu'on fait quand on parle ou on chante. **Pavarotti a une belle *voix*.**
[b] **On a tort ... se taire** = C'est une erreur de penser qu'elle sait seulement être silencieuse.
[c] **La confiture ... poires mûres.** = plusieurs bonnes choses à manger.
[d] **Voler:** Un pickpocket **vole** l'argent des autres.
[e] **Qui ... âmes** = Qui n'ont pas accepté la réalité de ces existences.

EXPRESSION LIBRE

JOUONS

Dites si chaque affirmation est vraie ou fausse[1]. Si elle est fausse, faites la correction nécessaire. (Le numéro entre parenthèses se rapporte à la page où vous pouvez trouver la réponse correcte.)

1. Il y a seize arrondissements à Paris. (168)
2. Il y a 50 millions de Français. (80)
3. La date de la fête nationale française est le 14 juillet. (55)
4. L'Hexagone, c'est Paris. (25)
5. Il n'y a pas de pétrole en France. (76)
6. La SNCF, c'est le train. (133)
7. Le RER est un métro ultra-rapide. (132)
8. Le train ultra-rapide, c'est le TF1. (176)
9. Il y a douze chaînes de télévision à Paris. (136)
10. La France a une grande variété de climats. (76)
11. Beaucoup de magasins à Paris ferment pendant deux heures pour le déjeuner. (142)
12. Les banques françaises sont ouvertes jusqu'à l9 heures. (143)
13. Les Français sont souvent en vacances en juin. (143)
14. Un huitième des Français habitent à Paris. (132)
15. L'essence coûte cher en France. (108)
16. Les Français sont distants. (199)
17. Beaucoup de Parisiens n'achètent jamais de maison. (108)
18. Une carte de crédit très employée en France, c'est la Carte Vermeil. (30)
19. Quand on mange en France, il est poli de garder ses mains sur les genoux, sous la table. (194)
20. Beaucoup de jeunes Français n'ont pas de voiture. (108)

CONVERSATION

Chaque phrase commence une petite conversation avec un(e) ami(e). Voici la question ou l'observation de votre partenaire. Continuez votre part de la conversation par quatre phrases ou questions.

1. «Quel joli salon!»
2. «Quel type d'appartement cherchez-vous?»
3. «Moi, j'habite au quatrième.»
4. «J'adore le ski. J'ai fait du ski aux États-Unis l'année dernière.»
5. «Ma maison donne sur le boulevard.»
6. «Je n'ai pas de motocyclette. J'ai acheté une voiture.»
7. «Je vais aller à New York le mois prochain.»

---

[1] **Vrai(e)** = correcte. **Faux (fausse)** ≠ vrai(e).

IMAGINONS

Vous allez à une agence de location.[2] L'agent va vous indiquer les appartements qui peuvent répondre à vos besoins selon l'annonce; il (elle) peut imaginer les autres détails. Vous allez lui poser des questions spécifiques. Essayez de payer seulement un tiers (¹/₃) de votre salaire pour le loyer.

adresse	étage	pièces	m²	prix mensuel	autres
75004	3ᵉ, A	2	55 m²	5.000	LV, VO
75005	4ᵉ	Studio	25 m²	2.600	
75005	2ᵉ	Studio	22 m²	2.400	
75006	1ᵉʳ, A	Studio	22 m²	3.300	LV
75006	4ᵉ, A	Studio	35 m²	4.200	LV, VO
75007	3ᵉ	5	100 m²	10.000	
75007	RdC, A	2	55 m²	5.500	LV
75008	4ᵉ	3	65 m²	5.500	
75020	5ᵉ	2	50 m²	2.400	
75020	4ᵉ, A	3	75 m²	4.200	LV, VO

Adresse. Tous les codes postaux à Paris commencent par 750. Les deux derniers chiffres indiquent l'arrondissement.

Étage. A = ascenseur.

M² = mètre(s) carré(s): **Un mètre carré** = *10.77 sq. ft.*

Prix (*m.*) **mensuel** = Le prix par mois.

Autres. On indique ici si l'appartement a des appareils modernes comme un lave-vaisselle (LV) ou un vide-ordures (VO)[3].

1   Vous travaillez dans le quatrième et vous gagnez[4] 11.540 F par mois. Vous voulez habiter aussi près de votre travail que possible. Vous préférez habiter seul(e), mais vous avez un(e) ami(e) qui peut contribuer 3.000 F au loyer s'il (si elle) a une chambre séparée. Vous détestez les escaliers.

2   Vous travaillez dans le huitième et vous gagnez 9.000 F par mois. Vous n'aimez pas l'ancien. Vous voulez du moderne. Vous avez un(e) ami(e) qui peut payer 3.000 F par mois et qui travaille dans le quatorzième. Votre ami(e) ne veut pas habiter loin de son travail.

---

[2] **Agence de location** (*f.*) = une agence qui aide à louer des appartements.
[3] **Vide-ordures** (*m.*) = *garbage disposal, garbage chute.*
[4] **Vous gagnez** = votre salaire est.

3 Vous travaillez dans le sixième. Vous gagnez 14.000 F par mois. Vous adorez le moderne. Vous voulez une vue de Paris (troisième étage ou plus). Vous n'avez pas besoin d'ascenseur.

4 Vous travaillez dans le sixième et vous gagnez 12.000 F par mois. Votre femme (mari) travaille dans le vingtième et gagne 11.000 F. Vous avez deux enfants. Vous ne voulez pas payer plus de 7.000 F par mois. Vous voulez autant d'espace que possible, mais vous ne voulez pas habiter loin de votre travail.

DIALOGUES

*Avec le partenaire que votre professeur vous donne, parlez d'un des sujets suivants. Employez les questions données **seulement** si vous avez besoin d'aide pour commencer la conversation ou pour la continuer. Vous n'êtes pas obligé(e) de poser toutes les questions données.*

1 **Chez moi**
Où habitez-vous? Faites une description.
Comparez votre chambre actuelle à votre chambre chez vos parents.
Est-ce que vos parents ont toujours habité où ils habitent maintenant?
Imaginez votre chambre (appartement, maison) idéal(e).
Où voudriez-vous habiter après vos études à l'université? Avec qui?

2 **Mon logement préféré**
Décrivez le logement de la majorité des étudiants.
Où voudriez-vous habiter? Pourquoi? Où habitez-vous maintenant? Décrivez votre logement.
Avez-vous jamais cherché un appartement en ville? Coûte-t-il cher?

3 **Quels endroits connaissez-vous?**
Nommez une ville que vous connaissez bien. Décrivez-la. Nommez un bâtiment, une institution, etc., que vous connaissez bien dans cette ville. Pourquoi est-ce que vous le (la) connaissez?
Nommez un endroit (restaurant, musée, etc.) dans la ville où vous êtes maintenant que vous connaissez bien.
Nommez une ville que vous voudriez connaître un jour. Pourquoi?

DIALOGUES: Set students in pairs where the partners are matched for linguistic ability. This exercise WILL NOT WORK well if very good students are paired with very poor ones. Allow at least 10 minutes.

INTERVIEWS

En groupes de deux ou trois personnes, jouez les scènes suivantes.

1 Un ami français, Francis, vous présente à un de ses amis, Raoul. Raoul a 28 ans et étudie les sciences politiques à Paris. Il a un appartement dans le cinquième.

2 Un ami français, Étienne, vous présente à son frère, Charles, jeune étudiant au lycée. Charles a 16 ans, il écoute beaucoup de rock américain et il adore les films de cow-boy.

3 André vous présente à ses parents qui habitent un nouvel appartement dans le vingtième. Son père est professeur d'histoire et sa mère est avocate. Ils ont passé une année sabbatique aux États-Unis, à Washington, il y a trois ans.[5]

---

[5] **Il y a trois ans** = trois ans avant cette année.

4   Vous habitez à Paris dans une résidence d'étudiants. Votre voisin, qui est français, a des affiches de Charles Bronson sur sa porte. Un jour où vous êtes à côté de votre voisin au restaurant universitaire, vous dites …

5   André vous présente à des amis, Martine et Marc. Martine a 19 ans et elle est vendeuse dans un supermarché de luxe, Félix Potin. Elle adore la mode et les films. Marc a 22 ans et il étudie l'informatique.[6] Il est fanatique de football, mais il veut savoir jouer au base-ball aussi.

COMPOSITION ORALE

COMPOSITION ORALE: Put students in groups of 4–5. Each student should give 3–4 sentences.

Voici un plan de la maison des Duvoisin et de ses pièces. Faites une description de la maison et de chaque pièce. Notez la place, la couleur, le style des meubles et imaginez la vie des habitants de la maison.

une chambre

une salle de bains

un salon

une chambre

une cuisine

EXPANSION: Students bring in the floor plan of a house they know. They describe in 10–12 sentences the house and the lives of its occupants. Divide students in groups of 4–5.

COMPOSITION ÉCRITE

Écrivez une composition d'une page sur un des sujets suivants.

1. Chez moi
2. Quelqu'un dans ma famille (père, mère, frère, sœur, etc.) vs. moi: une comparaison
3. Moi vs. mon personnage littéraire favori: une comparaison
4. Ma maison idéale et ma maison actuelle

---

[6] **Informatique** (*f.*) = la science des ordinateurs.

CHAPITRE 9

En mouvement

STRUCTURES

Le passé composé (*suite*)
L'imparfait
L'imparfait et le passé composé

CULTURE

L'immigration en France
La condition féminine en France
Pour toi mon amour (Jacques Prévert)
La nouvelle Europe

▶ Notre présent est l'enfant de notre passé. La France d'aujourd'hui, formée par la France d'hier, se transforme en la France de demain. Regardons quelques aspects de cette transformation. Quels étaient ces aspects dans le passé? Quand ont-ils commencé à changer?

1

Le passé composé (*suite*)

Révisez la présentation du passé composé au Chapitre 5, p. 109. Révisez le passé composé des verbes **aller, faire, vouloir, pouvoir, savoir** et **connaître** aux Chapitres 6–8, pp. 129, 161, 191.

— Qu'est-ce que **tu as fait** hier soir, Marie?
— **J'ai préparé** un dîner pour François et moi. **Nous avons mangé** du couscous, un plat algérien. Et puis **nous sommes allés** à une soirée où **j'ai vu** beaucoup de monde. **Nous sommes rentrés** à une heure du matin.

EXPLICATION

See the Instructor's Resource Manual (IRM) for a discussion of how to teach this material.

FOLLOW-UP QUESTIONS: Qu'est-ce que vous avez fait hier soir? Avez-vous fait la cuisine? Êtes-vous sorti(e)? Avec qui? À quelle heure êtes-vous rentré(e)? Avez-vous vu un film? regardé la télé?

Notez que ce sont tous des verbes intransitifs (qui n'ont pas d'objet direct) et que la plupart sont des verbes de mouvement.

The use of **être** with **passer** is not taught at this level. **Avoir** is used with **passer** + expressions of time starting in Ch. 6.

The present tense of **venir** (and its compounds) and **descendre** will be taught in Chs. 14 and 15. **Naître** and **mourir** are only presented in the passé composé and the infinitive, since their use is rare in the present. The use of **avoir** with **monter**, **sortir**, **descendre**, **rentrer**, and **retourner** will not be presented at this level.

1. Formation (*révision*)

• Le passé composé est formé du verbe **avoir** ou **être** au présent et d'un participe passé. Le participe passé d'un verbe en **-er** se termine en **-é**. Le participe passé des verbes comme **dormir** se termine en **-i**. Beaucoup de verbes irréguliers ont un participe passé irrégulier.[1]

   Sa famille a **habité** dans un HLM pendant cinq ans.
   J'ai **servi** du couscous hier soir. C'était délicieux!
   Nous avons **vu** un film sur les immigrés hier soir.
   Avez-vous **fait** un voyage au Mali?

• La plupart des verbes emploient **avoir** au passé composé. Les verbes suivants emploient **être**.

aller ≠ rester	monter ≠ descendre	rentrer, retourner
arriver ≠ partir	naître ≠ mourir	(re)venir
entrer ≠ sortir	tomber	devenir

   Quel skieur! Il **est descendu** trois fois et il n'**est** jamais **tombé**.
   Beaucoup d'immigrés **sont venus** du Maghreb qui se trouve en Afrique du Nord.
   Les Maghrébins **sont devenus** un groupe important en France.

---

[1] Par exemple: **avoir → eu; être → été; connaître → connu; pouvoir → pu; savoir → su; vouloir → vu.**

2. L'accord du participe passé au passé composé

Révisez la présentation des verbes **aller, rester, arriver, entrer** et **rentrer** au Ch. 6, pp. 130 et 152 et des verbes **partir** et **sortir** au Ch. 7, p. 181.

• Il y a accord entre le sujet et le participe passé des verbes conjugués avec **être**.

> *Fatima* est all**ée** d'Oran à Marseille l'année dernière.
> *Quelques immigrés* sont retourné**s** dans leurs pays; *la plupart des immigrés* sont resté**s** en France.
> *Suzanne et Laurence* sont n**ées** en Algérie; elles sont algériennes.

POINT OUT that since the verbs conjugated with **être** are intransitive, they never have a direct object.

• Pour les verbes conjugués avec **avoir**, il y a accord entre le participe passé et l'objet direct quand l'objet direct est placé *devant le verbe*.

> L'immigration en France? Nous *l'*avons déjà étudi**ée**.
> Il y a deux femmes arabes dans mon quartier; je *les* ai vu**es** au super-marché.

• Le pronom relatif **que** représente un objet direct; par conséquent, quand il précède un verbe au passé il y a accord du participe passé.

Révisez l'emploi du pronom relatif **que** au Ch. 8, p. 202.

> As-tu remarqué *tous les Nord-Africains* **que** nous avons vu**s** en France?

NOTEZ: Un **-e** ou un **-s** final ne change pas la prononciation du participe passé, excepté s'il est terminé par une consonne.

allé allés allée allées	[ale]	*Mais*: fait faits	[fɛ]
		faite faites	[fɛt]

3. La place des adverbes

• La plupart des adverbes en **-ment** suivent le participe passé au passé composé, mais certains adverbes communs sont placés entre l'auxiliaire et le participe passé. Voici quelques-uns de ces adverbes:

assez	bien	toujours	presque
beaucoup	mal	souvent	déjà
trop	mieux	enfin	pas encore

Voir Vocabulaire 1, *L'immigration en France*, p. 239.

> — J'ai **bien** étudié; j'ai **beaucoup** travaillé.
> — As-tu **déjà** terminé cette composition?
> — Non, je ne l'ai **pas encore** terminée, mais j'ai **assez** travaillé pour le moment.

This discussion is merely an introduction to these complicated, multi-faceted problems. A thorough treatment of these issues is beyond the scope of this text.

QUESTIONS:
1. Est-ce qu'il y a eu plus d'immigrés en France en 1900 que maintenant ou moins? 2. Pourquoi les Français au passé étaient-ils plus accueillants vers les immigrés? 3. D'où viennent la plupart des immigrés à l'heure actuelle? 4. Pourquoi les immigrés de ces pays ont-ils décidé d'aller en France? 5. Quelle sorte de travail font-ils? 6. Pourquoi les Français sentent-ils menacés par ces immigrés?
7. Est-ce qu'il existe une situation similaire aux États-Unis? Où?

L'immigration en France

Quand on parle de «la culture française» on peut imaginer un système unifié, immuable,[a] mais en réalité toute culture est un ensemble de différentes idées et habitudes. Certainement le sens de la tradition et la familiarité tendent à préserver une culture. Mais la culture est aussi une manière d'organiser et de comprendre des réalités géographiques, démographiques, économiques et politiques. Quand ces réalités changent, elles forcent la culture à s'adapter. Dans ce chapitre nous allons examiner trois conditions en train de changer la vie française d'aujourd'hui: l'immigration, la condition féminine et la nouvelle Europe unie des années 1990. Commençons par la situation des immigrés.

La situation des immigrés en France n'est pas ce qu'elle était au début du vingtième siècle quand il y avait très peu d'immigrés et que les Français les accueillaient[b] avec leur célèbre tradition de *liberté, égalité, fraternité*. Ils appréciaient ces exemples de cultures exotiques qui ne menaçaient pas de transformer la culture française. Aujourd'hui, à la fin du vingtième siècle, la situation des immigrés en France est problématique. Les Français se sentent[c] de plus en plus envahis par des immigrés qui arrivent en si grand nombre que les Français peuvent s'imaginer une minorité dans leur propre pays. Loin de les accueillir, certains détestent ces immigrés et leur culture qui menace de changer la culture française.

Il y a beaucoup d'immigrés africains, portugais, espagnols et italiens en France; mais quand on parle du problème des «immigrés», on parle surtout des Africains, un grand groupe[d] facile à remarquer parce qu'ils sont d'une race, d'une culture, d'une religion ou d'une langue très différentes.

Le problème a un côté purement démographique. Entre 1962 et 1992, la France a vu ses colonies se transformer en pays indépendants; ces transformations, quelquefois violentes, ont entraîné une certaine instabilité économique dans ces pays. Avec l'indépendance, la France a donné aux citoyens de ses anciennes colonies le privilège

[a] **Immuable** = qui ne change pas.
[b] **Accueillir** = accepter.
[c] **Se sentent** = ont l'impression d'être.
[d] Les nationalités d'Afrique représentaient 13,5% des étrangers en France en 1954, 35% en 1975 et 43,5% en 1982.

d'une entrée libre en France pour travailler. Des travailleurs venus de l'Afrique du Nord[e] sont arrivés en France pour bénéficier des possibilités de travail, plus nombreuses en France que dans leur pays d'origine. Ils sont arrivés en si grand nombre que la France ne pouvait pas facilement les assimiler.

Par conséquent beaucoup d'immigrés ont des emplois assez mal payés. Plus des deux tiers des immigrés travaillent dans des emplois manuels qui n'exigent pas de spécialisation. Les immigrés constituent une population facilement exploitée. Ils travaillent à bas prix[f] et acceptent des emplois qui sont rarement permanents. Mais ils ont du travail à un moment où beaucoup de Français sont au chômage.[g] Et puis leur concentration dans les quartiers pauvres et les HLM cause un conflit de classe en même temps qu'elle renforce la séparation des deux cultures.

On ne sait pas ce qui va arriver d'ici l'an 2000, mais il est sûr que la culture des immigrés va continuer à transformer la culture française. Certainement le «Français typique» n'a jamais été simplement un Blanc catholique qui portait un béret et mangeait des escargots pendant qu'il regardait la tour Eiffel. Il y a toujours eu une variété de traditions qui composaient la culture française. Mais aujourd'hui ce «Français typique» peut être aussi bien un Nord-Africain, noir, musulman, qui porte un boubou[h] et mange du couscous pendant qu'il regarde l'Arche de la Défense![i]

CULTURE: You may wish to talk about *couscous*, the Algerian dish of semolina with meat and vegetables.

[e] **L'Afrique du Nord** = les pays du Maghreb: l'Algérie, la Tunisie et le Maroc.

[f] **À bas prix** = pour peu d'argent.

[g] **Chômage** (*m.*): Quand on n'a pas d'emploi, on est **au chômage**. La tension entre les Français et les immigrés a augmenté avec le chômage. Si en 1974 27% seulement des Français disaient qu'ils accepteraient de faire le travail que font les immigrés, en 1984 49% disaient qu'ils accepteraient de le faire.

[h] **Boubou** (*m.*) = long vêtement porté par les Tunisiens.

[i] **Arche de la Défense** (*f.*) = nouveau bâtiment très moderne à la périphérie de Paris.

EXERCICES   A

Exercises are marked **I** (instructor-directed), **P** (pair activity), or **G** (group activity) when appropriate. Unmarked exercises can be done as the instructor desires. The goal of each exercise is stated. See IRM for explanation of labeling of exercises.

GOAL: contrasting present and past activities

C'est vrai!   Confirmez les observations d'un(e) ami(e) sur votre famille. Suivez le modèle.

> ▶ — Ton père ne fume pas de cigarettes.
>   — *Ça, c'est vrai! Il n'a jamais fumé de cigarettes.*
>
> — Ta mère travaille beaucoup.
>   — *Ça, c'est vrai! Elle a toujours beaucoup travaillé.*

1. Ton frère n'est pas heureux.
2. Ton père rentre tard.
3. Ta mère veut aider les pauvres.
4. Ta mère a les cheveux longs.
5. Tes parents ne vont pas au musée d'art.
6. Toi et ta sœur, vous n'arrivez pas à l'heure.
7. Tes parents voient beaucoup de films.
8. Il n'y a pas de chien dans ta famille.
9. Tu sors pendant le week-end.
10. Tu ne connais pas les voisins d'en face.

B

GOAL: positioning adverbs in the passé composé

Répondez aux questions d'un(e) ami(e) en employant l'adverbe entre parenthèses.

> ▶ Tu as étudié? (beaucoup)
>   *Mais oui, j'ai beaucoup étudié.*

1. Tu as fait ton devoir? (déjà)
2. Tu as mangé? (trop)
3. Tu as regardé la télé? (fréquemment)
4. Tu as prononcé ces mots? (mal)
5. Tu as fait la cuisine? (toujours)
6. Tu es allé(e) au musée? (souvent)
7. Tu as acheté une nouvelle voiture? (récemment)
8. Tu es sorti(e) le week-end? (beaucoup)

"J'ai fait le compte,
cette saison j'ai servi 474 radis-beurre, 763 crudités,
346 œufs mayonnaise, 453 escalopes à la crème
dont 117 avec changement de garniture,
1024 steaks, dont 489 à point et 342 saignants.
Alors tu comprends pourquoi j'ai tellement envie
à mon tour de voir la mer bleue
et de sentir sur ma peau
la caresse brûlante du soleil."

Hier.   Votre oncle oublie tout. Chaque fois qu'il demande ce qu'on va faire aujourd'hui, votre tante lui explique qu'on l'a fait hier. Employez des pronoms objets quand vous le pouvez.

▶ On va regarder cette émission spéciale ce soir?
Mais non! On l'a déjà regardée hier soir.

1. Est-ce que Jean-Marc va réparer la voiture aujourd'hui?
2. Sophie va sortir avec Luc et ses parents ce soir?
3. François va voir ses amis au musée aujourd'hui?
4. Les Lenoir vont venir aujourd'hui?
5. Charlotte va rentrer tard ce soir?
6. Sébastien va acheter ses livres de classe aujourd'hui?
7. Les petits chatons[2] vont naître aujourd'hui?
8. Nous allons regarder toutes nos photos ce soir?
9. Sophie va donner ce cadeau à Nathalie aujourd'hui?
10. Charlotte et Michelle vont aller au théâtre aujourd'hui?

2 L'imparfait

Quand **j'étais** petite, ma mère **avait** un rôle traditionnel. Elle **faisait** presque tout à la maison. Elle **faisait** le ménage et elle **faisait** la cuisine. Mon frère et moi **faisions** la vaisselle après le dîner. Mes deux petites sœurs ne **faisaient** rien! Mon père **travaillait** chaque jour et, quand il rentrait, il aidait un peu à la maison. Le soir, tout le monde **regardait** la télé. Nous **étions** une famille typique.

EXPLICATION

• L'imparfait est un autre temps du passé. On l'emploie: (1) pour une action ou une situation au passé qui continuait au moment d'une interruption au passé et (2) pour des actions habituelles au passé.

Je parlais à un ami quand le professeur a annoncé la date de l'examen.
On rentrait à la maison quand la voiture est tombée en panne.
Quand **j'étais** petit, **je regardais** la télé tous les soirs.
Mon frère et moi, **nous faisions** le marché chaque jeudi.

---

[2] **Chaton** (*m.*) = un jeune chat.

Voir Vocabulaire 2 et 3,
*La libération féminine à
la maison* et *La discrimination*, pgs. 241–242.

• L'imparfait est formé d'*un radical* et de *terminaisons régulières*. Le radical de l'imparfait = le présent à la personne **nous** moins la terminaison **-ons**.

présent	**radical**
nous parlons	parl-
nous étudions	étudi-
nous faisons	fais-

NOTEZ: **Être** est le seul verbe avec un radical irrégulier à l'imparfait (**ét-**).

• Les terminaisons de l'imparfait sont toujours: **-ais**, **-ais**, **-ait**, **-ions**, **-iez**, **-aient**.

• Voici les verbes **parler** et **faire** à l'imparfait:

parler			
je	parl**ais**	nous	parl**ions**
tu	parl**ais**	vous	parl**iez**
il/elle/on	parl**ait**	ils/elles	parl**aient**

faire			
je	fais**ais**	nous	fais**ions**
tu	fais**ais**	vous	fais**iez**
il/elle/on	fais**ait**	ils/elles	fais**aient**

NOTEZ: La prononciation des formes **je**, **tu**, **il/elle/on**, **ils/elles** est identique à l'imparfait.

Make sure students hear the difference between **vous parlez** and **vous parliez**. Also point out the similarity between **tu parlais** (imperfect) and **vous parlez** (present).

je faisais
on faisait   } [fəzɛ]
elles faisaient

• L'imparfait de **c'est** = **c'était**.

Hier, **c'était** la fête de Suzanne.

• L'imparfait de **il y a** = **il y avait**.

Quand j'étais petit, **il y avait** des concerts près de chez nous en été.

• Pour les verbes terminés en **-ger**, il y a un **-e-** devant les terminaisons de l'imparfait qui commencent par un **-a-**.[3] Le **-e-** préserve la prononciation [ʒ].

Autrefois on ne **partageait** pas le travail à la maison.
Mais: **Nous partagions** les tâches ménagères quand j'étais petit.

• Pour les verbes terminés en **-cer**, il y a un **-ç-** devant les terminaisons de l'imparfait qui commencent par un **-a-**. Le **-ç-** préserve la prononciation [s].

Le prof **commençait** la leçon quand Marc est arrivé.

---

[3] Ce sont les terminaisons pour les formes **je**, **tu**, **il/elle/on** et **ils/elles**.

GOAL: remembering past
circumstances

#6: Point out the -i- in the
stem of **étudier**. Ask students to form the **nous** &
vous forms and note the -ii-.

Mémoire. Pour une étude sur la mémoire, vous demandez à des gens ce qu'ils faisaient l'année dernière à la date d'aujourd'hui. Donnez leurs réponses.

▶ Mon ami et moi/passer un examen
Mon ami et moi passions un examen.

1. je/regarder la télé
2. mes amis et moi/parler chez moi
3. ma mère/faire des courses
4. mes parents/donner une fête
5. mon père et moi/déjeuner au restaurant
6. je/étudier
7. mes amis/être au travail
8. mon frère/aller en ville

E

GOAL: asking about and
describing one's childhood
(P)

Enquête. Posez des questions à un(e) partenaire pour déterminer comment étaient sa vie et sa famille quand il (elle) était petit(e).

▶ tu/regarder la télé
— *Regardais-tu la télévision quand tu étais petit(e)?*
— *Oui, je la regardais quand j'étais petit(e).*

1. l'hiver/être long
2. tu/faire du ski
3. ta mère/avoir une carrière
4. ton père/faire le marché
5. tes parents et toi/partager le travail à la maison
6. tes parents/connaître beaucoup de gens
7. tu/louer un appartement
8. tu/jouer aux cartes avec tes amis
9. tes amis/aimer les sports
10. toi et tes amis/sortir souvent

F

GOAL: describing life in the
past

En 1900. Créez des phrases affirmatives ou négatives qui décrivent la vie en 1900.

▶ pouvoir téléphoner à ses amis à Genève (on)
On ne pouvait pas téléphoner à ses amis à Genève.

1. faire la vaisselle après chaque repas (les gens)
2. savoir réparer les appareils cassés (les hommes)
3. travailler beaucoup (nos grands-parents)
4. être nés (nous)
5. faire la cuisine trois fois par jour (les femmes)
6. acheter de la pizza (on)
7. employer des ordinateurs (on)
8. manger le fast-food (les jeunes)
9. sortir le week-end (les jeunes)
10. avoir un lave-vaisselle (mon arrière-grand-mère)

QUESTIONS:
1. Avant la Seconde Guerre mondiale, est-ce que la Française pouvait voter?
2. Nommez trois avantages qu'a la Française qui travaille par rapport à l'Américaine.   3. Quelles sont les formes féminines des mots suivants: **ingénieur, ministre, professeur, médecin?**
4. Qui est Édith Cresson?
5. Combien de Premiers ministres féminins a-t-on eus en France?   6. Et aux États-Unis, est-ce qu'on a eu beaucoup de chefs d'état féminins?

La condition féminine en France

Nous avons déjà discuté de l'évolution de la situation des immigrés dans la France d'aujourd'hui. La condition des femmes a aussi beaucoup changé au cours du vingtième siècle. En 1941 une Française ne pouvait pas encore voter et ne pouvait pas être candidate à une élection. Cinquante ans plus tard, en 1991, Édith Cresson a été choisie comme Premier ministre, la première femme à ce poste. Et dans le gouvernement qu'elle a formé, il y a cinq femmes ministres!

Entre 1900 et 1992 les femmes françaises ont travaillé à améliorer leur condition sur le plan politique, professionnel, économique et social. Les changements ont été importants, mais comment la vie de la Française typique d'aujourd'hui se compare-t-elle à la vie d'une Américaine? Les Américains pensent souvent que les Français sont machos et que les Américaines sont mieux traitées que les Françaises, mais sous beaucoup d'aspects, la condition féminine est meilleure en France qu'aux États-Unis.

En 1949, cinq ans après avoir reçu le droit de vote, la Française a gagné des droits constitutionnels plus variés et plus explicites que les droits constitutionnels de l'Américaine en 1992, 72 ans après avoir reçu le droit de vote. La Française est mieux payée que la femme américaine,[a] et la mère qui travaille est mieux traitée. Le congé de maternité n'est pas payé par la Sécurité sociale aux États-Unis, comme il l'est en France. Le congé de maternité aux États-Unis varie selon les états et selon les employeurs; en France une femme enceinte a un congé de maternité *payé* de seize semaines minimum et souvent de vingt-six semaines. Et il y a beaucoup de crèches et de garderies pour faciliter le travail des femmes qui ont des enfants.

Alors, est-ce que la Française est l'égale du Français? Pas encore. Du point de vue professionnel il existe une très réelle ségrégation. Les femmes françaises exercent des professions à bas salaire où les possibilités d'avancement sont limitées et où elles sont obligées de travailler sous l'autorité d'un homme.[b] On les trouve rarement dans des professions bien payées. Il y a très peu de femmes ingénieurs, de femmes ministres, de femmes présidents. D'ailleurs, le français n'a pas encore de forme féminine pour ces mots!

[a] La Française gagne 88,6% du salaire d'un homme qui fait un travail équivalent. L'Américaine gagne 60% du salaire d'un homme.
[b] Quarante-sept pour cent des femmes qui travaillent ont de petits emplois; par contraste, 12% des hommes qui travaillent ont de petits emplois.

◀ Édith Cresson, la première femme à être nommée Premier ministre en France

Et en France, où les questions sur la vie privée d'un politicien sont considérées comme indiscrètes, on a demandé à Édith Cresson, dans une interview à la télévision, si son nouveau poste était la récompense de faveurs sexuelles! La réponse de Madame Cresson? Peut-être suis-je «la favorite», mais je suis la favorite des électeurs.[c]

―――――――

[c] **Électeurs** (*m.pl.*) = les gens qui votent.

G **Descriptions.** Imaginez la vie de vos grands-parents au début du vingtième siècle.

GOAL: describing life in the past

▶ les jeunes gens/vouloir être mariés à 20 ans.
Les jeunes gens voulaient être mariés à 20 ans.

1. tout le monde/avoir une carrière
2. les enfants/faire le ménage
3. les enfants/être indépendants à 16 ans
4. on/pouvoir voter à 18 ans
5. ma grand-mère/savoir gagner sa vie
6. les jeunes gens/avoir beaucoup de privilèges
7. les enfants/avoir beaucoup de choses à faire
8. mon grand-père/partager le travail à la maison

3 L'imparfait et le passé composé

Quand **j'étais** petit, **je partais** pour l'école tous les jours à 8 h 15.
À 18 ans, **je suis parti** pour une grande université loin de chez moi.

Hier **j'ai vu** Nicole au restaurant avec un jeune homme que **je** ne **connais** pas.

Ma voiture **est tombée** en panne trois fois hier. **J'étais** très irritée.

Nathalie **faisait** la cuisine quand le téléphone **a sonné**.

EXPLICATION

Voir Vocabulaire 4 et 5, *Un conte de fées: Le Petit Chaperon rouge* et *L'Europe des douze*, pgs. 243–245.

• Le passé composé et l'imparfait représentent deux attitudes différentes vis-à-vis du passé; ce sont deux perspectives différentes.

• On emploie *le passé composé* quand on évoque une action ou une situation au passé dans ses limites (commencement ou fin). On emploie *l'imparfait* quand on évoque une action ou une situation au passé *sans* considérer ses limites.

Hier soir, **j'ai fait** mes devoirs de maths.
À 15 ans, **je faisais** toujours mes devoirs le soir.

FOLLOW-UP QUESTIONS:
Que faisiez-vous quand la
classe a commencé? Quand
je suis arrivé(e)? Qu'est-ce
que vous avez vu pendant
que vous alliez en classe aujourd'hui?

NOTEZ: Tout verbe peut être à l'imparfait ou au passé composé; c'est une question de perspective. On emploie souvent l'imparfait et le passé composé dans la même phrase.

- On emploie l'imparfait dans les circonstances suivantes:

1. Quand on parle de *l'aspect habituel* d'un événement ou d'une situation.

> Quand j'étais jeune, **j'allais** à l'école tous les jours à 7 heures.
> Chez mes parents **on échangeait** toujours des cadeaux pendant les sept jours de Chanukkah.

NOTEZ: Si on ne parle pas de la répétition *habituelle* de cette action, on emploie le passé composé.

> Hier **je suis allée** à l'école à 8 heures.
> L'année dernière **nous avons échangé** tous nos cadeaux le premier soir de Chanukkah.

Imperfect verbs represent
the background, passé composé forms represent the
foreground.

2. Quand on parle d'une situation en cours au moment d'un événement au passé. Le verbe à l'imparfait aide à situer l'action qui est au passé composé.

> Que **faisiez-vous** quand *je suis entré?*
> Elle **téléphonait** encore quand *nous avons commencé* à dîner.
> **Je regardais** les actualités quand *Marie est arrivée.*

NOTEZ: Le futur immédiat dans un contexte au passé est toujours à l'imparfait.

> **J'allais téléphoner** à Michèle quand elle est venue chez moi.
> Est-ce que Jean-Marc a dit s'**il allait venir** ce soir?

3. Pour indiquer les conditions *qui existaient déjà* au moment de l'événement au passé.

> Une jeune femme **qui ne me connaissait pas** *m'a aidée* à trouver la gare.
> Pour la soirée *elle a porté* une robe **qui ressemblait** à une robe de princesse.

Tell students: Il est difficile
de savoir exactement quand
une émotion, une pensée
ou un état psychologique
ont commencé.

4. Quand on parle d'*états psychologiques*, d'*émotions* ou de *pensées.*

> **Je savais** bien que Martin ne **pouvait** pas nous accompagner, mais je lui ai demandé quand même s'**il était** libre.
> Mes parents **voulaient** acheter une nouvelle voiture, mais **ils n'avaient** pas assez d'argent.

REMARQUEZ: Si on considère le commencement ou la fin d'un tel état, on emploie le passé composé.

> Hier, c'était mon anniversaire; **j'ai eu** 21 ans.

QUESTIONS:
1. Qui parle dans ce poème? De quel sexe est le narrateur? Comment le savez-vous?   2. Où est-il allé tout d'abord? Pourquoi?   3. Où est-il allé après?   4. Quelle image de l'amour ce début du poème présente-t-il?   5. Est-ce une image traditionnelle?   6. Où est-il allé la troisième fois? Pourquoi?   7. Pourquoi voulait-il acheter des chaînes?   8. Quelle image de l'amour est présentée à la fin du poème?   9. Où est la femme à la fin du poème?   10. Que pense le poète des relations entre les deux sexes?

Pour toi mon amour

Je suis allé au marché aux oiseaux°   *un pigeon, un*
Et j'ai acheté des oiseaux   *cardinal, par*
   Pour toi   *exemple*
     mon amour
Je suis allé au marché aux fleurs°   *une rose, un*
Et j'ai acheté des fleurs   *pétunia, par*
   Pour toi   *exemple*
     mon amour

Je suis allé au marché à la ferraille°   *un métal*
Et j'ai acheté des chaînes
De lourdes° chaînes   *massives*
   Pour toi
     mon amour
Et puis je suis allé au marché aux
   esclaves°   *personnes qui sont*
Et je t'ai cherchée   *la propriété*
Mais je ne t'ai pas trouvée   *d'une autre*
     mon amour   *personne*

— *Jacques Prévert*

EXERCICES **H**

GOAL: telling how things used to be (P)

Au vingt et unième siècle.   Votre petit-fils vous pose des questions sur votre jeunesse. Répondez selon le modèle.

  tu/porter un jean
— *Grand-mère (grand-père), quand tu étais jeune, est-ce que tu portais un jean?*
— *Oui, je portais souvent un jean.*   OU
— *Non, je ne portais jamais de jean.*

1. tes parents/aimer le rock
2. tu/aller à des concerts de rock
3. toi et tes amis/danser dans des discothèques
4. les jeunes/faire du football
5. tu/vouloir impressionner quelqu'un
6. ton père/jouer au base-ball
7. toi et tes amis/manifester contre la guerre

I   **Le voilà enfin!**   Le professeur avait cinq minutes de retard. Presque tout le monde était déjà en classe. Que faisait-on quand le professeur est entré?

GOAL: telling what was happening at a given moment in the past

1. Anne et Béa ...
2. Cécile ...
3. David et Étienne ...
4. François ...
5. Gilbert ...
6. Henri ...
7. Isabelle ...
8. Jean et Karl ...

J   Faites des phrases au passé pour indiquer que les deux actions se passaient en même temps.

> ▶ Mon petit frère (jouer du piano)/je (téléphoner)
> *Mon petit frère jouait du piano pendant que je téléphonais.*

GOAL: describing simultaneous past circumstances

1. ma mère (faire la cuisine)/je (faire mes devoirs)
2. mon père (réparer la voiture)/ma mère (travailler au jardin)
3. je (faire du ski)/mon amie (faire des courses)
4. mon frère (téléphoner)/nous (dîner)
5. je (chercher une robe dans un magasin)/ma mère (essayer des chapeaux)

See the IRM for suggestions of ways to use the readings to help illustrate the use of the passé composé and imperfect.

QUESTIONS:
1. Qui a déjà essayé d'unifier l'Europe?   2. Qui était Jean Monnet?   3. Comment est-ce que sa tentative d'unification européenne était différente des tentatives précédentes?   4. Pourquoi a-t-on commencé cette unification?   5. Quels étaient les pays originaux de la Communauté économique européenne?
6. Combien de pays font partie de la CEE maintenant? Quels sont les pays membres?   7. Comment la CEE a-t-elle aidé la stabilité économique de l'Europe?
8. Quelle est l'importance de la fusée Ariane?
9. Quels changements sont probables en 1992?
10. Comment est-ce que l'unification européenne va changer la France?

La nouvelle Europe

Une troisième force en train de transformer[a] la culture française aujourd'hui est l'unification européenne. Cette unification a été le rêve[b] de Jean Monnet, un économiste français qui a imaginé l'établissement des États-Unis d'Europe.

Le vingtième siècle n'est pas la première époque historique à rêver d'une Europe unie ni à faire une tentative d'unification. Déjà au premier siècle après Jésus-Christ les Romains dominaient tous les pays méditerranéens. En l'an 800, l'empereur Charlemagne régnait sur presque toute l'Europe occidentale. Napoléon (au dix-neuvième siècle) et Hitler (au vingtième siècle) ont subjugué la plus grande partie de l'Europe.

Mais le rêve de Jean Monnet était différent parce qu'il n'était pas question d'unification par conquête. Au contraire, Monnet pensait qu'une unification volontaire et progressive pourrait peut-être mettre fin à l'opposition traditionnelle entre la France et l'Allemagne qui avait culminé en deux guerres mondiales. Dans ce désir de réconciliation on a créé la Communauté économique européenne avec la France, la Belgique, les Pays-Bas, le Luxembourg et leurs anciens adversaires l'Allemagne et l'Italie.

Maintenant il y a douze pays[c] dans la Communauté européenne et toute une structure supranationale. Il y a le Conseil des Ministres qui est chargé du planning général et la Commission qui exerce la fonction exécutive. Il y a aussi le Parlement européen qui représente un forum de discussion important et la Cour de Justice qui juge les conflits économiques et sociaux.

Et qu'est-ce que les pays de la nouvelle Europe ont fait? Ils ont créé un système de coopération économique qui les a aidés à se rétablir économiquement. Ils ont établi des principes d'utilisation énergétique pour assurer la stabilité économique de l'Europe. Ils ont collaboré à un programme aérospatial et à la création de la fusée *Ariane*. Ils ont fait de l'Europe un groupe économique capable de rivaliser avec les États-Unis et l'URSS.[d] Il y a aussi le passeport européen, le drapeau européen, l'Eurocarte (la carte de crédit européenne), une fête européenne (le 9 mai) et, annoncées pour 1992,

---

[a] **En train de transformer** = qui transforme actuellement.
[b] **Rêve** (*m.*) = désir imaginé.
[c] En plus des six pays originaux il y a la Grèce, l'Espagne, le Portugal, l'Irlande, l'Angleterre et le Danemark.
[d] En 1987, l'Europe avait 324 millions de consommateurs, l'URSS en avait 283 millions et les États-Unis 244 millions.

une monnaie européenne, *l'écu*[e] et une nouvelle liberté de commerce et de travail à l'intérieur de la communauté.

Comment la nouvelle Europe va-t-elle transformer la France? Une des possibilités est que l'unification européenne va changer l'importance relative des villes françaises. Strasbourg, à la frontière allemande de la France, est au centre de l'agglomération européenne et constitue le siège du Conseil et du Parlement européen. Lille, une ville française à la frontière belge est maintenant, avec le tunnel entre la France et l'Angleterre, dans une situation géographique idéale pour être un centre d'échange économique entre la France, les pays du Benelux[f] et l'Angleterre. D'ici l'an 2000 il est donc possible que la domination parisienne de la France diminue et qu'on voie[g] se développer de nouveaux centres d'influence tels Strasbourg et Lille.

------

[e] **Écu** (*m.*) = *European currency unit.* Un écu était aussi une ancienne monnaie française.
[f] **Benelux** = Belgique, Nederland (les Pays-Bas) et Luxembourg.
[g] **Voie** = une forme du verbe **voir**.

K

GOAL: describing consecutive past actions

Faites des phrases pour indiquer quelle action a précédé l'autre.

▶ je (faire mes devoirs)/je (donner ma composition au prof)
D'abord j'ai fait mes devoirs et puis j'ai donné ma composition au prof.

1. je (rentrer en autobus)/ma voiture (tomber en panne)
2. il (quitter la maison)/en route pour son bureau il (voir un accident)
3. je (faire du ski le matin)/je (aller au cinéma le soir)
4. il (travailler jusqu'à 18 heures)/il (aller au bureau)
5. je (aller faire le marché en voiture)/mon père (réparer la voiture)

L

GOAL: describing past events

Qu'est-ce que vous avez fait hier?   Décrivez vos activités selon le modèle.

▶ regarder une émission/traiter de la discrimination
J'ai regardé une émission qui traitait de la discrimination.

1. voir un film/passer à 21 heures.
2. manger dans un restaurant/servir des plats algériens
3. aider deux touristes/chercher la gare
4. rencontrer un ancien ami/visiter notre ville
5. montrer ma maison à quelqu'un/vouloir l'acheter
6. commencer un livre/parler de la nouvelle Europe
7. déjeuner avec des amis/chercher une maison
8. travailler à un projet/être difficile
9. visiter un musée/avoir une collection d'art folklorique
10. téléphoner à quelqu'un/connaître l'art folklorique

Faites des phrases au passé qui indiquent qu'une action continuait au moment d'une autre action au passé.

▶ je (faire mes devoirs)/mon camarade de chambre (entrer)
Je faisais mes devoirs quand mon camarade de chambre est entré.

1. ma voiture (tomber en panne)/je (rentrer)
2. ma mère (faire la cuisine)/le chien (essayer de manger le bifteck)
3. mon petit ami (arriver pour notre rendez-vous)/nous (être encore à table)
4. il (aller au bureau)/il (voir un accident)
5. je (rencontrer une amie)/je (chercher une robe dans un magasin)
6. nous (parler du prof)/le prof (entrer)
7. mon père (dormir profondément)/je (téléphoner à la maison)
8. la lampe (tomber)/mes amis et moi (jouer au football dans le living)
9. notre chien (mourir)/nous (être en vacances)
10. je (habiter en France)/Édith Cresson (devenir Premier ministre)

Réactions. Imaginez l'état psychologique de ces personnes pendant les situations ou les événements donnés.

▶ je/le premier jour au lycée
J'étais anxieux (malheureux, enthousiaste, etc.) le premier jour au lycée.

1. mes amis/pendant la guerre du Golfe
2. je/le dernier jour au lycée
3. mes amis et moi/pendant le premier semestre à l'université
4. tout le monde/pendant les transformations en Allemagne
5. je/avant mon premier rendez-vous

Autrefois. Répondez aux questions par une phrase complète.

▶ Sortez-vous souvent? Et quand vous étiez au lycée?
Oui, je sors souvent. Je ne sortais pas souvent au lycée.

1. Qui fait la cuisine chez vous? Et quand vous étiez au lycée?
2. Est-ce que vos amis travaillent beaucoup? Et hier?
3. Est-ce que le prof parle beaucoup en classe? Et hier (avant-hier)?
4. Êtes-vous malheureux (malheureuse)? Et hier?
5. Est-ce que vos amis vont souvent au cinéma? Et hier?
6. Vous et vos amis, aimez-vous les films de Disney? Et quand vous étiez petits?
7. Sortez-vous souvent en groupe? Et hier?
8. Téléphonez-vous souvent? Et quand vous étiez au lycée?

▼ VOCABULAIRE

1. L'immigration en France

L'immigration (*f.*)	est un problème du **passé**.
	un problème **actuel** (= d'aujourd'hui).
	un problème **d'actualité**.
	un problème **de l'avenir** (= du futur).

Les immigrés sont arrivés en grand nombre après 1960 et **la guerre** (= le conflit militaire) d'Algérie.

Beaucoup d'immigrés	**nord-africains** sont **déjà** entrés en France.
	algériens
	arabes
	maghrébins

Souvent les immigrés pauvres habitent les **HLM** (Habitations à loyer modéré).

Les enfants qui **sont nés** (≠ morts) en France sont des **citoyens** français.

Actuellement, les Français sont **préoccupés** par le nombre des immigrés.

Quelques immigrés sont **retournés** en Afrique, mais **presque** tous sont restés en France.

▲ Des immigrés chez eux en France

- **Actuel, actuelle** n'a pas le même sens en français qu'en anglais. En français il est synonyme de **contemporain(e)**.

  > La situation **actuelle** des immigrés est plus compliquée que leur situation d'autrefois.
  > Les Français parlent des problèmes **actuels** et des solutions futures.

- **L'actualité** (*f.*) = le moment présent. **Les actualités** = les nouvelles, le journal télévisé.

  > Je n'aime pas regarder **les actualités**.
  > L'immigration est un problème **d'actualité**.

- **Ne ... pas encore** est la négation de **déjà**.

  > — Est-ce que la France a **déjà** assimilé tous les immigrés qui sont arrivés?
  > — Non, elle **ne** les a **pas encore** assimilés.

EXERCICES **1** **Problèmes.** Indiquez si les facteurs suivants sont des problèmes passés ou des problèmes d'actualité. Indiquez si ces facteurs vont être des problèmes à l'avenir.

1. la discrimination
2. la guerre
3. l'immigration aux États-Unis
4. l'immigration en France
5. l'énergie
6. la pollution

2 **Déjà ou pas encore?** Déterminez si les personnes suivantes ont déjà fait les choses suivantes.

▶ tes parents/aller en Afrique
  — Est-ce que tes parents sont déjà allés en Afrique?
  — Mais non! Ils ne sont pas encore allés en Afrique.

1. tu/faire un voyage en Belgique
2. ta mère/aller à l'université
3. les Français/accepter les immigrés
4. tes parents/avoir des petits-enfants
5. tes amis et toi/connaître des Algériens
6. je/poser toutes mes questions
7. tes enfants/naître

3 **Presque.** Indiquez que vous avez presque fait les choses suivantes.

▶ avoir des A dans mes cours
  J'ai presque eu des A dans mes cours.

1. terminer mes devoirs pour demain
2. sortir hier soir

3. oublier de venir en classe
4. faire la connaissance d'une star de cinéma
5. aller en Europe cet été
6. acheter une nouvelle voiture hier
7. rentrer chez mes parents ce week-end
8. terminer cet exercice

2. La libération féminine à la maison

> Quelle était **la condition** des femmes | à la fin du vingtième **siècle?**
> | après **la libération** féminine?
>
> La libération a changé les rôles **masculin** et **féminin.**
> Chez mes parents on **partageait** le travail.
> Mon père **réparait** la voiture quand elle **tombait en panne.**
> Quand on voulait manger, mon père **faisait la cuisine.**
> Après le dîner, ma mère **faisait la vaisselle.**
> Ma mère | **faisait le marché.**
> | **faisait les courses** à la pharmacie, au drug-store, à la
> librairie, etc.
> Mon père **faisait le ménage** (= le travail à la maison).
> **Tous les deux** (= mon père *et* ma mère) travaillaient beaucoup.

Révisez la formation des verbes en **-ger** au Ch. 4, p. 89.

• Le féminin de **tous les deux** est **toutes les deux.**

  Suzanne et Pauline ont préparé un grand dîner. **Toutes les deux**
  aiment faire la cuisine.

• Le mot **ménage** indique le travail d'entretien à l'intérieur de la maison d'une famille *ou* le couple qui habite cet intérieur. **Un jeune ménage** = un jeune couple.

EXERCICES 4 **Qu'est-ce qu'on faisait?** Qu'est-ce qu'on faisait chez vous dans les circonstances suivantes quand vous étiez petit(e)?

1. Quand on voulait manger ...
2. Quand il n'y avait rien dans le réfrigérateur ...
3. Après le déjeuner à la maison ...
4. Quand la maison était en désordre ...
5. Quand on avait beaucoup de choses à acheter dans différents magasins ...
6. Quand la voiture était en panne ...

5 **Chez moi.** Décrivez la vie de votre famille quand vous étiez petit(e). Suivez le modèle.

▶ Mon père/faire le ménage
   Mon père ne faisait pas le ménage.

1. ma mère/faire le marché
2. je/faire la vaisselle
3. mes amis et moi/faire les courses le week-end
4. notre voiture/tomber en panne
5. mes parents et moi/partager le travail à la maison
6. je/faire la cuisine quelquefois

6 **En quel siècle?** Indiquez en quel siècle les événements suivants ont eu lieu.

1. l'arrivée au Nouveau Monde de Christophe Colomb
2. la Révolution française
3. la révolution industrielle
4. le voyage du *Mayflower*
5. le développement de l'énergie nucléaire

REPONSES: 1. 15ᵉ (1492) 2. 18ᵉ (1789) 3. 19ᵉ 4. 17ᵉ (1620) 5. 20ᵉ

3. La discrimination

Autrefois il y avait beaucoup	de **discrimination** (*f.*) dans **la politique.**
	d'**injustice** (*f.*).
	d'**inégalité** (*f.*).

Les minorités ne **votaient** pas souvent.
On a **manifesté contre** les injustices.

On a demandé	**des lois** (*f.*) plus justes.
	l'égalité (*f.*).
	un salaire égal.
	un congé payé.
	le **vote.**
	des **crèches** (*f.*) pour les jeunes enfants.
	des **garderies** (*f.*) pour **garder** les enfants après l'école.

Les nouvelles lois	**ont changé** la situation.
	ont amélioré la situation.
	n'ont pas terminé la discrimination.

• **Un jour de congé** est un jour où on n'est pas obligé de travailler.

EXERCICES **7** **Pour ou contre?** Déterminez si votre partenaire était pour ou contre les conditions suivantes quand il (elle) était au lycée.

1. l'emploi de films en classe
2. les examens
3. les W.C. mixtes (hommes et femmes)
4. une femme président
5. les congés payés
6. les congés de maternité payés
7. des équipes de base-ball mixtes (hommes et femmes)
8. le vote à 16 ans
9. moins de devoirs
10. plus de garderies

8 **Par exemple.** Donnez deux exemples de (d') ...

1. discrimination
2. inégalité des conditions du travail
3. jours de congé américains
4. injustice
5. lois importantes

4. Un conte de fées: *Le Petit Chaperon rouge*

D'abord le Petit Chaperon rouge est allé dans la forêt.
Elle **apportait** des gâteaux à sa grand-mère.
Puis elle a rencontré un loup qui **avait l'air gentil.**
(= sympathique).
Ensuite le loup est allé chez la grand-mère.
Alors il l'a mangée.
Il n'était pas satisfait; **donc** (= par conséquent) il a voulu manger le Petit Chaperon rouge.
Enfin le chasseur **a tué** le loup quand il dormait.

FIN

Amener est conjugué comme **acheter**. Voir Ch. 5, p. 124.

• On **apporte** une chose, mais on **amène** une personne.

Il est venu à la fête, mais il n'**a** pas **amené** Marie-France.
Quel pique-nique! Tu as oublié d'**apporter** les sandwichs!

- **Avoir l'air** + adjectif (au masculin singulier) = avoir l'apparence.

  Ils ont l'air *fatigué* après le travail.
  Ma mère **a** toujours **l'air** *heureux*.

IDEA: Have students try to tell the story of *le Petit Chaperon rouge*. Monitor their use of imperfect/passé composé.

- **D'abord** indique le commencement d'une série d'événements. **Puis**, **alors** et **ensuite** indiquent la continuation dans la série. **Enfin** indique la fin de la série.

  D'abord je vais à l'université pour mes cours du matin. **Puis** je déjeune à la cantine. **Ensuite** je vais à mes cours de l'après-midi. **Alors** je travaille un peu à la bibliothèque jusqu'à l'heure du dîner. **Enfin** je rentre chez moi et je dîne.

EXERCICES   9

Quel air ont-ils?   Posez des questions à votre partenaire selon le modèle.

▶ ta mère / fatigué
  — *Quand est-ce que ta mère a l'air fatigué?*
  — *Elle a l'air fatigué quand elle a beaucoup travaillé.*

1. tu / intelligent
2. un homme / jeune
3. je / content
4. les étudiants / malheureux
5. toi et tes amis / sympathique
6. on / anxieux

10   **L'ordre des choses.**   Employez **d'abord**, **puis**, **alors**, **ensuite** et **enfin** pour indiquer dans quel ordre Martine a fait les actions suivantes la semaine dernière.

1. manger / faire le marché / faire la vaisselle / faire la cuisine
2. acheter des vêtements / aller au magasin / quitter le magasin / essayer des vêtements / regarder des vêtements
3. aller au restaurant / sortir / voir un film / rentrer / aller au cinéma
4. sortir avec Jean / faire la connaissance de Jean / voir Jean à une fête / parler à Jean / trouver Jean intéressant

11   **La promenade.**   Jean a fait une promenade au parc. Notez ce qu'il apportait et qui il amenait au parc.

1. son portefeuille
2. beaucoup de sandwichs
3. Martine
4. sa petite sœur
5. des coca-colas
6. des amis

5. L'Europe des douze

D'abord il y avait six **pays** (*m.*) qui étaient d'anciens ennemis.
Ils ont formé **la CEE** (= **le Marché commun**).
Tous les pays ont apporté **des ressources** (*f.*) à **la communauté**.
Alors ils ont partagé leurs ressources │ **économiques**.
│ **technologiques**.

Ensuite on **a créé un parlement** européen où │ **on pensait** aux
│ problèmes actuels.
│ **on essayait** de trouver
│ des solutions.

Enfin il y a eu douze pays dans la CEE. Ils étaient tous amis.
Aujourd'hui il y a **un programme** spatial européen.
Un jour, en 1992 **peut-être**, on va avoir **une monnaie** européenne.
Ce n'est pas la fin; c'est le commencement.

PRONUNCIATION: Make sure students notice the 2 accents and can pronounce the double -é- in **créé**.

• Pour demander à quelqu'un son opinion sur quelque chose: **Que pensez-vous de ... ?** Pour donner votre opinion: **Je pense que** + l'opinion.

> **Que pensez-vous d'**une Europe unie?
> **Je pense qu'**une Europe unie est inévitable.

Révisez la conjugaison des verbes en **-yer** au Chapitre 7, p. 179.

• On **essaie de** faire quelque chose.

> De Gaulle **a essayé d'**être indépendant de l'Angleterre et des États-Unis.

• Si on achète quelque chose et on a seulement des billets de 500 francs, on demande: **Avez-vous la monnaie de 500 francs?**

EXERCICES │ 12 │ **Opinions.** Demandez à un(e) partenaire son opinion sur les sujets suivants quand il (elle) était au lycée. Il (elle) répond.

▶ la pollution
— *Qu'est-ce que tu pensais de la pollution?*
— *Je pensais que la pollution était mauvaise.*

1. les cigarettes
2. les manifestations politiques
3. le féminisme
4. le progrès technologique
5. la France
6. l'écologie
7. l'énergie nucléaire
8. l'unification de l'Europe
9. le futur
10. les Français

13 **Essais.** Indiquez ce que ces personnes essaient de faire dans les circonstances suivantes.

1. vous / quand vous ne savez pas où vous êtes
2. votre ami(e) / quand il (elle) ne sait pas où est sa voiture
3. votre mère / quand elle oublie son portefeuille à la maison
4. vous / quand vous êtes seul(e) à une fête
5. vos amis / quand on joue leur chanson préférée
6. vous et vos amis / quand vous avez oublié vos clés dans la voiture

6. Formation de mots

Have students guess the reason for the contrast between the order of the letters in French acronyms and in their American versions.

• Beaucoup de mots dans la langue courante sont *des sigles*, une série de lettres où chaque lettre représente un mot. Voici quelques sigles bien connus en français et leurs équivalents anglais.

français	anglais
ONU	UN
OTAN	NATO
SIDA	AIDS
OLP	PLO
URSS	USSR

Most acronyms are pronounced letter by letter: **URSS, RATP, RER, TGV, MLF. OTAN, SIDA** and **ONU** are pronounced as if they were words. Have students review the pronunciation of the alphabet, Ch. 1.

• Voici des sigles qui n'ont pas d'équivalent anglais. Souvent ce sont des organisations politiques ou d'État, mais quelquefois ce sont des compagnies ou même des postes de travail.

PDG	Président-directeur général[4]
PC(F)	Parti communiste français
PS	Parti socialiste
SNCF	Société nationale des chemins de fer (= le train)
RATP	Régie autonome des transports parisiens (le métro, l'autobus)
RER	Réseau express régional (= métro ultra-rapide, servant Paris et la banlieue)
TGV	Train à grande vitesse
MLF	Mouvement pour la libération de la femme

---

[4] **PDG** (*m.*) = *CEO*.

EXPRESSION LIBRE

INTERVIEWS 1 Interviewez un(e) autre étudiant(e) pour déterminer la distribution du travail dans sa famille quand il (elle) était jeune. Posez dix questions.

VOCABULAIRE UTILE

ranger la maison
passer l'aspirateur[5]
garder les enfants
faire du bricolage[6]
gagner de l'argent
jouer avec les enfants
corriger les enfants
faire les lits
aider les enfants à faire leur devoirs

2 Vous sortez avec quelqu'un pour la première fois. Pour faire connaissance vous lui demandez de raconter les incidents suivants de son passé. Racontez les mêmes incidents de votre passé.

- un moment difficile
- une surprise
- un moment comique

JOUONS *Imaginez que vous étiez un personnage historique célèbre. Les autres étudiants de la classe vont vous poser des questions (réponse: oui ou non) pour déterminer qui vous étiez. Attention: posez les questions au passé.*

IMAGINONS *Avec un(e) partenaire, jouez une des situations suivantes.*

1 Votre personnage historique préféré a été transporté ici. Vous lui posez cinq questions sur son temps ou sur sa vie et votre partenaire imagine des réponses.

2 Vous avez été présent(e) aux événements suivants. En un minimum de cinq phrases, décrivez ou expliquez ces événements à votre partenaire.

- la première réunion féministe à la fin du dix-neuvième siècle
- la création de la Communauté économique européenne
- la prise de la Bastille

---

[5] **Passer l'aspirateur** = *to vacuum*.
[6] **Faire du bricolage** = réparer les petites choses à la maison.

CONVERSATION

Chaque phrase commence une petite conversation avec un(e) ami(e). Voici la question ou l'observation de votre partenaire. Continuez votre part de la conversation par quatre autres phrases.

COMPOSITION ORALE: Have students work in groups of four. One student presents a composition. Other students ask 1–2 questions each at the end of the presentation.

1. «Il n'y a pas de discrimination dans le monde moderne.»
2. «Un homme moderne partage le travail à la maison avec sa femme.»
3. «Avez-vous jamais manifesté contre quelque chose?»
4. «Voudriez-vous améliorer vos notes?»
5. «À qui parliez-vous beaucoup quand vous étiez plus jeune?»
6. «J'ai fait du ski pendant les vacances de Noël.»
7. «Il n'y avait pas d'arbre de Noël chez nous cette année.»

COMPOSITION ORALE

En quatre ou cinq phrases, faites une description orale de ...

1. votre maison l'année dernière aux vacances de Noël.
2. votre chambre quand vous étiez au lycée.
3. la classe quand le professeur est entré.
4. la journée de votre mère quand vous étiez au lycée.

COMPOSITION ÉCRITE

Écrivez une composition d'une page minimum sur un des sujets suivants.

1. Mon premier rendez-vous
2. Un de mes rendez-vous mémorables
3. Mon conte de fées préféré
4. Un conte de fées moderne

CHAPITRE 10

À table!

STRUCTURES

Le partitif
Les verbes **prendre** et **boire**
Le superlatif
Les expressions de quantité

CULTURE

L'importance de la cuisine
Qu'est-ce que vous prenez?
Ce qu'on mange en France
Qu'est-ce qu'il y a dans un gâteau?

▶ La bonne cuisine fait partie de la bonne vie pour les Français et pour les touristes en France. Un Français peut passer quatre ou cinq heures par jour à table, à la cuisine ou au marché. Parlons de la nourriture et des repas.

1 Le partitif

— Tu veux **du** poulet vallée d'Auge[1] ou une salade niçoise?

— Quelle est la différence entre les deux?

— Le poulet vallée d'Auge est un plat à la normande où il y a **du** poulet, **de la** crème et **du** calvados.

— **Du** calvados?

— C'est un alcool à base de pommes.

— Et la salade niçoise?

— La salade niçoise est un plat à la provençale[2] où il y a **de la** laitue, **des** tomates, **du** thon, **des** haricots verts, **des** pommes de terre et ...

— J'adore **les** tomates et **le** thon. Mangeons à la provençale ce soir!

EXPLICATION

Voir Vocabulaire 1 et 2, *La table française* et *Qu'est-ce qu'on mange?*, pp. 265–266.

FOLLOW-UP QUESTIONS: Mangez-vous souvent du poulet? du thon? des haricots verts? des pommes de terre? de la laitue?

Have students identify Provence and Normandy on the map on the inside front cover. Explain that Provençale cuisine is Mediterranean and favors olive oil, tomatoes, and tuna. Norman cuisine is northern and favors butter, cream, and apples.

EXPLAIN: Le partitif est *indéterminé*; il n'indique pas si la quantité est grande ou petite.

• Le partitif indique *une partie* de la totalité.

  Pour cette recette, il y a **du jambon**, **de la crème** et **des haricots verts**.
  Dans le frigo il y a **du porc**, **des carottes**, et **de la glace**.

• Voici les formes du partitif:

singulier	pluriel
du	
de la	des
de l'	

• Au négatif, le partitif, comme l'article indéfini, change en **pas de**.

  — Voudriez-vous *du sucre* dans votre café?
  — Non, je ne veux **pas de sucre**. Je suis au régime!

  — Y a-t-il *du poisson* dans le réfrigérateur?
  — Non, il n'y a **pas de poisson** et il n'y a **pas de viande** non plus. Nous sommes végétariens!

---

[1] **L'Auge** est une région de la Normandie.

[2] **À la provençale** = dans le style de la Provence, une province au sud de la France.

• Après les expressions avec **de** (avoir besoin **de**/envie **de**/peur **de**; beaucoup **de**/trop **de**/assez **de**; etc.) la forme du partitif est **de** tout seul.

> Je voudrais **de la laitue**.
> *Mais*: J'ai besoin **de laitue** pour une salade.

> Je vais manger **des fruits** comme dessert.
> *Mais*: J'ai envie **de fruits** comme dessert.

REMARQUEZ: L'article défini indique toute une catégorie générale.

> Je mange **du bœuf**. (= une partie de tout le bœuf)
> *Mais*: J'aime bien **le bœuf**. (= tout le bœuf, le bœuf en général)

• On emploie l'article défini après les verbes de préférence (**aimer**, **adorer**, **détester**, **préférer**).

> — Tu ne prends pas de bœuf?
> — Non. Je n'aime pas **le bœuf**. Je préfère **le poisson** ou **le poulet**.

EXERCICES **A**

GOAL: listing ingredients

Il faut will be taught actively later in this chapter.

Recettes. Avant de commencer un plat, il faut[3] savoir quels ingrédients sont nécessaires. Qu'est-ce qu'il faut pour préparer chacune des recettes suivantes?

▶ le poulet à la sauce moutarde: poulet, beurre, oignons, moutarde, crème, sel, poivre
Pour préparer le poulet à la sauce moutarde, il faut du poulet, du beurre, des oignons, de la moutarde, de la crème, du sel et du poivre.

1. le bœuf en daube: bœuf, lard,[4] oignons, farine,[5] sel, poivre, vin rouge, carottes, huile, vinaigre
2. le canard[6] à l'orange: canard, oranges, cognac (*m.*), sucre, vinaigre, sel, poivre
3. une quiche lorraine: farine, beurre, eau, œufs, lard, crème (*f.*), sel, poivre, fromage
4. les crêpes aux pêches : farine, œufs, sel, beurre, lait, sucre, pêches, vanille (*f.*)
5. la dinde[7] normande: dinde, pommes, calvados (*m.*), beurre, saucisson (*m.*)
6. un croque-monsieur: pain, beurre, jambon, fromage

---

[3] **Il faut** = il est nécessaire.
[4] **Lard** (*m.*) = le bacon.
[5] **Farine** (*f.*) = l'ingrédient principal du pain.
[6] **Canard** (*m.*) = *duck*.
[7] **Dinde** (*f.*) = volaille plus grosse que le poulet. Traditionnellement, aux États-Unis, on sert **la dinde** à Thanksgiving.

B

Au restaurant.   Le serveur (la serveuse) veut savoir si vous avez les choses suivantes. Répondez-lui selon le dessin.

▶ cuillère
— *Vous avez une cuillère, Monsieur (Madame, Mademoiselle)?*
— *Non, je n'ai pas de cuillère. Apportez-moi une cuillère, s'il vous plaît.*

1. beurre
2. confiture
3. pain
4. sucre
5. serviette
6. café

C

Le dîner.   Sébastien ne peut pas décider ce qu'il veut comme dîner. Aidez-le, selon le modèle.

▶ adorer/frites
— *J'adore les frites.*
— *Alors, mange des frites!*

ne pas aimer/carottes
— *Je n'aime pas les carottes.*
— *Alors, ne mange pas de carottes!*

1. adorer/laitue
2. détester/pommes de terre
3. préférer/pain
4. ne pas aimer/porc
5. préférer/poulet
6. ne pas aimer/glace
7. détester/fromage
8. adorer/fruits

L'importance de la cuisine

Pour les Français, manger n'est pas simplement une nécessité, c'est aussi un art. On *compose* un repas, comme on compose un livre ou un morceau de musique.

Pour «composer» un joli plateau de fromages, ou un bon repas, on essaie d'offrir une variété de goûts, de formes, de couleurs. Pour les Français, manger est une expérience gastronomique et visuelle.

2 ▽ Les verbes prendre et boire

— Simone et Odette! Vous dînez ici? Qu'est-ce que **vous prenez**? Ça sent bon!

— Moi, **je prends** du poulet chasseur et Odette **prend** de la bouillabaisse. Mais veux-tu **prendre** quelque chose avec nous? Il y a de la place à notre table.

— Merci. **J'ai** déjà dîné, mais je vais **boire** quelque chose.

— **Nous buvons** du vin blanc.

— **Je** ne **bois** pas souvent de vin, mais je vais **prendre** un petit verre avec vous.

FOLLOW-UP: Que prenez-vous d'habitude comme petit déjeuner? Que buvez-vous? Buvez-vous du coca le matin?

EXPLICATION   1. Formes

prendre			
je	**prends**	nous	**prenons**
tu	**prends**	vous	**prenez**
il/elle/on	**prend**	ils/elles	**prennent**

PASSÉ COMPOSÉ: j'**ai** pris

boire			
je	**bois**	nous	**buvons**
tu	**bois**	vous	**buvez**
il/elle/on	**boit**	ils/elles	**boivent**

PASSÉ COMPOSÉ: j'**ai** bu

NOTEZ les différentes prononciations de la voyelle **-e-** dans **il prend** [prɑ̃], **vous prenez** [prəne] et **ils prennent** [prɛn].

Voir Vocabulaire 3 et 4, *Les repas* et *Les boissons*, pp. 267–268.

POINT OUT that **prendre** has three stems: **prend-**, **pren-**, **prenn-**. Ask students which stem is used to form the imperfect. Have them form the imperfect of **prendre** and **boire**.

• Les verbes **apprendre** et **comprendre** sont conjugués exactement comme **prendre**.

> **J'ai appris** le français avant d'aller au Québec.
> **Les étudiants comprennent** toujours les explications du prof.

• Quand on emploie un infinitif après **apprendre,** l'infinitif est précédé de la préposition **à**.

> *Avez-vous appris* **à faire** *du ski?*
> *J'apprends* **à jouer** *du piano.*

2. Usage

• On emploie **boire** + boisson et **prendre** + quelque chose à manger ou à boire ou le nom d'un repas. On n'emploie jamais **manger** + le nom d'un repas.

> À quelle heure **prenez-vous** *votre dîner?*
> Tu as soif? **Prenons** *un café* ensemble.
> Garçon! **Je prends** *un sandwich au jambon.*

• On emploie souvent **boire**, **manger**, **prendre** et **il y a** avec le partitif.

> D'habitude *je prends* **du café** le matin.
> Quand *on mange* **du poulet** en France, *on boit* **du vin rouge**.
> *Il y a* **du jambon** et **des œufs** au frigo; faisons une omelette.

NOTEZ: On peut employer **manger**, **dîner** et **déjeuner** sans objet, mais il y a toujours un objet avec **prendre**.

> Quand on a faim, **on mange**.
> **On dîne** à 20 heures.
> *Mais*: Si tu as faim, **prends** *un sandwich*.

GOAL: describing breakfast choices

EXPANSION: Refaites l'exercice en indiquant ce qu'on prenait le matin quand vous étiez petit(e). Refaites encore l'exercice pour indiquer ce qu'on a pris hier matin.

Le petit déjeuner.   Qu'est-ce qu'on prend le matin? Complétez les phrases avec la forme correcte du verbe **prendre**.

▶ je/bifteck
  Je prends du bifteck le matin.   OU
  Je ne prends pas de bifteck le matin.

1. je/céréales
2. mes parents/café
3. mon père et moi/œufs
4. ma mère/pain
5. mes amis et moi/jus de fruits
6. on/jambon
7. mes amis/lait
8. le chien/ce qui reste

Le petit déjeuner

E

GOAL: present tense of
apprendre

La leçon.   Est-ce que ces gens apprennent les choses suivantes?

▶ nous/le vocabulaire
  Nous apprenons le vocabulaire.

1. je/faire la cuisine
2. mes amis/les dates historiques
3. ma mère/les noms de mes amis
4. mes amis et moi/employer un ordinateur
5. les étudiants/parler français
6. je/les numéros de téléphone de mes amis

F

GOAL: answering questions
with **comprendre**

La compréhension.   Répondez aux questions par une phrase complète. Employez un pronom objet direct dans votre réponse quand c'est possible.

1. Comprenez-vous vos parents? Est-ce que vous les compreniez quand vous étiez petit(e)?
2. Comprenez-vous votre camarade de chambre?
3. Quand il y a une dispute entre vous et votre camarade de chambre est-ce qu'il (elle) comprend votre point (*m.*) de vue? Et pendant votre dernière dispute?
4. Est-ce que vous et les autres étudiants comprenez le point de vue de vos profs? Avez-vous toujours compris leur point de vue?
5. Pourquoi est-ce que les profs ne comprennent pas toujours les étudiants?
6. Est-ce que les étudiants comprennent toujours le français? Et vous?
7. Comprenez-vous les ordinateurs? Qu'est-ce que vous ne comprenez pas?

Qu'est-ce que vous prenez?

La réponse à cette question dépend de l'individu, mais aussi de la culture. Les traditions culinaires des Français sont très différentes des traditions américaines. Prenons comme exemple le petit déjeuner et les boissons qui accompagnent les repas.

Si vous êtes américain, comme petit déjeuner vous prenez peut-être des œufs, du pain grillé, du jus de fruits, des céréales ou des crêpes. Mais si vous êtes français, vous prenez un grand bol de café au lait et du pain avec du beurre et de la confiture. Le dimanche vous mangez peut-être un croissant avec votre café au lait.

Alors est-ce que les Français mangent moins au petit déjeuner parce que la cuisine est moins importante pour les Français que pour les Américains? Au contraire! La cuisine est un aspect important de l'art de vivre et les Français prennent cet art au sérieux. Mais bien manger n'est pas nécessairement manger beaucoup. Le petit déjeuner est un repas léger pour les Français, parce que les Français dînent plus tard que les Américains et qu'ils prennent à midi un repas plus complet que le déjeuner américain.

Et qu'est-ce qu'on boit en France? Si vous voulez passer pour un Français, demandez du vin ou de l'eau minérale. Rien ne fait remarquer un Américain comme de demander du lait avec son dîner. Les Français boivent rarement du lait, et on ne trouve jamais de lait sur la carte des restaurants. En France, ce sont les enfants qui boivent du lait. Les adultes, les «grandes personnes», boivent d'habitude du vin. Mais vous pouvez toujours prendre de l'eau minérale gazeuse ou plate.[a]

Et le coca-cola ou le café? On boit du coca et du café en France, mais pas ordinairement *avec* le repas (excepté le café avec le petit déjeuner). On prend le café après le repas. Le coca est une des boissons qu'on peut prendre au café, entre les repas. Mais au café on peut prendre un café crème, une orangina ou un citron pressé aussi souvent qu'un coca.

[a] L'eau minérale **gazeuse** a des bulles (comme le champagne); l'eau minérale **plate** n'a pas de bulles.

QUESTIONS:
1. Qu'est-ce que les Américains prennent comme petit déjeuner? Et vous? 2. Que prend-on comme petit déjeuner en France? 3. La cuisine est-elle importante pour les Français? 4. Le petit déjeuner est-il aussi substantiel en France qu'aux Etats-Unis? Quel repas est plus important aux Américains? aux Français? 5. Qu'est-ce que les Français boivent avec leur dîner? 6. Qu'est-ce qu'ils ne boivent pas? 7. Pourquoi ne trouve-t-on pas de lait sur la carte des restaurants? 8. Qui boit du lait en France? 9. Quand boit-on du coca-cola? 10. Quand boit-on du café?

GOAL: comprehension &
integration

G **La cuisine.** Répondez aux questions par une phrase complète et un pronom objet quand c'est possible.

1. Qu'est-ce que vous prenez souvent comme dîner? Et quand vous étiez petit(e)?
2. Qu'est-ce que les enfants prennent sur leur pain le matin?
3. Avez-vous jamais bu du chocolat? Buviez-vous du chocolat quand vous étiez petit(e)?
4. Qu'est-ce que vous et vos amis buvez le matin d'habitude? Et aujourd'hui?
5. Buvez-vous du vin? Quand avez-vous bu du vin pour la première fois?
6. Qu'est-ce que vos amis boivent pendant le dîner? Que boivent les Français?
7. Qu'est-ce qu'un Français prend comme dîner qu'un Américain ne prend pas souvent?
8. Avez-vous jamais mangé des escargots? Comprenez-vous pourquoi les Français les aiment?
9. Voudriez-vous apprendre à faire la cuisine française? Avez-vous déjà appris à faire la cuisine?
10. Qu'est-ce que vous et vos amis prenez le matin? Prenez-vous un petit déjeuner français ou américain?

3 ▼ Le superlatif

SERVEUR:	Et pour terminer, Messieurs Dames? Du fromage, des fruits, un dessert?
M. LEGROS:	Apportez-moi un plateau de fromages.[8] Avec **la plus grande** variété possible. Et peut-être une pomme aussi. **La plus belle.** Et puis nous allons penser au dessert.
MLLE LAMAIGRE:[9]	Rien pour moi, merci. Vous avez du bon café décaféiné?
SERVEUR:	Oui, Mademoiselle. Nous servons seulement les cafés **les plus fins.** Nous avons aussi des glaces de chez Berthillon. Ce sont **les meilleures** glaces de Paris.
M. LEGROS:	Ma chérie, je sais que tu penses à ta ligne, mais tu es déjà la femme **la plus svelte** de la ville. Fais-moi plaisir. Prends le dessert **le plus somptueux** de la carte.

EXPLICATION

FOLLOW-UP QUESTIONS:
Quelle pomme est-ce que M. Legros veut manger? Comment sont les cafés que sert le restaurant? Pourquoi est-ce que Mlle Lamaigre peut prendre un dessert? Comme dessert préférez-vous les plats les plus simples ou les plus somptueux? Au restaurant prenez-vous les plats les plus chers ou les moins chers?

1. Adjectifs

• Le superlatif de l'adjectif est formé de la forme comparative précédée de l'article défini.

$$\left.\begin{matrix}\text{le}\\\text{la}\\\text{les}\end{matrix}\right\} + \begin{matrix}\text{plus}\\\text{moins}\end{matrix} + \text{adjectif}\ (+\ \textbf{de})$$

Mon père est **le moins grand** *de notre famille.*
Martine est **la plus belle** *des sœurs Lenoir.*

---

[8] Quand on apporte du fromage, on apporte d'habitude tout un plateau de fromages où on offre une variété de fromages.
[9] **Maigre** ≠ gros(se).

POINT OUT: **c'est** + superlatif; **il est** + comparatif. La
Renault? **Elle est** *plus éco-*
nomique que la Toyota.
C'est la voiture *la plus éco-*
nomique du monde.

- On peut employer le superlatif tout seul (sans **de** + nom).

   Mon frère est moins grand que moi, mais mon père est **le moins
   grand**.
   Les sœurs de Martine sont belles, mais Martine est **la plus belle**.

- Si un adjectif est normalement devant le nom, le superlatif de cet adjectif est
aussi devant le nom.

   C'est un **grand** garçon. C'est **le plus grand** garçon de la classe.

- Si un adjectif est normalement après le nom, le superlatif de cet adjectif va
être aussi après le nom, mais on emploie deux fois l'article défini, une fois devant
le nom et une autre fois devant le superlatif.

   Ce sont des étudiants **intelligents**. Ce sont **les** étudiants **les plus intelligents** de la classe.

NOTEZ: On peut employer l'adjectif possessif devant le superlatif à la place de
l'article défini.

   Martine? C'est **ma meilleure amie**.
   Mon année la plus difficile au lycée, c'était l'année terminale.

2. Adverbes et verbes

- Pour former le superlatif d'un adverbe ou d'un verbe, placez **le** devant la
forme comparative.

   C'est Sophie qui parle **le plus vite** de la classe.
   C'est Anne qui travaille **le moins** de la classe, mais elle travaille **le
   mieux** aussi.

3. Noms

- Pour indiquer le superlatif d'une quantité, employez ces structures:

$$\left.\begin{array}{l}\textbf{le plus} \\ \textbf{le moins}\end{array}\right\} + \textbf{de} + \text{nom} \ (+ \ \textbf{de})$$

   Tout le monde a des ennuis, mais ce sont les jeunes qui ont **le plus
   d'**ennuis.
   Employez **le moins de** beurre possible; j'ai peur du cholestérol.
   Jacqueline fait **le moins d'**erreurs de la classe.

Ce qu'on mange en France

On ne mange pas en France ce qu'on mange aux États-Unis. Non seulement les plats spécifiques, mais les ingrédients aussi sont différents. On utilise certains ingrédients plus aux États-Unis qu'en France. Le maïs,[a] qu'on emploie beaucoup dans la cuisine américaine, ne figure pas souvent dans la cuisine française. On mange d'autres aliments[b] plus souvent en France qu'aux États-Unis.

Les Français mangent à peu près trois fois plus de beurre que les Américains et ils boivent à peu près six fois plus de vin qu'eux. Par contre, les Américains mangent à peu près trois fois plus de bœuf et de sucre que les Français et ils boivent six fois plus de bière.

Les Français consomment moins de bœuf que les Américains en partie parce qu'ils mangent une plus grande variété de viandes. Ils mangent du bœuf, du poulet, du poisson, mais ils mangent aussi du lapin,[c] du canard,[d] du cheval.[e]

Aujourd'hui la cuisine française est en train de se transformer. En France, comme aux États-Unis, les gens essaient de manger moins de «mauvais» aliments (moins de sucre, moins de beurre). Les Français ont commencé à se préoccuper de la grande quantité de cholestérol dans leur cuisine, ce qui explique la popularité de *la cuisine minceur*, une cuisine française qui emploie moins de beurre et d'œufs. Les Français ne veulent pas avoir de cholestérol et ils ont peur de prendre des kilos.

La différence entre la cuisine française et la cuisine américaine est quelquefois une différence d'ingrédients; d'autres fois c'est une différence de tradition. Par exemple, les Français n'aiment pas mélanger le goût du salé et du sucré. Les Américains, par contre, aiment beaucoup mélanger les deux comme dans le ketchup, dans le beurre d'arachide[f] et confiture, dans le jambon avec de l'ananas, dans la sauce barbecue. Remarquez, cependant, que les petits Français mangent volontiers du pain au chocolat et qu'ils supportent même des hamburgers au ketchup.

---

[a] **Maïs** (*m.*) = légume long et jaune d'origine américaine. Le pop-corn = grains de **maïs** soufflés.
[b] **Aliments** (*m.pl.*) = ensemble de la nourriture.
[c] **Lapin** (*m.*) = petit animal aux oreilles longues. **Flopsy, Mopsy et Peter étaient des *lapins*.**
[d] **Canard** (*m.*) = *duck.*
[e] **Cheval** (*m.*) = *horse.*
[f] **Beurre** (*m.*) **d'arachide** = *peanut butter.*

QUESTIONS:

1. Ce qu'on mange en France est-il différent de ce qu'on mange aux États-Unis? Comment? 2. Combien de beurre les Français emploient-ils par rapport aux Américains? 3. Qu'est-ce que les Américains mangent 3 fois plus que les Français? 4. Y a-t-il des ingrédients que les Américains emploient beaucoup et que les Français n'emploient presque jamais? Pourquoi? 5. Pourquoi les Français mangent-ils moins de bœuf que nous? 6. Comment les Français ont-ils changé leurs habitudes alimentaires récemment? 7. Qu'est-ce que c'est que la cuisine minceur? 8. Qu'est-ce que les Français n'aiment pas mélanger?

EXERCICES **H**

GOAL: using the superlative
of an adjective

Vous faites une description de votre famille à un(e) ami(e). Parlez des qualités exceptionnelles de chaque membre. Suivez le modèle.

▶ sympathique
Ma mère est la plus sympathique de ma famille.   OU
Mon frère est le moins sympathique.

1. occupé	6. tranquille
2. gros	7. heureux
3. moderne	8. bien élevé
4. réaliste	9. préoccupé
5. raisonnable	10. travailleur

I

GOAL: using the superlative
of an adverb

Entre amis.   Expliquez les habitudes des gens que vous connaissez. Regardez le modèle.

▶ faire la cuisine fréquemment
Mon amie Jeannette fait la cuisine le plus fréquemment.

1. sortir souvent	6. travailler lentement
2. parler fort	7. travailler beaucoup
3. parler vite	8. travailler bien
4. arriver en retard	9. penser logiquement
5. parler bien	10. dormir beaucoup

Le record. Vous et un(e) ami(e) jouez au jeu des records. Votre ami(e) donne un nom, vous ajoutez un adjectif au superlatif et votre ami(e) fait une phrase complète.

GOAL: inventing superlatives (P)

▶ ordinateur
— *L'ordinateur le plus utile …*
— *L'ordinateur le plus utile, c'est le Macintosh.*

1. le film   6. le travail
2. l'acteur   7. les gens
3. l'actrice   8. la ville
4. la voiture   9. les hommes
5. les livres   10. les légumes

4 Les expressions de quantité

— Avez-vous du porc?
— Oui, Madame. Nous avons des côtelettes de porc à 62 francs le kilo.
— Alors donnez-moi **2 kilos de** côtelettes. Et **un peu de** jambon.
— Il est à 72 francs le kilo.
— Donnez-moi **4 tranches de** jambon, s'il vous plaît. Et **400 grammes de** ce pâté aussi.
— Très bien, Madame.

EXPLICATION

Voir Vocabulaire 5, *Une recette*, pp. 269–270.

FOLLOW-UP QUESTIONS: Cette dame, combien de côtelettes veut-elle? de jambon? de pâté?

• Après la plupart des expressions de quantité on emploie la préposition **de** sans article défini.

> **Un morceau de** gâteau. Et **une tasse de** café, s'il vous plaît.
> J'ai employé **deux douzaines d'œufs** et **un kilo de** beurre pour faire tous ces gâteaux.

• **Quelques** et **plusieurs** sont deux expressions de quantité importantes qui n'emploient pas la préposition **de**.

> J'ai **plusieurs** amis à Rouen. Je vais y aller pour passer **quelques** jours.

NOTEZ: On emploie **quelques** + un nom *au pluriel*; on emploie **un peu de** + un nom *au singulier*.

> J'ai **un peu de** pain; on peut faire **quelques** sandwichs.

Qu'est-ce qu'il y a dans un gâteau?

Qu'est-ce qu'il y a dans un gâteau? Ça dépend. Parlons-nous d'un gâteau français ou américain? Les ingrédients d'un gâteau français (une génoise, par exemple) sont assez différents des ingrédients d'un gâteau américain. Comparez les ingrédients nécessaires pour faire deux gâteaux ronds de 23 centimètres.[a]

Notez que les recettes françaises (et européennes en général) précisent la quantité d'un ingrédient par le poids;[b] les recettes américaines précisent la quantité d'un ingrédient par le volume. Pour les ingrédients liquides, les recettes françaises sont en litres. Un décilitre (1 dl) est le dixième d'un litre.[c]

Par contraste avec le gâteau américain, le gâteau français n'a ni lait ni levure chimique.[d] D'autres différences entre ces deux gâteaux révèlent des différences générales entre la cuisine américaine et la cuisine française.

Dans la cuisine américaine on emploie beaucoup de sucre; dans la cuisine française on emploie très peu de sucre, mais beaucoup d'œufs et de beurre. La grande quantité d'œufs et la petite quantité de farine expliquent pourquoi les gâteaux français donnent l'impression d'être si légers. Mais la grande quantité d'œufs et de beurre explique pourquoi, en réalité, les gâteaux français sont très riches. Et délicieux!

---

[a] **23 centimètres (cm)** = 9″.
[b] **Poids** (*m.*) = combien une chose pèse. Le kilogramme est une mesure de **poids**.
[c] **Un décilitre (dl)** = *0.423 cup*.
[d] **Levure chimique** (*f.*) = *baking powder*.

QUESTIONS:
1. Y a-t-il plus de farine dans un gâteau américain ou dans un gâteau français?
2. Y a-t-il plus de sucre dans un gâteau américain? 3. Comment mesure-t-on les ingrédients dans la cuisine française? 4. Y a-t-il plus d'œufs dans un gâteau français? plus de beurre?
5. Y a-t-il des ingrédients dans un gâteau américain qui ne sont pas dans un gâteau français? 6. Combien de beurre y a-t-il dans un beurre au chocolat américain? français? 7. Combien de sucre y a-t-il dans un beurre au chocolat français? américain? 8. Pourquoi le gâteau français est-il si délicat? si riche?

gâteau français
120 g de farine (1 C)
150 g de sucre (3/4 C)
1/2 cuillerée à café de vanille
6 œufs
85 g de beurre (6 T)

gâteau américain
2 1/2 c de farine (300 g)
1 C de sucre (200 g)
1 cuillerée à café de vanille
2 œufs
5 T de beurre (70 g)
2/3 C de lait (1/8 litre)
2 cuillerées à café de levure chimique

beurre au chocolat français
85 g de chocolat
4 cuillerées à soupe d'eau
230 g de beurre
65 g de sucre
3 jaunes d'œuf

beurre au chocolat américain
3 oz. de chocolat (85 g)
4 cuillerées à soupe d'eau
2 T de beurre (30 g)
2 C de sucre (400g)
1 cuillerée à café de vanille
1/8 cuillerée à café de sel

EXERCICES **K**

GOAL: listing shopping
items (P)

Au supermarché.   Vous êtes avec votre camarade de chambre au supermarché. Vous passez devant des choses intéressantes et vous demandez à votre ami(e) si vous allez les acheter. Votre ami(e) répond selon la liste donnée.

LISTE

porc, 500 g	carottes, 1 kg	lait, 1 litre
pommes 1 kg	pain, 2 baguettes	chocolat, 250 g
café, 350 g	riz, 2 kg	fromage, 300 g
olives, une boîte		

▶ carottes
  On achète des carottes?
  Oui, on achète un kilo de carottes.

▶ concombres
  On achète des concombres?
  Non, on n'achète pas de concombres.

1. pommes
2. café
3. olives
4. poulet
5. lait
6. glace
7. pain
8. pommes de terre
9. chocolat
10. confiture

L

GOAL: distinguishing
quelques and **un peu de**

Pas vraiment.   Répondez avec **quelques** ou **un peu de**.

▶ Avez-vous beaucoup d'amis?   *Pas vraiment, mais j'ai quelques amis.*

1. Avez-vous beaucoup d'énergie? de courage?
2. Avez-vous beaucoup de problèmes?
3. Avez-vous beaucoup de talent? de patience?
4. Avez-vous beaucoup de temps pour étudier?
5. Avez-vous beaucoup d'argent?
6. Avez-vous beaucoup d'examens aujourd'hui?
7. Avez-vous beaucoup de livres dans votre chambre?

M

GOAL: comprehension and
integration

À table!   Répondez aux questions par une phrase complète.

1. Prenez-vous de la viande trois fois par jour? Voudriez-vous manger moins de viande?
2. Avez-vous jamais pris de la langue de bœuf?
3. Estimez quelle quantité de viande vous mangez par semaine.
4. Aimiez-vous la viande quand vous étiez petit(e)? Préfériez-vous les légumes?
5. Mangez-vous assez de légumes? Et de fruits?
6. Qu'est-ce que vous prenez quand vous allez à votre restaurant préféré?
7. Qu'est-ce que vous avez pris la dernière fois que vous êtes allé(e) au restaurant? Qu'est-ce que vous avez commandé à boire?
8. Combien de tasses de café buvez-vous d'habitude? Combien de tasses de café avez-vous bu ce matin?
9. Quand boit-on une tasse de café? Quand boit-on du vin?
10. Connaissez-vous les vins français? Qu'est-ce que vous pensez des vins français?

VOCABULAIRE

1. La table française

EXERCICE   1

Au bistro. Le (la) client(e) va commencer à manger, mais le serveur (la serveuse) veut s'assurer que tout va bien. Jouez la scène avec votre partenaire.

▶ assiette
  — *Vous avez une assiette, Monsieur (Madame, Mademoiselle)?*
  — *Oui, j'ai une assiette, merci.*

café
  — *Vous avez du café, Monsieur (Madame, Mademoiselle)?*
  — *Non, je n'ai pas de café. Apportez-moi du café, s'il vous plaît.*

1. couteau
2. sel
3. huile
4. fourchette
5. poivre
6. serviette
7. vinaigre
8. eau

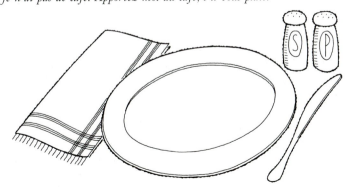

2. Qu'est-ce qu'on mange?

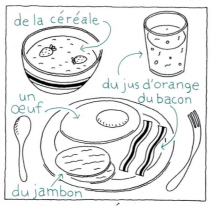

Le matin aux États-Unis

Le matin en France

À midi aux États-Unis

À midi en France

Le soir aux États-Unis

Le soir en France

• Au singulier on prononce le **-f** final de **bœuf** [bœf] et **œuf** [œf]. Au pluriel on ne le prononce pas: **bœufs** [bø], **œufs** [ø].

EXERCICE 2

La cuisine chez vous. Décrivez ce que vous mettez dans un(e) bon(ne) ...

▶ salade de fruits
Dans une bonne salade de fruits il y a surtout des pommes, des oranges et des bananes.

1. sandwich
2. soupe de poulet
3. hamburger

4. salade
5. ragoût[10]

3. Les repas

Je prends trois **repas** (*m.*) par jour.

Je prends | **le petit déjeuner** à 7 heures du matin. C'est un repas **léger**; je ne mange pas beaucoup.
le déjeuner à midi.
le dîner à 8 heures du soir.

Si **j'ai** vraiment **faim**, je prends quelque chose à 4 heures.
Quelle sorte de **nourriture** (*f.*) est-ce que je prends?

Comme petit déjeuner je prends | **du thé.**
un petit pain.
une tartine.

Comme déjeuner je prends | **de la quiche.**
une omelette.
encore du thé.

Avant le dîner je prends **des hors-d'œuvre** (*m. inv.*).
Après le dîner je **ne** prends **plus** de thé parce que je veux bien dormir.
Si je suis **au régime, j'apprends à** manger moins. Je ne veux pas être **gros(se).**
Après le dessert au restaurant, | on **commande** | **une liqueur.**
un digestif.
on demande **l'addition.**

• **Ne ... plus** est la négation de **encore** ou de **toujours.**

— **Encore** du gâteau?
— Merci. Je **ne** veux **plus** de dessert. Je suis au régime.

— Est-ce que tu as **toujours** faim?
— Merci. J'ai mangé une poire et je **n'**ai **plus** faim.

---

[10] **Ragoût** (*m.*) = un plat avec de la viande et des légumes.

- Pour parler de son appétit, on utilise l'expression **avoir faim**. **Faim** est un nom invariable.

> — Gilbert, **as-tu faim?**
> — Oui, **j'ai faim** et Diane **a faim** aussi. Nous **avons** très **faim**.

- Le féminin de **gros** = **grosse**.

> Diane était un peu **grosse**, mais après ce régime elle est toute svelte.

EXERCICES **3**   **Au régime.**   Nommez cinq choses qu'on peut manger quand on est au régime et cinq choses qu'on ne mange plus.

> ▶ *Quand on est au régime on prend de la laitue, mais on ne prend plus de mayonnaise.*

4   **Les repas.**   Nommez trois choses que les personnes suivantes prennent aux repas suivants.

1. les Américains/le petit déjeuner
2. les Français/le petit déjeuner
3. je/le petit déjeuner
4. les Français/le déjeuner
5. les étudiants/le dîner
6. mon père/le déjeuner
7. je/le déjeuner
8. mes amis et moi/le dîner

4. Les boissons

Quand on **a soif**, on boit quelque chose.

| Les enfants boivent | **du lait.**
du chocolat.
du jus de fruits. |

| Les adolescents boivent | **du coca.**
du citron pressé.
de l'eau (minérale). |

| À une fête les adultes boivent | **du vin.**
de la bière.
un apéritif. |

Un apéritif n'est pas **une boisson** pour enfants.

CULTURE: Point out the difference between **citron pressé** (= *lemonade*) and **limonade** (= a carbonated beverage, like Sprite).

- **Avoir soif**, comme **avoir faim**, est composé d'un verbe et d'un nom. Le nom est invariable.

> — Gilles et Gisèle, vous n'avez pas **soif?**
> — Moi, non, je n'ai pas **soif**, mais Gilles a peut-être **soif**.

EXERCICE 5

La soif. Qu'est-ce qu'on boit dans les circonstances suivantes?

1. avant de dormir
2. à une soirée
3. le matin à 6 heures 30
4. avec un bifteck
5. après un match de base-ball
6. quand on regarde un match de base-ball

5. Une recette

Pour **préparer une recette** on **ajoute les ingrédients**.
On **mélange** les ingrédients.

| Cette semaine **il faut** | **un kilo de** viande (1 kg).
une douzaine d'œufs.
un litre de vin blanc (1 l).
500 **grammes** de carottes (500 g).
un peu de sel.
quelques oignons.
un verre d'eau.
une tasse de café.
une bouteille de vin rouge. |
| Donnez-moi | **un morceau de** quiche.
une tranche de jambon.
une carafe d'eau.
une baguette. |

CULTURE: Explain that **une baguette** is only one form of French bread. Other shapes and sizes of bread are: **une ficelle, un bâtard, une boule,** etc.

• Pour donner le prix de quelque chose, on dit que l'aliment est:

$$\text{à ... francs} \begin{cases} \text{le kilo} \\ \text{la bouteille} \\ \text{le litre} \end{cases}$$

• On forme la plupart des nombres approximatifs avec le nombre (sans **-e** final) et la terminaison **-aine**.

$$\text{approximativement} \begin{cases} \text{douze} & \rightarrow \text{une douzaine} \\ \text{vingt} & \rightarrow \text{une vingtaine} \\ \text{quarante} & \rightarrow \text{une quarantaine} \\ \text{soixante} & \rightarrow \text{une soixantaine} \\ \text{cent} & \rightarrow \text{une centaine} \end{cases}$$

Mais: approximativement $\begin{cases} \text{dix} & \rightarrow \text{une dizaine} \\ \text{mille} & \rightarrow \textbf{un millier} \end{cases}$

- **Il faut** est une expression *impersonnelle* qui indique la nécessité de la chose ou de l'action qu'elle précède.

> Pour un gâteau **il faut** *de la farine* et *du sucre*. (*la farine et le sucre sont nécessaires*)
> Pour bien parler une langue étrangère **il faut** *apprendre* le vocabulaire et *étudier* les verbes. (*apprendre et étudier sont nécessaires*)

NOTEZ: le passé composé de **il faut** = **il a fallu**. L'imparfait = **il fallait**.

EXERCICES **6** **Ingrédients.**   Indiquez trois choses qui sont nécessaires pour les recettes suivantes.

> ▶ un croque-monsieur
> *Pour un croque-monsieur, il faut du pain, du fromage et du jambon.*

1. un gâteau
2. une bonne omelette
3. une salade
4. une quiche
5. un ragoût
6. une soupe

7 **Au marché.**   Demandez combien coûte chaque aliment ou boisson. Achetez tout ce que vous pouvez avec 100 francs.

> ▶ haricots 33 F/kg
> — *Combien coûtent les haricots?*
> — *Ils coûtent trente-trois francs le kilo.*
> — *Je prends trois kilos de haricots.*

1. vin rouge: 10 F/litre
2. œufs: 25 F/dz
3. bœuf: 66 F/kg
4. poulet: 50 F/kg
5. carottes: 40 F/kg
6. eau minérale: 9 F/bouteille

8 **Approximations.**   Estimez le nombre approximatif dans chaque cas.

1. étudiants/en classe
2. étudiants/à l'université
3. étudiants/dans ma résidence
4. habitants/dans ma ville
5. devoirs/pour le cours de français
6. examens/pour le cours de français

EXPRESSION LIBRE

CONVERSATION

Chaque phrase ou question commence une petite conversation avec un(e) ami(e). Voici la question ou l'observation de votre partenaire. Continuez votre part de la conversation par quatre phrases.

1. «Voudriez-vous des escargots pour commencer?»
2. «Il est déjà 20 heures. C'est l'heure du dîner.»
3. «Il n'y a pas de cuisine américaine.»
4. «On ne passe pas beaucoup de temps à table aux États-Unis, n'est-ce pas?»
5. «Où va-t-on dîner?»

JOUONS   **1**

Qu'est-ce qu'il y avait dans le réfrigérateur de ma grand-mère? Un premier étudiant indique quelque chose dans le réfrigérateur qui commence par la lettre A. L'étudiant suivant indique cette chose et une autre qui commence par B. Le troisième étudiant nomme les deux premières choses et une troisième qui commence par C. Et ainsi de suite.

2

En groupe de deux ou de trois, cherchez ici autant de mots que possible qui traitent de la nourriture. Vous pouvez chercher dans le sens vertical ou horizontal. Après cinq minutes le groupe qui a trouvé le plus d'expressions gagne.

```
A  L  A  N  O  R  M  A  N  D  E  E
S  U  C  R  E  N  A  R  O  I  T  R
P  O  R  C  L  A  I  T  I  T  O  R
E  P  E  C  I  V  S  O  X  U  E  E
R  N  P  A  T  E  L  U  O  P  O  T
G  O  E  L  E  T  R  U  O  A  Y  E
E  H  C  A  H  L  E  S  A  I  N  D
S  T  H  S  J  A  M  B  O  N  I  E
A  B  E  U  R  R  E  I  O  A  S  M
Q  U  E  J  Z  I  O  E  N  I  I  M
O  E  S  I  R  E  C  R  I  L  A  O
C  R  E  L  A  C  N  E  V  O  R  P
```

EN RÉALITÉ

CHEZ NOUS

Hors d'œuvre[a]

Asperges au jambon	16 f
Crudités[b]	10 f
Tomates Ninette	11,50 f
Œufs durs	13 f

Soupes

Soupe à l'oignon	15,50 f
Soupe d'hiver	17 f

Viandes, Volailles[d]

Lapin au citron	42,50 f
Coquilles Saint-Jacques	54 f
Canard sauvage aux pommes	49,25 f
Couscous maison	48 f
Truites aux amandes	52,75 f
Poulet à la sauce moutarde	53 f
Steak au poivre	58 f
Bœuf bourguignon	54 f

Menu à prix fixe[i]
85 f

Crudités
ou
Terrine de lapin

Bœuf bourguignon
ou
Poulet à la sauce moutarde

Haricots verts braisés
ou
Petits pois au lard

Fruits
ou
Crème caramel

Entrées

Pâté de foie gras	20 f
Terrine de lapin[c]	18 f
Tarte aux herbes	16 f
Croquettes délices	15 f

Légumes

Haricots verts braisés	17 f
Petits pois au lard	15 f
Courgettes[e] au gratin	18,25 f
Asperges à la flamande	16,50 f

Dessert

Fruits variés	16 f
Mystère[f]	15 f
Mousse au chocolat	25 f
Baba au rhum[g]	22 f
Crème caramel[h]	18 f
Poire Belle-Hélène	26 f
Glace (à la vanille, au choclat)	20 f

[a] Notez que sur un menu français les plats sont offerts par services. Le serveur (la serveuse) ne sert pas avec tout le dîner en même temps. Il (elle) apporte un plat, puis un autre. Les plats sur ce menu sont présentés dans l'ordre des services: hors-d'œuvre, entrée, soupe, plat principal, légume, salade, fromage, dessert.

[b] **Crudités** (*f.pl.*) = plat de légumes crus (≠ cuits).

[c] **Terrine de lapin** (*f.*) = plat similaire au pâté.

[d] **Volailles** (*f.*) = poulet, dinde et autres oiseaux.

[e] **Courgette** (*f.*) = le zucchini, par exemple.

[f] **Mystère** (*m.*) = un dessert en forme de pyramide fait de glace couverte de chocolat (comme un esquimau). Au centre du «mystère» il y a quelque chose (du gâteau, du nougat), mais vous ne savez pas en avance ce que c'est. C'est une surprise, un mystère!

[g] **Baba au rhum** (*m.*) = gâteau préparé avec du rhum (une boisson alcoolique). Les babas ont un goût de rhum très prononcé.

[h] **Crème caramel** (*f.*) = dessert qui ressemble au flan ou un peu au *pudding* américain.

[i] **Menu à prix fixe** (*m.*): Dans beaucoup de restaurants on offre à prix raisonnable un dîner spécifique où on a moins de choix entre les plats; c'est **le menu à prix fixe**.

Commandez un dîner dans chacune des situations suivantes.

1. Vous et un(e) ami(e) avez 170 francs entre vous deux. Vous n'aimez pas le porc et votre ami(e) déteste le bœuf et les choses sucrées. Commandez pour vous deux.
2. Commandez pour votre tante qui adore les spécialités régionales.
3. Commandez pour votre mère et expliquez.
4. Commandez pour votre père et expliquez.
5. Commandez pour vous et expliquez.

DIALOGUES

*Avec le partenaire que votre professeur vous donne, parlez d'un des sujets suivants. Employez les questions données **seulement** si vous avez besoin d'aide pour commencer la conversation ou pour la continuer. Vous n'êtes pas obligé(e) de poser toutes les questions données.*

1   Faire la cuisine

DIALOGUES: Set students in pairs where the partners are matched for linguistic ability. This exercise WILL NOT WORK well if very good students are paired with very poor ones. Allow at least 10 minutes.

Savez-vous faire la cuisine? Voudriez-vous apprendre?
Qui fait la cuisine chez vous?
Quel est votre dîner préféré? Qu'est-ce que vous aimez le moins?
Qui fait le mieux la cuisine chez vous?
Quelle est votre meilleure recette?
Racontez un incident mémorable (comique, catastrophique, etc.) qui est arrivé à la cuisine.

2   Au restaurant

Combien de fois par mois allez-vous au restaurant?
À quelle sorte de restaurant aimez-vous aller? Avec qui?
Qu'est-ce que vous aimez prendre?
Qu'est-ce que vous n'aimez pas prendre?
Quel restaurant trouvez-vous le plus mauvais? Le meilleur?
Racontez un incident mémorable qui est arrivé au restaurant.

3   Les repas

Combien de fois par jour mangez-vous? Quels repas prenez-vous?
Quel est votre repas préféré?
Qu'est-ce que vous aimez prendre?
Qu'est-ce que vous aimiez manger quand vous étiez petit(e) que vous n'aimez plus maintenant?
Qu'est-ce que vous aimez prendre maintenant que vous n'aimiez pas prendre quand vous étiez petit(e)?
À quelle heure prenez-vous vos repas?
Racontez un incident qui est arrivé pendant un repas.

COMPOSITION ÉCRITE

Écrivez une composition d'une page sur un des sujets suivants.

1. Un dîner mémorable (de mon passé)
2. À Noël l'année dernière—la journée et le dîner
3. Le Noël d'André (regardez les dessins)

a.

b.

c.

d.

e.

f.

VOCABULAIRE UTILE:

sortir du lit
l'arbre (*m.*) de Noël
le bonhomme de neige
la dinde
le purée de pommes de terre
la tarte aux pommes

CHAPITRE 11

À l'école

STRUCTURES

Les verbes **lire**, **dire**, **écrire**
Les pronoms objets indirects **lui**, **leur**, **y**
Les pronoms objets **me**, **te**, **nous**, **vous**
Les pronoms disjoints

CULTURE

Les années scolaires
La sélection
Le cancre (Jacques Prévert)
Au temps de ma jeunesse folle (François Villon)
Que lit-on et où?

▶ Français ou Américains, nous passons une grande partie de notre jeunesse à l'école ou occupés à des activités scolaires. Comment parler de l'école et de ce que nous y apprenons?

Les verbes **lire, dire, écrire**

— Ma famille adore la lecture; tout le monde aime **lire.**

— Et qu'est-ce qu'**on lit** dans ta famille?

— **Nous lisons** toutes sortes de choses. Ma mère **lit** le journal; mon frère et ma sœur **lisent** des magazines; et **je lis** des B.D.

— **As-tu** déjà **lu** un roman pour le cours de français?

— Non, mais je vais **lire** *L'Étranger* de Camus le semestre prochain.

— **Tu écris** une lettre à tes parents?

— **Je n'écris jamais** à mes parents.

— Pourquoi pas?

— **Ils** ne m'**écrivent** jamais et je n'aime pas **écrire** sans avoir de réponse.

Le professeur à l'étudiant:

— Quelles sont les différentes sortes d'écoles secondaires en France?

— Euh …

— **Vous** ne **dites** rien, Monsieur?

— **Je** ne **dis** rien, Madame, parce que je ne sais pas la réponse. Je ne veux pas **dire** de bêtises.

— Quand on ne sait pas la réponse, Monsieur, **on dit** «Je ne sais pas.»

EXPLICATION

See the Instructor's Resource Manual (IRM) for a description of how to use the presentation and the follow-up questions.

FOLLOW-UP QUESTIONS:
Que lit-on dans cette famille? Dans votre famille? Écrivez-vous à vos parents? Quand dites-vous des bêtises?

lire			
je	**lis**	nous	**lisons**
tu	**lis**	vous	**lisez**
il/elle/on	**lit**	ils/elles	**lisent**

PASSÉ COMPOSÉ: j'**ai lu**

dire			
je	**dis**	nous	**disons**
tu	**dis**	vous	**dites**
il/elle/on	**dit**	ils/elles	**disent**

PASSÉ COMPOSÉ: j'**ai dit**

Voir Vocabulaire 1 et 2,
La lecture et *La communication*, pp. 293, 296.

POINT OUT the change in
pronunciation of the past
participle: **Voilà la lettre
que j'ai *écrite*; C'est la vérité qu'il a *dite*.**

Vocabulary sections 1 & 2
are to be presented after
Grammar section 1 and be-
fore the exercises that follow. For instructions on how
to integrate grammar and
vocabulary, see the IRM.

Mais: On **parle** *français*
(*anglais*, etc.)

écrire			
j'	**écris**	nous	**écrivons**
tu	**écris**	vous	**écrivez**
il/elle/on	**écrit**	ils/elles	**écrivent**

PASSÉ COMPOSÉ: **j'ai écrit**

NOTEZ: Dire est un des rares verbes qui ne se termine pas par **-ez** à la forme
vous: vous **dites**.[1]

• On emploie **dire** avec un objet direct; **on dit** *quelque chose*. On ne peut pas
employer **parler** avec un objet direct.

> D'habitude, Mademoiselle, vous **parlez** très bien, mais aujourd'hui vous
> ne **dites** *rien*.
> On **dit** *bonjour* quand on entre dans la classe.

EXERCICES   A

Exercises are marked **I** (instructor-directed), **P** (pair activity) or **G** (group activity)
as appropriate. Unmarked
exercises can be done as the
instructor desires. The goal
of each exercise is stated.
See the IRM for explanation
of labeling on exercises.

GOAL: present tense of **lire**

Que lit-on?   Vous parlez de la lecture avec un(e) ami(e). Il (elle) vous pose
des questions selon le modèle et vous répondez.

> ▶ tu/des romans en français
> — *Tu lis des romans en français?*
> — *Oui, je lis des romans en français.*   OU
> — *Non, je ne lis pas de romans en français.*

1. ta mère/des histoires d'amour
2. tes parents/des revues
3. tu/les lectures de ce livre
4. toi et ton père/un hebdomadaire

5. tes amis/des romans
6 tu/des pièces
7. tes amis/tes lettres
8. les jeunes gens/des B.D.

B

GOAL: present tense of
écrire

Le courrier.   Votre partenaire vous pose des questions sur ce qu'on écrit.
Répondez selon le modèle.

> ▶ tu/tes parents
> — *Est-ce que tu écris à tes parents?*
> — *Oui, j'écris souvent à mes parents.*   OU
> — *Non, je n'écris jamais à mes parents.*

1. ton père/des lettres
2. tu/tes amis
3. tes amis/des notes en classe
4. toi et ta mère/tous tes cousins

5. tes amis/beaucoup de compositions
6. toi et tes amis/vos profs
7. tu/des cartes postales
8. ta mère/souvent

---

[1] Les deux autres sont **vous êtes** et **vous faites**.

Les années scolaires

Quand l'élève français commence l'école obligatoire à l'âge de six ans, il entre au cours préparatoire en classe de onzième. L'année suivante il entre en dixième et puis en neuvième et ainsi de suite jusqu'en première ou, s'il va passer son baccalauréat, en terminale après la première. Donc, pour un élève français, la seconde est l'équivalent de la dixième pour un élève américain.

Quand on est dans les classes de sixième à troisième (11–15 ans), on est au *collège*. C'est au collège qu'on fait ses études générales; tout le monde étudie le français, les maths, les sciences, l'art, la musique et une langue étrangère. Au lycée, à partir de la seconde, on fait des études de plus en plus spécialisées. On peut préparer un bac[a] dans une des cinq disciplines traditionnelles:

bac série A:	philosophie, littérature
bac série B:	histoire
bac série C:	mathématiques, sciences physiques
bac série D:	mathématiques, sciences naturelles
bac série E:	maths et techniques

Récemment on a commencé à permettre des variations dans les bacs traditionnels et on a ajouté de nouveaux bacs de technicien: techniques industrielles, sciences médico-sociales (Bac F); techniques économiques (Bac G); techniques informatiques (Bac H).

Parce que l'étudiant a fait des études spécialisées au lycée et a réussi[b] à son bac dans sa spécialisation, quand il commence ses études à l'université il s'inscrit à une faculté spécifique: sciences naturelles, littérature ou histoire, par exemple.

Après deux ans d'études universitaires on obtient le DEUG (= Diplôme d'études universitaires générales). Si on fait une troisième année à l'université et on réussit à des examens, on obtient une licence; après une quatrième année et encore des examens on obtient une maîtrise. Toutes les études universitaires sont des études spécialisées, un excellent système si on sait ce qu'on veut faire à seize ans quand on commence à préparer son bac.

---

[a] **Bac** (*m.*) = le baccalauréat, le grand examen à la fin des études secondaires.
[b] **A réussi** = a eu du succès.

QUESTIONS:
1. À quelle âge est-ce qu'on est obligé de commencer l'école en France?
2. Quand on commence l'école élémentaire, on est en quelle classe? 3. Si on a 18 ans et qu'on prépare son baccalauréat, on est en quelle classe? 4. Qu'est-ce que c'est qu'un collège? Y a-t-il un équivalent américain? 5. Qu'est-ce que c'est qu'un lycée? 6. Qu'est-ce que c'est que le bac? 7. Est-ce que tous les élèves passent un bac identique? 8. À quel moment est-ce qu'on choisit sa spécialisation académique? 9. Quel diplôme est-ce qu'on prépare après 2 ans à l'université? 10. Qu'est-ce que c'est qu'une licence? une maîtrise?

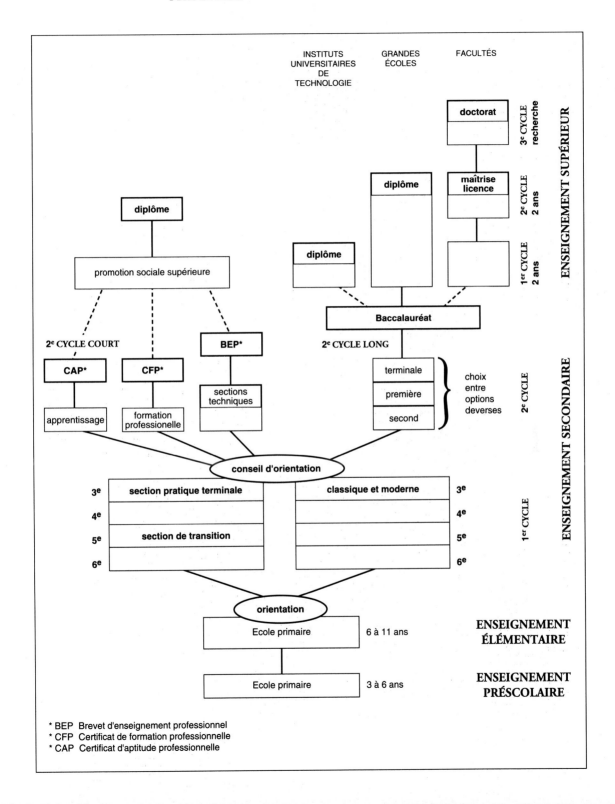

INSTITUTS UNIVERSITAIRES DE TECHNOLOGIE

GRANDES ÉCOLES

FACULTÉS

ENSEIGNEMENT SUPÉRIEUR

doctorat — 3e CYCLE recherche

diplôme

maîtrise licence — 2e CYCLE 2 ans

1er CYCLE 2 ans

diplôme

diplôme

promotion sociale supérieure

Baccalauréat

2e CYCLE COURT

2e CYCLE LONG

BEP*

CAP*

CFP*

terminale

première

second

choix entre options deverses

2e CYCLE

sections techniques

apprentissage

formation professionelle

conseil d'orientation

ENSEIGNEMENT SECONDAIRE

3e section pratique terminale — classique et moderne 3e

4e — 4e

5e section de transition — 5e

6e — 6e

1er CYCLE

orientation

Ecole primaire — 6 à 11 ans

ENSEIGNEMENT ÉLÉMENTAIRE

Ecole primaire — 3 à 6 ans

ENSEIGNEMENT PRÉSCOLAIRE

* BEP Brevet d'enseignement professionnel
* CFP Certificat de formation professionnelle
* CAP Certificat d'aptitude professionnelle

Quand dit-on la vérité? Indiquez avec quelle fréquence chaque personne dit la vérité.

▶ mon père
Mon père dit souvent (d'habitude, rarement, etc.) la vérité.

1. je
2. ma mère
3. les avocats
4. mes amis et moi
5. les petits enfants
6. mon (ma) camarade de chambre
7. les médecins
8. les hommes (femmes) politiques
9. les professeurs

Autrefois. Vous avez rencontré un ancien camarade de classe. Il vous pose des questions sur votre vie et vous répondez selon le modèle.

▶ Tu joues encore au football?
— Je jouais souvent au football autrefois, mais je ne joue plus au football maintenant.

1. Tu lis encore des B.D.?
2. Ta petite sœur dit encore des gros mots?
3. Tes parents écrivent encore des lettres à l'éditeur du journal?
4. Tu écris encore des poèmes?
5. Toi et ton frère, vous dites encore des bêtises?
6. Ton frère lit encore tes lettres?
7. Toi et ton frère, vous écrivez encore un roman?

Répondez aux questions suivantes.

1. Qu'est-ce que vous lisez souvent? Lisiez-vous beaucoup quand vous étiez à l'école élémentaire?
2. Est-ce qu'on lisait des livres sur Babar? Avez-vous jamais lu un livre sur Babar?
3. Est-ce que vous et vos amis lisez le journal de l'université?
4. Écrivez-vous pour le journal de l'université?
5. Avez-vous jamais écrit une lettre à l'éditeur d'un journal? à votre sénateur?
6. Comprenez-vous ce que disent les hommes politiques? Et ce que disent les profs?
7. Est-ce que vos profs comprennent ce que vous écrivez?
8. Est-ce que vos amis comprennent ce que vous dites?
9. Comprenait-on ce que vous disiez quand vous étiez petit(e)?
10. Parlez-vous bien? Écrivez-vous mieux? Préférez-vous écrire une lettre ou téléphoner?

2 ▼ Les pronoms objets indirects **lui, leur, y**

Sylvie téléphone **à son père**.
Elle **lui** téléphone pour **lui** dire de
bonnes nouvelles.

Marc donne un cadeau **à sa mère**.
Marc **lui** donne un cadeau pour son
anniversaire.

Sophie écrit **à ses grands-parents**.
Elle **leur** écrit une fois par mois.

Charles pense **à son déjeuner**.
Il **y** pense parce qu'il a faim.

FOLLOW-UP: Quand téléphonez-vous à votre père? Combien de fois par an écrivez-vous
à vos grands-parents? à votre mère? Quand pensez-vous à votre déjeuner?

EXPLICATION

1. Formes et position

- Un pronom objet indirect remplace un objet précédé de la préposition **à**.

Voir Vocabulaire 3,
L'enseignement, pp.
298–299.

> Je ressemble **à ma mère**. Je **lui** ressemble.
> J'écris **à mes amis**. Je **leur** écris.
> Nous jouons **aux échecs**. Nous **y** jouons.

Contrast with direct object, which has no intervening preposition: **Je vois Léa** (**Je** *la* **vois**) vs. **Je ressemble à Léa** (**Je** *lui* **ressemble**).

POINT OUT that the third-person pronouns **lui** & **leur** replace masculine or feminine persons.

Révisez la place de l'objet direct au Chapitre 7, p. 170.

NOTEZ: Quand la forme impérative **va!** est suivie du pronom **y**, on ajoute un **-s**: **Vas-y!**

- Voici les formes du pronom objet indirect:

	personne	chose
singulier	lui	y
pluriel	leur	y

- Le pronom objet indirect précède immédiatement son verbe.

  Je **lui** téléphone rarement.
  Y échouez-vous souvent?
  Elle ne **leur** a jamais parlé.
  Nous allons **lui** dire la vérité.

NOTEZ: À l'impératif affirmatif, le pronom objet indirect est *après* le verbe.

  Demandez-**lui** où il va.
  Allons-**y** ce soir.
  Mais: Ne **lui** parle pas de ça.

- Quand il y a deux pronoms objets dans une phrase, **le**, **la**, **les** précèdent toujours **lui**, **leur**, **y**.

  — Tu as donné *ta composition au professeur?*
  — Pas encore. Je vais **la lui** donner demain.

2. Emplois

Contrast with direct object, which replaces both persons & things: **Je regarde la télé/Je regarde ma tante** → **Je** *la* **regarde**.

- Les pronoms **lui** et **leur** remplacent **à** + *personne*.

  Tu as parlé *à Marc?* Je suis si occupé que je ne **lui** ai pas encore parlé.
  Téléphone *à tes amis* tout de suite ou je vais **leur** téléphoner moi-même!

- Le pronom invariable **y** remplace **à** + *chose*.

  Je n'aime pas penser *aux examens*. Quand j'**y** pense, je suis très anxieuse.

POINT OUT that **aller** must be accompanied with a specific destination (**Je vais à la banque, à l'école, au resto**) or by the pronoun **y** (**J'y vais**).

- Le pronom **y** remplace aussi *toute préposition de lieu*. Dans cette structure, **y** = *dans cet endroit*.

  Le chat dort
  {
  sur le lit.
  sous la table.
  derrière la porte.
  devant le réfrigérateur.
  }
  ⟶ Le chat **y** dort.

EXERCICES **F**   Répondez en utilisant des pronoms objets indirects. Combien de fois par semaine ...

GOAL: using **lui** & **leur**

1. parlez-vous à vos parents?
2. parlez-vous à votre prof préféré?
3. votre professeur préféré parle-t-il aux étudiants?
4. vous et vos camarades de chambre parlez-vous à vos voisins?
5. vos voisins parlent-ils à votre camarade de chambre?
6. parlez-vous à votre camarade de chambre?

G   **À la bibliothèque.**   Indiquez ce qu'on fait et ce qu'on ne fait pas à la biblio-thèque.

GOAL: using **y**

▶ regarder la télévision   *On n'y regarde pas la télévision.*

1. étudier
2. manger
3. parler à ses amis
4. regarder les autres étudiants
5. chercher des livres
6. danser

H   **N'est-ce pas?**   Votre ami n'est pas très sûr de lui; il a besoin de confirmation. Rassurez-le selon le modèle. Employez des pronoms objets quand c'est possible.

GOAL: confirming facts about people & places

▶ Tu parles souvent à tes amis, n'est-ce pas?
   C'est vrai. Je leur parle souvent.

1. On travaille beaucoup à l'université, n'est-ce pas?
2. Tu écris souvent à tes parents, n'est-ce pas?
3. Tu vas à tous les cours de français, n'est-ce pas?
4. On parle au prof, n'est-ce pas?
5. Le prof explique la grammaire aux étudiants, n'est-ce pas?
6. Tu ne téléphones pas au prof, n'est-ce pas?
7. Toi et Marc vous êtes allés au cinéma hier, n'est-ce pas?
8. L'acteur Pierre Richard ressemble à Gene Wilder, n'est-ce pas?
9. Tu as expliqué le film aux autres étudiants, n'est-ce pas?
10. Toute la classe va aller au cinéma, n'est-ce pas?

I   **Où est Charlot?**   Vous jouez avec votre petit cousin, qui se cache.[2] Suivez le modèle:

GOAL: discussing location

▶ — Où est Charlot? Est-ce qu'il est derrière la porte?
   — *Non, il n'y est pas.*

1. Est-ce qu'il va à la cave?
2. Est-ce qu'il monte au grenier?[3]
3. Est-ce qu'il est tombé sous la table?
4. Est-ce qu'il dort dans son lit?
5. Est-ce qu'il est à côté du sofa?
6. Est-ce qu'il joue derrière la maison?

---

[2] Quand une personne **se cache,** les autres ne peuvent pas la voir.
[3] **Grenier** (m.) = le plus haut étage d'une maison sous le toit.

QUESTIONS:

1. Quelles sont les trois grandes sélections? 2. Pourquoi les sélections sont-elles importantes? 3. Combien d'élèves français vont passer le bac? Combien de ces élèves vont être reçus au bac? 4. Combien de ces bacheliers ont le droit d'entrer à l'université? 5. L'enseignement français est national. Pourquoi est-ce important? 6. Quel pourcentage des étudiants qui commencent l'université terminent la deuxième année? 7. Est-ce qu'il y a des sélections dans le système américain? A quels moments? 8. Quels sont les avantages et les inconvénients du système français?

La sélection

Pour l'enseignement français, un des mots-clés est *sélection*. À des moments donnés on fait une sélection parmi les étudiants; les meilleurs étudiants poursuivent des études académiques et les autres sont réorientés dans des directions pratiques.

En France, il y a trois grandes sélections: après la classe de troisième, au moment de passer le bac et pendant les deux premières années à l'université. Après la troisième (à 14–15 ans), les meilleurs élèves sont orientés vers le bac, les autres vers des diplômes techniques. Seulement 45% des élèves français vont passer le bac, ce grand examen qui est à la fois la fin des études secondaires et l'examen d'entrée à l'université.

La deuxième sélection, c'est le bac même. Jusqu'à récemment seulement deux tiers des étudiants qui passaient le bac y étaient reçus. Répondant à des critiques répétées, le gouvernement a décidé récemment qu'on allait accepter 80% des étudiants qui passaient le bac. Les lycéens qui réussissent à leur bac ont le droit d'aller à l'université. Par contraste avec le système américain il n'y a pas beaucoup de concurrence pour entrer à l'université. Tous les «bacheliers» peuvent y entrer.

Le baccalauréat est un diplôme qui ouvre toutes les portes.[a] Tout le monde en France sait ce que le bac représente parce qu'il n'y a pas de variations dans l'enseignement de région en région. L'éducation française est un système national. Les cours élémentaires et secondaires sont les mêmes partout dans le pays. Les études qui mènent au baccalauréat sont les mêmes partout en France. Le bac est un examen national, administré le même jour pour tous les étudiants français. Tous les bacheliers peuvent entrer à l'université, mais l'université n'essaie pas nécessairement de les garder. Le résultat: il y a une troisième sélection par échec[b] pendant les deux premières années d'université où à peu près un tiers des étudiants abandonnent ou échouent.[c] Maintenant qu'on laisse les fameux 80% réussir au bac, la sélection à l'université est encore plus rigoureuse.[d]

---

[a] Parce que le baccalauréat est un diplôme de si grande importance, les Français n'hésitent pas à refuser leur bac aux étudiants qui n'ont pas les connaissances nécessaires comme ils n'hésitent pas à faire redoubler une classe à un étudiant qui n'a pas réussi.

[b] **Échec** (*m.*) ≠ succès.

[c] En médecine il y a même 80,5% d'échec à la fin de la première année.

[d] Seulement un quart des étudiants obtiennent leur DEUG en deux ans. Les autres redoublent une ou même deux années ou changent tout à fait de direction.

Par conséquent les jeunes Français sont poussés par leurs parents à bien travailler, à réussir dans leurs études et à choisir une direction à 12 ans, à 10 ans même. Il est difficile de changer d'orientation dans un système où la spécialisation commence au niveau secondaire. La sélection, principe essentiel de l'éducation française, est aussi le centre du débat sur l'enseignement, débat qui a résulté en plusieurs réformes de l'enseignement depuis 1968. La sélection est encore essentielle dans le système français, mais on est en train d'adapter ce système aux besoins du monde moderne.

 Habitudes.   Votre partenaire va vous poser des questions sur vos activités habituelles. Répondez en employant des pronoms objets si possible.

GOAL: discussing habitual activities (P)

▶ laisser tes clés sur le bureau
— *Est-ce que tu laisses souvent (parfois, quelquefois, toujours, etc.) tes clés sur le bureau?*
— *Oui, je les y laisse quelquefois.*   OU
— *Non, je ne les y laisse jamais!*

1. lire au lit
2. acheter tes vêtements à Paris
3. chanter dans la voiture
4. étudier devant la télé
5. déjeuner dans un restaurant chic
6. placer tes vêtements sales sous le lit
7. manger au lit

 Faisons connaissance!   Répondez par une phrase complète en utilisant des pronoms objets.

GOAL: comprehension & integration

1. Téléphonez-vous souvent à vos amis qui habitent loin?
2. Avez-vous jamais téléphoné à votre camarade de chambre? Et au professeur?
3. Est-ce que les étudiants demandent au prof de donner moins d'examens? Qu'est-ce qu'ils disent?
4. Êtes-vous anxieux (anxieuse) quand vous pensez aux examens?
5. Êtes-vous anxieux (anxieuse) quand vous parlez au professeur?
6. Votre mère est-elle anxieuse quand elle parle à vos amis?
7. Vos amis jouent-ils aux cartes? Et votre mère? Jouez-vous aux cartes avec vos amis?
8. Votre sœur joue-t-elle au bridge avec ses ami(e)s? Téléphone-t-elle souvent à ses ami(e)s?
9. Ressemblez-vous à votre mère? Comment?
10. À qui voudriez-vous ressembler?

3   Les pronoms objets **me, te, nous, vous**

Le professeur à l'étudiant:
— Conjuguez le verbe **écrire**, Monsieur Smith.
— Pardon?
— Monsieur Smith, **m'**écoutiez-vous?
— Oui, Monsieur, je **vous** écoutais.

EXPLICATION

Voir Vocabulaire 4, *La sélection*, p. 300.

FOLLOW-UP QUESTIONS: M'écoutez-vous? Est-ce que vous me voyez? Me regardez-vous? Me comprenez-vous?

• Nous avons déjà étudié les objets directs et les objets indirects à la troisième personne (**le**, **la**, **les**, **lui**, **leur**, **y**).

> Monsieur Delattre? Je **le** connais. Je **lui** parle souvent.
> La Polynésie est fascinante. Je voudrais **la** visiter. Enfin, j'**y** vais cet été.

• Il y a aussi des formes qui correspondent aux pronoms sujets **je**, **tu**, **nous** et **vous**. Ces formes représentent seulement des personnes.

me	nous
te	vous

• Les formes **me**, **te**, **nous** et **vous** sont des pronoms objets directs *ou* indirects.

> Vous êtes impoli si vous ne **me** regardez pas quand je **vous** parle.

• À l'impératif *affirmatif*, **me**, **te** →**moi**, **toi**.

> Ne **me** donne pas ce stylo; donne-**moi** cet autre stylo!

• **Me**, **te** + voyelle ou **h-** muet →**m'**, **t'**.

> N'allons pas à la disco si cette musique **t'**irrite.
> Mes parents **m'**ont beaucoup encouragé.

• Quand il y a plus d'un pronom objet dans une phrase, **me**, **te**, **nous**, **vous** sont toujours les premiers.

> Ce livre? Papa **me** l'a donné pour Noël.
> Tu travailles souvent à la bibliothèque. Je **t'y** vois chaque soir.

The double object pronoun is not taught in the affirmative imperative at this level.

EXERCICES L

GOAL: describing family relationships (P)

Votre partenaire, un(e) étudiant(e) de psychologie, fait une enquête sur la famille et les rapports familiaux. Répondez à ses questions.

D'abord, des questions sur vous et votre famille proche.

 connaître bien
— *Qui te connaît bien?*
— *Mes cousins me connaissent bien.*

1. écouter souvent
2. encourager
3. téléphoner souvent
4. irriter
5. trouver difficile
6. écrire beaucoup de lettres
7. ressembler

Maintenant il (elle) vous pose des questions sur vous et les autres jeunes gens de votre famille (frères, sœurs, cousins, cousines).

▶ amuser
— *Qui vous amuse?*
— *Nos petits cousins nous amusent.*

8. impressionner
9. poser beaucoup de questions
10. trouver intéressants
11. écouter
12. parler souvent
13. aimer beaucoup
14. irriter
15. aider

M **Qui te l'a donné?** Grégoire explique à son ami Pierre qu'il a toutes sortes de cadeaux de son oncle Martin. Avec un(e) partenaire, jouez les rôles de Grégoire et de Pierre.

GOAL: using **me** + direct object pronoun (P)

▶ ce sweater
— *Qui t'a donné ce sweater?*
— *Oncle Martin me l'a donné.*

1. ce cahier
2. ces chaussures
3. ces livres
4. cette montre
5. ce stylo
6. cette chemise

— Doris, il y a quelqu'un ici que je dois te présenter.

N **En classe.**   Répondez aux questions suivantes. Employez des pronoms objets si possible.

1. Écrivez-vous souvent des notes à vos amis en classe? Vous écrivent-ils souvent?
2. Parlez-vous à votre voisin(e) quand vous êtes en classe?
3. Vous et les autres étudiants de français, téléphonez-vous au prof si vous ne pouvez pas être en classe?
4. Posez-vous beaucoup de questions au prof? Est-ce qu'il vous pose beaucoup de questions en classe?
5. Vous amuse-t-il? Qui vous amuse?
6. Comprenez-vous le prof quand il parle vite? Vous comprend-il?
7. Qui ne vous comprend pas? Et quand vous étiez petit(e)?
8. Connaissez-vous les autres étudiants du cours? Qui ne vous connaît pas?
9. Qui vous irrite en classe? Est-ce que l'accent des autres étudiants vous irrite?
10. Est-ce que les lectures du livre vous intéressent? Trouvez-vous les lectures difficiles?

Le monde francophone

▶ Préparatifs de fête à
la Guadeloupe

► Château Frontenac:
le Saint-Laurent vu
de Québec

▼ La Côte-d'Ivoire:
équilibre fragile

◄ À la Nouvelle-Orléans comme à Nice on choisit son masque pour le Mardi gras

▲ Un petit village à Tahiti en Polynésie française

◄ Petit port de pêche à la Martinique

► Danse folklorique
en Nouvelle-
Calédonie

◄ Vente de tapis multi-
colores marocains

Have students tell "what happens" in the first poem in their own words. Remind them of the expressions **d'abord**, **puis**, etc.

QUESTIONS:

1. Qui sont les personnages dans *Le cancre*? Décrivez-les.
2. Où est le petit garçon?
3. Comment est-ce qu'il réagit d'abord quand le prof lui pose des questions? Et ensuite? 4. Est-ce que le cancre a du courage?
5. Quel contraste est symbolisé par le visage du bonheur sur le tableau du malheur? 6. Selon Villon, qui était cancre? 7. Pourquoi est-il malheureux maintenant? 8. Le poète est-il plus sage dans sa vieillesse que dans sa jeunesse? moins égoïste? 9. Comparez ces deux poèmes. Quel poème préférez-vous? Pourquoi?

Le cancre

Il dit non avec la tête	
Mais il dit oui avec le cœur°	centre des émotions; organe cardiaque
Il dit oui à ce qu'il aime	
Il dit non au professeur	
Il est debout°	sur ses pieds
On le questionne	
Et tous les problèmes sont posés	
Soudain° le fou rire° le prend	subitement / une hilarité continuelle
Et il efface° tout	erase
Les chiffres° et les mots	nombres
Les dates et les noms	
Les phrases et les pièges°	questions difficiles
Et malgré° les menaces du maître	en dépit de
Sous les huées° des enfants prodiges°	cris / précoces
Avec des craies° de toutes les couleurs	petits bâtons pour écrire au tableau / misère
Sur le tableau noir du malheur°	
Il dessine le visage° du bonheur°.	l'image / joie

—*Jacques Prévert*

Au temps de ma jeunesse folle

Hé Dieu! si j'eusse° étudié	j'avais
Au temps de ma jeunesse folle°,	exhubérante
Et à bonnes mœurs° dédié°,	actions / consacré
J'eusse maison et couche molle°.	lit confortable
Mais quoi? je fuyais° l'école	je n'allais pas à
Comme fait le mauvais enfant.	
En écrivant cette parole	
À peu que le cœur ne me fend.°	je veux presque mourir

—*François Villon*

4   Les pronoms disjoints

—Jean, tu vas à la plage avec **nous**? On part tout de
suite.
—Non. Je ne suis pas prêt à partir.
—Alors, vas-y avec Étienne.
—Non, je ne vais pas y aller avec **lui**. Il n'y a pas de
place dans sa voiture.
—Alors, vas-y avec Marc et Sylvie.
—D'accord, j'y vais avec **eux**. Leur voiture est plus
grande.

EXPLICATION

1. Formes

• Un pronom disjoint ne dépend pas directement du verbe. Tous les autres
pronoms dépendent du verbe; ils sont *le sujet* ou *l'objet* du verbe.
• Voilà les formes du pronom disjoint qui correspondent aux différents sujets:

je	→	**moi**	nous	→	**nous**
tu	→	**toi**	vous	→	**vous**
il	→	**lui**	ils	→	**eux**
elle	→	**elle**	elles	→	**elles**
on	→	**soi**			

• Les formes du pronom disjoint sont des formes accentuées ou formes fortes;
elles ne s'élident jamais devant une voyelle ou un **h-** muet.

Gisèle et **moi** avons trouvé l'université difficile.

• **Soi** est le pronom disjoint qui correspond au pronom sujet **on**.

On aime être chez **soi**.

2. Emplois

• On emploie les pronoms disjoints quand le pronom est isolé du verbe.

  • après une préposition
  • dans une comparaison
  • comme sujet coordonné à un autre sujet

  Liliane est derrière **lui**, à côté de **nous**.
  Mon frère est un cancre, mais je suis encore plus paresseux que **lui**.
  Ma sœur et **moi** avons redoublé une année au lycée.

• On remplace **à** + nom par un pronom objet indirect.

  Je suis souvent allé *à la fac* pour parler *au prof.*   J'**y** suis allé hier pour
    lui parler.

OPTIONAL: **à lui, à elle,** etc. can be used to distinguish gender of a possessor: **Ce sont leurs problèmes** *à eux,* **pas** *à elles*.

• L'expression **être à**, qui indique la possession, exige un pronom disjoint, pas un objet indirect.

  À qui est ce livre? Il **est à toi?**
  Où est Philippe? Ces chaussures **sont à lui**, n'est-ce pas?

EXERCICES **O**

GOAL: identifying possessors

Possessions.   Votre ami(e) est matérialiste. Vous confirmez chacune de ses observations en employant un pronom disjoint.

  ▶ Ce sont tes livres?   *Oui, ils sont à moi.*

1. Ce sont les chaussures de Marie?
2. C'est ta motocyclette?
3. C'est la montre de Georges?
4. C'est la voiture de tes parents?
5. C'est notre radio?
6. Ce sont les compact-disques de Jean?
7. C'est ton pull-over?
8. C'est la chambre de tes sœurs?
9. C'est mon portefeuille?
10. Ce sont tes livres?

P

GOAL: talking about group activities

Ensemble.   Vous et vos amis vous faites tout en groupe. Répondez aux questions sur vos activités selon le modèle.

  ▶ Tu fais une promenade? Et que fait ton cousin?
    Il fait une promenade avec moi.

1. Tu sors? Et que fait ta sœur?
2. Luc regarde la télé? Et que font Chantal et Anne?
3. Je vais au cinéma. Et qu'est-ce que tu fais?
4. Luc et toi, vous jouez aux cartes? Et que font les autres?
5. Lucie va au restaurant. Et qu'est-ce que tu fais?
6. Tes amis prennent du thé? Et que fais-tu?

Q **C'est ça.**   Répondez affirmativement aux questions d'un ami.

GOAL: describing joint activities

▶ Tu travailles avec Marc?
  C'est ça. Lui et moi travaillons ensemble.

1. Marie lit chaque soir avec Paul?
2. Tu fais la cuisine avec ta mère?
3. Tu fais la vaisselle avec tes frères?
4. Nous dînons au restaurant avec tes parents demain?
5. Tu vas au cinéma avec moi ce soir?
6. Nous étudions pour l'examen avec Michel?
7. Ton père voyage en Europe avec tes deux sœurs?

R **Comparaisons.**   Répondez aux questions suivantes.

▶ Qui parle plus, vous ou votre père?
  Je parle plus que lui.

GOAL: comparing personal characteristics

EXPANSION: Have students reverse each comparison: **Je parle plus que lui** → **Il parle moins que moi.**

1. Qui est plus intelligent, votre père ou votre mère?
2. Qui est plus intéressant, vos amis ou les amies de votre mère?
3. Qui est plus difficile, le prof de français ou vos parents?
4. Qui est meilleur(e) étudiant(e), vous ou votre camarade?
5. Qui a plus de talent musical, vous ou vos amis?
6. Qui sort plus souvent, vous et vos amis ou votre mère et ses amies?
7. Qui dort plus, vous ou votre père?
8. Qui connaît mieux les ordinateurs, le prof de français ou les étudiants?

▼ VOCABULAIRE

EXPANSION: Bring in copies of as many of the publications mentioned below as possible. Ask students to identify (**C'est un hebdomadaire**, etc). Mention the other leading newspapers & magazines: **Le Figaro, France-Soir, Express, Le Point**, etc.

1. La lecture

Mon frère Paul et son ami français Pierre aiment **la lecture**. Ce sont **des lecteurs** avides.

Ils aiment **lire** presque les mêmes choses.

Paul lit **un journal**, le *New York Times*; Pierre lit *Le Monde*.

Quand ils veulent acheter quelque chose, ils regardent **les petites annonces** (*f.pl.*).

Paul lit **une bande dessinée** (**une B.D.**), *Garfield*; Pierre lit *Astérix le Gaulois*.

Paul et Pierre adorent **la poésie**.

Paul lit	
	un poème de T.S. Eliot; Pierre lit un poème de Paul Valéry.
	un roman de Dickens; Pierre lit un roman de Balzac.
	un roman policier d'Agatha Christie; Pierre lit Georges Simenon.
	une pièce de Shakespeare; Pierre lit une pièce de Racine.
	une histoire d'amour, *Gone with the Wind*; Pierre lit *Le Rouge et le Noir*.
	un hebdomadaire politique, *Newsweek*; Pierre lit *Le Nouvel Observateur*.
	une revue, *Health Today*; Pierre lit *Santé*.

Paul et Pierre lisent aussi d'autres **magazines** (*m.*).

• **Un hebdomadaire** est un journal, une revue ou un magazine publié une fois par semaine. **Un magazine** est **une revue** illustrée avec un contenu plus varié.

• En français **la lecture** est l'acte de lire; quand quelqu'un parle devant un groupe de gens, il donne **une conférence**.

Le professeur a parlé des poètes symbolistes, mais je n'ai pas compris sa **conférence**.

J'adore **la lecture**; je lis tous les jours.

POINT OUT the difference in pronunciation between **lecture** [lɛktyr] and **lecteur** [lɛktœr].

• **Un lecteur** (**une lectrice**) est une personne qui lit.

Les lecteurs de cette revue sont des spécialistes en archéologie.

Que lit-on et où?

Les Français lisent-ils beaucoup? Qu'est-ce qu'ils lisent? Où? Pour savoir les réponses à ces questions, regardez cette enquête effectuée en France.

Combien de livres avez-vous lu pendant les douze derniers mois?

Pas de livre	35%
De 1 à 5	24%
De 6 à 10	14%
De 11 à 20	14%
Plus de 21	13%

Quel type de livres lisez-vous de préférence?[a]

Romans	53%
Livres historiques	46%
Romans policiers	33%
Livres sur la santé	27%
Documents, politique	21%
Bandes dessinées	21%
Littérature classique	18%
Livres scientifiques ou techniques	16%
Essais	14%

1. Combien de livres avez-vous lus pendant les 12 derniers mois? Et le Français moyen? 2. Quel type de livre lisez-vous de préférence? Qui a écrit votre livre préféré? 3. Où lisez-vous? 4. Nommez d'autres endroits où on peut lire. 5. Que dit le patron si on lit au travail? 6. Lisez-vous quand vous êtes en vacances?

Habituellement, où lisez-vous un livre?[a]

Dans votre chambre	68%
Au salon	48%
Au travail	8%
En train, en avion, etc.	8%
Aux W.C.	6%
Au jardin	4%

[a] Parce qu'on pouvait choisir plus d'une sélection, le total est plus grand que 100%.

EXERCICES   **1**   Complétez les phrases suivantes.

1. Si on veut acheter quelque chose, on peut regarder _____ dans le journal.
2. Chaque lundi mon _____ préféré arrive chez moi.
3. On discute de la politique du jour dans _____.
4. *Les Misérables* de Victor Hugo est un grand _____ en français.
5. Baudelaire est un poète formidable. J'aime ses _____. J'aime _____ en général.
6. Georges Simenon est un auteur de _____.
7. *Elle* et *Vogue* sont des _____ de mode.
8. *Peanuts* et *Astérix* sont des _____.
9. Je suis très sentimental; j'adore lire des _____.
10. Nous adorons le théâtre; nous lisons souvent des _____.

2   Faites des phrases avec les éléments suivants.

les jeunes		le journal
je		les petites annonces
ma mère		des romans
les enfants		un hebdomadaire politique
nous	lire	une revue de mode
le prof		des B.D.
mes amis		des romans policiers
on		des pièces
mes amis et moi		des poèmes

2. La communication

Parler est un acte de communication.

Quand on parle, on **dit** quelque chose.
Si ce qu'on dit est **faux**, on ment ou on fait une erreur.
Si c'est **vrai**, on dit la **vérité**.
Si on dit quelque chose de stupide, on dit **une bêtise**.
Si on est furieux, on dit **des gros mots** (les mots qu'il ne faut pas répéter
à sa grand-mère!).

Écrire est un autre acte de communication.

On **écrit** | **une composition** pour un cours.
| **une lettre** à un ami.
| **une carte postale** quand on est en vacances.
On **envoie** des lettres à ses amis.
Les écrivains écrivent des livres; c'est encore un acte de communication.

Révisez le verbe **employer** au Chapitre 7, p. 179.

- **Envoyer** est conjugué comme **employer** au présent: **j'envoie, vous envoyez,** etc.
- La forme féminine de **faux** = **fausse**.

EXERCICES 3

Écrivains. Associez chaque écrivain à son livre.

▶ — *Albert Camus a écrit **Astérix le Gaulois**.*
— **C'est faux! Goscinny a écrit Astérix le Gaulois.**

Les réponses pour le groupe A sont à la page 298; les réponses pour le groupe B sont à la page 300.

CULTURE: Discuss some of these books or authors. Ask students if they have read any of these works. Have them describe them to the class.

GROUPE A

Albert Camus	*À la recherche du temps perdu*
André Gide	*Astérix*
Victor Hugo	*Les Misérables*
Marcel Proust	*L'Étranger*
René Goscinny	*La Symphonie pastorale*

GROUPE B

Jean-Paul Sartre	*Gargantua*
Antoine de Saint-Exupéry	*Le Mur*
François Rabelais	*Le Petit Nicolas*
Jean-Jacques Sempé	*Le Petit Prince*

Avez-vous

lu ...

---

4 **Écrire.** Employez un mot de chaque colonne et parlez de ce qu'on écrit.

à la maison		bêtises
sur les murs		carte postale
dans le journal		composition
en vacances	écrire	lettre
à ses parents		vérité
dans les lettres d'amour		gros mots

5 **Vous dites?** Posez des questions à votre partenaire selon le modèle.

▶ nous/bonjour au commencement du cours
— *Disons-nous bonjour au commencement du cours?*
— *Oui, nous disons bonjour au commencement du cours.*

1. tu/des bêtises
2. les écrivains modernes/des bêtises
3. les enfants/la vérité
4. ton père/automatiquement non
5. tes amis/des gros mots
6. toi et tes amis/la vérité

RÉPONSES à l'exercice 3, p. 296:
Groupe A: Camus/ *L'Étranger*; Gide/*La Symphonie pastorale*; Hugo/ *Les Misérables*; Proust/*À la recherche du temps perdu*.

3. L'enseignement

L'enseignement (*m.*) existe au **niveau** | **élémentaire.**
| **secondaire.**
| **universitaire.**

Les petits **élèves** (*m./f.*) vont à **l'école** (*f.*) élémentaire.
La maîtresse (le maître) enseigne les **matières** (*f.*) élémentaires (la lecture, l'arithmétique, l'écriture, l'orthographe).
À la fin de l'enseignement élémentaire, on a **un certificat.**

Les **adolescent(e)s** vont | **au collège** de 11 à 15 ans; ce sont des **collégien(ne)s.**
| **au lycée** de 15 à 18 ans; ce sont des **lycéen(ne)s.**

À la fin des études secondaires, on peut passer **le baccalauréat (le bac, le bachot).**
Si on réussit à l'examen, on est **bachelier (bachelière).**

À l'université on | **fait des études** spécialisées dans **une faculté** (de lettres, de sciences, de médecine).
| a **une spécialisation.**

On peut faire **un stage** (= quelques mois d'études) | à l'étranger.
| pendant l'année **scolaire.**

L'enseignement essaie de **former** les étudiants.
La formation est une préparation pour l'avenir.
L'enseignement français ne **ressemble** pas **à** l'enseignement américain.

PRONUNCIATION: Remind students to pronounce the [p] in **psychologie**.

POINT OUT: **Un médecin** est une personne; **la médecine** est une science; l'aspirine est **un médicament**.

EXPANSION: **le journalisme, le droit, le marketing, l'informatique** (f.).

• Voilà quelques disciplines académiques:

l'anthropologie (*f.*)	la géologie	la philosophie
l'art (*m.*)	l'histoire (*f.*)	la physique
l'astronomie (*f.*)	l'informatique (*f.*)	la psychologie
la biologie	la littérature	les sciences naturelles (*f.pl.*)
la botanique	les mathématiques (*f.pl.*)	les sciences politiques (*f.pl.*)
l'économie (*f.*)	la médecine	la sociologie
la géographie	la musique	

NOTEZ: Les noms de disciplines académiques sont au féminin, excepté **l'art** et les noms des langues (**le** français, **le** chinois, l'anglais etc.).

• On ressemble **à** une personne ou une chose.

  C'est votre frère? Vous ne **lui** ressemblez pas du tout.
  Les chiens ressemblent souvent **à** leurs maîtres.

EXERCICES **6** **À quel niveau?** Indiquez à quel niveau on étudie les matières suivantes. Votre partenaire confirme ou corrige vos observations.

▶ — *On étudie l'astronomie à l'école élémentaire.*
  — *Mais non! On étudie l'astronomie au niveau universitaire.*

1. l'arithmétique
2. l'algèbre
3. la géométrie élémentaire
4. la lecture
5. l'astrophysique
6. la géométrie avancée
7. la géographie
8. l'anthropologie

7 Pour chaque phrase, utilisez un des mots suivants pour terminer la phrase logiquement.

le bac	*au collège*	*un certificat*
niveaux	*l'université*	*une spécialisation*
un stage	*la formation*	*les matières élémentaires*

1. À l'école élémentaire, la maîtresse enseigne …
2. Les élèves font des études secondaires …
3. Quelques lycéens vont passer …
4. Un bachelier (une bachelière) peut entrer à …
5. L'enseignement a trois …
6. Les étudiants à l'université ont …
7. Après mes études, je voudrais aller à Paris faire …

8

GOAL: practicing double object pronouns

Groupe B: Sartre/*Le Mur*; Saint-Exupéry/*Le Petit Prince*; Rabelais/*Gargantua*; Sempé/*Le Petit Nicolas.*

Au collège. Indiquez si on enseigne les matières suivantes au collégien américain typique.

▶ l'histoire américaine
On la lui enseigne.

1. l'algèbre (*m.*)
2. l'astronomie
3. la musique
4. les sciences naturelles
5. l'art

6. les sciences politiques
7. la microbiologie
8. le japonais
9. l'anglais
10. les mathématiques

4. La sélection

Par **la sélection** on fait une distinction entre les étudiants.
Les bons étudiants, **les cracks**, ont **de bonnes notes** (15/20, 16/20).
Les mauvais étudiants, **les cancres**, ont de mauvaises notes (4/20, 5/20).
Les cracks sont **reçus aux** examens; les cancres sont **collés**.
Les cracks sont **doués** en maths; les cancres sont **nuls** en maths.
Les cancres | **échouent à** leurs examens.
| **redoublent** quelquefois; ils répètent une année d'études.

• En France, on emploie un système de vingt points possibles pour les notes. Une excellente note est 16; une très bonne note est 13. Une note acceptable est 10, etc.

EXERCICE | **9**

Crack ou cancre? Indiquez si c'est le crack ou le cancre qui fait les choses suivantes.

1. échouer aux examens
2. avoir de bonnes notes
3. être doué en langues
4. redoubler une année
5. avoir de mauvaises notes
6. être reçu aux examens
7. être nul en sciences
8. être collé aux examens
9. aller au lycée français
10. écrire toutes les compositions

EXPRESSION LIBRE

IMAGINONS: Have students review cultural notes p. 278 & 284 before attempting this improvisation.

INTERVIEW

Interrogez cinq autres étudiants pour déterminer leurs habitudes de lecture. Qu'est-ce qu'ils lisent? Lisent-ils beaucoup? Où? Quand? Pourquoi? Comparez vos résultats à l'enquête à la page 294.

IMAGINONS

Avec un(e) partenaire, jouez les situations suivantes.

1 Vous êtes un(e) étudiant(e) français(e) en visite aux États-Unis. Vous ne comprenez ni les universités américaines ni leurs étudiants. Posez cinq questions à votre partenaire. Il (elle) va vous poser des questions sur l'enseignement français et vos réactions aux États-Unis.

2 C'est l'an 2020 et vous êtes très célèbre. Un(e) journaliste arrive pour une interview. Il (elle) vous pose cinq questions sur votre formation. (Pour aider votre partenaire, dites-lui ce que vous faites en 2020!)

DIALOGUES

Avec le partenaire que votre professeur vous donne, parlez d'un des sujets suivants. Employez les questions données seulement si vous avez besoin d'aide pour commencer la conversation ou pour la continuer. Vous n'êtes pas obligé(e) de poser toutes les questions données.

1 **Lire et écrire**
Aimez-vous écrire? Quand?
Qu'est-ce que vous écrivez?
Écriviez-vous beaucoup quand vous étiez au lycée?
Que lisez-vous d'habitude? Où? Quand?
Qu'est-ce que vos parents pensaient de ce que vous lisiez au lycée?

2 **À l'école élémentaire**
Où êtes-vous allé(e) à l'école élémentaire?
Comment alliez-vous à l'école? Avec qui?
Qui était votre maître (maîtresse) préféré(e)?
Qui étaient vos ami(e)s? Comment étaient-ils (elles)?
Racontez un incident mémorable (comique, difficile, etc.) à votre école élémentaire.

3 **À l'école secondaire**
Où êtes-vous allé(e) à l'école secondaire?
Qui était votre professeur préféré? Pourquoi?
Qu'est ce que vous faisiez à l'école? Après l'école?
Aviez-vous des camarades de cours intéressants? Qui? Pourquoi?
Est-ce que votre collège (lycée) avait de bons programmes? En quelles disciplines?
Comment était-il différent de l'université?

CONVERSATION

Chaque phrase ici commence une petite conversation avec un(e) ami(e). Voici la question ou l'observation de votre partenaire. Continuez votre part de la conversation par quatre phrases.

1. «L'enseignement français est meilleur que l'enseignement américain.»
2. «Quand avez-vous décidé de votre avenir?»
3. «La lecture est importante seulement à l'école.»
4. «Pourquoi n'apprend-on pas bien la lecture à l'école?»
5. «Avez-vous plus appris au lycée qu'à l'université?»
6. «On n'enseigne pas l'essentiel à l'école.»
7. «C'est la vie qui est votre vrai professeur.»
8. «C'est un grand avantage de choisir une spécialisation quand on est assez jeune.»

JOUONS

Un(e) étudiant(e) pense à un mot et marque le nombre de lettres par des tirets. Les autres étudiants choisissent des lettres. Si la lettre est dans le mot, on la place sur son tiret. Chaque fois que les étudiants choisissent une lettre qui n'est pas dans le mot, on dessine une partie du corps du «pendu» sur le gibet.

See vocabulary review game in the IRM.

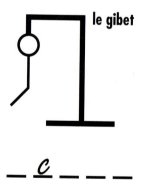

le gibet

COMPOSITION ÉCRITE

Écrivez une composition d'une page sur un des sujets suivants.

1. Une description de l'école idéale.
2. Mes années au lycée.
3. **Quand j'étais jeune.** C'est l'an 2025 et votre petit-fils veut savoir comment était votre vie à l'université. Expliquez-la-lui en lui donnant une description de l'année actuelle et de votre classe de français. N'oubliez pas de donner votre opinion sur vos cours, une petite description de chaque cours et un incident mémorable qui a eu lieu dans un de vos cours.

CHAPITRE 12

Au travail

STRUCTURES

Les verbes réguliers en **-ir**
Le conditionnel
Le verbe **devoir**

CULTURE

Comment réussit-on à trouver un job d'été?
Le petit employé
On devrait y remédier!
L'interview

▶ Nous passons une grande partie de notre vie au travail. Nous y avons des responsabilités et des obligations. Comment parler de nos obligations? Comment parler des problèmes et de leurs solutions possibles?

Les verbes réguliers en -ir

— Martine et moi sommes très inquiètes. Nous ne savons pas si nous allons **réussir** à notre bac.

— Mais vous êtes de bonnes étudiantes, **vous réussissez** toujours aux examens.

— Martine y **réussit** toujours, c'est vrai.

— Toi aussi, Simone. **Tu** y **réussis**.

— Mais non, **je ne réussis pas** aux examens quand j'ai peur.

— Marc et Jean-Paul avaient peur, eux aussi. Et **ils ont réussi** au bac.

— Mais **ils réussissent** toujours aux examens.

— Toi aussi, je te dis!

— Et si **je ne finis pas** l'examen?

— Écoute, Simone. **Réfléchis** bien aux questions et fais de ton mieux.

FOLLOW-UP QUESTIONS: Martine réussit-elle d'habitude aux examens? Et Simone? Marc et Jean-Paul? Réussissez-vous souvent? Finissez-vous toujours les examens? Réfléchissez-vous bien aux questions pendant un examen?

EXPLICATION

Voir *Vocabulaire 1 et 2, Mon travail* et *Formation de mots*, pgs. 321–322.

• Vous connaissez déjà un groupe de verbes avec l'infinitif en **-ir** (**dormir, sortir,** etc.). Il y a un autre groupe de verbes qu'on appelle «les verbes réguliers en **-ir**». La plupart des verbes avec leur infinitif en **-ir** sont dans ce groupe.

• Un verbe régulier en **-ir** a un radical pour le singulier et un autre pour le pluriel. Le radical du singulier = l'infinitif sans la terminaison **-ir**. Le radical du pluriel = le radical du singulier + **-iss**.

infinitif	radical du singulier	radical du pluriel
finir	fin-	finiss-
obéir	obé-	obéiss-
rougir	roug-	rougiss-

Have students identify the two roots of **blanchir, verdir, réfléchir, brunir, polir, établir.**

• Les terminaisons d'un verbe en **-ir** au présent sont: **-is, -is, -it, -ons, -ez, -ent.**

finir			
fin-		finiss-	
je	fin **is**	nous	finiss **ons**
tu	fin **is**	vous	finiss **ez**
il/elle/on	fin **it**	ils/elles	finiss **ent**

PASSÉ COMPOSÉ: **j'ai fini**

• L'imparfait d'un verbe en **-ir** est régulier. Pour le former, on ajoute les terminaisons de l'imparfait *au radical du pluriel*.

Mon père travaillait douze heures par jour pendant que **je grandissais**.
Au dix-septième siècle **on ne choisissait pas** toujours sa profession.

EXERCICES **A**

GOAL: present tense of
réfléchir

Réflexion. Indiquez à un(e) partenaire si ces personnes réfléchissent au bon moment.

1. je/avant de parler
2. les étudiants/pendant les examens de français
3. nous/quand nous lisons les notes culturelles
4. tu/quand le prof te pose des questions
5. le prof/quand il regarde les examens
6. les autres étudiants et toi/quand vous faites des exercices

B

GOAL: present tense of
obéir

Obéir ou désobéir. Demandez à votre partenaire si les personnes suivantes obéissent aux personnes ou aux règles indiquées.

1. je/le prof
2. nous/la police
3. le prof/les règlements de l'université
4. tu/tes parents
5. les enfants/les adultes
6. on/la loi
7. ton chien/tu
8. ton chat/tu

C

GOAL: describing previous
work situations

Avant. Alain, Bernard et Cécile ont un nouveau patron et tout, au travail, est le contraire de ce que c'était avant. Voilà ce qu'on fait maintenant; que faisait-on avant? Jouez le rôle d'Alain.

▶ Cécile, Bernard et moi agissons toujours en équipe.
Avant, nous n'agissions jamais en équipe.

1. Je réfléchis bien avant d'agir.
2. Bernard finit toujours son travail.
3. Bernard et moi ne réagissons jamais mal aux suggestions.
4. Bernard et Cécile choisissent toujours bien.
5. J'accomplis beaucoup pendant la journée.
6. Nous obéissons toujours au patron.
7. Cécile réussit à tout.

QUESTIONS:

1. Pourquoi est-il difficile pour les jeunes gens de trouver un bon travail? 2. Comment peut-on trouver un bon emploi? Où les jeunes peuvent-ils trouver un travail? 3. Avez-vous eu un travail d'été? 4. Avez-vous jamais travaillé comme vendeur? comme chauffeur? comme moniteur de sports? comme mannequin? dans le fast-food? 5. Qu'est-ce que vous avez fait? 6. Quel pourcentage des étudiants français ont un travail d'été? 7. Combien d'entre eux travaillent pendant l'année scolaire?

Comment réussit-on à trouver un job d'été?

On ne réussit pas facilement à trouver son premier emploi quand on est jeune et qu'on n'a pas d'expérience. Mais que fait-on quand on est jeune, sans expérience et qu'on cherche seulement un travail d'été ou un travail à temps partiel pendant l'année scolaire? C'est difficile.

Certains réussissent à trouver un poste formidable parce qu'ils ont un cousin ou un grand-père qui leur ouvre la porte d'une entreprise autrement inaccessible. D'autres réussissent parce qu'ils sont envoyés par leur école ou parce qu'ils ont la chance de connaître le patron.

Mais la plupart des étudiants qui travaillent en été ont des emplois saisonniers. Et encore est-il quelquefois difficile de trouver du travail parce que de plus en plus de jeunes français veulent travailler l'été. Les trois quarts des jeunes étudiants travaillent pendant les vacances universitaires; presque la moitié de ces étudiants travaillent aussi pendant l'année scolaire et un lycéen sur deux travaille en été.

Où travaillent-ils? Ils travaillent (1) dans l'agriculture (aux jobs saisonniers); (2) dans le commerce (comme vendeur); (3) comme petit vendeur de journaux; (4) comme chauffeur, conducteur, pompiste[a] ou caissier[b] de parking; (5) comme guides touristiques;

[a] **Pompiste** (*m./f.*) = quelqu'un qui travaille dans une station-service.
[b] **Caissier (caissière)** (*m./f.*) = employé(e) qui reçoit l'argent des clients dans un magasin ou un restaurant.

(6) comme moniteur de sports[c] pour les jeunes; (7) comme manne-quin[d] ou (8) dans le fast-food.

Il est important de noter que les étudiants universitaires français ont moins besoin de travailler que les étudiants américains parce que l'enseignement en France ne coûte pas cher. Les étudiants qui travaillent ne le font pas pour payer leurs frais d'inscription, mais pour avoir toutes sortes d'autres choses: vêtements, livres, moto, divertissements.

---

[c] **Moniteur (monitrice) de sports** (*m./f.*) = quelqu'un qui organise et dirige des activités sportives.
[d] **Mannequin** (*m.*) = quelqu'un qui présente des vêtements.

D

Fait accompli.　Alain, Bernard et Cécile ont déjà fait tout ce que le nouveau patron leur demande. Votre partenaire va jouer le rôle du patron. Jouez le rôle d'Alain.

GOAL: describing completed work tasks

▶　PATRON:　Est-ce que Cécile va tout finir?
　　VOUS:　*Elle a déjà tout fini.*

1. Est-ce que vous allez finir cette lettre?
2. Est-ce que Cécile va réussir à sa présentation?
3. Est-ce que Bernard et vous allez choisir un nouveau projet?
4. Est-ce que Cécile et Bernard vont réfléchir à ma suggestion?
5. Est-ce qu'ils vont réagir à ma suggestion par écrit?

E

Pendant une interview, le directeur du personnel vous pose les questions suivantes. Répondez aussi honnêtement que possible. Employez des pronoms objets si c'est possible.

GOAL: practicing interview skills

1. Réfléchissez-vous avant d'agir?
2. Agissez-vous quelquefois avant de réfléchir?
3. Obéissez-vous aux ordres sans réfléchir?
4. Finissez-vous tout votre travail?
5. Finissez-vous toujours votre travail à l'heure?
6. Qu'est-ce que vous avez fini en retard?
7. Réussissez-vous aux examens?
8. Avez-vous toujours réussi à ce que vous avez fait?
9. Avez-vous jamais désobéi à votre patron?
10. Quelle sorte d'amis choisissez-vous?
11. Comment réagissez-vous après une dispute?

F

Faisons connaissance!   Répondez aux questions par une phrase complète. Employez des pronoms objets si c'est possible.

GOAL: comprehension & integration

1. Pourquoi avez-vous choisi cette université? Ce cours?
2. Est-ce que vous et les autres étudiants finissez toujours les examens de français?
3. Finissez-vous toujours ce que vous commencez? Et vos amis?
4. Est-ce que vos amis réfléchissent souvent aux problèmes de la vie?
5. À quoi réfléchissez-vous quand vous êtes seul(e)?
6. Réfléchissiez-vous assez quand vous étiez adolescent(e)?
7. Vous et vos ami(e)s rougissiez-vous souvent quand vous étiez adolescent(e)s? Rougissez-vous encore souvent?
8. Grandissez-vous actuellement? À quel âge avez-vous fini de grandir?
9. Qui dans votre famille grossit facilement? Qui rougit facilement?
10. Quand blanchit-on?

2   Le conditionnel

— Qu'est-ce que vous allez faire avec un million de dollars?
— Je n'ai pas un million de dollars!
— Mais si vous aviez un million de dollars, que **feriez-vous?**
— D'abord **j'irais** en Europe. Puis **j'établirais** une petite entreprise.
— Moi, **j'achèterais** une nouvelle maison.
— **Travailleriez-vous** encore?
— **Je continuerais** à travailler, oui, mais **je chercherais** un boulot plus intéressant.
— **Vous quitteriez** votre poste au milieu de ce projet?
— Non, **je finirais** le projet et puis **je partirais**.
— Quel rêve, n'est-ce pas?

EXPLICATION

1. Formes

Voir Vocabulaire 3 et 4, *La vie d'un ouvrier* et *Les fractions*, pgs. 323–324.

FOLLOW-UP QUESTIONS: Ask individual students the questions posed in the presentation text.

• Pour la plupart des verbes, le conditionnel est formé de l'infinitif + les terminaisons de l'imparfait. Si l'infinitif se termine par **-e**, le **-e** tombe devant les terminaisons.

parler → **parler-**
lire   → **lir-**

• Voici le conditionnel des verbes **parler**, **finir** et **lire**.

parler	
je	parler **ais**
tu	parler **ais**
il/elle/on	parler **ait**
nous	parler **ions**
vous	parler **iez**
ils/elles	parler **aient**

finir	
je	finir **ais**
tu	finir **ais**
il/elle/on	finir **ait**
nous	finir **ions**
vous	finir **iez**
ils/elles	finir **aient**

lire	
je	lir **ais**
tu	lir **ais**
il/elle/on	lir **ait**
nous	lir **ions**
vous	lir **iez**
ils/elles	lir **aient**

• Beaucoup de verbes irréguliers au présent sont réguliers au conditionnel, mais d'autres ont un radical irrégulier au conditionnel. En voici une liste partielle:

PRONUNCIATION: Point out that all conditional stems end in **-r**. The **-r** serves to differentiate conditional and imperfect: **je parlais, je parlerais, il lisait, il lirait.**

See the IRM for related aural discrimination test.

être	**ser-**
avoir	**aur-**
savoir	**saur-**
vouloir	**voudr-**
pouvoir	**pourr-**
aller	**ir-**
faire	**fer-**
voir	**verr-**
(r)envoyer	**(r)enverr-**
falloir	**faudr-**

• Pour les verbes en **-e-** + consonne + **-er**, comme **acheter**, il y a un accent qui indique un changement de prononciation de la voyelle **-e-** à toutes les formes du conditionnel, comme à certaines formes du présent: **j'achèterais, tu achèterais**, etc.

• Pour les verbes en **-é-** + consonne + **-er**, comme **préférer**, la prononciation de la voyelle **é** ne change pas au conditionnel, comme elle change au présent: **je préférerais, tu préférerais**, etc. *Mais*: je **préfère**.

• Pour les verbes en **-ayer** et **-oyer**, comme **payer** et **employer** (excepté **(r)envoyer**), le **-y-** change en **-i-** au conditionnel: **j'emplo*i*erais, tu pa*i*erais**, etc.

• Pour les verbes en **-er**, le **-e** final du radical (**habit*e*r-, ferm*e*r-**) est un **-e** muet, qui n'est pas prononcé au singulier ou à la forme **ils/elles**. On le prononce à la forme **nous** et à la forme **vous**.

j'habit*e*rais elle ferm*e*rait ils port*e*raient
Mais: nous habiterions vous fermeriez nous porterions

Le petit employé

Le petit employé n'a pas généralement beaucoup de pouvoir dans l'entreprise ou le bureau où il travaille, mais il reste quelqu'un de très important pour deux raisons.

D'abord le petit employé est quelqu'un avec qui on a souvent affaire. Les petits employés sont les caissiers à la banque, les agents de la Sécurité sociale,[a] les standardistes,[b] les secrétaires, les vendeurs, les serveurs, les agents de police, certains fonctionnaires; bref, c'est toute cette armée de gens à qui on a affaire pendant la journée. Le petit employé ne peut pas vraiment changer le cours de votre vie, mais votre journée peut être agréable ou désagréable selon la nature du contact que vous avez avec lui.

Les petits employés sont également importants parce qu'il y en a de plus en plus et parce qu'ils reflètent les quatre tendances principales dans le monde du travail en France: (1) l'entrée en force des femmes dans le travail; (2) l'expansion du secteur des services; (3) l'importance de l'ordinateur et (4) le rôle de plus en plus important de l'état.

Ce qui est significatif ici n'est pas les différences entre la France et les États-Unis, mais le manque[c] de différences. Les quatre tendances déjà notées sont en train de transformer le monde du travail aux États-Unis aussi bien qu'en France.

Il y a cinquante ans,[d] la vie en France ne ressemblait pas énormément à la vie aux États-Unis, mais on a vu se développer à la fin du vingtième siècle une sorte de culture urbaine internationale. De plus en plus il existe une économie mondiale qui établit dans les pays développés des conditions de travail très similaires d'une agglomération urbaine à l'autre.

D'un point de vue sociologique, la vie à Paris ressemble à la vie à New York ou à la vie à Tokyo. L'effet de cette similarité pourrait être, pourtant, de donner plus d'importance aux traditions et perspectives uniques à chaque culture, traditions qui sont tout ce qui reste pour nous donner une identité culturelle distincte.

---

[a] Jusqu'à un certain niveau de responsabilité et de salaire, les fonctionnaires et les agents de la Sécurité sociale sont petits employés.

[b] **Standardiste** (*m./f.*) = personne qui établit la communication entre différentes lignes de téléphone.

[c] **Manque** (*m.*) = absence.

[d] **Il y a cinquante ans** = cinquante ans dans le passé.

QUESTIONS:
1. Qui est le petit employé? 2. Est-ce que tous les fonctionnaires sont des petits employés? 3. Pourquoi est-ce que le petit employé est important? 4. Comment est-ce que la vie du travail en France se transforme? 5. La France est-elle très différente des États-Unis en cela? 6. Est-ce que la vie en France a toujours ressemblé à la vie aux États-Unis? 7. Comment est-ce que la vie urbaine a changé? 8. Est-ce que la culture internationale va éliminer toutes les différences culturelles?

2. Usage

The French conditional usually corresponds to the English form *would* ...

• On emploie le conditionnel pour indiquer le résultat d'une condition hypothétique, une condition contraire à la réalité.

> *Si j'étais riche*, **je voyagerais** beaucoup.
> Mon père m'**écrirait** plus de lettres *s'il avait plus de temps*.
> *S'ils avaient de l'argent*, **ils iraient** au cinéma ce soir.

NOTEZ: La condition est toujours à l'imparfait et le résultat au conditionnel. L'ordre des deux parties de la phrase n'est pas important.

> *S'ils avaient* de l'argent, **ils iraient** au cinéma.
> **Ils iraient** au cinéma *s'ils avaient* de l'argent.

• On emploie le conditionnel quand une condition à l'imparfait est implicite.

> **Je ne porterais pas** cette robe à la fête demain. (*si j'étais vous*)
> **Mes amis ne feraient jamais** de telles farces. (*même s'ils pouvaient les faire*)

Voir l'emploi de **je voudrais**, p. 162.

• On emploie aussi le conditionnel pour être plus poli.

> **Pourriez-vous** m'aider?
> **Vous voudriez** une tasse de thé?
> **Seriez-vous** libre un instant?

• On emploie encore le conditionnel pour représenter le futur dans un contexte passé.

> Il va bientôt finir ce rapport.
> Je savais qu'**il finirait** bientôt ce rapport.

> Je vais réfléchir à ce problème.
> J'ai dit que **je réfléchirais** à ce problème.

EXERCICES | **G**

GOAL: hypothesizing

Voyage imaginaire.   Charles va faire un voyage en France, mais ce n'est pas le voyage que vous feriez si vous étiez à sa place. Chaque fois qu'il dit ce qu'il va faire, expliquez ce que vous feriez à sa place. Suivez le modèle.

▶ CHARLES: Pour mon voyage en France je vais prendre un avion. (bateau)
  VOUS: *Moi, je prendrais un bateau.*

1. Je vais d'abord aller à Marseille. (Paris)
2. À Paris, je vais prendre des taxis pour aller partout. (métro)
3. Je vais jouer à la loterie. (ne ... jamais)
4. Je ne vais pas envoyer de lettres. (beaucoup de)
5. Je ne vais pas manger d'escargots. (tous les hors-d'œuvre)
6. Je ne vais pas aller en ville à pied. (faire beaucoup de promenades)
7. Je vais être souvent avec d'autres Américains. (des Français)
8. À Paris, je vais acheter un jean. (du parfum)
9. Je ne vais pas payer avec ma carte de crédit. (employer ma carte Visa)
10. Je vais faire un petit voyage à Fontainebleau. (Versailles)

H

GOAL: conditional sentences with **si**

Résultats.   Expliquez le résultat de chaque condition.

▶ Si j'achetais une nouvelle voiture, ... (être pauvre)
  Si j'achetais une nouvelle voiture, je serais pauvre.

1. Si j'étais pauvre, ... (travailler)
2. Si je travaillais, ... (gagner beaucoup d'argent)
3. Si je gagnais beaucoup d'argent, ... (faire des économies)
4. Si je faisais des économies, ... (avoir beaucoup d'argent)
5. Si j'avais beaucoup d'argent, ... (pouvoir tout acheter)
6. Si je pouvais tout acheter, ... (vouloir une nouvelle voiture)
7. Si je voulais une nouvelle voiture, ... (acheter une Mercédès)
8. Si j'achetais une Mercédès, ... (être pauvre)

Politesses.   Vous êtes le (la) baby-sitter pour un petit enfant très mal élevé. Chaque fois qu'il dit quelque chose d'une manière impolie, vous le redites d'une façon polie. Suivez le modèle.

GOAL: rephrasing sentences in the polite conditional

> ▶ Je veux manger maintenant!
> *Non! On dit «Je voudrais manger maintenant.»*

1. Nous voulons manger maintenant!
2. Avez-vous de l'argent pour des bonbons?
3. Je veux regarder la télévision ce soir.
4. Je préfère la glace.
5. Je veux jouer encore un peu.
6. Pouvez-vous m'aider?

 Impatience.   Vous avez un ami qui parle si lentement, et avec tant d'hésitations, que vous finissez toujours ses phrases. Finissez ces phrases-ci pour votre ami.

GOAL: forming hypotheses

> ▶ Si tu avais une nouvelle voiture, tu …
> *Si j'avais une nouvelle voiture, je serais très content(e).*

1. Si ma mère et moi avions plus d'argent, nous …
2. Si ton père voulait gagner plus d'argent, il …
3. Si tes parents n'avaient pas d'enfants, ils …
4. Si nous ne pouvions plus aller à l'université, nous …
5. Si nous voulions voyager, mes amis et moi …
6. Si toi et tes parents, vous vouliez habiter une autre ville, vous …
7. Si tu n'avais pas de cheveux, tu …
8. Si tes parents savaient ce que tu penses, ils …
9. Si j'étais français(e), je …
10. Si un Français arrivait à notre université, il …

K **Causes et effets.**   Vous expliquez le monde du travail en France.

GOAL: distinguishing conditions and results

> ▶ on: regarder dans le journal//chercher du travail
> *On regarderait dans le journal si on cherchait du travail.*
>
>   vous: avoir des suggestions à faire//vouloir parler au patron
>   *Si vous aviez des suggestions à faire, vous voudriez parler au patron.*

1. vous: écrire un CV//pouvoir chercher du travail
2. tu: gagner beaucoup d'argent//avoir un travail
3. les ouvriers: faire la grève//être mécontents
4. on: faire partie d'un syndicat//avoir du pouvoir
5. une usine: renvoyer les ouvriers//employer des robots
6. nous: réussir//travailler dur
7. je: avoir 65 ans//prendre sa retraite
8. le patron: renvoyer les ouvriers//savoir trouver d'autres ouvriers
9. nous: être au chômage//aller au bureau de la Sécurité sociale

Regardez ce résumé des habitudes du cadre moyen français et du cadre moyen américain. Si vous étiez un cadre moyen français, comment serait votre vie? Répondez aux questions par une phrase complète.

Le cadre moyen au travail ...

	EMPLOI			MOTIVATION		TEMPS DE TRAVAIL	
	Fréquence changement de société	Critères d'attirance vers une nouvelle société	Mobilité géographique	Facteurs importants	Accroissement de la part variable du salaire	Hebdomadaire moyen	Y compris à la maison et le week-end
FRANCE	Stable	Salaire Carrière	Non	Statut Avantages en nature Avantages sociaux	Peu favorable	45 h	2 à 3 h
ETATS-UNIS	Changement tous les quatre ans	Challenge Croissance	De moins en moins	Statut Avantages sociaux Avantages en nature	Favorable à une large part variable	50 h	10 h en semaine ou le week-end

NB. Avantages sociaux: retraite, protection, prévoyance, etc. Avantages en nature: voiture, logement, etc.

... et lorsqu'il ne travaille pas

	LOISIRS	SPORTS	VACANCES	ARGENT
FRANCE	Bricolage Vie sociale	Tennis Jogging Ski	30 jours en deux fois Reste plutôt en France Préférence stations balnéaires	Résidence principale Epargne
ETATS-UNIS	Sports	Golf Tennis Jogging	10 à 12 jours en deux ou trois fois aux Etats-Unis, notamment à Hawaii	Résidence principale Placements boursiers

GOAL: forming hypotheses about lifestyle

1. Changeriez-vous souvent de société?
2. Changeriez-vous de société pour chercher un travail plus difficile? Qui changerait de société pour chercher un travail plus difficile?
3. Changeriez-vous de société pour avancer votre carrière? Et pour gagner plus d'argent?
4. Le statut serait-il très important pour vous?
5. Expliquez les avantages sociaux. Seraient-ils aussi importants pour vous que pour le cadre moyen américain?
6. Est-ce que votre semaine de travail serait aussi longue que la semaine du cadre moyen américain?
7. Est-ce que votre week-end serait plus libre que le week-end du cadre moyen américain?
8. Quels sports feriez-vous? Feriez-vous les mêmes sports que le cadre moyen américain?
9. Combien de semaines de vacances auriez-vous? Où iriez-vous?
10. Que feriez-vous de votre argent?

3

Le verbe **devoir**

— Salut, Noémie et Jean-Michel.

— Ça ne va pas, Cécile?

— Si,[1] mais j'ai fini mes études et maintenant **je dois** chercher du travail. Avec l'économie comme elle est!

— **Tu devrais** chercher dans le secteur des services. On embauche beaucoup de gens.

— C'est là où vous allez chercher?

— Non.

— Mais **vous devez** trouver quelque chose aussi, n'est-ce pas?

— Oui, mais nous, on s'intéresse plutôt aux entreprises.

— Moi aussi. **Nous devrions** aller tous ensemble chercher du travail. On pourrait commencer demain.

— Pas demain. **Nous devons** finir nos CV demain. Mais après-demain, ça irait bien.

EXPLICATION

Voir Vocabulaire 5 et 6, *Le monde du travail* et *Les abréviations*, pgs. 325, 329.

Notez la similarité entre le présent de **devoir** et le présent de **boire**.

Révisez d'autres verbes à deux radicaux comme **vouloir** et **pouvoir** (p. 162) et **prendre** et **boire** (p. 253).

POINT OUT that the imperfect is regular: **je devais**. The conditional differs from the imperfect only by the [r] in the stem.

1. Formes

FOLLOW-UP QUESTIONS: Qu'est-ce que Cécile doit faire? Et qu'est-ce que vous devez faire cet été? Devez-vous préparer un C.V.? gagner beaucoup d'argent? étudier?

devoir			
je	**dois**	nous	**devons**
tu	**dois**	vous	**devez**
il/elle/on	**doit**	ils/elles	**doivent**

PASSÉ COMPOSÉ: j'**ai dû**

• Remarquez les deux radicaux: **doi(v)-** et **dev-**. La consonne de l'infinitif est éliminée au singulier; elle est présente seulement au pluriel.

• L'accent au participe passé **dû** le distingue de **du** (**de** + **le**). L'accent circonflexe est uniquement au masculin singulier. Les autres formes sont **due, dus, dues**. On emploie ces formes surtout quand le participe passé sert d'adjectif.

La difficulté **due** à cette situation était inévitable.

Mais: Il a **dû** partir avant ton arrivée.

• Le radical de **devoir** au conditionnel = **devr-**.

Tu devrais voir ce que nous avons fait hier soir.

---

[1] **Si** = une contradiction à une phrase ou à une question négative. Si ≠ non.

On devrait y remédier!

Au moment de la dernière campagne présidentielle française en 1988, on disait souvent «On devrait y remédier!» À quoi devrait-on remédier, au juste? Voici les priorités des Français.

L'emploi	71%
La pauvreté	41%
Les droits de l'homme	33%
La qualité de l'enseignement	31%
La formation professionnelle	30%
Le désarmement nucléaire	29%
La lutte[a] contre le sida[b]	26%
La solidarité entre Français	21%
L'immigration	19%
La croissance[c] économique	16%
La construction européenne	13%
Les problèmes écologiques	11%

En France, comme ailleurs,[d] on veut améliorer le problème du chômage. On devrait avoir de meilleures conditions d'emploi, bien sûr, mais surtout on devrait avoir plus d'emplois. Quand 10% de la population active et 23% des jeunes sont chômeurs, le manque d'emplois est une préoccupation nationale.

L'état a essayé d'améliorer cette situation, surtout pour les jeunes, par des TUC (**T**ravaux d'**u**tilité **c**ollective). Malgré cet effort, le taux de chômage continue à être très élevé parmi les jeunes.

---

[a] **Lutte** (*f.*) = la guerre, le conflit.
[b] **Sida** (*m.*) = *AIDS*.
[c] **Croissance** (*f.*) = le développement.
[d] **Ailleurs** = dans d'autres pays.

QUESTIONS:
1. Quels sont les 3 problèmes les plus importants à résoudre pour les Français?
2. Qu'est-ce que c'est que «les droits de l'homme»? «la formation professionelle»? Donnez un exemple de chacun de ces problèmes.
3. Dans quels sens est-ce que la solidarité entre Français peut être un problème? la construction européenné?
4. Quels sont les problèmes les plus importants pour les Américains actuellement? Et pour vous? 5. Quels problèmes dont les Américains s'occupent à l'heure actuelle ne sont pas trop mentionnés par les Français? (*Elicit*: **le pouvoir nucléaire, le logement, les drogues, la fin de la guerre froide,** etc.)

2. Emplois

- **Devoir** indique *une obligation* ou *une nécessité*.

  Je dois partir tout de suite; j'ai un cours dans cinq minutes.
  Vous devez finir cette lettre avant de partir, Mademoiselle.

- **Devoir** peut indiquer aussi *la probabilité*.

  Françoise n'est pas encore rentrée? **Elle doit** être très occupée au travail. (= Elle est probablement très occupée ...)
  Le rapport est déjà terminé? **Vous avez dû** y travailler hier soir.
  (= Vous avez probablement travaillé ...)

- **Devoir** peut représenter *une intention*.

  Nous devons aller chez Marie demain, mais nous ne savons pas si nous pouvons le faire. (C'est notre intention d'aller chez Marie demain, mais ...)

NOTEZ: Dans ce cas, seulement l'imparfait s'emploie pour le passé.

  Je devais partir hier, mais j'ai dû finir un projet au travail. (= J'avais l'intention de partir, mais j'étais obligée de finir un projet.)

- Au conditionnel, **devoir** indique qu'une action est *désirable* mais improbable.

  Je devrais étudier pour l'examen demain. (Je ne suis pas sûr d'étudier.)
  Nous devrions changer d'emploi; on est mieux payé ailleurs. (On n'est pas sûr de changer d'emploi.)

- **Devoir** est suivi d'*un infinitif* ou d'*un nom*. Quand il est suivi d'un nom, **devoir** indique une obligation financière ou morale.

  Je dois *200 dollars* à l'agence qui a préparé mon CV.
  Vous m'avez sauvée! **Je** vous **dois** *la vie*.

— Vous me devez 87 milliards de francs.
Désirez-vous continuer à jouer ?

L'interview

Il n'y a rien de plus terrifiant (nous y sommes tous passés) que la première interview pour le premier travail. D'où un véritable déluge de conseils dans les journaux et les magazines pour jeunes. Que devrait-on porter? Comment devrait-on réagir? Quel air devrait-on prendre? Quelles questions devrait-on poser? À quelles questions devrait-on répondre?

Voici douze des questions les plus fréquemment posées. Si c'était vous qu'on interviewait, sauriez-vous y répondre?

1. Que faites-vous de votre temps libre?
2. Comment avez-vous passé les dernières vacances?
3. En quelles matières étiez-vous le (la) meilleur(e) à l'université? Pourquoi?
4. Si vous pouviez recommencer votre éducation, qu'est-ce que vous feriez de différent? Pourquoi?
5. Aimez-vous le travail routinier?
6. Préférez-vous travailler seul(e) ou en équipe?
7. Quel type de patron voudriez-vous avoir?
8. Réfléchissez-vous longtemps avant de prendre une décision?
9. Êtes-vous patient(e) ou impatient(e)?
10. Finissez-vous toujours ce que vous commencez?
11. Quelle est votre meilleure qualité?
12. Quel est votre principal défaut?[a]

---

[a] **Défaut** (*m.*) ≠ qualité. **Un défaut** est un aspect négatif de votre personalité.

EXERCICES **M**

GOAL: present of **devoir**

Obligations.   Indiquez les obligations des personnes suivantes.

 mon père/aller au bureau le samedi
Mon père doit aller au bureau le samedi.   OU
Mon père ne doit pas aller au bureau le samedi.

1. le prof/porter un complet (un tailleur)
2. mes amis/écrire une composition
3. je/réussir à mes études
4. mon (ma) camarade et moi/partager une chambre
5. les étudiants/apprendre le vocabulaire
6. nous/faire des exercices

N **Excuses.**   Tout le monde a des excuses. Quelles sont les excuses des personnes suivantes?

GOAL: offering excuses

EXPANSION: Expliquez ce qu'on *devrait* faire, et puis ce qu'on *va* faire: **Je devrais étudier pour un examen, mais je vais sortir quand même.**

▶ Tu vas sortir ce soir? (étudier pour un examen)
    Mais non, je ne peux pas sortir ce soir; je dois étudier pour un examen.

1. Tes amis vont voyager en France en juin? (être ici pour leur travail)
2. Tu vas dîner avec nous? (partir tout de suite)
3. Nous allons déjeuner avec Marc dans une heure. (finir cette composition)
4. Marc va acheter une nouvelle voiture. (faire des économies)
5. Je vais aller à la plage. (chercher du travail)
6. Marc et moi nous allons partir en vacances en juin. (passer un examen)

O **Suggestions.**   Dans chaque situation, vous donnez une suggestion.

GOAL: making suggestions

▶ Je suis très fatigué(e). (Vous ...)
    Vous devriez dormir un peu.

1. Il y a un examen de vocabulaire demain. (Nous ...)
2. Marc a été renvoyé hier. (Il ...)
3. Je suis malade. (Vous ...)
4. Nous allons en Europe en juin. (Vous ...)
5. Mes amis n'ont jamais d'argent. (Ils ...)
6. Je voudrais bien parler français. (Tu ...)
7. Il n'y a rien à faire ce soir. (Nous ...)

P **Probabilité.**   Utilisez **devoir** pour imaginer la cause probable des situations suivantes.

GOAL: imagining probable causes

▶ Laura n'est pas venue à notre soirée.
Elle a dû oublier.   OU
Elle a dû tomber malade.

1. Marc a eu quatre copies du livre *Les Misérables* pour son anniversaire.
2. Jeanne regarde Christophe tendrement.
3. Les Bernard ont acheté une grande maison, une nouvelle voiture et un bateau.
4. Vous n'avez pas mangé de toute la journée!
5. Sophie fait toujours ses études, mais elle cherche un emploi à temps partiel.
6. Nathalie ne me parle plus.

Q Un ami veut savoir si ces personnes ont fait ce qu'elles devaient faire. Vous lui répondez selon le modèle.

GOAL: stating what was supposed to happen

▶ Es-tu allé(e) au cinéma hier soir? (André est venu me voir)
Je devais aller au cinéma, mais André est venu me voir.

1. Est-ce que Jean a eu son DEUG? (il a dû redoubler une année)
2. Est-ce que les étudiants ont appris le vocabulaire? (le prof a oublié de le leur demander)
3. As-tu terminé ta composition? (j'ai laissé un livre essentiel à la fac)
4. Est-ce que le prof a montré un film? (le magnétoscope était en panne)
5. Est-ce que toi et tes amis avez fait un pique-nique hier? (j'étais malade)
6. Est-ce que tes amis sont entrés dans l'université? (ils ont raté leur bac)

R **Dettes.**   Expliquez les dettes des personnes suivantes.

▶ les étudiants/10.000 dollars/à l'université
Les étudiants doivent 10.000 dollars à l'université chaque année.

GOAL: telling what people owe

1. je/une tasse de sucre/ma voisine
2. les étudiants/une composition écrite/le prof
3. vous/15 francs/votre ami
4. nous/du respect/nos parents
5. tu/200 francs/nous
6. Solange/une lettre/Thérèse

VOCABULAIRE

1. Mon travail

Au travail je prends beaucoup de décisions.
Je réfléchis à toutes les possibilités.
Je choisis la meilleure.

Quand le patron me donne un ordre, | **j'y obéis** tout de suite.
| **je** n'y **désobéis** jamais.

S'il y a un problème, je réfléchis avant d'**agir**.
Si on me critique, **je réagis bien**; j'ai une réaction positive.
Si je fais une erreur, **je rougis** parce que je suis embarrassé.
J'ai beaucoup d'ambition; je veux **réussir** dans tout aspect de mon travail.
Quand **je travaille dur**, je réussis bien.

Quelquefois j'oublie de manger; alors | **je maigris.**
| **je** ne **grossis** pas.

D'habitude je commence à travailler à 9 heures et **je finis de** travailler à 5 heures.
Quand mes enfants vont **grandir**, ils vont travailler comme moi.

PRONUNCIATION: Help students with the juxtaposition of vowels in **obéir** and **réussir**.

• Après les verbes **finir** et **choisir**, un infinitif est précédé de la préposition **de**. Après le verbe **réussir**, un infinitif est précédé de la préposition **à**.

As-tu fini **de** lire ce livre?
J'ai choisi **de** chercher du travail dans la publicité.
Après deux semaines Marc a réussi **à** trouver un job d'été. Quelle chance!

• On obéit **à** une personne ou **à** un ordre, une loi; **obéir** prend un objet indirect. On réussit **à** un examen, etc.

Pourquoi obéis-tu **à** ton patron? **Lui** obéis-tu parce que c'est nécessaire?
Janine a réussi **au** bac, mais Pierre n'**y** a pas réussi.

Voir **coûter cher**, p. 180 et **sentir bon**, p. 181.

• **Dur** est invariable dans l'expression **travailler dur** parce qu'il fonctionne comme un adverbe.

Marianne et Sylvie travaillent **dur**. (*adverbe*)
Mais: Ces petits pains sont trop **durs**; on ne peut pas les manger.
(*adjectif qui modifie **pains***)

EXERCICES **1**   Complétez les phrases avec un des verbes donnés.

(dés)obéir	grossir	réagir	maigrir	grandir
réussir	choisir	réfléchir	finir	rougir

1. Beaucoup d'étudiants de français élémentaire _____ de continuer le français.
2. Quand je passe un examen de français je _____ à toutes les questions.
3. Mes amis et moi _____ à tous nos examens.
4. _____-tu toujours tes devoirs de français?
5. Quand on dit quelque chose de bête en classe, on _____.
6. Mon petit frère _____ très vite; il est presque aussi grand que moi.
7. Pas de gâteau pour moi; je _____ quand je prends du dessert.
8. Ces enfants sont très mal élevés; ils _____ toujours à leurs parents.
9. Comment _____-vous quand on vous pose une question indiscrète?
10. Ma sœur mange très peu parce qu'elle veut _____.

2   Faites des phrases avec un élément de chaque colonne. Imaginez la fin de la phrase.

▶ *Les actrices célèbres réagissent mal quand le critique du journal les insulte.*

je		
nous		
les actrices célèbres	réfléchir	
mon (ma) camarade de chambre	rougir	
mes amis	finir	
on	choisir	quand ...
le Président	réagir	
tout le monde	réussir	
l'homme politique	agir	
les bonnes étudiantes		

2. Formation de mots

• Beaucoup de verbes en **-ir** sont comme les verbes en *-ish* en anglais. On peut remarquer cette similarité dans ces verbes:

finir	polir	fournir	punir
accomplir	établir	garnir	embellir

• Beaucoup de verbes en **-ir** sont formés sur des adjectifs, comme les verbes suivants.

ra**lent**ir	en**rich**ir	**jaun**ir	**maigr**ir
rougir	**brun**ir	**blanch**ir	ra**jeun**ir
grossir	**grand**ir	**noir**cir	**vieill**ir

EXERCICE | **3**   Complétez les phrases suivantes.

1. Ce salon n'est pas très beau. Je voudrais l'_____.
2. Cette lettre est si vieille! Le papier était blanc, mais le temps l'_____.
3. Quand nous allons à la plage, nous _____ sous le soleil.
4. Ces enfants sont si maigres! Ils mangent toujours, mais ils ne _____ jamais!
5. N'allez pas si vite! _____ un peu; j'ai peur.
6. Quand je suis avec les enfants, j'ai l'impression d'être encore jeune. Les enfants me _____.
7. Ne _____ pas vos mauvais étudiants. La punition n'est pas la meilleure solution.
8. Je n'ai pas le même âge aujourd'hui qu'hier. Chaque jour je _____.
9. Quand j'ai vu un grand serpent devant moi, je _____ de peur.

3. La vie d'un ouvrier

PRONUNCIATION: Remind students that **-yn-** & **-ym-** = [ɛ̃]. **Sy**ndicat, **sy**mpathique.

La vie (= l'existence) d'un ouvrier peut être difficile.

Beaucoup d'ouvriers travaillent dans **une usine** (où on fabrique des choses).

Souvent ils **font partie** (= sont des membres) **d'un syndicat** (une organisation pour les travailleurs).

Il faut payer les travailleurs un salaire horaire minimum, **le SMIC**.

Si on gagne le SMIC, on est **smicard(e)**.

Quelquefois on demande | **une augmentation**.
 | **une prime** (= un supplément de salaire).

Quand on gagne beaucoup d'argent, on peut **faire des économies** (= mettre de l'argent de côté).

Quand les ouvriers sont mécontents, ils **font la grève** (= ils refusent de travailler).

Un ouvrier qui ne veut pas travailler est **paresseux**.

Si un ouvrier est très paresseux, le patron va le **renvoyer**.

Si une entreprise est obligée de **fermer** ses portes, tous les ouvriers sont renvoyés.

Quand on ne peut pas trouver **de poste**, on est | **au chômage**.
 | **chômeur**
 | (**chômeuse**).

Quand on est trop âgé pour travailler, on **prend sa retraite**.

Quand on est **à la retraite**, on reçoit une pension de **la Sécurité sociale**.

• **Renvoyer** est conjugué comme **envoyer**. Il a un radical irrégulier au conditionnel: **renverr-**.

Si nous ne travaillions pas dur, **le patron** nous **renverrait**.
Est-ce qu'**on renvoit** quelquefois les patrons?

EXERCICES   **4**   **Organisations.**   Demandez à votre partenaire si les personnes suivantes font partie de ces groupes.

1. je/une troupe théâtrale
2. tes parents et toi/un groupe musical
3. les profs/un syndicat
4. tu/une organisation charitable
5. tes grands-parents/un club de bridge
6. ton (ta) meilleur(e) ami(e)/un syndicat
7. tu/une équipe sportive

5   **Le travail.**   Expliquez sous quelles conditions ces personnes accompliraient ces actions.

▶ on/réfléchir à son avenir
On réfléchirait à son avenir si on était un étudiant français.

1. je/prendre ma retraite
2. les patrons/renvoyer les employés
3. mes amis et moi/être au chômage
4. un cancre/travailler dur
5. les étudiants/faire la grève
6. nous/gagner beaucoup d'argent
7. les ouvriers/être paresseux

4. Les fractions

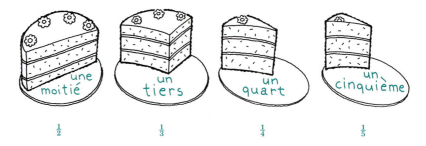

$\frac{1}{2}$ $\frac{1}{3}$ $\frac{1}{4}$ $\frac{1}{5}$

EXERCICE | **6**   **Combien?**   Soixante étudiants cherchent du travail à l'université. Expliquez quelle proportion de ces étudiants ont les capacités suivantes.

> ▶ Dix étudiants savent faire une dictée.
> *Un sixième des étudiants savent faire une dictée.*

1. Vingt étudiants peuvent travailler le week-end.
2. Quinze étudiants sont doués en maths.
3. Quarante étudiants écrivent bien l'anglais.
4. Vingt-quatre étudiants peuvent travailler vingt heures par semaine.
5. Trente étudiants parlent une autre langue.
6. Cinquante étudiants utilisent des ordinateurs.

5. Le monde du travail

> Je veux être **salariée**. Je préfère être payée une ou deux fois le mois; je ne veux pas être payée à l'heure.
>
> J'ai cherché du travail dans une grande **société** (= une entreprise).
>
> J'ai préparé mon **CV** (curriculum vitæ).
>
> **J'ai eu de la chance**; on m'**a embauchée** (= on m'a donné du travail).
>
> Maintenant je suis **cadre moyen** (*m.*) (= entre petite employée et patronne).
>
> Tous les cadres moyens **portent** un uniforme.
>
> Quelquefois on travaille **en équipe** (= en groupe).
>
> **Personne n'**est paresseux (= tout le monde travaille dur).
>
> Le travail **offre** (= donne) | beaucoup d'**avantages** (*m.*).
> | très peu d'**inconvénients** (*m.*).
>
> Ma société peut **ouvrir** (≠ fermer) des portes pour moi.
>
> Les opportunités ne **manquent** pas (= ne sont pas absentes).

POINT OUT: **Ouvert(e)** is often used as an adjective: **Voilà une fenêtre** *ouverte***!** Be sure students distinguish the feminine form.

1. Les verbes comme **ouvrir**

• **Ouvrir** et **offrir** ont un participe passé irrégulier: **ouvert, offert**. Au présent **ouvrir** et **offrir** se conjuguent comme des verbes en **-er**.

ouvrir			
j'	ouvre	nous	ouvr**ons**
tu	ouvr**es**	vous	ouvr**ez**
il/elle/on	ouvre	ils/elles	ouvr**ent**
PASSÉ COMPOSÉ: **j'ai ouvert**			

offrir			
j'	offre	nous	offr**ons**
tu	offr**es**	vous	offr**ez**
il/elle/on	offre	ils/elles	offr**ent**
PASSÉ COMPOSÉ: **j'ai offert**			

POINT OUT that **ouvrir**, **offrir**, and **découvrir** are conjugated like **-er** verbs in the imperative as well.

NOTEZ: Il n'y a pas de **-s** à la forme **tu** de l'impératif.

Ouvre la fenêtre, s'il te plaît.

• **Découvrir** est formé comme **ouvrir**.

On n'a pas découvert une cause du cancer.

2. Manquer

• Le verbe **manquer** a plusieurs significations qui ont en commun l'idée d'*absence*. **Manquer** peut avoir le sens de *être absent*.

Trente ouvriers **manquent** aujourd'hui; sont-ils tous malades?
Roger est désolé; il **a manqué** son interview.
Quand je suis à l'université, **je manque à** mes parents.

NOTEZ: Quand vous manquez à une personne, l'autre personne a le sentiment de votre absence. En français, la personne qui est absente est le sujet de la phrase; la personne qui a le sentiment d'absence est l'objet indirect.

Tu **me** manques beaucoup. (= **Je** suis malheureux parce que *tu* n'es pas là.)
Je **te** manque. (= **Tu** es malheureux.)

• Suivi de la préposition **de**, **manquer** a le sens de *ne pas avoir assez*.

Les étudiants **manquent** souvent d'argent.
Maintenant que je travaille, **je manque de** temps libre.

3. Personne

• **Personne** est la négation de **quelqu'un** ou la réponse négative à **qui ... ?**
Dans une phrase avec **personne**, le verbe est précédé de **ne**.

> — À *qui* parliez-vous?
> — Je **ne** parlais à **personne**.

> — Y a-t-il *quelqu'un* derrière la porte?
> — Mais non, il **n'**y a **personne** derrière la porte.

• Quand **personne** est le sujet du verbe, il est placé devant le verbe. **Ne** précède toujours le verbe.

> **Personne** ici **ne** fait partie du syndicat.

• Avec un verbe au passé composé, **personne** est après le participe passé.

> Le patron **n'**a embauché **personne** hier.

• Ne confondez pas **une personne** et **ne ... personne**; ce sont des *opposés*.

> — Voyez-vous *les trois personnes* avec Nicole?
> — Non, je **ne** vois **personne** avec elle.

NOTEZ: **Une personne** est féminine; **ne ... personne** est masculin.

> Trois *personnes* sont **absentes**.
> *Personne n'*est **absent**.

EXERCICES **7**

Qui? Répondez négativement aux questions suivantes.

1. Qui détestez-vous à votre travail?
2. Qui vous déteste?
3. Avec qui êtes-vous sorti(e) hier soir?
4. Qui a-t-on renvoyé à votre travail?
5. Qui dans votre famille est paresseux?
6. Qui voyez-vous dans tous vos cours?
7. Qui avez-vous reconnu le premier jour de classe?

8 Complétez les phrases suivantes avec la forme et le temps corrects des verbes **découvrir, offrir** ou **ouvrir**.

1. Marie et Pierre Curie _____ le radium.
2. Autrefois un homme poli _____ la porte pour une femme.
3. Maintenant une femme libérée _____ la porte toute seule.
4. Si c'était votre anniversaire, je vous _____ un cadeau.
5. Qu'est-ce que vous _____ à vos amis à Noël?
6. Est-ce que vous leur _____ quelque chose l'année dernière à Noël?
7. Si tu as chaud, _____ la fenêtre!
8. J'adorais les cadeaux quand j'étais petite; je les _____ très vite!
9. Si j'avais un DEUG, il _____ beaucoup de portes pour moi.
10. Si nous _____ une nouvelle source de pétrole, nous serions contents.

9 **Quelle chance!** Indiquez si ces gens ont de la chance.

1. La voiture de Monique est tombée en panne trois fois la semaine dernière.
2. Tes parents t'ont acheté une nouvelle voiture?
3. Toi et Odette, vous êtes au chômage?
4. Quelqu'un a pris tout mon argent.
5. Le prof ne va pas nous donner d'examen final.
6. Les étudiants américains peuvent gagner beaucoup d'argent en été.

10 **Travaillons!** Faites des phrases en employant un élément de chaque colonne; imaginez la fin de la phrase.

	gagner beaucoup d'argent	
un ouvrier	porter une cravate	
les salariés	embaucher beaucoup de gens	
un cadre	pouvoir travailler en équipe	quand ...
les femmes	offrir des avantages	
nous	avoir de la chance	
une grande société	devoir préparer un CV	
	devoir travailler dur	

11 **Manque d'amis.** Indiquez qui manque à qui.

▶ Je voudrais revoir mes amis en France. *Ils me manquent*.

1. Nicole n'a pas vu ses parents depuis trois ans. Elle me dit qu'_____.
2. Nous n'avons pas vu Robert depuis un mois. C'est terrible. _____.
3. Mes parents n'ont pas eu de lettre de mon frère depuis huit mois. Mes pauvres parents, _____.
4. Mes amis français ne m'ont pas vue depuis deux ans. Je suis sûre que _____.

5. «Écris-moi vite. _____.»

6. «Je pense à ma visite avec toi. Est-ce que _____?»

7. Mathieu veut avoir une lettre de nous. Je sais que _____.

6. Les abréviations

•   Les abréviations sont une catégorie importante de mots de la langue courante. Ces mots sont surtout entrés dans le langage des jeunes.

la pub	la publicité
la sécu	la Sécurité sociale
un appart'	un appartement
le labo	le laboratoire
un resto-u	un restaurant universitaire
écolo	écologique
les sciences po	les sciences politiques
les maths	les mathématiques
la philo	la philosophie
la fac	la faculté
le bac	le baccalauréat

EXPRESSION LIBRE

IMAGINONS

Dans chaque situation, posez de cinq à sept questions pour faire une interview. Votre partenaire va donner des réponses à vos questions.

1　Vous êtes mère (père) de famille et vous cherchez un(e) étudiant(e) au pair.[2] Vous voudriez surtout savoir si cette jeune personne réagirait bien aux situations qui arrivent régulièrement chez vous.

- Vos deux enfants (un garçon de 8 ans et une fille de 6 ans) refusent quelquefois de manger.
- Ils veulent souvent regarder deux émissions différentes à la télé en même temps.
- Ils ne veulent jamais aller au lit à une heure raisonnable.
- Ils détestent prendre leur douche.

2　Vous êtes le patron (la patronne) d'un restaurant et vous cherchez un serveur (une serveuse). Vous voudriez savoir si cette jeune personne réagirait bien dans les situations qui arrivent régulièrement au restaurant.

- Quelquefois les clients sont mécontents: ils n'aiment pas ce que vous avez apporté ou le service est trop lent. Il y a même des disputes.
- Quelquefois vous avez beaucoup de clients dans le restaurant et trop peu de serveurs.
- Et il y a toujours de petits accidents.

3　Vous êtes le patron (la patronne) d'une agence française de voyages. Vous cherchez un(e) guide touristique. Vous voudriez savoir si cette jeune personne réagirait bien dans les situations qui arrivent régulièrement. Vous arrangez des voyages surtout pour les étudiants américains.

- Ils ne comprennent pas toujours pourquoi les magasins ferment de 12 heures à 14 heures.
- Ils ne veulent pas toujours manger ce qu'on leur donne.
- Ils ne comprennent pas certaines choses dans leur chambre (bidet, traversin).
- Ils sont souvent mécontents de trouver la salle de bains au fond du corridor.
- Ils ont besoin de divertissements.

---

[2] **Au pair**: un jeune homme ou une jeune fille au pair habite avec une famille et garde les jeunes enfants. Quelquefois il (elle) fait aussi le ménage. En échange il (elle) a une chambre, tous les repas, et reçoit un petit salaire.

INTERVIEWS

Vous interviewez un(e) candidat(e) pour un emploi. Pour chaque situation posez cinq questions au candidat (à la candidate) et donnez une liste de cinq obligations de la position.

1. Vous êtes le directeur (la directrice) du personnel pour une grande université et vous cherchez un(e) secrétaire particulier (particulière).[3]
2. Vous êtes le directeur (la directrice) du personnel pour une grande université et vous cherchez un manager pour le restaurant universitaire.
3. Vous êtes le père (la mère) de quatre enfants (9 ans, 7 ans, 5 ans et 1 an) et vous cherchez un(e) baby-sitter pour vos enfants pendant que vous travaillez.
4. Vous êtes le (la) patron(ne) d'une boutique de vêtements chic et à la mode et vous cherchez un vendeur (une vendeuse).
5. Vous êtes le directeur (la directrice) d'une école élémentaire au Québec où on parle français et vous cherchez un moniteur (une monitrice) de sports.

DIALOGUES

Avec le partenaire que votre professeur vous donne, parlez d'un des sujets suivants. Employez les questions données seulement si vous avez besoin d'aide pour commencer la conversation ou pour la continuer. Vous n'êtes pas obligé(e) de poser toutes les questions données.

DIALOGUES: Set students in pairs where the partners are matched for linguistic ability. This exercise WILL NOT WORK well if very good students are paired with very poor ones. Allow at least 10 minutes.

1   Mon travail
Travaillez-vous d'habitude en été? Avez-vous travaillé cette année?
Quels sont les avantages et les inconvénients de votre travail (futur ou présent)?
Pourquoi est-ce que le travail est si important dans notre monde?
Si vous aviez beaucoup d'argent, voudriez-vous travailler?
Quel serait le travail idéal?
Racontez un incident mémorable arrivé au travail.

2   La tradition du travail dans votre famille
Quelles sont les professions «typiques» dans votre famille?
Quelles étaient les professions de vos grands-parents?
Quelle(s) profession(s) voudriez-vous exercer?
Voudriez-vous avoir une vie semblable à la vie de vos parents? Pourquoi (pas)?
Voudriez-vous avoir une vie différente de leur vie? Pourquoi (pas)?
Que devez-vous faire pour être différent(e) de vos parents?

3   Si je pouvais changer ma vie
Que voudriez-vous changer à votre vie?
Comment est-ce que votre vie serait différente si vous aviez plus d'argent?
Quel serait le travail idéal?
Que feriez-vous pendant les vacances?
Où habiteriez-vous?
Est-ce que la vie de votre famille serait différente?

---

[3] **Particulier (particulière)** = pour vous.

JOUONS

Discutez de la situation suivante dans un groupe de trois ou quatre personnes. Comparez vos résultats aux résultats des autres groupes.

Si vous alliez fonder une nouvelle colonie de dix personnes sur une nouvelle planète qui ressemble à la Terre, que feriez-vous? Vous pouvez parler des gens que vous choisiriez pour fonder cette colonie—de leur métier, de leur apparence physique, de leur personnalité. Vous pouvez parler aussi des choses nécessaires à emporter (vous avez une limite de 1.000 kg). Qu'est-ce que vous ne feriez pas? Et n'oubliez pas les divertissements, les activités. Bien entendu, il y a toujours la possibilité d'une comparaison avec la vie réelle.

COMPOSITION ORALE

Préparez une composition orale (dix phrases minimum) sur un des sujets suivants. Présentez votre composition orale à la classe ou dans votre groupe.

1   Si vous étiez un animal, quel animal seriez-vous? Vous pouvez parler de votre taille, de vos divertissements, de vos habitudes, de vos activités favorites, de votre habitation et de ce que vous n'aimeriez pas dans votre nouvelle vie.

2   Si vous aviez un million de dollars, que feriez-vous de votre argent? Vous pouvez parler de vos nouvelles activités, de vos habitudes, de vos nouvelles possessions et des changements probables dans votre vie, dans la vie de vos amis et dans la vie de votre famille.

3   Si vous pouviez être quelqu'un d'autre, qui seriez-vous? Vous pouvez parler de vos activités, de vos habitudes, de vos amis, de votre famille, de votre profession, de votre habitation, de votre emploi du temps dans votre nouvelle vie.

4   Mon (ma) meilleur(e) ami(e). Faites une description physique et morale de votre ami(e). Pourquoi est-il (elle) si unique? Racontez une expérience partagée de votre passé.

5   L'expérience la plus difficile de ma vie. Quelle était cette expérience? Pourquoi était-elle si difficile?

COMPOSITION ÉCRITE

Écrivez une composition d'une à deux pages sur un des sujets suivants.

1   Si vous pouviez refaire votre vie, que feriez-vous? Vous pouvez parler de votre éducation, de vos divertissements, de vos activités, de vos habitudes, de vos amis, de votre famille, etc. N'oubliez pas la possibilité d'une comparaison avec votre vie réelle.

2   Si vous étiez français(e), comment serait votre vie? Vous pouvez parler de votre éducation, de vos activités, de votre emploi du temps, de vos amis, de votre famille. Laissez parler votre imagination. N'oubliez pas la possibilité d'une comparaison entre cette vie française imaginaire et votre vie américaine.

3   Si vous étiez président de votre université, qu'est-ce que vous feriez? Vous pouvez parler de votre attitude envers le budget, les professeurs, les examens, les cours, les étudiants, les bâtiments, les sports, les résidences, les règlements, les diversions pour les étudiants et la nourriture des étudiants. N'oubliez pas la possibilité d'une comparaison avec votre université réelle.

Au jour le jour

▶ Tout le monde a une routine quotidienne. Jour après jour on se lève, on s'habille, on se dépêche, on s'amuse, on se repose, on se couche. Parlons de la routine de tous les jours.

Le présent des verbes pronominaux

Le matin **je me réveille** à 6 heures.

Je me lève à 6 heures 30.

Si je fais trop de bruit, je réveille ma camarade de chambre. **Elle se lève** aussi.

Elle se lave le visage après moi.

Nous nous habillons vite.

Nous mangeons avec des amies. **Elles se dépêchent** de partir à 7 heures 30.

EXPLICATION

Voir Vocabulaire 1, *Ma routine*, pp. 352–353.

FOLLOW-UP QUESTIONS: À quelle heure vous réveillez-vous? vous levez-vous? Est-ce que votre camarade de chambre se lève avant vous? Est-ce que vous vous habillez vite? Est-ce que vous vous dépêchez?

REMIND students that **nous** & **vous** function as subjects *or* objects. Be sure they understand that in the inverted form **vous levez-vous**?, the first **vous** is the object; the second is the subject.

1. Formes

se coucher			
je	**me** couche	nous	**nous** couchons
tu	**te** couches	vous	**vous** couchez
il/elle/on	**se** couche	ils/elles	**se** couchent

se lever			
je	**me** lève	nous	**nous** levons
tu	**te** lèves	vous	**vous** levez
il/elle/on	**se** lève	ils/elles	**se** lèvent

• Un verbe pronominal a *un pronom objet réfléchi*, un pronom objet qui représente la même personne que le sujet. Le pronom objet réfléchi peut être direct ou indirect.

• Les pronoms objets **me**, **te**, **nous** et **vous** ont un sens réfléchi quand ils représentent le sujet de la phrase; ils ont un sens non réfléchi quand ils représentent une personne autre que le sujet.

Je *me* vois dans le miroir. (*réfléchi*)
Mais: **Je** *vous* vois de loin. (*non réfléchi*)

Vous *vous* parlez souvent. (*réfléchi*)
Mais: **Vous** *me* parlez avant la classe. (*non réfléchi*)

NOTEZ le pronom **se** avec les personnes **il/elle/on** et **ils/elles**. Ce pronom aide à distinguer entre un pronom objet réfléchi à la troisième personne et un pronom objet direct ou indirect à la troisième personne.

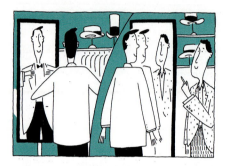

Charles regarde Charles. Il **se regarde**.
Mais: Charles regarde son ami. Il **le** regarde.

Charles parle à Charles. Il **se** parle.
Mais: Charles parle à son ami. Il **lui** parle.

2. Position du pronom réfléchi

• Le pronom réfléchi, comme tout autre pronom objet, *précède* le verbe.

Ils **s'**habillent vite.
Tu **te** couches à 8 heures du soir.

• Même à l'interrogatif et au négatif le pronom objet réfléchi précède le verbe.

Est-ce qu'il **se** dépêche?
Vous reposez-vous le week-end?
Je ne **me** lève jamais avant 6 heures.

3. Emplois des verbes pronominaux

• Beaucoup de verbes pronominaux ont un sens réfléchi. Souvent ces verbes ne sont pas réfléchis en anglais.

> **Je me lave** chaque jour.
> **Elle ne se couche pas** avant minuit.
> Pourquoi **vous rasez-vous** tous les jours?
> **Nous nous dépêchons** pour arriver en classe à l'heure.

• On peut employer le verbe pronominal au sens passif. Un verbe pronominal au sens passif est l'équivalent d'un verbe actif avec **on**. Regardez les exemples suivants.

> **Le français se parle** ici.   =   Ici *on parle français.*
> **Le pain s'achète** dans ce magasin.   =   *On achète du pain* dans ce magasin.
>
> **Ça ne se dit pas.**   =   *On ne dit pas ça.*
> **Ça se voit.**   =   *On voit ça.*

EXERCICES **A**

GOAL: present of reflexive verbs

En été. Indiquez ce que ces personnes font en été.

> ▶ je/s'intéresser aux sports
> *Je m'intéresse (ne m'intéresse pas) aux sports en été.*

1. mes amis/s'arrêter de travailler
2. je/se lever avant 8 heures
3. nous/s'intéresser aux devoirs
4. tout le monde/s'habiller de vêtements sportifs
5. je/se servir d'un ordinateur
6. mes amis et moi/se coucher tard
7. mon (ma) meilleur(e) ami(e)/se dépêcher souvent
8. mes parents/se reposer à la plage

B

GOAL: discussing daily routines (P)

Précisions. Créez des phrases qui décrivent votre vie et la vie de vos amis. Votre partenaire va demander des précisions selon le modèle.

> ▶ mon père/se réveiller de bonne heure
> — *Mon père se réveille (ne se réveille pas) de bonne heure.*
> — *À quelle heure se réveille-t-il?*
> — *Il se réveille à 8 heures et demie.*

1. ma mère/se lever avant moi
2. je/se dépêcher souvent
3. mon père et moi/se parler beaucoup
4. mes amis/se coucher avant minuit
5. ma mère et moi/se téléphoner quelquefois
6. je/se réveiller avant 6 heures
7. mon (ma) camarade de chambre/se lever après moi
8. mes amis et moi/s'écrire souvent

Qu'est-ce qu'il y a sur un billet de banque?

Un billet d'un dollar est de la même couleur et de la même taille[a] qu'un billet de dix dollars ou de cent dollars. Mais les billets français ne sont pas tous de la même taille et de la même couleur. Les billets de cent francs ne sont pas de la même couleur que les billets de cinq cents francs. Et ces derniers sont de taille plus grande. Plus la taille d'un billet est grande, plus grande est sa valeur. C'est pour cette raison que les portefeuilles français ont toujours des compartiments de tailles différentes.

Et qu'est-ce qu'il y a sur les billets? Comme chez nous, il y a des portraits d'hommes célèbres. Voici les billets les plus communs et les personnages qui s'y trouvent.

billet	personnage
20 F	Claude Debussy (1862–1918), compositeur du dix-neuvième siècle
50 F	Quentin de La Tour (1704–1788), peintre[b] du dix-huitième siècle
100 F	Eugène Delacroix (1798–1863), peintre romantique du dix-neuvième siècle
200 F	Montesquieu (1689–1755), écrivain et philosophe du dix-huitième siècle
500 F	Blaise Pascal (1623–1662), écrivain religieux, mathématicien, physicien et savant[c] du dix-septième siècle

[a] **Taille** (*f.*) = les dimensions; largeur et longueur.
[b] **Peintre** (*m.*) = artiste.
[c] **Savant** (*m.*) = scientifique; homme (femme) de science.

QUESTIONS:

1. Comment un billet de 20 francs est-il différent d'un billet de 100 francs? 2. De quelle couleur sont les billets? 3. Comment un portefeuille français est-il différent d'un portefeuille américain? 4. Qu'est-ce qu'il y a sur les billets français? 5. Y a-t-il des femmes sur les billets français? 6. Qui est sur un billet de 500 F? 7. Sur quel billet y a-t-il le portrait d'un musicien? 8. Sur quel billet y a-t-il le portrait d'un scientifique? 9. Si on regarde les billets de banque, quels personnages historiques semblent être les plus importants pour les Français? pour les Américains?

C

Remplacez chaque verbe à la forme **on** par un verbe pronominal. Regardez le modèle.

GOAL: passive use of reflexive verbs (I)

▶ On vend des autos chic dans cette agence.
Les autos chic se vendent dans cette agence.

1. On parle français au Canada.
2. C'est évident. On voit ça clairement.
3. On achète du pain dans une boulangerie.
4. Vous êtes fatigué après dix heures de travail. On comprend ça.
5. On ne fait pas ça chez nous.
6. On trouve le Vatican à Rome.
7. En France on ne dit jamais «bon matin».
8. On achète des fruits au marché du quartier.

D

Réciprocité. Indiquez la réciprocité des relations suivantes.

GOAL: expressing reciprocal actions

▶ Il aime ses parents; ses parents l'aiment.
Ils s'aiment.

1. Il comprend son enfant; son enfant le comprend.
2. En décembre je donne des cadeaux à mes parents; ils me donnent des cadeaux.

#3 & 5: Nous nous parlons;
Nous nous écrivons.

3. Tu parles à tes amis; ils te parlent.
4. Marie téléphone à Michèle; Michèle téléphone à Marie.
5. Tu écris à Renée; elle t'écrit.
6. J'apprécie Claire; elle m'apprécie.

E

Répondez aux questions suivantes par une phrase complète.

GOAL: comprehension & integration

1. À quelle heure vous réveillez-vous d'habitude? Et votre camarade de chambre?
2. Est-ce que vous vous levez immédiatement ou est-ce que vous restez au lit? Et en été?
3. Est-ce que vous vous dépêchez le matin? Et vos parents?
4. Est-ce que votre père se rase tous les jours? Que pensez-vous des hommes qui ne se rasent pas souvent pour avoir l'air macho?
5. Le matin est-ce que vous vous habillez vite ou lentement? Et quand vous avez un rendez-vous important?
6. À quoi vous intéressez-vous?
7. Est-ce que vous et vos amis vous moquez des mêmes choses?
8. Pourquoi se moque-t-on des autres? De quoi ou de qui vous moquez-vous?
9. Quand est-ce que vous vous reposez? Est-ce que vous vous reposez assez?
10. Quand se couche-t-on? Quand vous vous couchez trop tard, vous endormez-vous facilement?

2 Les autres temps des verbes pronominaux

— On me dit que ton amie **Aïssa s'est mariée** à la fin du mois dernier.
— Oui, Paulette et moi, nous étions ses demoiselles d'honneur; **nous nous sommes préparées** pour le mariage pendant deux mois.
— Il y avait longtemps que les fiancés **se connaissaient**?
— Non, pas vraiment. **Ils se sont connus** au mois d'août, **ils se sont fiancés** en novembre et **ils se sont mariés** en janvier.
— **Vous vous êtes acheté** des robes longues ou **vous vous êtes habillées** simplement?
— Tu te moques de moi? **Je me suis offert** une nouvelle robe, de nouvelles chaussures et un nouveau chapeau. Après tout, c'était ma meilleure amie **qui se mariait**.

EXPLICATION

FOLLOW-UP QUESTIONS:
Qui s'est marié? Quand est-ce qu'Aïssa et son mari se sont connus? se sont fiancés? se sont mariés?

Voir Vocabulaire 2, *Une histoire d'amour*, pp. 355–356.

Révisez la position du pronom objet au Chapitre 7, p. 170 et au Chapitre 11, pp. 281–282, 286.

• **Être** est toujours l'auxiliaire d'un verbe pronominal au passé composé.

Thérèse s'**est** couchée à 8 heures hier soir; elle était malade.
Nous nous **sommes** dépêchés pour arriver à l'heure.
Vous vous **êtes** réveillé à 7 heures ce matin.

• Quand le pronom réfléchi est *l'objet direct*, il y a accord entre le participe passé et le pronom objet. Quand le pronom réfléchi est *l'objet indirect*, il n'y a *pas accord* entre le participe passé et le pronom objet.

Ils **se** sont **vus** à la fête et ils **se** sont **parlé** pendant deux heures.
Elle s'est **levée** à 6 heures et elle s'est **lavé** les cheveux.

• À l'interrogatif, comme à l'affirmatif, le pronom objet réfléchi précède toujours le verbe.

Vous êtes-vous amusée hier soir?
S'est-elle déjà mariée?
Est-ce que tu **t'**es souvent fâchée?

• L'imparfait et le conditionnel d'un verbe pronominal se forment de façon régulière.

Si **tu te moquais** de tes amis, **ils se fâcheraient**.
Si j'avais le temps, **je m'occuperais** des billets.
Nous nous amusions souvent à la plage quand j'étais petite.

• Sans contexte, le pronom employé avec l'infinitif d'un verbe pronominal est **se**: **se lever**, **se dépêcher**, **se coucher**. Dans un contexte, le pronom objet de l'infinitif change avec le sujet.

> *Je* ne veux pas **me** réveiller de bonne heure.
> *Nous* n'allons pas **nous** coucher tout de suite.

• L'impératif d'un verbe pronominal = le présent *sans* le pronom sujet. N'oubliez pas d'éliminer le **-s** final d'un verbe en **-er** à la forme **tu**.

présent		**impératif**
~~tu~~ ne te dépêches pas	→	ne te dépêche pas!
~~nous~~ ne nous levons pas	→	ne nous levons pas!
~~vous~~ ne vous réveillez pas	→	ne vous réveillez pas!

• À l'impératif affirmatif le pronom est *après* le verbe. Après le verbe, **te** → **toi**.

> Dépêche-**toi**!
> Levons-**nous** tout de suite!
> Réveillez-**vous**; c'est l'heure de partir.

OPTIONAL: The imperative of **s'en aller** = **va-t'en, allons-nous-en, allez-vous-en**.

EXERCICES | **F**

GOAL: describing yesterday's activities

Hier.   Hier n'était pas un jour comme les autres pour Paulette. Voilà comment les choses sont d'habitude. Comment étaient-elles hier?

> ▶ D'habitude je m'habille en dix minutes. (trente minutes)
> *Hier je me suis habillé(e) en trente minutes.*

1. D'habitude mon amie se lève à 7 heures. (9 heures 45)
2. D'habitude je me lave les cheveux le matin. (le soir)
3. D'habitude mes amis se dépêchent pour aller au cours de maths. (à tous leurs cours)
4. D'habitude nous nous couchons à la même heure. (à des heures différentes)
5. D'habitude je m'endors vite. (lentement)
6. D'habitude on se repose pendant deux heures avant de se coucher. (dix minutes)
7. D'habitude nos voisins se réveillent à 7 heures 30. (8 heures)

G

GOAL: asking questions and giving orders

Note that agreement will occur only in # 1, 2, 4, 8. To verify that students understand when and when not to make agreement, have them write answers on the board.

Fais vite!   Vous essayez d'aider la petite Colette à faire ce qu'il faut avant d'aller à l'école. Mais elle ne se dépêche pas. Qu'est-ce que vous lui dites?

> ▶ se réveiller
> *Tu ne t'es pas encore réveillée?! Réveille-toi tout de suite!*

1. se lever
2. s'habiller
3. se brosser les cheveux
4. se peigner
5. se laver la figure
6. se brosser les dents
7. se laver les mains
8. se dépêcher

QUESTIONS:
1. Décrivez le Minitel.
2. Doit-on payer tous les services du Minitel?
3. Quels services sont gratuits?   4. Quels autres services offre-t-il?   5. Qu'est-ce que c'est que la messagerie?   6. Quel danger y a-t-il avec le Minitel?
7. Pouvez-vous déchiffrer les messages donnés?   8. Comment peut-on obtenir un Minitel?   9. Le Minitel est-il bon marché? Expliquez.
10. Le Minitel a-t-il fait du bien à la France?

''Translate'' messages for students: «**Vous êtes trop occupé(e)? Tu veux quoi? Bonjour, qu'est-ce que tu fais? Qu'est-ce que tu veux dire? À demain. O.K. J'y vais.**»

Le Minitel

Qu'est-ce que c'est qu'un Minitel? C'est un appareil français moitié téléphone, moitié ordinateur qui vous permet de communiquer avec d'autres Minitels ou d'avoir accès aux plus de douze mille services qui sont à votre disposition.

Certains renseignements sont disponibles pour tous, gratuitement—comme l'annuaire de Paris. Pour d'autres, il faut payer à la minute. Sur un Minitel on peut trouver de tout: avis sur les chiens, les vêtements, les voyages, la météo. Si on n'a pas le temps de faire le marché, on peut toujours passer une commande à la boucherie par Minitel! Il y a même une messagerie où on peut envoyer des messages à d'autres Minitélistes.

Pour les uns, la messagerie est la diversion d'un soir; pour les autres c'est une obsession qui peut coûter cher. Sur la messagerie il faut payer à la minute. Alors, plus le message est court, moins il coûte. D'où un style tout en abréviations et en lettres prononcées. Pouvez-vous déchiffrer ces messages? vu7 tro oqp?/tu ve koi?/bjr kske tu fé/ks tu ve dir?/A 2mains/OK JV. Pouvez-vous écrire d'autres messages?

Et comment obtenir un Minitel? C'est facile. La poste en a d'abord distribué gratuitement à un certain nombre d'abonnés; ils sont encore gratuits, mais on doit s'adresser à un bureau spécial pour en demander un. Mais attention! Si on l'emploie beaucoup, la note de téléphone peut être très élevée!

Cela n'a pas découragé les Français. Après dix ans il y a dix millions de Minitels en France. Le Minitel n'a pas fait de mal à l'économie française non plus. Son usage a créé plus de dix mille emplois.

H Employez un mot de chaque colonne pour poser des questions à votre partenaire.

▶ — *Est-ce que les étudiants aiment s'amuser?*
   — *Ils aiment (n'aiment pas) s'amuser.*

		se regarder dans un miroir
tu		se reposer
une actrice célèbre	vouloir	se coucher tard
toi et tes amis	devoir	se réveiller tôt
les enfants	aimer	se disputer
les étudiants	détester	se dépêcher
nous		s'amuser
		s'habiller de façon bizarre
		se moquer des autres

GOAL: comprehension & integration

En famille. Répondez aux questions suivantes par une phrase complète.

1. À quel âge pouviez-vous vous coucher quand vous le vouliez? Avez-vous quelquefois passé toute une nuit sans vous coucher?
2. Vous occupez-vous de vos petits frères et petites sœurs? De qui vous occupiez-vous quand vous étiez au lycée?
3. De qui vous occuperiez-vous si vous étiez père (mère) de famille? Quand vous reposeriez-vous?
4. À quel âge devrait-on se marier? Pourquoi?
5. Avez-vous des amis qui sont déjà mariés? À quel âge se sont-ils mariés?
6. Est-ce que vous vous marieriez avec quelqu'un qui ne s'intéresserait pas aux mêmes choses que vous?
7. Vos amis au lycée se sont-ils toujours intéressés à ce que vous faisiez?
8. Si vous vous fâchiez contre un ami, que feriez-vous?
9. Vos amis se sont-ils souvent fâchés contre vous?

3 Le pronom en

Voir Vocabulaire 3 et 4,
Je fais les courses et *Formation de mots*, pp. 358–359.

— C'était un excellent dîner!
— *Du* café?
— Oui. J'**en** prends toujours après le dîner.
— *De la* crème?
— Merci. Je n'**en** prends jamais.
— Tu as peur *du* cholestérol?
— Mais oui, j'**en** ai peur.
— Alors tu ne prends pas de Petits Beurres?
— Mais si. Je les aime énormément.
— Tu veux *un* biscuit alors?
— J'**en** prends deux, merci.

EXPLICATION

FOLLOW-UP QUESTIONS:
Prenez-vous du café après le dîner? le matin? Prenez-vous de la crème avec le café? du sucre? Avez-vous peur du cholestérol?

• **En** remplace **de** (+ article défini) + nom.

> Mon père boit *du vin*, mais ma mère n'**en** boit pas.
> Ma mère a peur *des insectes*, mais je n'**en** ai pas peur.
> Je n'ai pas beaucoup *d'argent*, mais mon amie **en** a **beaucoup**.

• **En** représente un objet direct précédé d'*une expression de quantité*. Dans ce cas, on garde l'expression de quantité après le verbe.

> Il a *trois sœurs*.　　　→ Il **en** a **trois**.
> Nous buvons *un litre de lait*.　→ Nous **en** buvons **un litre**.
> J'ai *assez d'argent*.　　→ J'**en** ai **assez**.

NOTEZ que beaucoup d'expressions de quantité emploient **de**. Mais **en** remplace même les expressions de quantité qui n'emploient pas **de**.

> Nathalie n'a pas *plusieurs* frères, mais Anne **en** a **plusieurs**.
> Pendant les vacances Solange a lu *neuf* livres, mais j'**en** ai lu **dix**.

NOTEZ: L'article indéfini **un(e)** est aussi un nombre. **En** peut représenter un objet précédé de **un(e)**.

> Il n'a pas trois sœurs. Il **en** a **une**.
> Je ne vais pas acheter tous ces pull-overs, mais j'**en** veux **un**.

• Comme tout pronom objet, **en** est placé devant le verbe, excepté à l'impératif affirmatif.

> J'**en** bois beaucoup.
> *Mais*: Bois-**en** un peu!

• Quand il y a plus d'un pronom objet, **en** est toujours le dernier.

Il **m'en** donne.
Je **lui en** ai offert.
Il n'**y en** a pas beaucoup.

EXERCICES | **J**

GOAL: offering & accepting (P)

À table!   Vous dînez chez un ami. Il vous offre une variété d'aliments et de boissons que vous acceptez ou refusez selon vos goûts.

▶ poulet
— *Du poulet?*
— *Mais oui, j'en prends (beaucoup, un peu).*   OU
— *Merci, je n'en veux pas.*

1. crudités   6. salade
2. bœuf   7. pain
3. carottes   8. fromage
4. jus   9. glace
5. petits pois   10. café

K

GOAL: stating quantities

Combien?   Posez des questions à votre partenaire selon le modèle.

▶ amis
— *Combien d'amis as-tu?*
— *J'en ai beaucoup.*

1. énergie   4. sœurs
2. voitures   5. patience
3. frères   6. imagination

L

GOAL: **en** with **il y a**

Jour de marché.   Votre camarade de chambre veut savoir si vous avez encore les provisions suivantes ou s'il faut les acheter au marché.

▶ café
— *Y a-t-il encore du café?*
— *Oui, il y en a encore (beaucoup, assez).*

1. eau minérale
2. œufs
3. lait
4. beurre
5. laitue
6. pain
7. confiture
8. viande
9. vin
10. spaghetti (*pl.*)

Faire le marché

Du pain? On en trouve à la boulangerie. Des gâteaux? On en achète à la pâtisserie. De la glace, pour accompagner le gâteau? Allez à la crémerie. Du poulet? On en trouve à la boucherie; mais du porc, on en achète à la charcuterie tandis que c'est à la poissonnerie qu'il faut acheter du poisson. Et des fruits et des légumes? Cherchez-en à l'épicerie.

Traditionnellement en France, les marchands ou les commerçants sont spécialisés. Au lieu d'offrir tous les produits alimentaires, ils en offrent seulement certains. On est marchand de pain ou de produits laitiers ou de viande. Pour acheter les provisions nécessaires pour un dîner, on doit aller chez plusieurs marchands différents. Autrefois une femme faisait le marché chaque jour chez les marchands du quartier.

Pour faire son marché, on peut aussi aller au marché en plein air. Dans chaque quartier de Paris, dans chaque petit coin de province, il y a un ou plusieurs jours de marché chaque semaine et les marchands sont au marché, dans la rue ou sur une place publique, à offrir leurs produits.

Pourquoi aller au marché au lieu d'aller chez les commerçants du quartier? D'abord parce qu'on peut y trouver une plus grande variété de produits frais. Beaucoup de marchands concurrents étalent[a] leur marchandise et on peut comparer les prix avant d'acheter. Une autre raison, c'est que le marché est très coloré. Quelquefois, pour attirer des clients, un(e) marchand(e) va crier sa marchandise. «En voulez-vous, de ces belles poires, Madame? Regardez-les, comme elles sont fraîches!»

Et puis on peut y trouver des choses bon marché. Quelquefois on écrit les prix sur une ardoise[b] qui est fixée au-dessus de la marchandise. Avec cette ardoise, on peut facilement changer le prix des produits pendant la journée. Pourquoi voudrait-on en changer le prix? Tout simplement parce que la valeur des produits change pendant la journée. Les légumes qui coûtent 10 francs le kilo au début de la journée quand ils sont frais peuvent coûter seulement 8 francs le kilo à midi, après quatre heures au soleil, et 5 francs le kilo à 4 heures de l'après-midi. Et enfin, on peut toujours marchander au marché. «Quoi? 8 francs pour ces tomates? Mais elles ne sont pas très belles. Regardez leur couleur. Je vous en donne 6 francs.»

---

[a] **Étalent** = présentent.
[b] **Ardoise** (*f.*) = un petit tableau noir.

QUESTIONS:
1. Où achète-t-on du bœuf?
2. Où trouve-t-on du porc?
3. Où trouve-t-on du fromage? 4. Où trouve-t-on du pain? 5. Qu'est-ce que c'est qu'un marché en plein air? 6. Pourquoi est-ce que le marché en plein air est commode? 7. Pourquoi est-il intéressant? bon marché? 8. Pourquoi les prix changent-ils au marché pendant la journée?
9. Préférez-vous faire le marché une fois par semaine ou tous les jours?
10. Où feriez-vous le marché si vous étiez en France? Pourquoi?

Et puis il y a des Français qui font leur marché une fois par semaine à un des nombreux supermarchés ou hypermarchés de style américain qu'on a bâtis depuis les années 60. On y trouve tout ce qu'on veut et on n'a pas besoin d'aller à plusieurs magasins différents ni de faire le marché plus d'une fois par semaine. Pourquoi faire le marché ainsi, à l'américaine? C'est une économie de temps et d'énergie et maintenant que, dans un grand nombre de familles, mari et femme ont une carrière, de telles[c] économies sont essentielles. Et pourquoi ne faisait-on pas le marché ainsi il y a quarante ans?[d] Non seulement moins de femmes travaillaient en ce temps-là, mais aussi elles avaient moins de grands réfrigérateurs.

---

[c] **Tel (telle)** = cette sorte de.
[d] **Il y a quarante ans** = quarante ans avant.

Faisons connaissance!   Répondez aux questions suivantes par une phrase complète.

GOAL: comprehension & integration

1. Combien d'enfants vos parents ont-ils?
2. Votre père regarde-t-il le journal télévisé chaque soir? Préfère-t-il lire des magazines?
3. Quand vos parents vous offrent-ils des cadeaux? Est-ce qu'ils vous ont donné des cadeaux pour votre anniversaire?
4. Parlez-vous à vos parents quand vous avez besoin d'argent? Et quand vous étiez au lycée?
5. Parlez-vous de vos problèmes à vos amis? à votre mère?
6. Avez-vous peur des ordinateurs? Allez-vous vous servir d'un ordinateur dans votre futur emploi?
7. Avez-vous envie d'un ordinateur? Faut-il comprendre les ordinateurs pour réussir dans le monde d'aujourd'hui?
8. Faut-il de l'imagination pour écrire un livre? Avez-vous de l'imagination?
9. Les étudiants manquent-ils de temps libre? Avez-vous assez de temps libre?
10. Pourquoi a-t-on besoin d'argent? Avez-vous beaucoup d'argent?

4 ▽ L'impératif irrégulier

N'**ayez** pas peur! Il n'est pas méchant.   Alors, tout le monde! **Soyons** calmes!

EXPLICATION

• L'impératif est la forme du verbe qu'on emploie pour donner un ordre.

Ne mange pas ces bonbons!
Partons tout de suite.

Voir Vocabulaire 5, *De la pluie et du beau temps*, pp. 360–361.

Révisez la présentation de l'impératif aux pp. 348–349 et au Chapitre 4, pp. 85–86.

• Les verbes **être**, **avoir**, **savoir** et **vouloir** ont un impératif irrégulier.

être	avoir	savoir	vouloir
sois	aie	sache	————
soyons	ayons	sachons	veuillons
soyez	ayez	sachez	veuillez

> **Ayons** de la patience! Tout va s'arranger.
> **Sachez** vous reposer!
> **Sois** sage!

• L'impératif du verbe **vouloir** s'emploie seulement dans la langue élégante et cérémonieuse. Suivi d'un infinitif, **veuillez** est synonyme de **s'il vous plaît** et s'emploie dans un style très officiel ou dans des formules de politesse comme les fins de lettre.

Veuillez entrer, Monsieur.

EXERCICES   N

GOAL: giving orders

Vous êtes instituteur (institutrice). C'est le premier jour d'école et vous expliquez les règlements de la classe à vos élèves.

▶ être sympathiques
Soyez sympathiques!

1. être à l'heure
2. avoir de la patience
3. être polis
4. savoir m'obéir
5. être attentifs
6. avoir vos livres ouverts
7. savoir bien écouter

O L'ambassadeur sénégalais arrive chez vous. (Il veut savoir comment vivent les étudiants américains.) Votre camarade veut être hospitalier (hospitalière), mais il (elle) est très abrupt(e). Répétez ses offres dans un style plus poli.

GOAL: using the polite imperative

▶ Prenez quelque chose à manger!
Veuillez prendre quelque chose à manger.

1. Entrez!
2. Buvez quelque chose!
3. Prenez un siège!
4. Reposez-vous!

P Faites deux ou trois suggestions appropriées à chaque situation.

▶ Nous allons à une fête.
Buvons quelque chose! Prenons du caviar!

GOAL: making suggestions

1. Nous sommes chez le professeur.
2. Il y a un examen de vocabulaire dans notre cours de français demain.
3. Un ami veut organiser une fête à l'université.
4. Nous ne comprenons pas le passé composé et l'imparfait.
5. Vos amis veulent aller au cinéma et vous n'avez pas d'argent.
6. Vos amis parlent en classe pendant que le professeur parle.
7. Nous voulons décider où nous allons passer nos prochaines vacances.
8. Nous allons prendre une décision importante.
9. Votre enfant va à l'école pour la première fois.
10. Un ami n'a pas fait ses devoirs et c'est l'heure du dîner.
11. La météo a dit qu'il pleuvrait.
12. C'est le week-end et il fait du soleil.

Début et fin d'une lettre

Comment doit-on commencer et terminer une lettre en français? La réponse à cette question dépend beaucoup de la relation entre l'auteur et le (la) destinataire de la lettre. On doit employer un début et une fin de lettre qui correspondent au degré d'intimité, de respect et d'affection que l'auteur ressent pour le (la) destinataire.

On ne doit pas être trop cérémonieux avec un ami parce que trop de distance constituerait un faux pas. On ne doit absolument pas être trop familier avec une connaissance ou dans une lettre d'affaires parce qu'être trop familier serait un faux pas aussi. Voilà quelques possibilités:

relation	début	fin
distante	Monsieur (Madame)	Veuillez agréer, Monsieur, l'expression de mes sentiments distingués.
connaissance	Cher Monsieur (Chère Madame)	Salutations distinguées (Bien) cordialement
familière	Cher Robert (Chère Lucie)	Amitiés Amicalement
très familière	Mon cher Robert (Ma chère Lucie) Chéri(e)	À vous (À toi) Grosses bises Je vous embrasse (Je t'embrasse)

En français on n'emploie jamais le nom de famille au début d'une lettre. On écrit (**Cher**) **Monsieur** ou (**Chère**) **Madame**.

cher Pierre,
Tout va bien ici à
Nice. J'adore la plage!
Mais n'aie pas peur!
Je rentrerai à Paris
la semaine prochaine.

            Amitiés.

            Florence.

Pierre Baron
57, rue de la
Pompe
75016 Paris.

La promenade à Nice.

VOCABULAIRE

1. Ma routine

Voici ma routine **quotidienne** (= de tous les jours).

Chaque matin | **je me réveille de bonne heure** (à 6 heures ou même à 5 heures).
je me lève tout de suite; je ne reste pas au lit.

Je **fais ma toilette**.

Dans la salle de bains | **je me lave** | **les cheveux** avec du **shampooing**.
la figure (= le visage) avec **du savon**.

je me brosse les dents avec **du dentifrice** et **une brosse à dents**.
je me peigne avec **un peigne**.
je me rase avec **un rasoir** électrique.

Avant de manger je me lave **les mains**.
Je prends mon petit déjeuner et je prends des vitamines.
Mon ami **se moque des** vitamines, mais je pense que la vitamine C peut aider à combattre des maladies.
Je m'habille de vêtements confortables et je sors.
Si je suis en retard, **je me dépêche**.
Pour mon travail, **je me sers d'**un ordinateur (= j'emploie un ordinateur).
Je m'intéresse à mon travail (= je le trouve intéressant).
D'habitude **je m'arrête de** travailler avant 6 heures (= je finis de travailler).
Je m'en vais (= je pars) après 5 heures et je rentre.
Le soir, à la fin de la journée, **je me déshabille**.
À 11 heures **je me couche** (= je vais au lit), et **je me repose**.
Je lis et je regarde la télé.
Quand **j'ai sommeil, je m'endors**.

• Quand **se dépêcher** et **s'arrêter** sont suivis d'un infinitif, l'infinitif est précédé de la préposition **de**.

Elle se dépêche **de** finir à l'heure.
Je suis un peu nerveux; je m'arrête **de** fumer.

Note that while most verbs can be used reflexively or nonreflexively, **s'intéresser à**, **se moquer de**, and **s'en aller** are used reflexively only. Note the change in meaning between **servir** and **se servir de**.

- **Se moquer de** = ridiculiser. **Se servir de** = employer.

  On se moque de ce qu'on ne connaît pas.
  Te sers-tu de ce grand sac? Sinon, j'aimerais le porter.

- On *se* lave **les** cheveux, **la** figure, **les** mains, **les** dents, etc. L'adjectif possessif ne s'emploie pas avec les parties du corps objets d'un verbe pronominal. Le sens de la possession est indiqué par le pronom réfléchi.

  Lave-toi **les mains**; on déjeune tout de suite.
  Je me brosse **les dents** avant de prendre le petit déjeuner.

Révisez les changements orthographiques dans les verbes comme **acheter**, Chapitre 5, pp. 109–110.

- Notez le changement d'accent et de prononciation au présent de **se lever**: **je me l*è*ve**, **nous nous l*e*vons**.

Il **se lève** le matin. Vous **vous levez** à la fin du cours.

PRONUNCIATION: Point out the final [j] sound in **sommeil, réveille, (dés)habille**. Have students name other words ending in the [j] sound (**fille, travail, portefeuille,** etc.).

- Dans l'expression **avoir sommeil**, **sommeil** est un nom *invariable*.

  Nous n'avons pas **sommeil**, mais Caroline a **sommeil**; elle voudrait s'endormir.

EXERCICES **1**

La routine. Demandez à votre partenaire quand ces personnes font les actions suivantes.

1. tu/se lever
2. on/se laver les mains
3. ton (ta) camarade et toi/se dépêcher
4. les étudiants/se laver les cheveux
5. tes voisins/se coucher
6. tu/s'endormir

2   **D'habitude.**   Qu'est-ce que ces personnes font dans les cas suivants?

1. je/quand j'ai sommeil
2. mes amis/quand ils ont assez mangé
3. mon père/avant de se raser la figure
4. on/quand on est malade
5. je/quand je suis fatigué(e)
6. tout le monde/avant de prendre un bain
7. je/quand mes cheveux sont en désordre
8. on/avant un rendez-vous important

POSSIBLE ANSWERS: (1) Je m'endors (2) Ils s'arrêtent de manger (3) Il se lave la figure (4) On se couche (5) Je me repose (6) Tout le monde se déshabille (7) Je me peigne (8) On s'habille.

3   **Emplois.**   De quoi est-ce que ces personnes se servent dans les cas suivants?

▶ les étudiants/quand ils étudient à la maison
Ils se servent du livre **En avant!**

1. mes amis/quand ils achètent quelque chose
2. je/quand je mange un sandwich
3. mes amis et moi/quand nous allons en ville
4. mon (ma) camarade/quand il (elle) écrit une composition
5. je/quand je fais ma toilette

4   **Pour rire.**   Demandez à votre partenaire si ces personnes se moquent des choses ou des personnes suivantes.

1. tu/la musique que tes parents aiment
2. ton (ta) camarade de chambre/la musique country
3. je/le prof
4. toi et tes amis/les vieux films
5. nous/les autres étudiants
6. les Américains/les hommes politiques

2. Une histoire d'amour

| Dans notre histoire **il s'agit d'** | un jeune homme qui **s'appelle** Michael. |
| | une jeune fille qui s'appelle Carmen. |

Michael et Carmen	**se sont rencontrés.**
	sont sortis ensemble; **ils se sont amusés.**
	se sont embrassés.
	se sont aimés.
	se sont fiancés.
	se sont mariés.

Dix ans après **ils se trouvent** en Californie avec six enfants.
Michael et Carmen **s'occupent de** leurs carrières.

| Quelquefois | **ils se fâchent** (ils sont furieux l'un avec l'autre). |
| | **ils se disputent.** |

Puis **ils se réconcilient.**
Ils **se rappellent** le jour où ils se sont connus.

- Il y a un changement d'orthographe et de prononciation au présent du verbe **s'appeler**.

s'appeler			
je	m' **appelle**	nous	nous **appelons**
tu	t' **appelles**	vous	vous **appelez**
il/elle/on	s' **appelle**	ils/elles	s' **appellent**

PASSÉ COMPOSÉ: je **me suis appelé(e)**

- Le verbe **se rappeler** est conjugué comme **s'appeler**. **Se rappeler** signifie le contraire d'**oublier**. Il peut prendre un objet direct.

  Je me rappelle *mon premier rendez-vous*. J'avais seulement 13 ans.
  Je me rappelle maintenant! J'ai donné les clés à Christian.

POINT OUT: **S'amuser** = *to have a good time*. Watch out for misuse of *avoir un bon temps*.

- **S'amuser** est suivi par **à** + infinitif ou nom.

  Michael **s'amuse à** *la balle*; il **s'amuse à** *jouer à la balle*.

- **S'occuper de** = être préoccupé par, être responsable de; il est suivi par **de** devant un infinitif ou un objet.

> Carmen **s'occupe de** sa carrière.
> Michael **s'occupe de** réparer la voiture.

- **Il s'agit de** est une expression impersonnelle; **il** est toujours le sujet. Pour préciser le sens de l'expression, on ajoute une phrase prépositionnelle.

> Dans *Les Compères*, **il s'agit d'**un garçon qui a trois pères.
> Dans *Le Retour de Martin Guerre*, **il s'agit d'**un homme qui prend la place d'un autre.

NOTEZ les autres formes de l'expression **il s'agit de**:

s'agir (de)			
présent:	il **s'agit**	*imparfait:*	il **s'agissait**
passé composé:	il **s'est agi**	*conditionnel:*	il **s'agirait**

EXERCICES   **5**

Je m'y intéresse.   Demandez à votre partenaire si ces personnes se sont toujours intéressées aux choses suivantes.

EXPANSION: Demandez à votre partenaire si ces personnes s'intéressaient à ces choses au lycée.

▶ tu/français
  — *T'es-tu toujours intéressé(e) au français?*
  — *Je m'y suis (je ne m'y suis pas) toujours intéressé(e).*

1. les jeunes/musique
2. tu/argent
3. nous/devoirs
4. ton (ta) camarade de chambre/vêtements
5. tu/cinéma

6   **Mémoire.**   Déterminez ce que votre partenaire se rappelle d'habitude et ce qu'il oublie.

▶ les numéros de téléphone
  — *Te rappelles-tu d'habitude les numéros de téléphone?*
  — *Oui, je me les rappelle d'habitude.*   OU
  — *Non, je ne me les rappelle pas.*

1. les noms
2. ton adresse
3. ton numéro de téléphone
4. les dates historiques
5. l'anniversaire de ta mère
6. la date d'aujourd'hui

7 **Occupations.**   Indiquez si ces personnes s'occupent des choses suivantes.

1. tu/la politique universitaire
2. le Président/le budget
3. tes voisins/tes affaires
4. nous/la pollution
5. tout le monde/l'argent
6. toi et tes amis/la politique nationale

EXPANSION: Demandez à votre partenaire si ces personnes s'occuperaient de ces choses si elles avaient plus de temps.

8 **Michael et Carmen.**   Indiquez dans chaque cas quelle action a précédé l'autre.

▶ se rencontrer, se dire bonjour
   Ils se sont rencontrés et puis ils se sont dit bonjour.

1. se marier, se fiancer
2. se rencontrer, s'embrasser
3. s'amuser, sortir
4. avoir six enfants, se marier
5. sortir, se fiancer
6. s'occuper des enfants, se marier
7. se réconcilier, se fâcher
8. s'embrasser, se réconcilier

3. Je fais les courses

Ce matin je dois faire les courses chez les **commerçants** du quartier.

J'achète
| du bœuf à **la boucherie**.
| du porc à **la charcuterie**.
| du pain à **la boulangerie**.
| des gâteaux à **la pâtisserie**.
| **des provisions** | à l'**épicerie**.
| | **au supermarché**.
| des livres à **la librairie**.
| du shampooing **au drug-store**.

Je vais dans un grand magasin acheter une robe; elle est **en solde** (je vais payer moins que le prix ordinaire).

Je vais à **la poste** pour
| acheter **des timbres**.
| envoyer | **un paquet**.
| | **un télégramme**.
| | **un aérogramme**.
| acheter **une télécarte**.
| **consulter l'annuaire** pour trouver des numéros de téléphone.
| chercher **mon courrier** (= les lettres pour moi).

Le dimanche je ne peux pas aller **au bureau de tabac** acheter des timbres; il est fermé.

Je vais à la pharmacie pour acheter des **médicaments** (*m.*).

Je voudrais changer de l'argent **au bureau de change**, mais **le taux de change** est trop **bas**.

• **Librairie** ≠ bibliothèque. On achète des livres dans une *librairie*. On **emprunte** des livres à une *bibliothèque* pour un temps limité.
• **Bas** (**basse**) ≠ haut; élevé.

Je vais aller en **bas** pour chercher du vin à la cave.
Écrivez une lettre et signez votre nom en **bas** de la page.

4. Formation de mots

• Le nom d'un magasin se termine souvent par **-erie**; le nom du (de la) marchand(e) se termine par **-(i)er**, **-(i)ère**.

POINT OUT: the **-é-** in **cré-merie** is pronounced [ɛ]: [krɛmri].

produit	magasin	marchand
lait	laiterie	un(e) laitier, laitière
crème	crémerie	un(e) crémier, crémière
papier	papeterie	un(e) papetier, papetière
poisson	poissonnerie	un(e) poissonnier, poissonnière
bœuf	boucherie	un(e) boucher, bouchère
porc	charcuterie	un(e) charcutier, charcutière
pain	boulangerie	un(e) boulanger, boulangère
gâteaux, pâtisseries	pâtisserie	un(e) pâtissier, pâtissière

EXERCICES **9**

Les courses. Où est-ce que Marianne a dû aller pour acheter ce qu'il lui fallait?

1. préparer un croque-monsieur (pain, beurre, jambon, fromage)
2. envoyer une lettre (papier, stylo, timbres)
3. préparer du bœuf bourguignon (bœuf, carottes, vin, oignons)
4. préparer un petit déjeuner (croissants, café, lait)
5. faire sa toilette (savon, shampooing)

10 **Des achats.** Vous allez faire des achats. Où devez-vous aller pour trouver les choses suivantes?

▶ Du café?
 On en trouve à l'épicerie.

1. du pain
2. du poisson
3. du poulet
4. des haricots verts
5. des œufs
6. des gâteaux
7. du porc
8. des timbres
9. du papier
10. des livres

11 Marcelline est allée aux magasins suivants et elle a acheté trois choses dans chaque magasin. Qu'est-ce qu'elle a acheté?

1. la boucherie
2. la librairie
3. la charcuterie
4. l'épicerie
5. le drug-store
6. la crémerie

5. De la pluie et du beau temps

Et maintenant **la météo**.
Quel temps fait-il aujourd'hui en France?

À Marseille, | **il fait chaud**, 32 degrés.[1]
| **il fait du soleil**.

À Grenoble, **il fait froid**, 10 degrés.
Soyez **sage** (= prudent); n'oubliez pas **votre manteau**.
À Chamonix, **il neige**. Encore du ski ce week-end!

À Paris, | **il fait beau**. Quelle belle journée!
| **il fait frais** (ni froid ni chaud), 21 degrés.

À Lyon, | **il fait mauvais**.
| **il pleut**.

Tout le monde est content parce qu'il faut de **la pluie**.

Si vous sortez, | prenez **un parapluie**.
| portez **un imperméable**.

Il fait du vent aussi; attention à votre chapeau et à votre parapluie.
Ce soir il va y avoir **la pleine lune** (= la plus grande et la plus ronde possible).

le soleil   la lune   la pluie   le vent   la neige

- L'adjectif **plein(e)** peut être suivi de la préposition **de** + nom.

   Ce ragoût est **plein d'oignons**.
   Ce rapport est **plein de bonnes suggestions**.

- **Il pleut** est une expression impersonnelle; son sujet est toujours **il**. Notez les différents temps du verbe.

pleuvoir			
présent:	il **pleut**	*imparfait:*	il **pleuvait**
passé composé:	il **a plu**	*conditionnel:*	il **pleuvrait**

[1] 32° (C) = 90 ° F.

- Pour parler de la température on dit: **il fait** chaud (froid). Une personne **a** chaud (froid). Un objet **est** chaud (froid).

> J'ai besoin d'un manteau pour sortir; **il fait froid**.
> J'**ai** toujours **froid** dans les maisons climatisées.
> Il faut réchauffer cette pizza; elle **est froide**.

- On parle de la température en degrés Celsius. Comparez les températures en degrés Fahrenheit et en degrés Celsius.

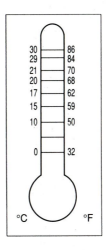

EXERCICES **12** **Quel temps fait-il?** Indiquez quel temps il fait aux endroits suivants ou aux moments suivants.

1. à Nice en été
2. quand on porte un manteau
3. à Chicago en hiver
4. quand on a besoin d'un parapluie
5. à Tahiti tout le temps
6. dans les Alpes en hiver

13 **Où?** Indiquez où il fait le temps suivant.

1. souvent du vent
2. toujours beau
3. frais en septembre
4. du soleil tout l'été
5. mauvais en octobre
6. froid en août

14   **La météo.**   Voilà la météo d'hier. Quel temps faisait-il hier?

▶ *Hier il faisait très beau à Marseille ... 32°!*

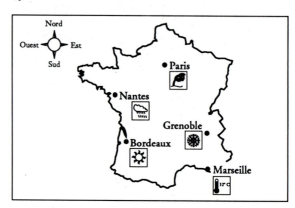

6. Un appel téléphonique de Jean-Michel

> Je **donne un coup de fil** (**un coup de téléphone**) au père d'une amie.
> Le téléphone **sonne**. Monsieur Duval **décroche** l'appareil.
> «Allô? Allô? **Qui est à l'appareil?**»
> «**Ici**, Jean-Michel. (**C'est moi**, Jean-Michel.) C'est vous, Monsieur
>   Duval? Est-ce que vous sauriez le nouveau numéro de téléphone de
>   Sylvie? Elle me l'a donné, mais je ne le trouve pas.»
> «Je vais le chercher. **Ne quittez pas.**»
> Quand je finis de parler, **je raccroche**.
> Pour téléphoner à mon amie Sylvie, **je compose le numéro**.
> **La ligne est occupée** mais je vais **rappeler** dans dix minutes.

EXERCICE **15**   **Au téléphone.**   Hier Annick a téléphoné à son ami Richard. Complétez les
phrases suivantes.

1. Aujourd'hui je voulais donner _____ à mon ami Richard.
2. J'ai _____ son numéro de téléphone.
3. La ligne _____; je ne pouvais pas lui parler.
4. Une heure plus tard, j' _____.
5. Quand le téléphone _____, Richard _____.
6. Il a dit: «_____. _____?»
7. «_____ Annick.»
8. Quand nous avons terminé notre conversation, j' _____.

QUESTIONS:

1. Comparez l'automne et
l'été.   2. Selon vous, quels
sont «les mois charmants»?
Et selon le poète?   3. À
quoi le poète compare-t-il
l'été? Êtes-vous d'accord?
4. Pour vous, est-ce que
l'automne est triste? Si oui,
pourquoi? Si non, est-ce
qu'une autre saison est
triste?

L'Automne

L'aube° est moins claire, l'air moins chaud,   le lever du soleil
    le ciel° moins pur;   sky
Les longs jours sont passés, les mois charmants
    finissent.
Hélas! voici déjà les arbres qui jaunissent!
L'automne est triste avec sa bise° et son   vent froid
    brouillard,°   fog
Et l'été qui s'enfuit° est un ami qui part.   s'en va vite

                —*Victor Hugo*

Rondeau

QUESTIONS:

1. De quelle saison le poète
parle-t-il?   2. Au changement de saison, que fait
le temps, selon le poète?
3. Décrivez le vêtement que
le temps ne porte plus. Décrivez son nouveau vête-
ment.

Le temps a laissé son manteau
De vent, de froidure et de pluie,
Et s'est vêtu° de broderie,°   habillé / embroidery
De soleil luisant,° clair et beau.   brillant

Il n'y a bête ni oiseau
Qu'en son jargon ne chante ou crie[a]:
«Le temps a laissé son manteau
De vent, de froidure et de pluie!»

Rivière, fontaine et ruisseau°   petite rivière
Portent, en livrée° jolie,   costume
Gouttes° d'argent d'orfèvrerie;   petites particules liquides
Chacun s'habille de nouveau:
Le temps a laissé son manteau.

                —*Charles d'Orléans*

Have students identify
rhymes. Point out that only
2 sounds are rhymed: [o] +
[i]. You may wish to explain
broderie = *embroidery* in
order to give students the
delicately suggested com-
parison between spring
buds and the raised French
knots common in embroi-
dery.

Have students compare the
passing of a season for
Hugo and for Charles d'Orléans. Have them find 3
characteristics of each season in the poems.

---

[a] **Il n'y a ... crie** = toutes les bêtes et tous les oiseaux chantent et crient.

EXPRESSION LIBRE

IMAGINONS

Dans chaque situation commencez une conversation par les formules de politesse néces-saires et puis continuez avec trois ou quatre phrases pour trouver ou donner les ren-seignements nécessaires.

1 Vous sortez pour aller au supermarché. Offrez de faire le marché pour votre voisine, Madame Tellardier. (Expliquez ce que vous allez acheter et trouvez ce qu'elle n'a pas.)

2 Un(e) ami(e) vous invite au cinéma ce week-end. Vous ne savez pas si vous êtes libre. Expliquez-le-lui et décidez quand vous allez lui dire si vous pouvez accepter.

3 Vous êtes reporter. On sort d'un meeting secret où le président des États-Unis et le président de la République française ont discuté de l'armement nucléaire. Posez des questions à l'assistant du président de la République française. Vous voulez obtenir le plus grand nombre de renseignements possibles.

4 Un ménage français habite pour l'été la maison à côté de chez vous. La voisine ne sait pas comment faire le marché à l'américaine. Vous le lui expliquez.

5 Tout le monde dans votre famille a un anniversaire demain! Vous avez besoin de trouver un cadeau pour votre mère (qui est professeur), pour votre père (qui s'habille toujours bien), pour votre frère (qui adore manger) et pour votre sœur (qui adore manger, mais qui est toujours au régime). Un(e) ami(e) vous aide à décider ce que vous allez leur acheter et vous allez décider ensemble à quelle heure vous allez être libre pour aller dans les magasins.

6 Vous essayez de trouver un(e) baby-sitter pour vos trois enfants (Michel, 1 an; Julie, 4 ans; Catherine, 6 ans). Interviewez le garçon (la jeune fille) qui se présente.

INTERVIEWS

Avec un(e) partenaire, jouez les situations suivantes.

INTERVIEWS: If possible, seat students back to back to simulate phone call.

1 Vous allez revenir en France rendre visite à vos amis de Bordeaux, les Chiffaleau. Vous allez rester une semaine et vous voudriez arriver le 20 août. Vous devez être de retour le 2 septembre. Vous téléphonez aux Chiffaleau (Jean ou Janine) pour leur demander s'ils vont être à Bordeaux à ce moment-là. Discutez de votre logement, des divertissements et du temps prévu. Demandez ce que vous pouvez leur apporter. N'oubliez pas de demander des nouvelles de leurs parents.

2 Vous téléphonez à un(e) ami(e) français(e) pour l'inviter à dîner et à aller au cinéma cette semaine. Ensemble vous devez choisir la date, l'heure, le restaurant et le film.

EN RÉALITÉ

Madame Leclerc fait un voyage d'affaires et sa fille Laurence va faire le marché pour la famille pendant son absence. Elle lui explique ce qu'il faut acheter et où il faut l'acheter pour faire le menu de trois jours.

Lundi
Poulet au citron
(poulet, citron,
oignons)
Carottes
Pain
Riz
Glace

Mardi
Crudités
(carottes, concombres,
tomates)
Poisson aux fines
herbes
Gâteaux

Mercredi
Quiche Lorraine
(oeufs, fromage,
crème, jambon)
Pain
Salade
Fruits

DIALOGUES

Avec le partenaire que votre professeur vous donne, parlez d'un des sujets suivants. Employez les questions données seulement si vous avez besoin d'aide pour commencer la conversation ou pour la continuer. Vous n'êtes pas obligé(e) de poser toutes les questions données.

DIALOGUES: Set students in pairs where the partners are matched for linguistic ability. This exercise WILL NOT WORK well if very good students are paired with very poor ones. Allow at least 10 minutes.

1 **La routine**
Quelle est votre routine quotidienne?
Comment votre routine est-elle différente en été? Et pendant les vacances?
Si vous étiez père (mère) de famille, auriez-vous la même routine?
Quelle était votre routine quand vous étiez petit(e)?

2 **Les courses**
Quelles courses faites-vous le plus souvent? Où les faites-vous?
Aimez-vous faire les courses seul(e) ou avec quelqu'un d'autre? Pourquoi?
Combien de fois par semaine faites-vous les courses?
Faisiez-vous les courses quand vous étiez au lycée?
De quoi vous occupiez-vous?

3 **Le téléphone**
À qui téléphonez-vous souvent? Et quand vous étiez au lycée?
Combien de temps parlez-vous au téléphone?
Y a-t-il un téléphone dans votre chambre?
Êtes-vous obligé(e) de partager le téléphone avec d'autres personnes?
Aimez-vous parler au téléphone? Pourquoi ou pourquoi pas?
Quels appels téléphoniques n'aimez-vous pas faire?
Que feriez-vous si vous aviez besoin de téléphoner pendant un séjour en France?

CONVERSATION

Chaque phrase ou question commence une petite conversation avec un(e) ami(e). Voici la question ou l'observation de votre partenaire. Continuez votre part de la conversation par quatre phrases.

1. «Le système français traditionnel de faire le marché tous les jours est meilleur que le système américain.»
2. «Les Américains sont très froids.»
3. «Les supermarchés sont trop impersonnels.»
4. «Combien de temps passez-vous à faire votre toilette le matin?»
5. «Les gens qui sont nerveux s'endorment facilement mais ne dorment pas bien.»
6. «Pour bien dormir, il ne faut rien manger deux heures avant de se coucher.»
7. «Les Français s'habillent de façon plus élégante que les Américains.»
8. «Les gens qui se lèvent de bonne heure travaillent mieux que les gens qui se lèvent tard.»

COMPOSITION ÉCRITE

Écrivez une composition d'une à deux pages sur un des sujets suivants.

1. Expliquez ce que vous avez fait la dernière fois que vous êtes allé(e) faire les courses.
2. Racontez un dilemme personnel.
3. Expliquez la semaine d'un Français imaginaire, Monsieur Leclerc. Parlez de ce qu'il fait chaque jour.
4. Un jeune étudiant français arrive à votre université et veut savoir ce que les étudiants américains font pendant une semaine typique. Expliquez-le-lui.

CHAPITRE 14

CONCEPTION & RÉALISATION
LES ATELIERS
DU CARNAVAL DE QUÉBEC

Dans le monde francophone

▶ Le français est une langue nationale et internationale en même temps. On appelle «francophone» quelqu'un qui vient d'un pays autre que la France, mais qui parle français comme première ou deuxième langue. Parlons un peu de ce monde multiculturel francophone.

1

Les verbes **venir** et **tenir**

— D'où **viens-tu**, Hamadi?

— **Je viens** de Marseille, mais je suis tunisien.

— Alors, tes parents **viennent** de Tunisie?

— Seulement mon père; ma mère **vient** d'Algérie et elle **retient** son passeport algérien.

— Mais toi, **tu maintiens** la nationalité tunisienne?

— Oui, pour le moment. Je vais peut-être **devenir** français à 18 ans, mais pour le moment **je tiens** à garder ma nationalité tunisienne.

Voir Vocabulaire 1 et 2, *De retour en Algérie* et *Formation de mots*, pp. 388–390.

FOLLOW-UP QUESTIONS: D'où venez-vous? de Chicago? de Boston? de Denver? de Miami? D'où viennent vos parents?

POINT OUT: **Tenir** verbs are generally cognates.

EXPLICATION

venir			
je	**viens**	nous	**venons**
tu	**viens**	vous	**venez**
il/elle/on	**vient**	ils/elles	**viennent**

PASSÉ COMPOSÉ: je **suis venu(e)**

tenir			
je	**tiens**	nous	**tenons**
tu	**tiens**	vous	**tenez**
il/elle/on	**tient**	ils/elles	**tiennent**

PASSÉ COMPOSÉ: j'**ai tenu**

POINT OUT the 3 different roots (**vien-, ven-, vienn-**), followed by the typical **-s, -s, -t, -ons, -ez, -ent** endings. Point out that **prendre** (Ch. 10) follows a similar pattern.

PRONUNCIATION: The **-nn-** makes the vowel nonnasal in **ils viennent**. Compare **il prend/ils prennent**.

NOTEZ la différence entre **il vient** [vjɛ̃] et **ils viennent** [vjɛn]. La voyelle du pluriel n'est pas nasalisée.

• Voici quelques verbes conjugués comme **venir** et **tenir**:

devenir	appartenir	obtenir
revenir	contenir	retenir
se souvenir	maintenir	

Ses parents vont souvent en Tunisie, mais **ils reviennent** toujours à Marseille.

Nous ne nous souvenons pas de son nom; nous l'avons oublié.

— Heureusement, nous, on revient de vacances !

- **Venir** et ses composés forment leur passé composé avec **être**; **tenir** et ses composés forment leur passé composé avec **avoir**.

> Nous **avons obtenu** un prix.
> La mère d'Ousmane n'**est** pas **devenue** française: elle est restée tunisienne.
> Elle **a tenu** sa promesse; elle **est venue** avant l'heure.

The imperfect forms of these verbs are all regular.

- Le conditionnel de **venir** et **tenir** (et leurs composés) a un radical irrégulier: **viendr-**, **tiendr-**.

> Si Hamadi voulait visiter l'Algérie, il y **viendrait** avec sa mère.
> **J'obtiendrais** la nationalité française si je faisais mon service militaire.

Révisez l'emploi du pronom **en** pour remplacer **de** + nom au Chapitre 13, p. 344.

- On va **à** un endroit, mais on vient **d'**un endroit.

> L'année prochaine nous allons **à** la Martinique.
> On ne savait pas qu'il venait **de** Tunisie.
> Est-ce que ses parents **en** venaient aussi?

EXERCICES A

GOAL: identifying people's origins

Origines. Indiquez si ces personnes viennent des endroits suivants.

▶ mon (ma) camarade de chambre/Oran
Mon (ma) camarade de chambre vient (ne vient pas) d'Oran.

1. je/Miami
2. mes grands-parents/Tahiti
3. mon père/Montréal
4. ma mère et moi/Denver
5. tout le monde dans ma famille/la même ville
6. vous/Dakar

La Francophonie: une langue, plusieurs cultures

Comme tout le monde le sait, la culture et la langue sont quelquefois deux choses à part. Il suffit de penser aux différences considérables entre la culture américaine et la culture anglaise pour reconnaître que parler la même langue n'implique pas nécessairement avoir la même culture. Il y a plusieurs régions et pays où l'on parle français; ces pays francophones sont unis par leur langue commune, mais les raisons pour lesquelles on y parle français sont aussi diverses que les cultures qui s'y trouvent.

D'abord, il y a les pays où l'on parle français à cause de leur proximité de la France. En Suisse, en Belgique, à Monaco et au Luxembourg, le français est une des langues officielles parce que la proximité de la France a toujours favorisé l'usage du français.

Dans d'autres pays, le français reste la langue officielle ou vernaculaire parce que ces pays sont devenus des colonies françaises au dix-neuvième siècle. Le Maroc, l'Algérie et la Tunisie, en Afrique du Nord, font partie de ce qu'on appelait autrefois *l'autre France*, une région qui était considérée comme partie intégrale de la France. Peu à peu, la France a abandonné sa domination de ces pays arabes et musulmans, mais une langue commune constitue toujours un fort lien culturel.

Encore plus loin de la France, en Afrique sub-saharienne, on trouve des ex-colonies ou territoires français ou belges où le français joue toujours un rôle très important. Au Sénégal, au Tchad, au Mali, au Cameroun, en Côte-d'Ivoire et au Zaïre, le contact avec le monde extérieur se fait surtout à travers le français. Parce que beaucoup de ces pays africains rassemblent plusieurs anciennes nations africaines—et donc des peuples qui parlent différentes langues indigènes—le français est souvent la langue commune pour ces peuples divers.

Les écrivains de langue française de ces différents pays africains ont donné au monde quelques-unes des plus belles pages de la littérature française. Albert Camus, Bernard Dadié, Tahar Ben Jelloun et Léopold Senghor sont parmi les plus célèbres, mais la littérature d'expression française est énorme et elle est étudiée au-delà des frontières des pays francophones. Les poètes africains et antillais d'aujourd'hui écrivent avec une vigueur d'expression que peu d'autres poètes français actuels égalent.

En Asie, les Français avaient d'importantes colonies en Indochine devenues aujourd'hui le Viêt-nam, le Cambodge et le Laos et où le français s'emploie encore. Il y a également les pays au Moyen-Orient qui étaient francophones ou avaient une population francophone considérable il y a soixante ans. En Syrie, en Égypte, en Irak et au Liban il y a encore des gens qui maintiennent l'emploi du français comme une partie essentielle de leur patrimoine familial. Beaucoup de gens ont quitté tous ces pays pour fuir les guerres ou les persécutions et sont allés dans de nouveaux pays tels que les États-Unis; ils ont apporté le français avec eux.

Quand on pense à l'empire colonial français, on pense surtout à l'Afrique ou à l'Indochine, mais les Français sont venus en Amérique presque trois cents ans avant de coloniser l'Afrique, et leurs liens avec l'Amérique sont étroits. Le Canada est même un pays bilingue. Il y a des communautés francophones partout au Canada, surtout en Ontario et dans les provinces maritimes (le Nouveau-Brunswick, la Nouvelle-Écosse, l'île du Prince-Édouard et Terre-Neuve), mais ailleurs aussi, comme à Winnipeg. Au Québec, le français est la seule langue officielle; c'est la langue du commerce, du gouvernement, des médias. Un fort mouvement séparatiste encourage les Québécois à défendre leur droit à rester francophone et à garder leur héritage et leur culture.

Quand les Anglais ont pris le Canada au dix-huitième siècle, ils ont chassé les Acadiens, les colons français, des provinces maritimes. Beaucoup sont allés jusqu'en Louisiane, région où la présence française était déjà importante. En Louisiane, on fait de grands efforts pour maintenir la francophonie des descendants des Acadiens et des Créoles.

Aux îles Caraïbes, Haïti est un pays francophone où le français standard est une des langues officielles avec le créole, un mélange de français adapté et d'autres langues. La Martinique et la Guadeloupe sont, en fait, des départements de la France au même titre que les départements de la France continentale. À la Martinique et à la Guadeloupe, presque tout le monde est bilingue en français et en créole et tous les habitants sont des citoyens français. Enfin, pour compléter ce petit tour du monde, il faut signaler que certaines îles du Pacifique ou de l'océan Indien sont des territoires français comme la Polynésie française, la Nouvelle-Calédonie et l'île de la Réunion, dans chacun desquels l'admiration pour la France se mêle à un fort désir d'autonomie et même d'indépendance.

QUESTIONS:
1. Donnez une définition d'un pays francophone.
2. Sur quels continents se trouvent les pays francophones? 3. Quels pays européens sont francophones?
4. Quels pays constituaient «l'autre France»? 5. Pourquoi est-ce que le français continue à être très important en Afrique? 6. Qui sont Léopold Senghor et Bernard Dadié? 7. Quelles étaient les colonies françaises en Indochine? 8. Où au le Canada trouve-t-on beaucoup de Francophones? 9. Qui sont les Acadiens? D'où sont-ils venus? 10. Où se trouvent Haïti et la Guadeloupe? Où se trouve la Nouvelle-Calédonie?

B **C'était quand?**   Répondez aux questions en employant les expressions entre parenthèses. Attention au temps du verbe.

GOAL: different tenses of
venir & **tenir** verbs

▶ Elle revient ce soir? (Non ... hier)
Non, elle est revenue hier.

1. Fatima s'est-elle souvenue de vous? (Non, mais ... la prochaine fois)
2. Les ex-colonies maintiennent-elles leur indépendance? (Oui, ... jusqu'à présent)
3. Deviendriez-vous français(e)? (Oui, ... si j'avais le choix)
4. Vos collègues sont-ils déjà revenus? (Non, ... demain)
5. Revient-elle du Québec? (Oui, ... la semaine dernière)
6. Avez-vous retenu votre place d'avion? (Non, ... demain)
7. Appartiennent-ils à un parti politique? (Non, mais ... pendant les dernières élections)
8. Est-ce que nous allons obtenir une bonne place? (Non, mais ... la dernière fois)
9. Te souviens-tu souvent de notre voyage au Gabon? (Oui, ... hier soir)
10. Les séparatistes obtiennent-ils des votes? (Oui, ... en 1985)

C **Faisons connaissance!**   Répondez aux questions suivantes.

GOAL: comprehension &
integration

1. Qui vient souvent à l'université? Qui n'y vient jamais?
2. Qui est venu vous voir quand vous étiez malade?
3. Qui venait souvent chez vos parents quand vous étiez petit(e)?
4. Qui se souvenait de votre anniversaire quand vous étiez petit(e)? Vous souvenez-vous toujours de l'anniversaire de votre meilleur(e) ami(e)?
5. Vous souvenez-vous de votre première voiture?
6. À qui est-ce que votre voiture actuelle appartenait avant de vous appartenir?
7. Revenez-vous à l'université le semestre (trimestre) prochain? Et vos professeurs?
8. Reviendriez-vous à l'université si vous n'aviez pas besoin d'un diplôme?
9. Quand allez-vous obtenir votre diplôme?
10. Quel diplôme avez-vous déjà obtenu?

ECOLE UNIVERSELLE

Un Diplôme / Un Emploi

PREPARATION A UN EXAMEN OFFICIEL

2

La géographie

Voir Vocabulaire 3 et 4, *Le tour du monde* et *Formation de mots (suite)*, pp. 391–394.

— Bienvenue **à Dakar**, Mademoiselle.
— C'est gentil.
— C'est votre première visite **au Sénégal**?
— Oui, c'est ma première visite. Je viens de passer un an **en Tunisie** et maintenant ma compagnie m'envoie **en Afrique** équatoriale.
— J'espère que vous n'allez pas avoir trop de difficultés à vous adapter au climat et à l'accent sénégalais.

EXPLICATION

FOLLOW-UP QUESTIONS: Êtes-vous jamais allé(e) à Dakar? Voudriez-vous aller au Sénégal? Pouvez-vous nommer une ville en Tunisie? Où se trouvent la Tunisie, le Sénégal et l'Éthiopie?

Teach the name of your state.

1. Emploi de l'article défini

• Les noms des pays, des états, des provinces et des continents qui se terminent par **-e** sont féminins. Tous les autres sont masculins. Ces noms sont précédés de l'article approprié.

féminin	**masculin**
la Nouvelle-Écosse	l'Ontario
l'Italie	le Japon
la Nouvelle-Calédonie	le Canada
la Tunisie	le Maroc
la Californie	le Massachusetts

La France a des liens commerciaux et culturels avec **le Sénégal**.
On n'a jamais su pourquoi **le Cameroun** a attaqué **la Côte-d'Ivoire**.
Le Gabon et **la République centrafricaine** sont des pays francophones sub-sahariens.

NOTEZ: **Le Mexique**, **le Zaïre**, **le Cambodge** et **le Maine** sont des exceptions.

Le Maine est un état où il y a un grand nombre de familles francophones.
Le Mexique a appartenu à la France pendant quelques années au dix-neuvième siècle.

• Quelques noms géographiques sont toujours pluriels.

Il y a une longue tradition de coopération entre la France et **les États-Unis**.
Les Pays-Bas font partie de la CEE.
Les Antilles françaises comprennent Haïti, la Guadeloupe et la Martinique.

- Un petit nombre de pays, d'îles et de provinces s'emploient sans article.

Israël	Terre-Neuve	Porto Rico
Tahiti	Cuba	Haïti

Porto Rico et **Cuba** sont importants pour les Américains à cause de leur proximité.

- On n'emploie pas d'article avec les noms des villes.

Casablanca et **Alger** sont deux villes francophones importantes.
Montréal est la deuxième ville francophone du monde.

NOTEZ: Il y a un article dans le nom de quelques villes.

La Haye = *The Hague*

Le Caire	Le Havre	Le Mans
La Rochelle	La Nouvelle-Orléans	La Haye

Le Caire est la capitale de l'Égypte.
La Cour internationale de justice siège à **La Haye**, aux Pays-Bas.

2. Emploi des prépositions

- Pour indiquer *d'où on vient* on emploie les formes suivantes:

de + { nom de ville
  nom de pays féminin
  nom de pays masculin qui commence par une voyelle ou un **h-** muet }

du + nom de pays masculin qui commence par une consonne

des + nom de pays au pluriel

Mon père vient **de** Tunisie et ma mère **du** Maroc.
Elle est revenue **des** États-Unis hier.
Son grand-père vient **d'**Iran, mais sa grand-mère vient **de** Chicago.

- Pour indiquer *où on va* ou *où on est*, on emploie ces formes:

à + nom de ville

en + { nom de pays féminin
  nom de pays masculin qui commence par une voyelle ou un **h-** muet }

au + nom de pays masculin qui commence par une consonne

aux + nom de pays au pluriel

On parle français **en Tunisie**, **en Algérie** et **au Maroc**.
Il y avait une présence française considérable **en Irak**.
Frieda passe deux mois **aux Pays-Bas** avant de retourner **à Genève**.

NOTEZ: Les noms de villes avec un article le retiennent avec une préposition.

Il va **du** Mans jusqu'**à La** Rochelle.
Mon ami est égyptien; il vient **du** Caire.

- Pour les états américains employez ces formes:

$$\left.\begin{matrix} \textbf{en} \\ \textbf{de} \end{matrix}\right\} + \text{état féminin}$$

$$\left.\begin{matrix} \textbf{dans l'état de} \\ \textbf{de l'état de} \end{matrix}\right\} + \text{état masculin}$$

D'abord j'ai habité **dans l'état de New York**.
De l'état de New York je suis allée **en Californie**.
La plupart de mes amis viennent **de Virginie**.

EXERCICES **D**	**Cartes d'embarquement.** Indiquez la destination de chaque passager.

▶ SMITH, Brian / Genève / Suisse   *Brian Smith va à Genève, en Suisse.*

GOAL: stating destinations

nom, prénom	ville	pays
1. MONASTIRI, Taieb	Tunis	Tunisie
2. BONNAURE, Paul	Douala	Cameroun
3. XIAO, Chantal	Canton	Chine
4. LATIRI, Ali	Karachi	Pakistan
5. MENDOZA, Pedro	São Paulo	Brésil
6. ZAGHROOUN, Patricia	Tel Aviv	Israël
7. DIOP, Francis	Dakar	Sénégal
8. JIACOT, Gilbert	Papeete	Polynésie française

E   **Passeports internationaux.** Votre partenaire vous demande l'origine des voyageurs suivants et vous répondez selon le modèle.

GOAL: stating place of origin (P)

▶ NASSIR, Khali / le Liban / Beyrouth
  — *Est-ce que Khali Nassir vient du Liban?*
  — *Mais oui, il vient du Liban. Il vient de Beyrouth.*

nom, prénom	pays d'origine	ville
1. LAURENCE, Aimée	Belgique	Bruxelles
2. SOLIS, Mario	Mexique	Veracruz
3. BORO, Jean-Paul	Zaïre	Kinshasa
4. MANAA, Slimane	Égypte	Le Caire
5. WALLACE, Randy	États-Unis	Chicago
6. TJIBAOU, Alphonse	Nouvelle-Calédonie	Nouméa
7. AHMOUD, Najib	Maroc	Fès
8. HAAS, Françoise	France	Lyon

La Nouvelle-Calédonie

C'était un Anglais, le capitaine Cook, qui était le premier européen à découvrir en 1774 la Nouvelle-Calédonie, grande île dans le Pacifique. Mais ce sont les Français qui l'ont colonisée 80 ans plus tard. Les habitants sont composés de Mélanésiens indigènes («les Canaques»), d'un grand nombre de descendants de colons français et d'immigrés d'autres pays, tous officiellement citoyens français.

Ce groupe d'îles forme un territoire d'outre-mer (TOM) relativement prospère, grâce à des exportations importantes de nickel, de café et de noix de coco et grâce au considérable tourisme australien et japonais. À Nouméa, la capitale, on voit des bureaux de tabac, des pharmacies, des pâtisseries et des librairies à la française.

On dirait un paradis terrestre, mais la Nouvelle-Calédonie est aussi le nouveau centre de la lutte entre la France et ses anciennes colonies qui marque la fin du vingtième siècle. Les Canaques veulent être indépendants de la France et gouverner eux-mêmes leur pays, qu'ils voudraient appeler «Kanaky». En ce moment les Canaques, 44% de la population, habitent presque tous dans la brousse[a] alors que les Blancs, 38% de la population, habitent presque tous à Nouméa.[b] Les Blancs sont les entrepreneurs, les commerçants, les directeurs des mines; les Mélanésiens sont les mineurs.

Mais si on redonne la Nouvelle-Calédonie aux Canaques, que vont devenir les descendants des colons français qui sont en Nouvelle-Calédonie depuis des générations et qui se considèrent comme des Néo-Calédoniens eux aussi? Quand la France a donné l'indépendance à l'Algérie après une guerre difficile, 900.000 colons sont revenus en France. Leur arrivée a créé une crise économique et leurs compatriotes ne les ont pas tous bien accueillis.

La France ne veut pas renouveler cette expérience, mais elle ne veut pas de guerre non plus. En Algérie et au Viêt-Nam elle a vu que la guerre n'a rien résolu et qu'elle a coûté cher à la France. Mais elle ne veut pas abandonner la Nouvelle-Calédonie, étant donné sa proximité de l'Asie et donc son importance stratégique dans la politique de la France.[c]

---

[a] **Brousse** (*f.*) = terrain sauvage et peu cultivé.
[b] Dix-huit pour cent de la population sont des Asiatiques et originaires des autres îles du Pacifique.
[c] Pour des raisons similaires, la France hésite à donner son indépendance à Tahiti. Les Tahitiens ne la réclament pas avec autant d'insistance, mais ils protestent contre les tests nucléaires que la France continue à faire dans leurs eaux.

QUESTIONS:
1. Qui a été le premier Européen à visiter la Nouvelle-Calédonie? En quel siècle? 2. Quand est-ce que les Français l'ont colonisée? 3. Comment s'appellent les habitants indigènes de la Nouvelle-Calédonie? 4. Quelle est l'importance actuelle de la Nouvelle-Calédonie? 5. Comment les Français ont-ils réagi après l'indépendance algérienne? Pourquoi? 6. Pourquoi est-ce que la France voudrait garder la Nouvelle-Calédonie? 7. Que vont faire les Accords Matignon? 8. Qui était Jean-Marie Tjibaou? Pourquoi était-il important? 9. Pourquoi est-ce que l'indépendance n'est pas nécessairement la solution aux problèmes néo-calédoniens?

La France a developpé un plan (les Accords Matignon) pour aider la Nouvelle-Calédonie à se transformer lentement en pays indépendant, mais il n'est pas certain que les Canaques et les colons veuillent y participer. Il y a eu des manifestations violentes des deux partis, et quand Jean-Marie Tjibaou (un chef canaque de politique modérée) a été assassiné en 1988, certains ont désespéré d'une solution paisible.

Même si la Nouvelle-Calédonie devient indépendante d'un point de vue politique, elle peut se trouver économiquement dépendante des pays occidentaux qui offrent en même temps de l'assistance économique et le marché mondial pour le nickel nécessaire à sa survie économique. La fin du colonialisme n'est pas nécessairement la fin de l'impérialisme, comme l'ont découvert les anciennes colonies africaines, et «le Kanaky libre» pourrait se trouver dans une position peu améliorée.

F **D'où viennent-ils?** La population américaine est très mobile. Complétez les phrases en donnant l'origine des personnes suivantes. Indiquez aussi où ces personnes habitent maintenant.

GOAL: stating where friends & family come from

▶ ma mère ...
   Ma mère vient de l'état d'Utah. Maintenant elle habite en Californie, à Oakland.

1. ma cousine
2. beaucoup de mes amis
3. mes grands-parents
4. je
5. ma meilleure amie
6. mon meilleur ami
7. la famille de mon père
8. mon oncle et ma tante

G **La nouvelle Europe.** Voici des questions sur les douze pays de la nouvelle Europe.

GOAL: talking about EEC countries

POINT OUT: Brand names, like other proper nouns, are invariable.

1. Quels pays de la CEE sont voisins de la France?
2. Dans quel pays voit-on beaucoup de tulipes?
3. De quel pays venait Hans Christian Andersen?
4. Où fabrique-t-on des Volkswagen?
5. Dans quel pays ont commencé les Jeux olympiques?
6. Dans quels pays européens parle-t-on français? Et anglais?
7. Où se trouve Lisbonne? Berlin? Amsterdam?
8. Quel pays a aidé les États-Unis dans leur guerre d'indépendance?
9. Dans quel pays se trouve la tour de Pise?
10. De quel pays venait Michel-Ange?

3 La formation du subjonctif

Bonjour, Messieurs-Dames. Le personnel d'Air France vous souhaite la bienvenue à bord de son vol n° 700 à destination de Papeete, Tahiti. Voici quelques suggestions pour rendre votre vol plus agréable:

- Il faut **que vous attachiez** votre ceinture de sécurité.
- Il faut **que le dos** de votre siège **soit** en position verticale au moment du décollage et de l'atterrissage.
- Il ne faut pas **que vous fumiez** pendant le décollage, ni pendant l'atterrissage.
- Il faut **que vous ayez** vos bagages à main sous le siège devant vous ou dans les compartiments au-dessus.

Voir Vocabulaire 5,
Bon voyage!, p. 394.

EXPLICATION

FOLLOW-UP: Est-ce qu'il faut que vous attachiez votre ceinture de sécurité quand vous êtes en avion? Est-ce qu'il faut que le dos de votre siège soit en position verticale? Est-ce qu'il faut qu'on fume pendant le décollage? Est-ce qu'il ne faut pas qu'on fume? Faut-il que vous placiez vos bagages sous le siège devant vous? Faut-il que vous ayez un billet pour prendre l'avion? Pendant le décollage faut-il que vous soyez debout? assis(e)?

Only the present subjunctive is taught at this level. The concept of mode vs. tense is not introduced.

1. L'indicatif ou le subjonctif

- Il y a deux formes du temps présent en français: le présent de *l'indicatif*, que vous avez employé jusqu'à maintenant, et le présent du *subjonctif*.
- Le verbe principal d'une phrase est toujours à l'indicatif.

> **Je sais** que vous êtes toujours à l'heure.
> **Je suis certain** que nous avons nos passeports.

- Un verbe secondaire qui vient après la conjonction **que** peut être à l'indicatif ou au subjonctif selon le cas.

> Je sais que **vous êtes** toujours à l'heure.
> *Mais:* Je veux que **vous soyez** toujours à l'heure.
>
> Je suis certain que **nous avons** nos passeports.
> *Mais:* Il faut que **nous ayons** nos passeports.

- Le subjonctif est toujours *le verbe secondaire*. Le verbe principal établit la perspective qui demande le subjonctif au verbe suivant.

> Le prof *demande* **que nous fassions** nos devoirs.
> Taieb *veut* **que ses enfants aillent** en France.

- Si le verbe principal représente *une situation hypothétique, un désir, une supposition* ou *un autre aspect subjectif (pas objectif) de la réalité*, on emploie le subjonctif des verbes qui en dépendent.

Je suggère **que vous soyez** à l'heure.
Il faut **qu'ils aient** des passeports.
Il est possible **que nous allions** aux Antilles cet été.

NOTEZ: Beaucoup de verbes qui dépendent d'un autre verbe ne sont pas au subjonctif.

Marion *a dit* **que Paul allait** voyager à Tahiti.
Saviez-vous **que la Martinique était** un département d'outre-mer?
Elle pensait **qu'il visiterait** aussi l'Australie.
Je suis certaine **qu'il va** s'amuser beaucoup.

2. Formes régulières

- Pour la plupart des verbes le radical du subjonctif est basé sur la troisième personne du pluriel (**ils/elles**) du présent.

infinitif	présent (ils/elles)	radical du subjonctif
voyager	voyagént	**voyag-**
choisir	choisissént	**choisiss-**
lire	lisént	**lis-**

> Subjunctive forms are always shown preceded by **que** to reinforce the idea of their use in dependent clauses beginning with **que**. Other uses of the subjunctive are not taught at this level.

- À l'exception des verbes **avoir** et **être**, *tous les verbes* utilisent les mêmes terminaisons: **-e, -es, -e, -ons, -ez, -ent**.

- Voici les formes du subjonctif de quelques verbes:

parler	
que je	parl **e**
que tu	parl **es**
qu'il/elle/on	parl **e**
que nous	parl **ions**
que vous	parl **iez**
qu'ils/elles	parl **ent**

finir	
que je	finiss **e**
que tu	finiss **es**
qu'il/elle/on	finiss **e**
que nous	finiss **ions**
que vous	finiss **iez**
qu'ils/elles	finiss **ent**

lire	
que je	lis **e**
que tu	lis **es**
qu'il/elle/on	lis **e**
que nous	lis **ions**
que vous	lis **iez**
qu'ils/elles	lis **ent**

> The **nous** and **vous** forms of the subjunctive of all regular verbs are always identical to the imperfect forms. The **je, tu, il/elle/on**, and **ils/elles** forms of the present subjunctive of all regular -er verbs are identical to the present indicative forms.

Il faut **que nous choisissions** une destination.
À Nouméa il faut **qu'on parle** français si on veut travailler pour l'état.
Je voudrais **que vous lisiez** ce livre.

• D'autres verbes irréguliers qui sont réguliers au subjonctif sont:

connaître	dormir	mentir	offrir
dire	partir	sentir	ouvrir
écrire	sortir	servir	découvrir

3. Formes irrégulières

• Les verbes **faire**, **savoir** et **pouvoir** ont un radical irrégulier au subjonctif avec les terminaisons régulières.

faire (*fass-*)		**savoir** (*sach-*)		**pouvoir** (*puiss-*)	
que je	**fasse**	que je	**sache**	que je	**puisse**
que tu	**fasses**	que tu	**saches**	que tu	**puisses**
qu'il/elle/on	**fasse**	qu'il/elle/on	**sache**	qu'il/elle/on	**puisse**
que nous	**fassions**	que nous	**sachions**	que nous	**puissions**
que vous	**fassiez**	que vous	**sachiez**	que vous	**puissiez**
qu'ils/elles	**fassent**	qu'ils/elles	**sachent**	qu'ils/elles	**puissent**

• Un grand nombre des verbes irréguliers au subjonctif ont un second radical pour les formes **nous** et **vous**. Ce radical est le présent à la forme **nous** sans **-ons**. Le radical des autres formes est régulier.

boire (*ils boivent; nous buvons*)			
que je	**boive**	que nous	**buvions**
que tu	**boives**	que vous	**buviez**
qu'il/elle/on	**boive**	qu'ils/elles	**boivent**

venir (*ils viennent; nous venons*)			
que je	**vienne**	que nous	**venions**
que tu	**viennes**	que vous	**veniez**
qu'il/elle/on	**vienne**	qu'ils/elles	**viennent**

POINT OUT: A final, pronounced consonant often distinguishes the singular forms of the present subjunctive from the present indicative of irregular verbs: **que je lise**, **que je boive**, **que je vienne**, **que je doive**, **que je finisse**, etc.

• D'autres verbes du même genre sont **devoir**, **prendre** et les verbes en **-er** aux changements orthographiques comme **préférer**, **acheter**, **payer**, **employer** et **s'appeler**.

• **Aller** et **vouloir** ont, en plus, un radical irrégulier aux formes **je**, **tu**, **il/elle/on** et **ils/elles**.

aller			
que j'	**aille**	que nous	**allions**
que tu	**ailles**	que vous	**alliez**
qu'il/elle/on	**aille**	qu'ils/elles	**aillent**

vouloir			
que je	**veuille**	que nous	**voulions**
que tu	**veuilles**	que vous	**vouliez**
qu'il/elle/on	**veuille**	qu'ils/elles	**veuillent**

• **Être** et **avoir** ont un radical irrégulier *et* des terminaisons irrégulières.

être			
que je	**sois**	que nous	**soyons**
que tu	**sois**	que vous	**soyez**
qu'il/elle/on	**soit**	qu'ils/elles	**soient**

avoir			
que j'	**aie**	que nous	**ayons**
que tu	**aies**	que vous	**ayez**
qu'il/elle/on	**ait**	qu'ils/elles	**aient**

 **EXERCICES H**

GOAL: specifying when and what things must be done

Explications.   Précisez pourquoi ou quand ces personnes doivent faire ce qu'elles font.

▶   Tout élève français sait les noms des pays francophones. (avant la sixième)
Il faut que tout élève français sache les noms des pays francophones avant la sixième.

1. Martin va au Zaïre. (pour un voyage d'affaires)
2. Nous retenons des places sur Air Tunis. (avant samedi)
3. Je fais un voyage en Belgique. (le mois prochain)
4. Les Néo-Calédoniens choisissent leur avenir. (avant 1996)
5. On sait parler français et anglais au Québec. (pour réussir dans les affaires)
6. Houria revient d'Algérie. (pour aller à l'université)
7. Les passagers enregistrent leurs bagages. (avant d'embarquer)
8. Étienne apprend le français. (pour pouvoir faire des affaires au Sénégal)
9. Nous sommes à Dakar. (tout le mois de mai)
10. Alphonse a un passeport. (pour aller aux États-Unis)

C'est pour quand? Un de vos employés vous pose des questions interminables sur son voyage d'affaires. Vous l'encouragez à travailler plus vite.

▶ — Quand est-ce que je dois commencer le projet? (maintenant)
—Il faut que vous commenciez le projet maintenant!

1. Quand est-ce que je dois finir ces documents? (aujourd'hui)
2. Quand est-ce que je dois envoyer la réponse? (après cela)
3. Quand est-ce que je dois être à Bamako? (la semaine prochaine)
4. Quand est-ce que je dois prendre l'avion? (vendredi soir)
5. Quand est-ce que je dois retenir mes billets d'avion? (ce soir)
6. Quand est-ce que je dois écrire mon rapport? (au retour)
7. Quand est-ce que je dois parler au patron? (mercredi matin)
8. Quand est-ce que je dois avoir la réponse? (aussitôt que possible)
9. Quand est-ce que je dois lire ces autres rapports? (avant de partir)
10. Quand est-ce que je dois chercher un autre travail? (bientôt)

4 L'emploi du subjonctif

Lettre de Belgique

Bruxelles, ce 7 avril 1992

Cher Patrice,

Ta dernière lettre m'a fait bien plaisir et *je ne veux pas* **que tu penses** que je t'ai oublié. Il est certain que la vie en Belgique est bien mouvementée, mais *je ne voudrais pas* **que ce soit** une raison pour oublier mes amis. *J'aimerais* **que tu dises** à tous nos amis que le Zaïre me manque.

Pour le moment ma situation est stable, mais *il n'est pas certain* **que je puisse** compter sur un travail l'année prochaine. Avec toute l'immigration qu'il y a en Belgique, *il est possible* **qu'il y ait** quelque réaction politique contre les étrangers. Déjà, *les communes et les villes ne veulent pas* **que les immigrés puissent** voter dans les referendums locaux. Tout *ceci me fait douter* **que le moment soit** propice pour la visite que tu proposes. *Je suggère*, par contre, **que tu viennes** à Paris au mois d'août. J'y vais en voyage d'affaires. Écris-moi vite pour me dire ce que tu en penses.

Ton ami qui pense à toi,

Jean-Marie

FOLLOW-UP QUESTIONS:
Est-ce que votre mère vous écrit? Voudriez-vous qu'elle vous écrive? Est-ce qu'il y a beaucoup d'immigrés en France? Est-ce que les Français veulent qu'il y ait beaucoup d'immigrés en France?

POINT OUT that **devoir** is followed by an infinitive.

EXPLICATION

1. Les expressions qui demandent le subjonctif

• On emploie le subjonctif pour tout verbe qui dépend d'*une expression de nécessité*.

> *Il faut* **que tu ailles** au Cameroun un jour.
> *Il est nécessaire* **que nous fassions attention** au climat politique.
> *Il est essentiel* **qu'on comprenne** la culture d'un pays si on veut en parler la langue.

• On emploie le subjonctif pour tout verbe qui dépend d'*une expression de volonté*.

> *Patrice voudrait* **que Jean-Marie vienne** le voir.
> *Son patron a suggéré* **qu'il fasse** un voyage d'affaires.
> *Je recommande* **que vous buviez** lentement.

• On emploie le subjonctif pour tout verbe qui dépend d'*une expression d'émotion*.

> *Je suis content* **que vous soyez** ici.
> *Patrice regrettait* **que son ami ne puisse pas** venir en juillet.

NOTEZ: Après **espérer** on emploie un verbe à l'indicatif.

> *Il espère* **que vous allez venir** en août.
> *J'espérais* **qu'il pourrait** nous rejoindre.

2. Le subjonctif ou l'infinitif

Conjunctions which necessitate the subjunctive even when there is no change of subject are not taught at this level.

• Le subjonctif a d'habitude *un sujet différent* du sujet du verbe principal. Quand les deux propositions ont le même sujet, on emploie un infinitif.

> *L'hôtesse de l'air* préfère que **nous** restions assis.
> *Mais*: *Nous* préférons **rester** assis.

> *Le prof* veut que **je** comprenne la culture française.
> *Mais*: *Je* veux **comprendre** la culture française.

3. Le subjonctif par rapport au temps

• Un verbe au subjonctif, comme un verbe à l'infinitif, ne situe pas l'événement dans le temps; c'est le verbe principal qui assume cette fonction.

> *L'hôtesse veut* (maintenant) **que vous attachiez** votre ceinture.
> *L'hôtesse voulait* (hier) **que vous attachiez** votre ceinture.

> Jean-Marie *a demandé* **que Patrice vienne** le voir.
> Jean-Marie *va demander* **que Patrice vienne** le voir.

Il n'y a personne?

Afrique! Afrique de la reconquête des libertés
        Il n'y a personne en Afrique.

Les steppes et les forêts bruissent°   *font un bruit*
        Et il n'y a personne.   *confus*

Les scribes tapent°, écrivent, se démènent°   *écrivent à la*
        avec mille bruits   *machine/font*
        Et il n'y a personne.   *grand effort*
Les bonnes essuient, nettoient°   *les servantes font*
        Et il n'y a personne.   *le ménage*

Les tirailleurs° par les grands boulevards,   *riflemen*
        vont chantant
        Et il n'y a personne.

Dockers, peintres°, chauffeurs, maçons   *artisans*
Tous ouvriers de la peine°,   *fatigue, misère*
        D'ombre° habillés et de toisons de jais   *noir*
        coiffés°   *avec des cheveux*
        Triment°   *noirs*
Et quand l'homme blanc vient, embrassant la   *travaillent dur*
        foule°   *population*
        d'un regard de dieu°,   *divinité*
À la tourbe° d'esclaves° soumis° pose   *masse/slaves/en*
        l'éternelle question: *soumission*
        — Il n'y a personne?
        — C'est-à-dire?
        — Un Blanc!

Afrique! Afrique de la reconquête des libertés,
        Afrique du Nègre,
Il n'y a personne en Afrique!
Car le nègre ployant° sous le joug° des   *bent/yoke*
        maîtres du cuivre° et des épices,   *métal rouge*
        Est-il encore une personne?

                                        — *Bernard Dadié*

QUESTIONS:

1. De quoi est-ce que le poète parle quand il parle de «la reconquête des libertés» (v.1)?   2. Qui sont les scribes, les bonnes, les dockers, les peintres, etc.? Que font-ils?   3. Pourquoi est-ce que l'homme blanc a un «regard de dieu»?   4. Quelle question pose-t-il? Quelle vérité est-ce que sa question révèle?   5. Contrastez les activités des Noirs et l'activité de l'homme blanc.   6. Dans la première partie du poème le poète parle des Noirs au pluriel (scribes, bonnes, tirailleurs, etc.). Dans la deuxième partie il emploie des mots au singulier (la foule, la tourbe, le nègre). Pourquoi?   7. Quelle est l'ironie dans la phrase «Afrique de la reconquête des libertés»? Y a-t-il également un défi dans cette phrase?

Trahison°

Ce cœur° obsédant°, qui ne correspond
Pas à mon langage ou à mes costumes,
Et sur lequel mordent°, comme un crampon°,
Des sentiments d'emprunt° et des coutumes
D'Europe, sentez-vous cette souffrance°
Et ce désespoir à nul° autre égal
D'apprivoiser°, avec des mots de France,
Ce cœur qui m'est venu du Sénégal?

— Léon Laleau

infidélité; perfidie

organe cardiaque/
tourmentant

s'attachent/hook
des autres

misère

pas d'

domestiquer

QUESTIONS:

1. D'où vient le cœur du poète? 2. Quelle langue, quels mots, doit-il employer pour «apprivoiser» son cœur? 3. Est-ce que la langue française et la culture française sont sa langue et sa culture maternelles? Comment le savez-vous? 4. Quels sont ses sentiments quand il doit s'exprimer en français et par rapport à la culture française? 5. Pourquoi le poète souffre-t-il? 6. Expliquez le titre du poème.

EXERCICES J

GOAL: telling what you want someone to do

Remind students that they have seen the word **dodo** in the expression **métro, boulot, dodo**, Ch. 6.

Jeu d'enfant. Vous faites du baby-sitting pour un enfant francophone de quatre ans. Insistez un peu pour qu'il vous obéisse, selon le modèle.

▶ Je ne veux pas prendre un bain!
Et moi, je veux que tu prennes un bain!

1. Je ne veux pas t'écouter!
2. Je ne veux pas aller au lit!
3. Je ne veux pas faire dodo![1]
4. Je ne veux pas me laver les oreilles!
5. Je ne veux pas être propre!
6. Je ne veux pas boire ce verre d'eau!
7. Je ne veux pas avoir la porte fermée!
8. Je ne veux pas m'endormir!

Bonne nuit! Fais de beaux rêves!

---

[1] **Faire dodo** = dormir, en langage enfantin.

K   **Le choc des cultures!**   Il y a un nouvel étudiant dans votre cours. Expliquez-lui ce que le professeur veut et ce qu'il ne veut pas.

GOAL: expressions of will

▶ À mon ancienne université on peut être absent quand on veut.
   Le professeur ne veut pas que vous soyez absent; il veut que vous soyez présent à chaque cours.

1. J'ai peur de poser des questions.
2. J'écris tous mes examens en anglais.
3. Chez nous, les étudiants lisent le journal pendant le cours.
4. Il est normal d'acheter des notes aux autres étudiants.
5. J'arrive souvent une demi-heure en retard au cours.
6. Quelquefois je sors du cours avant la fin.
7. J'ai l'habitude de fumer pendant les cours.
8. On utilise des sources d'information sans citer les références.

L   **À chacun son opinion.**   Faites des phrases pour indiquer les préférences des gens que vous connaissez, selon le modèle.

GOAL: stating desires

▶ *Mes grands-parents veulent que je sois heureuse.*

mon docteur		sortir plus souvent avec eux
mon dentiste		être heureux (heureuse)
mes parents		manger moins de viande
mon professeur		écrire de temps en temps
mes amis	vouloir	être malheureux (malheureuse)
mon entraîneur sportif		avoir les cheveux courts
mon coiffeur		apprendre à parler français
mes grands-parents		finir mes études
		revenir tous les six mois
		faire des progrès en maths

M   **Faisons connaissance!**   Répondez aux questions suivantes.

GOAL: comprehension & integration

1. Que faut-il qu'on fasse pour réussir dans la vie?
2. Qu'est-ce que vos parents veulent que vous fassiez? Que voulez-vous faire?
3. Pourquoi faut-il qu'on apprenne une langue étrangère?
4. Quand vous êtes malade, qu'est-ce que votre mère veut que vous preniez?
5. Est-il essentiel qu'on réussisse à l'école pour réussir dans la vie? Pourquoi?
6. Est-il indispensable que vous sachiez la vérité?
7. Quand demandez-vous que vos amis ne fassent pas de bruit?
8. Vos parents veulent-ils que vous soyez toujours sympathique envers tout le monde? Peut-on être sympathique envers tout le monde?
9. Faut-il avoir une grosse voiture pour vous impressionner? Que faut-il avoir?
10. Le professeur de français veut-il que les étudiants sachent parler comme des Français?

Hôtel Saint-Louis

Conseils. Vous avez un ami qui vous demande toujours des conseils. Dans chaque situation, conseillez votre ami selon le modèle.

GOAL: making suggestions

▶ Il veut aller en France cet été. Il n'a pas trouvé de place avec TWA.
Je suggère que vous consultiez les horaires d'Air France.

1. Il va passer trois mois en France et il ne sait pas ce qu'il devrait faire de son argent.
2. Il va aller en France, mais il ne veut pas y aller en avion.
3. Il va passer deux mois en France et il a besoin de trouver un hôtel.
4. Il est en France avec vous. Il a besoin d'argent liquide.
5. Il a besoin de timbres.
6. Il a besoin d'envoyer un message urgent à ses parents.
7. Vous êtes à l'hôtel tous les deux et il veut téléphoner à un autre ami en France.
8. Il veut aller chercher son courrier à la poste.

Suggestions. On ne peut pas toujours satisfaire les autres. Qu'est-ce que ces personnes voudraient que les autres fassent pour eux? (Nommez un minimum de trois requêtes par personne.)

GOAL: stating mutual expectations

▶ vous et vos parents
Mes parents veulent que je leur écrive, que je vienne chez eux le week-end et que je réussisse à mes études. Je veux que mes parents ...

1. vous et vos amis
2. le mari typique et la femme typique
3. les parents et les enfants
4. les patrons et les employés
5. le prof et vous et les autres étudiants

Situations. Expliquez à un étranger trois règles de conduite pour chaque situation. Employez les expressions **il faut que** et **on veut que**.

GOAL: stating rules

1. chez vos parents
2. dans une résidence universitaire
3. dans la classe de français
4. dans un bureau typique
5. dans un restaurant typique

▼

VOCABULAIRE

1. De retour en Algérie

> J'ai passé un an en Algérie en 1985; **j'y reviens** pour une visite.
> Je voulais **retenir** une place en première classe, mais je n'ai pas pu
>   **l'obtenir.**
> **L'hôtesse de l'air** me demande de **maintenir mon siège** en position
>   verticale.
> Le magazine d'Air Afrique **contient** des articles intéressants.
> Je peux emporter le magazine; il m'**appartient** (= c'est mon
>   magazine).
> Je **deviens** fatiguée après dix heures en avion.
> Me voici à Alger; je suis **de retour** en Algérie!
> Mes amis **viennent** à **l'aéroport** me chercher.
> Ils **se souviennent de** moi (= ils ne m'ont pas oubliée).
> Bernard **tient** un bouquet de fleurs, un cadeau pour moi.

- **Venir de** + infinitif indique un passé très récent. Compare **venir de** to **aller** + infinitive.

    Charlotte **vient de visiter** le Sénégal. = Elle est juste revenue du
      Sénégal.
    Prendre quelque chose? Merci. **Je viens de dîner**; je n'ai pas faim.

- Une chose appartient **à** une personne. Remind students that **merci** often marks a refusal; to accept, say **Je veux bien.**

    Ce billet appartient **à** ma mère; il **lui** appartient.

- On se souvient **de** quelque chose ou **de** quelqu'un.

    — Te souviens-tu **de** notre première visite au Zaïre?
    — Oui, je m'**en** souviens!

EXERCICES 1

Votre petit cousin comprend mal ce que vous dites. Alors, répétez vos phrases
avec d'autres mots. Regardez le modèle.

   ▶ C'est mon livre.
     Il m'appartient.
                                              GOAL: possession with
                                              appartenir

1. Cette voiture est à moi.
2. C'est la maison de mes parents.

3. Ces livres sont à ton ami et à toi.
4. Cet ordinateur est à mon père.
5. Ce sont nos papiers?
6. Ce sont tes lettres?
7. Ces chaussures sont à elles.
8. C'est le sac de ma mère.

2

Si c'était un monde idéal. Demandez à votre partenaire comment ces personnes agiraient dans un monde idéal.

GOAL: conditional of **venir**/ **tenir** verbs

▶ tout le monde/devenir sympathique
—Est-ce que tout le monde deviendrait sympathique si c'était un monde idéal?
—Oui, tout le monde deviendrait sympathique si c'était un monde idéal.

1. tu/te souvenir de tout
2. tes parents/venir souvent te voir
3. toi et tes amis/obtenir de bonnes notes
4. l'université/appartenir aux étudiants
5. nous/retenir tous les mots de vocabulaire

3

À l'aéroport. Un monsieur qui ne voyage pas beaucoup vous pose des questions. Répondez-lui poliment à l'affirmatif en employant la forme appropriée de **venir de**.

GOAL: explaining what just happened (P)

▶ Avez-vous regardé l'horaire?
Oui, Monsieur, je viens de le regarder.

1. A-t-on annoncé le départ du vol n° 745?
2. Est-ce qu'ils ont donné le numéro de la porte?
3. Ces passagers arrivent-ils de Bamako?
4. L'avion pour Abidjan est-il parti?
5. Vous et vos amis avez-vous déjà visité un pays francophone?
6. Quand êtes-vous revenu(e) de là-bas?
7. Est-ce que je vous ai demandé si le vol n° 745 était arrivé?
8. Est-ce que les passagers ont débarqué?
9. Est-ce que je vous irrite?

2. Formation de mots

• Il y a beaucoup de mots en français, comme en anglais, qui commencent par le préfixe **re-**. Le préfixe **re-** indique la répétition. Voici quelques verbes qui sont formés par le préfixe **re-** + un autre verbe.

revenir	recopier	retenir
redonner	redire	relire
reconnaître	refaire	reprendre

• Quand on combine le préfixe **re-** avec un verbe qui commence par une voyelle, le **-e** final du préfixe tombe.

rentrer	rouvrir	rappeler
rapporter	racheter	rassembler
ramener	se rendormir	rajouter

EXERCICE 4

Complétez les phrases suivantes.

1. Je n'ai pas compris ce que tu as dit; _____-le, s'il te plaît.
2. Vous devez faire cela une autre fois; _____-le plus lentement.
3. J'ai acheté ce pull à Monique, mais maintenant je ne le veux pas. Je ne sais pas si elle voudrait le _____.
4. J'ai demandé à Marc de m'appeler[2] une autre fois; il va me _____ demain.
5. Il est venu en classe, puis il est parti; maintenant le voilà qui _____.
6. Je me suis endormie à 10 heures, mais un bruit m'a réveillée à minuit et je n'ai pas pu _____.
7. Nous avons fermé la fenêtre parce qu'il faisait trop froid. Maintenant qu'il fait chaud, voudriez-vous la _____?
8. J'ai fait la connaissance de mon voisin; la prochaine fois que je vais le vois, je vais le _____.

---

[2] **Appeler** = téléphoner.

3. Le tour du monde

PRONUNCIATION: Make sure students understand that **est** [ɛst] (*direction*) ≠ **est** [ɛ] (*verbe*). Point out that the final consonant of **nord** is silent while the final consonants of **sud** & **ouest** are pronounced.

Dans le monde il y a | cinq **continents** (*m.*).
| beaucoup de **pays** (*m.*).

Je vais | voyager **à l'étranger**.
| **faire le tour du monde**.
| aller dans toutes les directions: **au nord, au sud, à l'est** et **à l'ouest**.

Je vais visiter beaucoup de pays **francophones** (= où on parle français) et d'autres pays aussi.

En **Amérique du Nord** je vais visiter **le Canada** (surtout **le Québec**), **le Mexique** et **les États-Unis**.

En **Amérique du Sud** je vais visiter **le Brésil** et **l'Argentine**.

En **Europe** je vais visiter les pays de la CEE (**l'Allemagne, l'Angleterre, la Belgique, le Danemark, l'Espagne, la France, la Grèce, l'Irlande, l'Italie, le Luxembourg, les Pays-Bas, le Portugal**).

Je vais aussi visiter **la Suisse** et **l'Union Soviétique**.

En **Asie** je vais visiter **la Chine, le Japon, la Corée** et **le Viêt-nam**.

En **Afrique** je vais visiter les pays du Maghreb (**l'Algérie, le Maroc, la Tunisie**). Ce sont d'anciennes **colonies**.

Je vais aussi visiter **le Zaïre** et **le Sénégal**.

Je vais voir quelques **îles du Pacifique**: la **Nouvelle-Calédonie** et les îles de **la Polynésie française** (**Tahiti, Bora Bora**).

Ces îles sont françaises; ce sont des **territoires d'outre-mer** (des **TOM**).

Aux Antilles (dans **la mer** Caraïbe) je vais visiter **la Martinique** et **la Guadeloupe**.

Ce sont des **départements d'outre-mer** (des **DOM**); ils font partie intégrale de la France.

• Un DOM = un département d'outre-mer. Il y a cinq départements d'outre-mer: la Guadeloupe, la Guyane française, la Martinique, la Réunion et Saint-Pierre-et-Miquelon. Les habitants des départements d'outre-mer sont des citoyens français. Les DOM ont le même statut légal que les départements de l'Hexagone.

• Un TOM = un territoire d'outre-mer. Il y a quatre territoires d'outre-mer: la Nouvelle-Calédonie, la Polynésie française, Wallis-et-Futuna et les Terres australes et antarctiques françaises. Un territoire d'outre-mer est administré par la France. Un TOM n'a pas le même statut légal qu'un département, mais ses habitants sont des citoyens français.

EXERCICES **5**

EXPANSION: Dans quels
pays francophones est-elle
allée?

Have students look at the
map while you provide cues.

Bon Voyage!   Hélène a passé trois mois en Afrique et elle a visité tous les pays africains. Est-elle allée aux pays suivants?

1. la Guyane
2. la Tunisie
3. la Corée
4. le Mali
5. les Pays-Bas
6. l'Égypte
7. le Tchad
8. la Martinique
9. le Danemark
10. le Cameroun

Exercise 6 can be done in groups of four. Students decide on the "ideal" itinerary. Groups can compare results.

6   **En route!**   Martin a fait le tour du monde. Il est allé dans trois pays sur chacun des cinq continents principaux. Imaginez où il est allé.

7   **Lune de miel.**   Michael et Carmen vont se marier. Ils décident de passer leur lune de miel³ aux îles Caraïbes. Indiquez s'ils vont ou ne vont pas aux îles suivantes.

1. la Réunion
2. la Guadeloupe
3. Haïti
4. la Nouvelle-Calédonie
5. la Martinique
6. Tahiti

8   **Qu'est-ce qu'on y parle?**   Essayez de nommer ...

Refer students to maps on front and back covers.

1. trois pays en Europe où on parle français.
2. trois pays en Afrique où le français se parle.
3. deux pays en Asie ou dans le Pacifique où le français se parle.
4. deux pays en Amérique où on parle français.
5. un état américain où le français se parle.

4. Formation de mots (suite)

• Le nom de l'habitant d'un pays est identique à l'adjectif qui se rapporte à ce pays. Le nom d'une langue est aussi identique à l'adjectif. L'**Anglais** (l'homme **anglais**) parle **anglais**; la **Française** (la femme **française**) parle **français**; etc. Le nom de l'habitant prend toujours une majuscule; l'adjectif et le nom de la langue prennent toujours une minuscule.

³ **Lune de miel** (*f.*) = le voyage qu'on fait après la cérémonie du mariage.

• On forme souvent l'adjectif avec la terminaison **-ien(ne)**, **-ain(e)** ou **-éen(ne)**.

pays	adjectif -ien(ne)	pays	adjectif -ain(e)
Pérou	péruvien(ne)	Cuba	cubain(e)
Haïti	haïtien(ne)	Maroc	marocain(e)
Côte-d'Ivoire	ivoirien(ne)		

		pays	adjectif -éen(ne)
Israël	israélien(ne)	Guadeloupe	guadeloupéen(ne)
Inde	indien(ne)	Panama	panaméen(ne)
		Guinée	guinéen(ne)
		Corée	coréen(ne)

POINT OUT second -é- in québécois.

• On forme d'autres adjectifs avec la terminaison **-ais(e)** ou **-ois(e)**.

pays	adjectif -ais(e)	pays	adjectif -ois(e)
Irlande	irlandais(e)	Chine	chinois(e)
Hollande	hollandais(e)	Danemark	danois(e)
Portugal	portugais(e)	Luxembourg	luxembourgeois(e)
Japon	japonais(e)	Québec	québécois(e)
Sénégal	sénégalais(e)	Zaïre	zaïrois(e)
Martinique	martiniquais(e)		

PRONUNCIATION: The -ain, -ien, -éen, and -in adjectives all end in the same sound, [ɛ̃].

• Il y a aussi des adjectifs qui se forment avec **-an(e)**, **-in(e)** ou **-e**.

pays	adjectif -an(e)	pays	adjectif -e
Andorre	andorran(e)	Belgique	belge
Texas	texan(e)	Corse	corse
		Russie	russe

pays	adjectif -in(e)		
Argentine	argentin(e)	Suisse	suisse
Maghreb	maghrébin(e)	Tchécoslovaquie	tchèque
Philippines	philippin(e)		

• Enfin il y a certains adjectifs qui sont plus ou moins uniques.

pays	adjectif
Allemagne	allemand(e)
Espagne	espagnol(e)
Grèce	grec (grecque)
Monaco	monégasque
Turquie	turc (turque)

| **EXERCICE** | **9** | Complétez les phrases suivantes. |

1. La Corse fait partie de la France. Napoléon Bonaparte était _____.
2. En Corée on parle _____.
3. L'Allemagne est un pays important dans la CEE parce que l'économie _____ est très forte.
4. Cuba est près des États-Unis. Beaucoup de réfugiés _____ sont venus aux États-Unis pendant les années 50.
5. Faites bien attention à l'accent _____ quand vous êtes au Québec. On dit qu'il ressemble au français du dix-septième siècle.
6. Allez en Grèce! Les ruines (*f.pl.*) _____ sont formidables!
7. Quand vous étiez au Maroc, avez-vous essayé des plats _____?
8. Les gens qui habitent à la Martinique sont _____.
9. La Guadeloupe est un DOM; les _____ sont des citoyens français.

5. Bon voyage!

Je vais faire un voyage au Mali; j'y vais avec Air Afrique, **vol** (*m.*) n° 92.
J'ai consulté **l'horaire** (*m.*) pour trouver les heures que je préfère.
Le départ de Paris est à 12 heures 30; **l'arrivée** (*f.*) à Bamako est à
   16 heures 05.
L'hôtesse prend **la carte d'embarquement** de chaque **passager**
   (**passagère**).

| On ne **fume** pas de cigarettes | quand l'avion **décolle** (= part). |
| | quand l'avion **atterrit** (= arrive). |

| Quand l'avion décolle, il est | **essentiel** qu'on soit **assis** (sur un siège). |
| | **nécessaire** qu'on ne soit pas **debout** (≠ assis). |

Quand l'avion atterrit, il faut **récupérer** ses bagages à main.

| Le pilote | **souhaite** qu'on ait **un séjour** agréable à Bamako. |
| | **espère** que le vol a été agréable. |

Je regrette que mon ami ne vienne pas me chercher à l'aéroport, mais il
   travaille.
Je suis **triste** (= malheureux) que mon ami soit occupé.
Il **a suggéré** que je prenne un taxi pour aller chez lui.

Révisez le verbe **préférer** au Chapitre 4, p. 92. Révisez **préférer** au conditionnel au Chapitre 12, p. 309.

- Les verbes **espérer**, **suggérer** et **récupérer** ont les mêmes changements d'orthographe que **préférer**: **j'espère**, **nous espérons**; **tu suggères**, **vous suggérez**; **il récupère**, **nous récupérons**.

- Les verbes **vouloir**, **désirer** et **souhaiter** indiquent tous un désir, mais il y a des nuances de politesse et de formalité. **Vouloir** s'emploie dans la conversation. **Désirer** s'emploie souvent dans les rapports client/vendeur, client/serveur. **Souhaiter** s'emploie dans des situations officielles ou traditionnelles. Pour tous ces verbes le conditionnel est plus poli que le présent.

ATTENTION: Au passé composé **j'ai voulu** = j'ai essayé; **je n'ai pas voulu** = j'ai refusé.

Je veux te dire un mot.
Je voudrais vous parler un instant.
Est-ce que **Madame désire** voir quelque chose?
Le Sénateur ne souhaite pas que le public soit admis.
Je te souhaite un très bon anniversaire.

EXERCICE **10**

À chacun son avis. Attribuez un point de vue à chaque groupe de personnes. Formez des phrases en utilisant un des verbes indiqués.

regretter	*souhaiter*	*penser*
savoir	*espérer*	*être contents*
vouloir	*désirer*	*préférer*

▶ les Français/on comprend le français
Les Français préféreraient qu'on comprenne le français.

1. les Américains/tous les Français ont un béret
2. les hôtesses de l'air/les passagers peuvent s'endormir
3. les passagers/l'avion atterrit sans difficulté
4. les commerçants/la guerre n'est pas nécessaire
5. les hommes politiques/nous votons pour eux
6. les Néo-Calédoniens/l'indépendance est possible
7. les Maliens/nous passons un séjour agréable dans leur pays

La Carte American Express. Ne partez pas sans elle®

EXPRESSION LIBRE

JOUONS: Divide class into teams of 5 or 6. Each student must recite all previous destinations by memory and then add one beginning with the next letter. (Cities may be substituted.)

JOUONS

*Vous avez un ami riche et bizarre qui va faire le tour du monde **en ordre alphabétique**! Il va commencer par aller en Argentine parce que le nom du pays commence par la lettre A. Où va-t-il ensuite?*

▶ *D'abord il va en Argentine; puis il va au Brésil; ensuite il va ...*

IMAGINONS

Dans une des situations suivantes donnez vos réactions en commençant une phrase par chaque expression donnée. Faites autant de phrases que possible.

1 Vous et un(e) autre étudiant(e) de français discutez des dernières semaines du cours de français et de l'examen final. Vous dites ... (*2 étudiants*)

　　Je regrette que ...
　　Es-tu content(e) que ... ?
　　On dit que ...
　　Le prof voudrait que ...
　　Le prof ne sait pas que ...

2 Vous et un(e) ami(e) avez organisé une fête comme une surprise pour l'anniversaire d'un autre ami, Marc. À la dernière minute, Marc téléphone pour dire qu'il est malade. (Il ne sait pas que vous avez organisé cette fête.) Vous discutez de la situation avec votre ami(e). (*2 étudiants*)

　　Sais-tu que ... ?
　　Faut-il que nous ... ?
　　J'espère que ...
　　Je suis malheureux (malheureuse) que ...
　　Je suggère que ...

3 Vos amis ont organisé un grand pique-nique à la plage, un pique-nique qui va durer tout l'après-midi. Vous avez beaucoup de devoirs à faire, vous n'aimez pas beaucoup la plage et on dit qu'il va pleuvoir cet après-midi; mais vous avez promis d'y aller. Donnez vos réactions. (*2 or 4 étudiants*)

　　Je voudrais que ...
　　Je pense que ...
　　Je regrette que ...
　　J'espère que ...
　　J'insiste que ...

4   Vous êtes en France avec un groupe d'autres étudiants (Robert, Thomas et Sarah). Vous avez un après-midi libre avant le dîner à 20 heures. Il y a une exposition de Picasso au Grand Palais que personne n'a vue et il y a aussi le cimetière du Père-Lachaise et le Forum des Halles. Décidez ce que vous allez voir et si vous voulez y aller en groupe ou seul. (*4 étudiants*)

> Je voudrais que ...
> Il faut que ...
> On dit que ...
> Voudriez-vous que ... ?
> Savez-vous que ... ?

INTERVIEW

Un(e) jeune étudiant(e) francophone a passé un semestre à votre université et vous voulez connaître ses impressions des États-Unis, des Américains, de votre ville et de votre université. Posez-lui un minimum de dix questions. Déterminez d'où il (elle) vient. Vous pouvez parler de ses activités ici, de ses difficultés d'adaptation, de ses préférences. Un(e) autre étudiant(e) va jouer le rôle de l'étudiant francophone.

DIALOGUES

Avec le partenaire que votre professeur vous donne, parlez d'un des sujets suivants. Employez les questions données seulement si vous avez besoin d'aide pour commencer la conversation ou pour la continuer. Vous n'êtes pas obligé(e) de poser toutes les questions données.

DIALOGUES: Set students in pairs where the partners are matched for linguistic ability. This exercise WILL NOT WORK well if very good students are paired with very poor ones. Allow at least 10 minutes.

1   **La vie idéale**
Comment voudriez-vous que soit votre vie dans dix ans?
Comment les autres (vos parents, vos amis) voudraient-ils qu'elle soit?
Est-ce que vous voulez tous la même chose? Pourquoi ou pourquoi pas?
Quelles différences y a-t-il dans votre point de vue?
Êtes-vous content(e) que vos parents soient loin de (près de) vous?

2   **Mes désirs**
Qu'est-ce qu'il faut que vous fassiez pour être heureux (heureuse)?
Que faudrait-il que les autres fassent pour que vous soyez heureux (heureuse)?
Que faudrait-il que vous ayez pour satisfaire vos désirs?
Est-ce que vous êtes unique, ou est-ce que beaucoup d'autres gens voudraient les mêmes choses?

3   **L'avenir**
Comment voudriez-vous que notre monde soit différent dans dix ans?
Avez-vous peur que ces changements ne soient pas possibles?
Quel changement serait essentiel? Pourquoi?

CONVERSATION

Chaque phrase commence une petite conversation entre vous et un(e) ami(e). Voici la question ou l'observation de votre partenaire. Continuez votre part de la conversation par cinq phrases.

1. «As-tu déjà visité les îles Caraïbes?»
2. «Mes deux neveux, 12 ans et 14 ans, viennent ici demain pour passer une semaine. Que feriez-vous avec deux garçons?»
3. «Pourquoi finir mes études?»
4. «Pourquoi voudrait-on aller en Afrique?»
5. «La vie est la même dans tous les pays.»
6. «Que voulez-vous que je fasse?»

COMPOSITION ÉCRITE

Écrivez une composition d'une à deux pages sur un des sujets suivants.

1. Je voudrais que le monde soit différent.
2. Mon arbre généalogique ou comment ma famille est venue au Nouveau Monde.
3. Si j'allais passer un an à voyager.
4. Si je pouvais aller dans n'importe quel pays francophone.

CHAPITRE 15

À la longue

STRUCTURES

Les verbes réguliers en **-re**
Le verbe **mettre**
Le verbe **croire**
La négation (*suite*)

CULTURE

Une tradition artistique
La perspective française
Une tradition raisonnable: La Rochefoucauld
et Pascal

▶ On ne peut pas connaître
un pays sans comprendre
les traditions qui relient le
présent au passé et qui
forment le caractère
national. Signalons
quelques traditions
françaises.

Les verbes réguliers en -re

Voir Vocabulaire 1 et 2, *La vie universitaire* et *Formation de mots*, pp. 417–419.

— Allô? Allô? **Vous** m'**entendez**? Qui est à l'appareil?

— C'est moi, Moustafa. **Je** t'**entends** très mal.

— **Attends**, Moustafa. **Je descends** au rez-de-chaussée pour changer de téléphone....

— **Tu entends** mieux maintenant?

— Oui, ça va mieux. Qu'est-ce que tu fais? **Je** t'**interromps**?

— Non, **tu** ne m'**interromps** pas, mais **mon père attend** un message urgent. S'**il** nous **entend** au téléphone, **interrompons** tout de suite la conversation.

FOLLOW-UP QUESTIONS: M'entendez-vous? Entendez-vous les étudiants qui parlent en classe? dans la classe à côté de nous? Est-ce que votre camarade de chambre vous entend quand vous êtes au téléphone? Entend-il (elle) bien quand vous lui parlez?

EXPLICATION

Have students find the roots of **rendre**, **descendre**, **attendre**.

• Beaucoup de verbes en **-re** sont réguliers; ils emploient le même système de terminaisons et ils forment leur radical de façon régulière.

• Le radical d'un verbe régulier en **-re** est l'infinitif sans la terminaison **-re**. Les terminaisons sont: **-s, -s, ——, -ons, -ez, -ent.**

• Voici les verbes **répondre** et **vendre** au présent.

répondre					vendre			
je	**répond s**	nous	**répond ons**		je	**vend s**	nous	**vend ons**
tu	**répond s**	vous	**répond ez**		tu	**vend s**	vous	**vend ez**
il/elle/on	**répond**	ils/elles	**répond ent**		il/elle/on	**vend**	ils/elles	**vend ent**

PASSÉ COMPOSÉ: **j'ai répondu**	PASSÉ COMPOSÉ: **j'ai vendu**

Le verbe **descendre** est conjugué avec **être** au passé composé.

PRONUNCIATION: Note that the **-d** of the **il/elle/on** form is pronounced [t] in inversion: **entend-[t]il**.

• Le participe passé d'un verbe en **-re** est le radical + **-u**.

Avez-vous **entendu** la nouvelle? Les Bleus ont gagné!

J'ai **perdu** mes clés. J'ai cherché partout, mais je ne les trouve pas.

Quand nous étions à Montréal, nous sommes **descendus** dans un hôtel excellent.

POINT OUT that **prendre** (Ch. 10) is *not* a regular **-re** verb. Elicit from students a description of how it differs from regular **-re** verbs (no **-d** in the plural of the present tense, irregular past participle, etc.).

PRONUNCIATION: Note the difference in pronunciation between **entend** [ãtã] et **entendent**. [ãtãd]. The consonant of the infinitive is pronounced in the present tense plural.

• On forme l'imparfait, le subjonctif et le conditionnel d'un verbe en **-re** comme pour tout autre verbe régulier. Pour l'imparfait et le subjonctif, on ajoute les terminaisons régulières de ces temps au radical du pluriel; pour le conditionnel, on ajoute les terminaisons de l'imparfait à l'infinitif (moins le **-e** final).

> **On entendait** souvent parler du général de Gaulle dans les années 60.
> Je voudrais **que vous répondiez** à mes questions.
> Si j'avais besoin d'argent, **je vendrais** ma voiture.

EXERCICES   A

GOAL: present of **-re** verbs

Faites des phrases avec les verbes et les sujets donnés.

▶ mes parents/répondre à toutes mes questions
Mes parents répondent (ne répondent pas) à toutes mes questions.

1. je/perdre souvent la tête
2. mon (ma) meilleur(e) ami(e)/perdre la tête pendant un examen
3. les autres étudiants et moi/attendre le prof de français
4. le prof de français/répondre aux questions en anglais
5. les étudiants/répondre bien aux questions du prof
6. tout le monde/rendre ses devoirs au prof
7. nous/vendre notre ordinateur à la fin de l'année
8. je/descendre du cinquième étage
9. mes voisins et moi/s'entendre bien
10. mes voisins/entendre ma radio

B

GOAL: describing ideal circumstances

Bien entendu.   Cécile raconte ce que seraient ses noces[1] si la vie était idéale.

▶ rien/interrompre la cérémonie
Bien entendu, rien n'interromprait la cérémonie.

1. mes beaux-parents/s'entendre bien avec moi
2. mon fiancé/ne pas perdre la tête le jour des noces
3. je/ne pas attendre longtemps mon fiancé à l'église
4. mon fiancé et moi/répondre vite aux questions de la cérémonie
5. tout le monde/entendre nos réponses
6. la cérémonie/ne pas rendre mon fiancé anxieux
7. nous/descendre dans un hôtel de luxe pour notre voyage de noces

GOAL: describing past events

Malheureusement, tout a été le contraire de ce que Cécile espérait. Racontez ce qui est arrivé en employant le passé composé.

▶ rien/interrompre la cérémonie
Tout a interrompu la cérémonie.

----

[1] **Noces** (*f.pl.*) = cérémonie du mariage.

QUESTIONS:

1. Comment est-ce que la France est la gardienne du passé?   2. Ce rôle est-il important pour les Français? Expliquez.   3. Comment la France est-elle moderne?   4. À quoi pense-t-on quand on pense à Paris?   5. Qui était le Baron Haussmann?   6. Qu'est-ce qu'il a fait?   7. Quelle était la réaction des Français vis-à-vis de son travail?   8. Quels bâtiments célèbres les Français ont-ils détestés?   9. Quels bâtiments modernes peuvent être sujets à discussion?   10. Comment la France changera-t-elle? Et votre ville?

Help students to deduce the meaning of **embellir** and **démolir** by using techniques suggested on p. 322.

Une tradition artistique

On peut s'imaginer que la France est un vieux pays plein de bâtiments anciens et de vieilles traditions. Certainement elle a un patrimoine historique considérable dont[a] les Français sont à juste titre fiers.[b] Mais la France n'est pas seulement la gardienne d'un passé. C'est aussi un pays moderne qui se jette[c] avec enthousiasme vers un avenir en plein épanouissement.[d] C'est un pays où les robots travaillent dans les usines. C'est un pays qui a beaucoup développé les centrales nucléaires (deuxième production mondiale). C'est un pays clé dans le programme spatial européen (la fusée[e] Ariane est fabriquée en France). C'est un pays important dans la création d'une Europe unie. C'est un pays dont la population est en train de changer rapidement. Et c'est un pays où l'architecture moderne est en pleine évolution.

Ceux[f] qui critiquent les nouveaux bâtiments qui apparaissent en France—et surtout à Paris, à côté des vieux bâtiments qu'on a si longtemps appréciés—ne connaissent pas bien leur histoire. Quand on pense à Paris, on imagine souvent les longs boulevards et les grandes perspectives qu'on voit sur tant[g] de cartes postales. Mais ils n'ont pas toujours fait partie de Paris. Ils ont été créés par le baron Haussmann, qui a travaillé à embellir Paris au dix-neuvième siècle sous Napoléon III. Il a rénové certains bâtiments et il en a démoli d'autres pour créer, à l'intérieur de Paris, ces belles perspectives, maintenant célèbres. Mais au dix-neuvième siècle ce travail était vivement discuté et Haussmann décrié.

Les Parisiens ont peu estimé d'autres innovations qui sont devenues, par la suite, partie intégrante de l'image parisienne. La tour Eiffel (1889) était «La Disgracieuse»; l'Opéra (1862–74) faisait scandale; on traitait le Centre Georges-Pompidou (1977) d'usine; et, sans doute, certains trouvent que l'arche de la Défense (1989) et la pyramide du Louvre (1989) sont des monstruosités. Mais la France est comme un être vivant[h]: elle change avec le temps, reflétant ce que chaque moment de l'histoire lui apporte. C'est une tradition française de participer pleinement à l'époque actuelle.

---

[a] **Dont** = *about which.*
[b] **Fier (fière)** = qui a le sentiment de sa dignité, de son honneur.
[c] **Se jette** = avance.   [d] **Épanouissement** (*m.*) = développement.
[e] **Fusée** (*f.*): NASA a employé **les fusées** Titan pour lancer les missions Apollo.
[f] **Ceux** = les gens.   [g] **Tant** = un grand nombre.   [h] **Vivant** ≠ mort.

C Répondez par une phrase complète.

1. Qu'est-ce que vous attendez avec impatience? Avez-vous jamais attendu la rentrée[2] avec impatience?
2. Si le professeur était en retard, combien de temps est-ce que vous et les autres étudiants l'attendriez? Combien de temps voudrait-il que vous l'attendiez?
3. Le professeur entend-il tout ce qu'on dit en classe?
4. Est-ce que les étudiants du cours s'entendent bien? S'entendraient-ils mieux s'ils étaient moins anxieux?
5. Perdez-vous la tête quand vous passez un examen difficile? Et quand vous étiez au lycée?
6. Si vous aviez besoin d'argent, vendriez-vous quelque chose? Qu'est-ce que vous avez vendu?
7. Rendez-vous vos livres à la date limite à la bibliothèque? Et quand vous étiez au lycée?
8. Vos grands-parents veulent-ils que vous leur rendiez visite plus souvent? Quand allez-vous leur rendre visite?
9. Qui vous rend souvent visite? Qui va vous rendre visite bientôt?
10. Voudriez-vous qu'une certaine personne vous rende visite? Qui?

---

[2] **Rentrée** (*f.*) = le moment où on revient des vacances d'été et le travail ou les cours recommencent.

2 Le verbe **mettre**

— J'aimerais bien vous aider à la cuisine. **Vous permettez?**
— Volontiers.
— Est-ce qu'**on met** quatre ou cinq œufs dans ce soufflé?
— D'habitude **j'en mets** cinq, mais cette fois **j'en ai mis** quatre, parce
que **j'ai promis** à Nathalie, qui vient dîner, qu'il n'y aurait pas
beaucoup de cholestérol dans ce qu'on mange.
— Mais si **vous en mettez** cinq, il va être encore plus léger.
— Mais non, **mettons**-en quatre.
— **Je remets** le cinquième au réfrigérateur, alors.

FOLLOW-UP QUESTIONS: Qu'est-ce qu'on met dans une omelette? Y mettez-vous du
fromage? de la crème? du lait? du jambon? des légumes?

EXPLICATION

Voir Vocabulaire 3, *Les
traditions*, p. 420.

		mettre		
	met-		**mett-**	
je	**mets**	nous	**mettons**	
tu	**mets**	vous	**mettez**	
il/elle/on	**met**	ils/elles	**mettent**	

PASSÉ COMPOSÉ: **j'ai** mis

PRONUNCIATION: Point out
that **mis** [mi] → **mise** [miz]
when agreement occurs.

• Le verbe **mettre** se conjugue au présent comme un verbe régulier en **-re**,
excepté que le radical a seulement un **-t-** au singulier. L'imparfait, le subjonctif
et le conditionnel sont réguliers.

S'il n'y avait pas de banques, **je mettrais** mon argent sous mon lit.
Quand j'étais petite, **je ne mettais jamais** de chaussures en été.
Il faut **que vous mettiez** un accent sur le e- dans le mot «étudiant».

• Le verbe **mettre** est plus ou moins synonyme de **placer**.

Mettez un peu de crème dans mon café.
Je mets mon argent à la banque.

• On emploie **mettre** aussi quand on parle de vêtements.

Mettez un sweater; il fait un peu frais dehors.
Tu as mis un bikini? Mais on ne va pas à la plage!

EXERCICES **D**

GOAL: describing putting on clothing

Qu'est-ce que vous mettez? Complétez les phrases et expliquez ce que chaque personne met dans les circonstances suivantes.

▶ Quand il pleut, ma tante …
Quand il pleut, ma tante met un imperméable.

1. Quand il fait froid, je …
2. Quand il fait chaud, on …
3. Quand ils vont en classe, les jeunes …
4. Quand nous sortons le soir, mes copains et moi …
5. Quand je suis en vacances, je …
6. Quand elles sortent le soir, les stars …
7. Quand on ne voit pas bien, on …

E

GOAL: explaining where people put things

En cachette. Demandez à votre partenaire où ces personnes mettent les choses suivantes.

1. les riches/leur argent
2. tu/les numéros de téléphone
3. je/mes livres
4. toi et tes amis/vos voitures
5. ta sœur/ses clés
6. nous/nos cahiers
7. on/ses lunettes

F

GOAL: comprehension & integration

Faisons connaissance! Répondez aux questions suivantes par une phrase complète.

1. Où est-ce que vous et vos amis mettez vos voitures quand vous êtes en vacances?
2. Qu'est-ce que vos parents mettent dans leur voiture?
3. Qu'est-ce que les enfants mettent sous leur lit? Qu'est-ce que vous y mettiez quand vous étiez petit(e)?
4. Qu'est-ce que vous mettez dans votre portefeuille?
5. Mettez-vous votre nom sur tous vos livres? Et quand vous étiez jeune? Est-ce que vous avez jamais mis des notes sur un livre de la bibliothèque?
6. Où mettez-vous vos clés? Les avez-vous jamais mises dans un endroit bizarre? Et votre argent?
7. Remettez-vous à sa place ce que vous employez? Et votre camarade de chambre?
8. Votre camarade met-il (elle) ses vêtements par terre?
9. Qu'est-ce que votre camarade a promis de faire? L'a-t-il fait?
10. Est-ce que votre camarade vous permet de vous servir de ses affaires? Qu'est-ce qu'il (elle) ne vous permet pas d'utiliser?

QUESTIONS:

1. Êtes-vous d'accord que les Américains s'expriment en termes moralisateurs? Pourquoi (pas)? Donnez un exemple.   2. Est-ce qu'on a le droit de poser des questions sur l'intégrité des hommes ou des femmes politiques? sur les mariages? sur les principes? Pourquoi (pas)?

Refer students back to Ch. 8, p. 199 and Ch. 9, p. 231 for discussion of the French attitude toward the private life of others.

La perspective française

Vite ou lentement, à la longue tout se transforme. La musique, les vêtements, le vocabulaire, les bâtiments mêmes changent vite, mais les valeurs, les attitudes et les perspectives changent lentement. «Plus ça change, plus c'est la même chose», dit un proverbe français. Les hommes sont toujours les hommes; les Français sont toujours les Français.

Y a-t-il une manière française de voir le monde? Comment est-elle différente de la perspective américaine? Les Américains ont tendance à s'exprimer dans les débats publics en termes moralisateurs. Les Français, eux, expriment leurs préoccupations d'une manière différente. Si les Américains se présentent comme idéalistes, les Français, eux, parlent en réalistes. La vie devrait être bonne, mais souvent elle ne l'est pas. Les hommes politiques devraient avoir de l'intégrité, mais souvent ils n'en ont pas. Les mariages devraient être harmonieux, mais souvent il y a beaucoup de tensions dans les familles. Les Français n'essaient pas tellement de rendre les choses comme elles devraient être, mais de minimiser les problèmes qu'ils voient comme inévitables.

Cette différence de perspective est importante, mais il ne faut pas en exagérer la signification. Les Américains ne manquent pas de réalisme ni les Français d'idéalisme. Mais un Français ne parlerait pas de ses principes dans un débat public comme en parlerait un Américain parce que les principes sont personnels, privés. Quelqu'un qui formulerait un argument en termes moraux serait indiscret, agressif même, parce que parler publiquement en de tels[a] termes serait implicitement dire que les autres devraient avoir les mêmes principes. Un Français pourrait critiquer le raisonnement des autres sans être accusé d'arrogance, mais les principes restent très personnels.

**LA CULTURE FRANÇAISE...
PARTOUT DANS LE MONDE.**

inter-1ivres

14, Place de Rungis
75013 PARIS
Tél. : (1) 45.88.44.45
Fax : (1) 45.88.42.26

[a] **En de tels** = en ces sortes de.

Le verbe **croire**

—François, tu es français. Dis-moi, est-ce que c'est vrai que les Français sont très hostiles à la religion?

—**Je crois** que non. Pourquoi le **crois-tu**?

—Je l'ai entendu dire.[3]

—Vous autres Américains, **vous croyez** que nous sommes contre la religion parce que vous ne comprenez pas notre culture.

—**Tu crois**?

—J'en suis sûr. Quand **vous croyez** à quelque chose, vous aimez en parler à d'autres. Quand **nous croyons** à quelque chose, ça devient privé et nous n'en parlons pas souvent. D'ailleurs, un Français croyant ne va pas nécessairement à l'église ou au temple. Ce qu'**il croit** n'a rien à voir avec un lieu public ou des cérémonies publiques.

EXPLICATION

Voir Vocabulaire 4, *Le diable et le bon Dieu*, p. 422.

FOLLOW-UP QUESTIONS: Croyez-vous à l'amour? au grand amour? à la fatalité? à l'importance de la famille? au mariage?

	croire		
je	**crois**	nous	**croyons**
tu	**crois**	vous	**croyez**
il/elle/on	**croit**	ils/elles	**croient**

PASSÉ COMPOSÉ: j'**ai cru**

POINT OUT: **Croire** is conjugated like **voir** in the present tense. Unlike **voir**, its conditional is regular (**je croirais**).

• Comme au présent de l'indicatif, il y a deux radicaux au subjonctif: **croy-** aux formes **nous** et **vous** et **croi-** aux autres formes.

Il est important **que nous croyions** en quelque chose.
Je ne demande pas **que mes amis croient** ce que je crois.

• **Croire en** = avoir confiance en. **Croire à** = croire à la réalité de.

L'homme moderne **croit en** *la science.*
Croyez-vous en *Dieu?*

Mon père ne **croit** pas **aux** *OVNI.*
Nous ne **croyons** pas **au** *grand amour.*

---

[3] **Entendre dire** = apprendre par ce qui est dit.

- **Croire** + nom = croire à la vérité d'une chose.

    Je ne **crois** pas *cette histoire* qu'elle m'a racontée.
    Vous pouvez **croire** *cet homme*; il ne ment jamais.
    Vous dites que le film commence à 8 heures et **je** *vous* **crois**.

- Le verbe **croire** peut s'employer avec la conjonction **que** + sujet + verbe.

    Je crois que *vous êtes* plus fort que moi.
    Nous croyons que *cette classe est* excellente.

- Pour donner son opinion après une question, on emploie les formules **Je crois que oui** (**Je le crois**) ou **Je crois que non** (**Je ne le crois pas**).

    — Elvis est encore vivant?
    — **Je crois que oui.**

    — Mange-t-on des escargots en France?
    — **Je le crois.**

EXERCICES   G

Croyances.   Employez le verbe **croire** et les prépositions **à** ou **en** pour indiquer l'attitude de ces gens vis-à-vis de ces phénomènes.

GOAL: describing beliefs

je		Dieu
ma famille		la prière
mes grands-parents		la science
les Américains		les OVNI
mes amis et moi	à	les fantômes
les Français	en	le coup de foudre
personne		le destin
les gens raisonnables		l'enfer
moi et beaucoup d'autres		le paradis
		l'influence des étoiles
		le grand amour

H

Opinions.   Indiquez les opinions des autres, selon le modèle.

▶ Je crois qu'il y a trop d'examens pour ce cours. Et les autres étudiants?
   Ils le croient aussi.   OU   *Ils ne le croient pas.*

GOAL: stating what you believe

1. Je crois que les Français ressemblent beaucoup aux Américains. Et toi et tes amis?
2. Je crois que les sports sont inutiles. Et ton médecin?
3. Je crois que les Américains sont plus sportifs que les Français. Et toi?
4. Je crois que les joueurs de basket-ball sont en meilleure forme que les joueurs de football américain. Et tes amis?
5. Je crois que ce qu'on mange est très important pour la santé. Et ton médecin?

6. Je crois qu'on ne devrait pas manger de gâteaux. Et toi et tes amis?

7. Je crois que le café est bon pour la santé. Et toi?

8. Je crois qu'on ne devrait pas manger de viande rouge. Et ton médecin?

9. Je crois qu'il est agréable de voyager. Et tes grands-parents?

10. Je crois que les Français mangent mieux que les Américains. Et toi?

 Répondez aux questions suivantes par une phrase complète.

GOAL: comprehension and integration

1. Vos amis ont-ils toujours cru ce que vous leur avez dit?

2. Croyez-vous ce que disent les hommes politiques? Pourquoi?

3. Vous et vos amis, croyez-vous à la possibilité d'une nouvelle guerre mondiale?

4. Croyez-vous à l'astrologie? Est-ce que les étoiles influencent nos actions?

5. Vous et vos amis, est-ce que vous croyez à la vie intelligente extraterrestre?

6. Vous et vos amis, croyez-vous à la supériorité de la civilisation occidentale?

7. Vos amis croient-ils à la supériorité des Américains en technologie? En tout?

8. Si vous n'étiez pas américain(e), croiriez-vous à la démocratie?

9. Que croyiez-vous quand vous étiez petit(e)? Le croyez-vous encore?

10. Qu'est-ce que les Européens croyaient avant la découverte de l'Amérique?

4 La négation (*suite*)

Monsieur Malheur est si négatif que sa femme lui a suggéré de consulter leur médecin. Le médecin essaie, en vain, de l'encourager.

— Quand êtes-vous heureux, Monsieur Malheur?
— **Jamais.**
— Qui vous aime?
— **Personne.**
— Qu'est-ce qui vous intéresse?
— **Rien.**
— Où voudriez-vous aller pour vos vacances?
— **Nulle part.**
— Vous n'avez pas perdu l'appétit?
— **Pas encore.**
— Combien d'amis avez-vous?
— **Aucun.**
— Mais, sûrement, il y a encore quelque chose de bien dans votre vie.
— **Plus maintenant.**
— Je ne peux absolument pas vous aider, Monsieur Malheur.
— Vraiment! Vous avez une attitude très négative, Docteur.

FOLLOW-UP QUESTIONS:
Quand êtes-vous allé(e) sur la Lune? Qui habite sur la Lune? Qu'est-ce que j'ai dans la main? (*show empty hand*) Avez-vous terminé vos études à l'université? Est-ce que vous êtes toujours au lycée?

RIEN NE VAUT UN BON "BOUQUINS" POUR SAVOIR QU'ON NE SAIT RIEN.

EXPLICATION

Voir Vocabulaire 5, *Les jumelles*, p. 425.

Révisez les négations **jamais** (au Chapitre 1, p. 16), **rien** (au Chapitre 6, p. 151), **pas encore** (au Chapitre 9, p. 223), **plus** (au Chapitre 10, p. 267) et **personne** (au Chapitre 12, p. 327).

1. Formes

• Voici les contraires des négations communes.

négatif		affirmatif
jamais	≠	toujours, quelquefois, souvent, etc.
personne	≠	tout le monde, quelqu'un
rien	≠	tout, quelque chose
plus	≠	encore, toujours
pas encore	≠	déjà
ni ... ni	≠	et, ou
aucun(e)	≠	un, une, des, quelques
nulle part	≠	partout, quelque part
non plus	≠	aussi

• **Aucun(e)** est un adjectif qui signifie **pas un(e)**, **zéro**.

> Je connais beaucoup de gens, mais je **n'ai aucun** ami.
> On m'a demandé des conseils, mais je **n'ai aucune** suggestion à offrir.

NOTEZ: **Aucun(e)** s'emploie généralement au singulier.

> — Avez-vous lu beaucoup de livres cet été?
> — Je **n'ai** lu **aucun** livre.

Aucun is used in the plural only when no singular exists for a noun: **Nous n'avons** *aucunes* **vacances cette année**.

• **Aucun(e)** peut être un pronom aussi. Dans ce cas, son sens vient du contexte immédiat.

> Il y a beaucoup de livres dans la bibliothèque de mes parents, mais **aucun** (de ces livres) **ne** m'intéresse.

• **Ni ... ni** est la négation de **et** ou de **ou**.

> Tu as fait la composition *et* la lecture, mais je **n'ai** fait **ni** la composition **ni** la lecture.
> D'habitude on lit vite *ou* on lit bien, mais Eugène **ne** lit **ni** vite **ni** bien.

• **Nulle part** est la négation de **quelque part**, de **partout** ou de l'interrogatif **où**.

> *Où* est-il allé en vacances? Mais il **n'est** allé **nulle part**.
> J'ai cherché *partout*, mais je **ne** l'ai trouvé **nulle part**.

Point out that the use of **aussi** and **non plus** with a disjunctive pronoun is quite common: **Moi aussi. Lui non plus**.

• On emploie **aussi** pour seconder une observation affirmative et **non plus** pour seconder une observation négative.

Il a faim, et moi **aussi**.

Mais: Tu n'as pas d'argent? Moi **non plus**, je **n'**en ai **pas**.

Les hommes sont logiques. Les femmes sont logiques **aussi**.

Mais: Mon père n'est pas paresseux. Ma mère **n'**est **pas** paresseuse **non plus**.

NOTEZ: **Ne ... que** n'est pas une négation, mais ressemble beaucoup à une négation. **Ne ... que** = **seulement**. **Ne** précède toujours le verbe, mais **que** est devant le mot qu'on veut accentuer.

Je **ne** téléphone **qu'***à Martine* le week-end.
Je **ne** téléphone à Martine **que** *le week-end*.

2. Place de la négation

• Dans toute négation le verbe est précédé de **ne**. En général le second terme de la négation vient après le verbe.

Je **ne** crois **pas** aux OVNI.
Annick **ne** va **nulle part** pendant les vacances.
Il **n'**y a **personne** à Paris en août.

• **Personne**, **rien** ou **aucun(e)** peuvent être le sujet du verbe. **Ne** précède toujours le verbe.

Rien ne m'intéresse dans la vie!
Personne ne me comprend.
Aucun ami **ne** m'a aidé quand j'ai déménagé.

• Au passé composé, la plupart des négations se placent entre l'auxiliaire et le participe passé.

On va passer *Les 400 Coups* ce soir? Chouette! Je **n'**ai **jamais** vu ce film.
J'ai faim! Je **n'**ai **rien** mangé depuis hier soir!
Mon père s'est arrêté de fumer en 1972. Il **n'**a **plus** fumé de cigarettes.
Pierre est toujours à l'université? Il **n'**a **pas encore** terminé?

• **Personne** et **nulle part** viennent *après* le participe passé.

Quelles vacances! Je **ne** suis allé **nulle part**.
Tu **n'**as vu **personne** hier soir? Qu'as-tu donc fait?

• L'adjectif **aucun(e)** modifie un nom et accompagne toujours son nom.

Aucun *ami* **n'**est venu me voir.
Je **ne** crois à **aucune** *créature* extraterrestre.
Il **n'**a présenté **aucune** *objection*.

- **Ni ... ni** s'emploie souvent avec le sujet ou l'objet de la phrase. **Ne** précède toujours le verbe conjugué.

> **Ni** *lui* **ni** *moi* **ne** voulons vous parler.
> Elle **n'**a parlé **ni** *au père* **ni** *au fils*.

- La négation d'un infinitif se fait en plaçant les deux termes de la négation devant l'infinitif.

> Je préfère **ne pas** *voyager* en été quand tout le monde est en vacances.
> Mes parents m'ont dit de **ne jamais** *sortir* sans un peu d'argent.

3. Le partitif et l'article indéfini au négatif

Révisez **un(e), des → de** au Chapitre 4, p. 75.

- En général, après une négation, l'article partitif ou indéfini se change en **de**.

> **Des** escargots? Merci, je **ne** mange *jamais* **d'**escargots.
> Je voudrais **du** sucre dans mon thé, mais il **n'**y a *plus* **de** sucre.

Comparez cette structure à l'omission du partitif après **avoir peur/besoin/ envie de** au Chapitre 10, p. 251.

- Après **ni ... ni**, on omet l'article partitif et l'article indéfini.

> Prenez-vous **du** gâteau ou **de la** glace? Je ne prends **ni** gâteau **ni** glace.

NOTEZ: L'article défini ou l'adjectif possessif reste après **ni ... ni**.

> Je n'aime *ni* **le** gâteau *ni* **la** glace.
> Il n'a perdu *ni* **ses** clés *ni* **son** portefeuille.

- Puisque **ne ... que** n'est pas une négation, on peut l'employer devant le partitif et l'article indéfini.

> Je *n'*ai pris *que* **du** gâteau comme déjeuner.

EXERCICES J

GOAL: responding negatively

Monsieur Grincheux va chez un conseiller qui veut l'encourager. Mais chaque fois que le conseiller lui pose une question, il répond négativement. Jouez le rôle de Monsieur Grincheux.

▶ Qui aimez-vous?
   Je n'aime personne.

1. Quand vous amusez-vous?
2. Qu'est-ce que vous voulez faire dans la vie?
3. Que faites-vous dans la vie?
4. Qui vous aime?
5. Où pouvez-vous vous reposer?
6. Avez-vous encore des amis?
7. Qu'est-ce qui vous intéresse?
8. Votre femme veut-elle déjà divorcer?
9. Combien d'enfants avez-vous?
10. Êtes-vous heureux quelquefois?

Une tradition raisonnable

Les Français ont une tradition de moralistes qui n'a rien à voir avec la moralité. Un moraliste est un écrivain qui propose des réflexions sur la vie et sur l'humanité. Il peut écrire des essais comme Montaigne (1533–1592); des portraits comme La Bruyère (1645–1696); des pensées comme Pascal (1623–1662) et Valéry (1871–1945); ou des maximes comme La Rochefoucauld (1613–1680), Vauvenargues (1715–1747) ou Chamfort (1740–1794).

Les moralistes, pour la plupart, suivent la tradition française de rationalisme, tradition à l'origine de l'attitude réaliste des Français envers le monde. Cette tradition rationaliste remonte au seizième siècle et à la Renaissance, mais elle a trouvé une forte expression au dix-septième siècle, «le Grand Siècle».

C'est au dix-septième siècle que René Descartes (1596–1650) a trouvé dans la pensée la preuve de son existence («Je pense, donc je suis.»). Et Blaise Pascal, qui voulait limiter la raison au nom de la raison même, y a trouvé la preuve de la noblesse de l'homme. Mathématicien, savant, philosophe et penseur religieux, Pascal avait une attitude complexe envers la raison. Cette attitude nous révèle la finesse du rationalisme français, tout comme l'attitude de La Rochefoucauld nous montre son côté cynique. Voici quelques extraits des œuvres de ces deux auteurs.

Maximes

• Il est difficile de définir l'amour: ce qu'on en peut dire est que, dans l'âme°, c'est une passion de régner°; dans les esprits, c'est une sympathie; et dans le corps°, ce n'est qu'une envie cachée° et délicate de posséder ce que l'on aime après beaucoup de mystères.

soul/dominer
body/secrète

• Si on juge de l'amour par la plupart de ses effets, il ressemble plus à la haine° qu'à l'amitié.

l'animosité

• Une des choses qui fait que l'on trouve si peu de gens qui paraissent° raisonnables et agréables dans la conversation, c'est qu'il n'y a presque personne qui ne pense plutôt à ce qu'il veut dire qu'à répondre précisément à ce qu'on lui dit.

ont l'air

• Ce que nous prenons pour des vertus n'est souvent qu'un assemblage de diverses actions et de divers intérêts, que la fortune ou notre industrie savent arranger; et ce n'est pas toujours par valeur et par chasteté que les hommes sont vaillants et que les femmes sont chastes.

- On n'est jamais si heureux ni si malheureux qu'on s'imagine.
- Les vieillards aiment à donner de bons préceptes, pour se consoler de n'être plus en état de donner de mauvais exemples.
- L'hypocrisie est un hommage que le vice rend à la vertu.
- Il y a des méchants° qui seraient moins dangereux s'ils n'avaient aucune bonté.

≠ bons

- Dans les premières passions, les femmes aiment l'amant; et dans les autres, elles aiment l'amour.
- Le plaisir° de l'amour est d'aimer, et l'on est plus heureux par la passion que l'on a que par celle° que l'on donne.
- Nous aimons toujours ceux° qui nous admirent, et nous n'aimons pas toujours ceux que nous admirons.

joie
la passion
les gens

— *François, duc de La Rochefoucauld*

Pensées

- Le cœur a ses raisons que la raison ne connaît point.
- La dernière démarche° de la raison est de reconnaître qu'il y a une infinité de choses qui la surpassent; elle n'est que faible°, si elle ne va jusqu'à connaître cela.

procédé
sans force

- L'homme n'est qu'un roseau°, le plus faible de la nature; mais c'est un roseau pensant. Il ne faut pas que l'univers entier s'arme pour l'écraser°: une vapeur, une goutte[a] d'eau suffit° pour le tuer. Mais, quand l'univers l'écraserait, l'homme serait encore plus noble que ce qui le tue, puisqu'il sait qu'il meurt°, et l'avantage que l'univers a sur lui; l'univers n'en sait rien. Toute notre dignité consiste donc en la pensée. C'est de là qu'il nous faut relever° et non de l'espace et de la durée que nous ne saurions remplir. Travaillons donc à bien penser; voilà le principe de la morale.

plante souple

tuer/est assez

est en train de mourir

élever

- Notre nature est dans le mouvement; le repos entier est la mort.
- L'homme est visiblement fait pour penser; c'est toute sa dignité et tout son mérite.
- La nature s'imite: une graine, jetée en bonne terre, produit; un principe, jeté dans un bon esprit, produit.

— *Blaise Pascal*

---

[a] **Goutte** (*f.*) = petite particule liquide.

QUESTIONS:
1. Qu'est-ce que c'est qu'un moraliste? 2. Qu'est ce qu'un moraliste écrit? 3. Duquel des moralistes mentionnés ici avez-vous entendu parler? 4. Qu'est-ce que c'est que le «Grand Siècle»? 5. Quelle est la pensée la plus fameuse de Descartes? Qu'est-ce qu'elle veut dire? 6. Combien des Maximes de La Rochefoucauld parlent de l'amour? Choisissez une de ces maximes et expliquez-la. Donnez un exemple qui éclaircit le sens de la maxime. 7. Identifiez les maximes qui traitent de la vertu. Choisissez-en une et expliquez-la. 8. Identifiez les maximes qui traitent de l'égoïsme de l'homme. Expliquez une de ces maximes. Êtes-vous d'accord avec cette maxime? 9. Quelles pensées de Pascal traitent de la raison? Quelle est son attitude envers la raison? 10. Que dit Pascal sur la nature de l'homme? Est-il pessimiste ou optimiste?

K

GOAL: placement of negation in passé composé

Mettez les phrases suivantes au passé composé.

1. Je ne mange ni frites ni hamburger.
2. Mes parents ne sortent jamais seuls.
3. La police ne voit personne derrière ce bâtiment.
4. Chantal et Laurent ne divorcent pas encore.
5. Quelqu'un parle dans la pièce voisine, mais nous n'entendons rien.
6. Elle n'embrasse plus sa mère.
7. Il ne mange que deux sandwichs pendant toute la journée.
8. On ne voit nulle part de robes si belles.
9. Mon père ne se fâche de rien.
10. Je ne trouve aucun repos chez moi à cause de mon petit frère.

L

GOAL: comprehension & integration

Répondez par une phrase complète et des pronoms objets.

1. Où mange-t-on avec les pieds?
2. Combien de fois votre arrière-grand-père s'est-il servi d'un ordinateur?
3. Consultez-vous encore vos parents avant de prendre toutes vos décisions?
4. Qui dans votre famille a loué le Tāj Mahal?
5. Qu'est-ce qui vous irrite dans la vie?
6. Combien de quartiers parisiens manquent de pâtisserie?
7. Avez-vous déjà des petits-enfants?
8. Qui a toujours raison?
9. Est-ce que le congrès ou le président ont diminué la dette nationale?
10. Croyez-vous encore au père Noël?

M

GOAL: using **ne ... que**

Il n'y a que ça.   Confirmez les observations de votre ami(e) selon le modèle.

▶ Thérèse lit seulement le journal?
   Oui, elle ne lit que le journal.

1. Lucien mange seulement des fruits et des légumes?
2. Tu travailles seulement le matin?
3. Thérèse et Lucien s'écrivent seulement en été?
4. Thérèse regarde seulement un peu de télévision?
5. Toi et Lucien, vous aimez seulement les histoires d'amour?
6. Tu dis seulement la vérité?

L'histoire ne se répète pas

VOCABULAIRE

1. La vie universitaire

> J'habite au troisième étage. Chaque jour **je descends** au rez-de-chaussée et je vais à mes cours.
> Je m'amuse souvent, mais **ça dépend** du cours.
> Le prof est en retard, mais **on attend** son arrivée.
> **Je n'interromps jamais** le prof; il n'aime pas les interruptions.
> Si **je n'entends pas** ce qu'il dit, je lève la main et il répète.
> **Je réponds** aux questions qu'il me pose.
> Quand je prends un livre à la bibliothèque, **je rends** le livre avant la date limite.
> **Bien entendu**, si **on perd** un livre, on est obligé de le remplacer.
> Une fois j'ai été obligé de payer une amende de cinquante dollars.
> J'ai dû **vendre** mon vélo pour payer l'amende.
> J'habite avec **des copains.**
> **Je m'entends bien avec** eux; nous sommes amis.
> Quand nous sommes en vacances, **je leur rends visite.**

• À la troisième personne du singulier, le verbe **interrompre** a un **-t: il interrompt.**

• **On entend** quelque chose quand on est conscient d'un son; **on écoute** quand on fait attention. **Entendre** est involontaire; **écouter** est volontaire.

> **Écoutez! J'ai entendu** un bruit dans la pièce d'à côté.
> La nuit **on entend** les bruits les plus faibles.
> **Ces enfants n'écoutent jamais** quand on leur parle.

• **S'entendre (bien** ou **mal) avec** = avoir une bonne ou mauvaise relation avec.

> **Je m'entends bien avec** mes parents.

• **On rend visite à** + personne; **on visite** + endroit.

> Imaginez! Après dix ans d'absence, **tante Mathilde** m'**a rendu visite.**
> Si **tu visites** *Paris*, n'oublie pas de **rendre visite à** *Diane.*

• On emploie le verbe **rendre** aussi dans la structure **rendre quelqu'un** + adjectif.

Make sure students do not confuse **rendre** with **faire** in this construction.

> Mes amis **me rendent** *heureux.*

• La forme féminine de **copain** est **copine.**

Mon frère et **sa copine** vont faire un voyage en Italie.

EXERCICES **1** **Test psychologique.** Indiquez vos réactions en entendant les mots suivants.

▶ argent
L'argent me rend content(e).

1. les examens
2. un premier rendez-vous
3. les rendez-vous
4. le bruit

5. les films
6. l'injustice
7. la glace au chocolat
8. les statistiques

2 **Émotions.** Indiquez ce qui vous rend ...

1. heureux (heureuse)
2. furieux (furieuse)
3. timide

4. malheureux (malheureuse)
5. anxieux (anxieuse)

3 **Bruits.** Qu'est-ce qu'on entend dans les circonstances suivantes?

The distinction between **entendre** & **écouter** is similar to the **regarder/voir** or **parler/dire** distinctions.

▶ dans une chambre qui donne sur la cour
On entend les voisins dans une chambre qui donne sur la cour.

1. à la campagne
2. dans un restaurant
3. pendant un examen
4. la nuit
5. dans une usine
6. dans une chambre qui donne sur la rue

4 **Qu'est-ce qu'on entend?** Demandez à votre partenaire si ces personnes entendent les choses suivantes.

1. nous/la classe à côté de nous
2. tu/les avions qui passent
3. ton (ta) camarade et toi/la radio de vos voisins
4. les étudiants/la voix du prof
5. ton (ta) meilleur(e) ami(e)/toutes les nouvelles de l'université

5 **La visite.** Demandez à votre partenaire quand ces personnes visitent les endroits suivants ou rendent visite aux personnes suivantes.

1. tu/tes amis
2. ta mère/ta ville préférée
3. les étudiants/le prof de français

4. toi et tes amis/tes parents
5. tu/les musées d'art

6 Complétez les phrases suivantes en employant un verbe en **-re**.

1. Si le prof n'arrivait pas à l'heure, nous l'_____ trente minutes.
2. Si tu _____ ma question, pourquoi est-ce que tu n'y _____ pas?
3. Quand nous étions petits, mon frère _____ souvent ses clés. Il ne savait jamais où elles étaient.
4. Les Noiret habitent au troisième, mais vous n'avez pas besoin de monter. Ils _____ dans un instant.
5. Pourquoi _____-vous votre voiture? En avez-vous acheté une autre?
6. Marc et Suzanne sont de bons amis. Ils _____ bien.
7. N'_____ pas quand on te parle; c'est impoli.
8. On va dans une autre ville pour le travail de mon père; il faut qu'on _____ la maison.

2. Formation de mots

• Les noms associés aux verbes en **-re** se terminent souvent par **-te**.

	verbe	nom
	descendre	**descente**
	vendre	**vente**
	attendre	**attente**
	perdre	**perte**
	entendre	**entente**
	rendre	**rente**
Mais:	répondre	*réponse*
	interrompre	*interruption*

NOTEZ: Ces noms sont tous féminins.

EXERCICE 7 Complétez les phrases suivantes.

1. Attention skieurs! Descendez lentement ici; la _____ est difficile.
2. J'ai perdu mes clés hier. Cette _____ m'a beaucoup irrité.
3. Les chefs des grandes nations se sont bien entendus pendant la réunion. Tout le monde est content de cette _____ cordiale.
4. Vas-tu répondre à la question ou est-ce que tu ne sais pas la _____?
5. Mes grands-parents ont vendu tous leurs meubles; la _____ a pris trois heures.
6. Mon oncle et ma tante attendent leur premier bébé. L'_____ leur semble longue.

3. Les traditions

Voici un peu de savoir-faire français.

Quand **on met la table**, **on met** la serviette et la fourchette à gauche.

Quand on a fini de manger, **on remet** sa fourchette à côté du couteau dans son assiette.

Quelquefois **on admet** les jeunes enfants à table avec les adultes, mais **on** ne leur **permet** pas de boire de vin.

Quelquefois **on** leur **promet** un peu de vin mélangé avec beaucoup d'eau.

Si on est invité à dîner en France, **on** n'**omet** pas d'apporter un cadeau (des fleurs).

On ne **permet** pas aux invités d'entrer dans la cuisine de l'hôtesse sans invitation.

On n'**omet** jamais de remercier son hôte à la fin du repas.

• **Se mettre à** = commencer.

Assez de conversation; je dois **me mettre au** travail!

Il s'est mis à danser quand il a entendu la bonne nouvelle.

• **On met le couvert** (ou **on met la table**) quand on prépare la table avant un repas.

Mets le couvert, Cécile! On mange dans cinq minutes.

POINT OUT that -**mettre** verbs are generally cognates of English forms ending in -*mit*.

• Il y a plusieurs verbes qui sont formés d'un préfixe et du verbe **mettre**. Tous ces verbes sont conjugués exactement comme **mettre**. En voici une liste partielle.

admettre	permettre	remettre
omettre	promettre	soumettre

Si **tu** me **promettais** de me la rendre dans une heure, **je** te **permettrais** de prendre ma voiture.

Le prof a remis l'examen à lundi.

Si tu écris à ton oncle Alain, n'**omets** pas de lui dire bonjour de ma part.

On *permet* ou on *promet* **à** quelqu'un **de** faire quelque chose.

J'ai promis à mes parents **de** bien étudier. Je **leur** ai promis en plus **de** bien manger.

Le prof ne permet pas **aux** étudiants **de** parler anglais en classe.

EXERCICES | **8**

Promesses.   Faites des promesses appropriées à un(e) futur(e) camarade de chambre.

▶ CAMARADE: Je veux que tu sois à la maison avant minuit chaque soir.
VOUS: *Je te promets d'être à la maison avant minuit chaque soir.*

1. Je ne voudrais pas que tu fumes dans l'appartement.
2. Je voudrais que tu fasses quelquefois la cuisine.
3. Je ne voudrais pas que tu organises des fêtes pendant la semaine.
4. Je voudrais que tu partages les responsabilités de l'appartement.
5. Je voudrais que tu ranges quelquefois l'appartement.
6. Je ne voudrais pas que tu lises mes lettres.

9 | **Mauvaise surprise!**   Le camarade de chambre d'Étienne oublie toutes ses promesses. Donnez la réaction d'Étienne quand il apprend ce que son camarade a oublié de faire aujourd'hui.

▶ Il n'a pas écrit cette lettre.   *Comment?! Il m'a promis d'écrire cette lettre.*

1. Il n'a pas rangé sa chambre.
2. Il n'a pas fait la vaisselle.
3. Il n'est pas allé à la poste.
4. Il n'a pas rendu le film au centre vidéo.
5. Il n'a pas payé la note du téléphone.
6. Il n'a pas acheté de provisions.

10 | **Que font ces personnes?**   Employez **mettre** ou un de ces composés pour décrire les actions de chaque personne illustrée.

4. Le diable et le bon Dieu

Mes grands-parents sont croyants; ils ont **une foi** simple.

Ils croient	**en Dieu** (= l'Être suprême).
	au diable (≠ Dieu).
	au paradis.
	à l'enfer (*m.*) (≠ paradis).
	à la prière (= la conversation avec Dieu).
	aux miracles.

Mon oncle et ma tante croient	à **l'astrologie** (*f.*).
	à l'influence **des étoiles** (*f.*).
	au destin.

Ma sœur est très sentimentale. Elle croit	à **l'amour** (*m.*).
	au coup de foudre (= un amour instantané).
	au bonheur (≠ **au malheur**).

Mon petit frère est imaginatif. Il croit	à la vie **extraterrestre**.
	aux OVNI (Objets volants non identifiés).

Je suis superstitieux. Je crois **aux porte-bonheur** (*m.inv.*).
Qui **a raison**? (= Qui a des opinions valables?) Qui **a tort**? (≠ a raison)?
Qu'est-ce qui est vrai?

- **On a raison** quand ce qu'on dit est vrai; **on a tort** quand ce qu'on dit est faux.
- **Qu'est-ce qui** est le pronom interrogatif sujet pour une chose.

> **Qu'est-ce qui** vous rend heureux?
> **Qu'est-ce qui** est à côté de cet arbre?
> *Mais:* **Qui** est à côté de cet arbre?

- Pour une chose, on emploie **que** ou **qu'est-ce que** comme objet du verbe et **quoi** comme objet d'une préposition. Pour une personne, on emploie toujours **qui**.

> **Que** voyez-vous à côté de cet arbre?
> **Qu'est-ce que** vous avez entendu?
> De **quoi** parles-tu? Des films?
> *Mais:* De **qui** est-ce qu'il parle? D'Isabelle Adjani? **Qui** est-ce?

EXERCICES **11** **Croyances.** Demandez à votre partenaire si ces personnes croient aux choses suivantes.

1. tu/les OVNI
2. tes amis/la vie extraterrestre
3. nous/l'influence des étoiles
4. le Président/l'astrologie
5. ton (ta) meilleur(e) ami(e) et toi/les miracles
6. tu/l'immortalité de l'univers

12 **Raison ou tort?** Voici les opinions de différentes personnes. Ont-elles raison ou tort?

1. Je crois que le français est facile.
2. Nous croyons que le prof sait tout.
3. Le prof croit que les étudiants ont bien appris le français.
4. Les Français croient que les Américains ne savent pas parler d'autres langues.
5. Les Américains croient que les Français sont impolis.
6. Vous croyez que cet exercice est difficile.
7. Mes amis et moi croyons qu'un diplôme universitaire est nécessaire.
8. Vos amis et vous croyez qu'il y a d'autres planètes habitées.

13 **La foi.** Indiquez les croyances de ces personnes.

1. ma grand-mère/Dieu
2. mes cousins/la prière
3. mon père/science
4. mes amis/moi
5. je/miracles
6. mes amis et moi/notre destin
7. les gens superstitieux/l'astrologie

14 **Je crois que oui.** Indiquez si ces personnes sont d'accord avec ces observations.

▶ Ce cours est nécessaire. (je)
   Ce cours est nécessaire? Je crois que oui!

1. L'éducation est très importante. (mon père)
2. Il est difficile d'apprendre une langue étrangère. (les étudiants)
3. On va arrêter toutes les guerres un jour. (mes amis et moi)
4. On va habiter une autre planète un jour. (je)
5. La France est un pays formidable. (le prof)
6. Le français est intéressant. (nous)

15 Votre ami Léon fait des observations surprenantes et vous demandez des explications.

> ▶ L'art moderne ne m'intéresse pas.
> *Qu'est-ce qui t'intéresse alors?*

1. Une maison particulière ne coûte pas cher.
2. Une révolution ne me rend pas anxieux.
3. Les châteaux de la Loire ne m'impressionnent pas.
4. Je comprends la physique nucléaire.
5. Les vacances ne me rendent pas heureux.
6. Je n'aime pas les musées.

16 **Émotions.** Demandez à votre partenaire ce qui cause les réactions suivantes chez ces personnes.

> ▶ tes parents/contents
> — *Qu'est-ce qui rend tes parents contents?*
> — *Les bonnes notes les rendent contents.*

1. te/anxieux (anxieuse)
2. tes amis/furieux
3. nous/fatigués
4. le prof/malheureux
5. me/content(e)

17 Votre ami Gilles ne finit pas ses phrases! Demandez-lui ce qu'il veut dire.

> ▶ Hier soir j'ai mangé ...
> *Qu'est-ce que tu as mangé?*

1. Ce soir je dîne avec ...
2. J'ai peur de ...
3. J'aime tous les sports, mais je ne m'intéresse pas beaucoup à ...
4. Hier soir à la télé, nous avons vu ...
5. J'ai écrit une lettre à ...
6. J'ai envie de ...
7. Quand j'organise une fête, j'invite ...
8. J'aime mes amis, mais je n'ai jamais compris ...
9. Si on sert du poulet, il faut le servir avec ...
10. Hier, j'ai acheté ...

5. Les jumelles

Danika et Éléonore sont **jumelles**.
Parce qu'elles sont jumelles, elles se ressemblent physiquement.
Mais **à cause de** leur ressemblance physique, elles veulent être très
différentes.

Éléonore aime tout le monde; Danika **n'aime personne**.
Éléonore adore les olives et la moutarde; Danika **n'aime ni** les olives **ni**
la moutarde.
Éléonore sort chaque week-end; Danika **ne** va **nulle part**.
Éléonore aime toutes sortes d'animaux; Danika **n'aime que** les
hamsters.
Éléonore a beaucoup d'animaux; Danika **n'a aucun** animal.

En certaines choses elles se ressemblent.
Éléonore n'aime pas les spaghetti; Danika **ne** les aime **pas non plus**.

• Deux frères nés en même temps des mêmes parents sont **des jumeaux**; deux
sœurs nées en même temps des mêmes parents sont **des jumelles**. Les jumeaux
(jumelles) peuvent être des jumeaux (jumelles) vrai(e)s ou fraternel(le)s.
• **Parce que** et **à cause de** indiquent une relation de causalité. On emploie
parce que + sujet + verbe; on emploie **à cause de** + nom.

Je n'aime pas habiter en ville **à cause de** *la pollution.*
Je n'aime pas habiter en ville **parce que** *la pollution est* intense.

Tout le monde est occupé **à cause de** *Noël.*
Tout le monde est occupé **parce que** *Noël approche.*

EXERCICE 18 **Cause et effet.** Indiquez les causes de ces actions ou de ces situations. Suivez
le modèle.

▶ La Rochefoucauld est intéressant. (sa vision cynique des hommes)
La Rochefoucauld est intéressant à cause de sa vision cynique des hommes.

1. J'aime cette université. (les professeurs)
2. J'aime cette université. (les professeurs sont excellents)
3. Le français est difficile. (les verbes)
4. Le français est difficile. (les verbes ne ressemblent pas aux verbes en anglais)
5. Mon père est contre les usines. (la pollution est un problème)
6. Mon père est contre les usines. (la pollution qu'elles émettent)
7. Nous continuons nos études. (l'éducation est importante)
8. Nous aimons le week-end. (les excursions que nous faisons le dimanche)
9. Le français est intéressant. (la beauté de la langue)
10. Nous aimons le base-ball. (nous sommes américains)

EXPRESSION LIBRE

Jouez les situations suivantes avec un(e) partenaire.

1   Vous cherchez un(e) camarade de chambre. Préparez dix questions pour vous aider à trouver quelqu'un avec qui vous pourriez facilement habiter. Employez chacune des formes **qu'est-ce que**, **qu'est-ce qui**, **qui** et **quoi** au moins deux fois. Votre partenaire va jouer le rôle de votre futur(e) camarade de chambre.

2   Vous êtes en France et vous habitez chez des gens qui ont un fils (une fille) de votre âge. Vous lui posez dix questions sur ses goûts, ses habitudes, ses impressions des Américains, son école, les Français, ses activités. Votre partenaire va jouer le rôle du Français (de la Française).

3   Vous êtes en France et vous voulez voir une exposition des tableaux de Picasso au musée. Vous désirez savoir quand et où on va présenter cette exposition et vous voulez persuader un(e) ami(e) de vous accompagner. Quand il (elle) est décidé(e) à vous accompagner, vous devez décider de la date de votre rendez-vous et des moyens de transport. Votre partenaire joue le rôle de votre ami(e) et vous imaginez les détails.

EN RÉALITÉ

Lisez ces sélections d'une brochure touristique (p. 427) et répondez aux questions par une phrase complète.

1. Si on prend le menu d'un restaurant, que va-t-on manger?
2. Doit-on donner un pourboire au serveur (à la serveuse)? Pourquoi?
3. Si votre adresse est poste restante et vous allez chercher votre courrier, que devez-vous faire?
4. Où peut-on acheter une télécarte?
5. Combien va-t-elle coûter?
6. Peut-on payer avec une carte de crédit chez les commerçants?
7. Vous allez passer une semaine à Paris et vous avez l'intention de faire autant de tourisme que possible. Qu'est-ce que vous achetez pour prendre le métro?
8. Vous allez passer un jour à Paris et vous voulez faire beaucoup de tourisme. Qu'est-ce que vous achetez pour prendre le métro?
9. Vous allez passer quatre jours à Paris et vous allez faire un peu de tourisme. Qu'est-ce que vous achetez pour prendre le métro?

RESTAURANTS

Les repas sont en général servis de 12 h à 14 h et de 19 h à 21 h. Certains restaurants (signalés dans les guides de spectacle) sont ouverts toute la nuit. La plupart du temps, deux formules de repas :
- le menu (une entrée, un plat, un fromage et/ou dessert) à un prix forfaitaire.
- la carte : chaque plat peut se commander séparément.

Ce qu'il faut savoir :
- Prix : au restaurant, l'affichage des prix, service compris, est obligatoire, à l'extérieur et sur la carte.
- Pourboire : vous n'avez pas de pourboire à laisser (gratification possible pour service prévenant).
- demandez une facture ou un ticket de caisse. En cas de différend sur les tarifs ou sur la qualité, contactez la Direction Départementale de la Concurrence, de la Consommation et de la Répression des Fraudes.

 POSTE ET TELEPHONE

POSTE :
- Bureaux de poste (P.T.T.) : ouvert du lundi au vendredi de 8 à 19 h et le samedi de 8 à 12 h.
- Lettres : affranchissement pays de la Communauté Européenne : jusqu'à 20 g : 2,20 F.
- Paquets : les paquets adressés à d'autres pays, au tarif lettres doivent porter extérieurement une étiquette verte de douane.

Recevoir votre courrier :
- Votre adresse en France comporte un numéro de code à 5 chiffres : n'oubliez pas de le communiquer à vos correspondants.
- Le courrier adressé en "poste restante" dans une ville ayant plusieurs bureaux est, sauf précision, disponible au bureau principal. Le retrait d'une correspondance donne lieu à paiement d'une taxe.
- Pour toute opération de retrait de courrier ou d'argent, ou vous demandera votre passeport ou une pièce d'identité.

TELEPHONE :
Entièrement automatique.
On peut téléphoner dans les cabines publiques (avec monnaie ou avec cartes magnétiques : "télécartes" en vente dans les bureaux de poste et cafés-tabacs), certains bureaux de tabac, hôtels ou restaurants, aires de parking ou station-service sur autoroutes.
Télécartes :
40 unités 36,20 F - 120 unités 92,60 F
Renseignements : le 12 (français)
Télégrammes téléphonés en langue anglaise - Tél. : (1) 42.33.21.11
Télégrammes téléphonés autres langues - Tél. : (1) 42.33.44.11 Renseignements internationaux : 19.33.12 + code pays (liste ci-dessous).

 PAIEMENTS

BANQUES :
Ouvertures en semaine de 9 h à 16 h 30. Fermeture samedi et dimanche à Paris. En province, fermeture généralement les dimanches et lundis.

CHANGE :
Dans les grands aéroports, dans les gares, les grands hôtels, aux postes frontières.

DISTRIBUTEURS DE BILLETS :
Distrimatics : dans les gares et filiales de banques. Prendre ses précautions avant le week-end.

TRAVELLERS-CHEQUES :
Souvent acceptés. Faciles à changer dans les banques.

CARTES DE CREDIT :
Elles sont généralement acceptées (rarement dans les hypermarchés, jamais chez les épiciers, boulangers, cafés et bureaux de tabac).
En cas de perte ou de vol, voir rubrique "Problèmes".

 HORAIRES D'OUVERTURE DES COMMERCES

Horaires usuels d'ouverture des commerces 9 h - 19 h. Beaucoup de magasins Parisiens sont ouverts à l'heure du déjeuner. Sur la côte d'Azur, fermeture usuelle 12 h/14 h. Dans toute la France, beaucoup de magasins sont fermés le lundi.
Tous les commerces sont ouverts le samedi toute la journée et fermés le dimanche.

METRO-BUS

- METRO :
– Deux réseaux : le métro urbain (Paris et banlieue proche), le Réseau Express Régional (R.E.R.). Il est connecté au réseau SNCF banlieue. Ouvert de 5h 30 à 1h 15.
– 2 classes (la première classe étant accessible à tous avant 9h et après 17h).
– Conservez votre billet jusqu'à la sortie. Il peut vous être demandé à tout moment pour contrôle.
- AUTOBUS PARISIENS :
– Exploités par la RATP (Régie Autonome des Transports Parisiens).
- TARIFS :
5 zones tarifaires en région parisienne pour la RATP et les trains de banlieue. On peut acheter, pour le métro et les autobus, des tickets à l'unité ou en carnet de 10. Il en faut plus ou moins selon la zone de destination.
– Billet Paris-Sésame :
Il permet un nombre illimité de voyages sur le réseau RATP pendant 2, 5 ou 7 jours (vente dans les gares, stations de métro, terminaux d'autobus, certains commerçants).
– Ticket formule I
Pour 1 journée donne droit à tous les moyens de transport bus-métro RER.
Prix : de 19 à 35 F selon les cas.
- RENSEIGNEMENTS : Bureau de Tourisme de la RATP, 53 quai des Grands Augustins, 75006 Paris. Tél. : (1) 43.46.14.14.

IMAGINONS

IMAGINONS: Set students in groups of 3. Students may work as a group and compete with other groups to see who can write the clearest telegram in the shortest number of letters. You may also have students work individually and then on the basis of their individual work choose or create a group "product."

Dans chaque circonstance, envoyez un télégramme et essayez de communiquer le plus clairement possible pour le moins d'argent possible.

1 Vous avez perdu votre argent, vous avez besoin de 200 dollars et vous restez où vous pouvez chez des amis. Vous envoyez un télégramme à vos parents.

2 Vous êtes archéologue. Vous venez de faire une découverte importante qui rend essentielle la continuation de votre travail. Vous demandez de l'argent pour du matériel supplémentaire et vous demandez aussi d'autres assistants pour vous aider dans votre travail. Enfin, vous demandez une extension de six mois.

3 Votre meilleur(e) ami(e) se marie à Avignon. Vous devez rester à Paris. Vous lui envoyez un télégramme le jour de son mariage.

CONVERSATION

Chaque phrase ici commence une petite conversation avec un(e) ami(e). Voici la question ou l'observation de votre partenaire. Continuez votre part de la conversation par quatre phrases. Employez au moins deux temps de verbe différents dans vos quatre phrases.

1. «Tu ne crois en rien.»
2. «J'ai besoin de faire un appel téléphonique. Tu permets?»
3. «Imagine ce qui m'est arrivé(e) hier!»
4. «Quelle mauvaise chance! J'ai vu un chat noir!»
5. «Je ne veux pas aller au cinéma. Les films ne m'intéressent pas.»
6. «Qu'est-ce qu'il y a à voir dans votre ville?»
7. «J'ai vu un OVNI hier soir.»
8. «Je vais à une fête sur le campus ce soir. Qu'est-ce que je devrais mettre?»
9. «Avez-vous jamais attendu plus d'une heure dans le cabinet d'un médecin?»
10. «Attendriez-vous longtemps, si le prof était en retard?»

COMPOSITION ÉCRITE

Écrivez une composition d'une à deux pages sur un des sujets suivants.

1. Une tradition familiale
2. Un voyage que j'ai fait
3. Un voyage que je voudrais faire

À votre santé

▶ Quand un Français prend un verre avec quelqu'un, il dit souvent «À votre santé!» parce qu'on prétendait autrefois qu'un petit verre de vin était bon pour la santé. Mais les Français d'aujourd'hui ont d'autres idées sur ce qui est bon pour la santé. Quelles sont leurs vues sur la santé? Comment se soignent-ils?

STRUCTURES

Le futur
Les pronoms disjoints (*suite*)
Les pronoms démonstratifs

CULTURE

Les cigarettes s'en iront en fumée
Ce qui est bon pour vous
Le sport national français
L'esprit français: *La cigarette* (Sacha Guitry)

1

Le futur

— Il **faudra** vraiment que je commence à faire des exercices. Bientôt je ne **rentrerai** plus dans mes vêtements.

— Tu pourras bien faire tous les exercices que tu **voudras**, tu ne **perdras** pas un seul kilo si tu ne fais pas attention à ce que tu manges.

— Tu me **diras** que j'exagère, mais je mange déjà trois fois rien. Je ne vois pas comment je pourrais me contrôler davantage. Bon! À partir de demain, je **mangerai** encore moins!

— Ce n'est pas toujours la quantité qui compte. En évitant la viande, les matières grasses et le sucre on **pourra** manger autant qu'on **voudra** et on **maigrira** en même temps.

FOLLOW-UP QUESTIONS: Si on ne mange pas de viande, est-ce qu'on maigrira? Si on ne mange pas de sucre? pas de matières grasses? Si vous voulez maigrir, mangerez-vous moins? ferez-vous des exercices?

EXPLICATION

1. Formes

Voir Vocabulaire 1 et 2, *Une visite médicale* et *Le corps humain*, p. 445–447.

• On emploie le temps futur pour parler de l'avenir. Il y a deux formes du futur: le futur immédiat (**aller** + infinitif) et le futur simple.

> Je crois que **tu vas attraper** une grippe.
> **Tu attraperas** une grippe, c'est sûr!

Voir *Le futur immédiat* au Chapitre 6, p. 133.

• Le futur simple et le conditionnel ont *le même radical*. Pour la plupart des verbes, c'est l'infinitif (moins le **-e** final.) Quelques verbes irréguliers ont un radical irrégulier au futur et au conditionnel.

NOTEZ: Les verbes comme **acheter** et **payer** ont les mêmes changements orthographiques du radical au futur et au conditionnel: **il achètera**, **je paierai**.

Voir *Le conditionnel* au Chapitre 12, pp. 308–309, 311–312 et *Les verbes venir et tenir* au Chapitre 14, pp. 368–369.

• Les terminaisons du futur sont: **-ai, -as, -a, -ons, -ez, -ont**. Remarquez que ces terminaisons sont la dernière syllabe du verbe **avoir** au présent.

• Voici le futur des verbes **manger**, **finir** et **perdre**.

manger		finir		perdre	
je	manger **ai**	je	finir **ai**	je	perdr **ai**
tu	manger **as**	tu	finir **as**	tu	perdr **as**
il/elle/on	manger **a**	il/elle/on	finir **a**	il/elle/on	perdr **a**
nous	manger **ons**	nous	finir **ons**	nous	perdr **ons**
vous	manger **ez**	vous	finir **ez**	vous	perdr **ez**
ils/elles	manger **ont**	ils/elles	finir **ont**	ils/elles	perdr **ont**

NOTEZ: Puisque le futur et le conditionnel ont le même radical, la différence entre les deux temps est dans les terminaisons.

Demain ma mère **ira** chez le chirurgien. Si elle n'avait pas besoin de cette opération, elle n'**irait** pas le consulter.

2. Usage

• On emploie le futur pour parler des événements ou des situations de l'avenir.

L'année prochaine, les médecins **feront** encore des recherches sur les dangers du cholestérol.
On parlera probablement encore du «stress» en l'an 2000.

NOTEZ: Quelquefois on peut employer le présent ou le subjonctif aussi bien que le futur simple ou le futur immédiat pour parler de l'avenir.

Je vais chez la dentiste demain à 11 heures.
Elle va examiner mes dents pour voir si j'ai des caries.
Il est possible **qu'elle voie** d'autres problèmes aussi.
Dans ce cas-là, **je prendrai** un autre rendez-vous.

• On emploie le futur après **quand** dans une phrase où le verbe principal indique un temps futur. Cet emploi du futur est *obligatoire* en français et diffère nettement de l'anglais.

futur ... **quand** + futur

Je perdrai des kilos **quand je me mettrai** au régime.
Quand il aura de nouvelles lunettes, *il verra* mieux.
Nous irons chez le médecin **quand il reviendra** de ses vacances.

N'oubliez pas: conditionnel ... **si** + imparfait

• On emploie le futur pour indiquer *le résultat* d'une condition au présent.

futur ... **si** + présent

Si je fais attention à ma santé, **je me sentirai** bien mieux.
Un médecin choisira une spécialisation *s'il veut* être riche.
Il verra mieux *s'il achète* de nouvelles lunettes.

Be sure students understand that the present tense is used in the **si** clause, regardless of the order of the clauses.

But: Nous *espérions* que les résultats **seraient** encourageants.

• On emploie souvent le futur après **espérer que** au présent.

Nous espérons **que les résultats** de vos tests médicaux **seront** encourageants.

QUESTIONS:

1. L'état encourage-t-il les Français à fumer?   2. La campagne antitabac a-t-elle réussi?   3. Pourquoi les statistiques sur ceux qui fument ne sont-elles pas exactes?   4. Qu'est-ce que les Français préfèrent fumer? 5. Qu'est-ce que c'est que les gauloises?   6. Où est-ce qu'on ne peut pas fumer en France?   7. Quelles différences remarquez-vous entre les lois sur l'usage du tabac en France et aux États-Unis? Selon vous, est-ce que tout le monde cessera bientôt de fumer? Pourquoi (pas)?

Les cigarettes s'en iront en fumée

Fumer ou ne pas fumer, voilà la question que les Français se posent de plus en plus. La campagne antitabac a commencé en France dans les années 70, mais elle n'a pris feu que récemment. D'abord les Français ont continué à fumer comme auparavant.[a] En 1987, 36 pour cent des Français fumaient, contre 34 pour cent en 1979. Et ces chiffres ne tenaient pas compte des adolescents qui fument.

Que fumait-on? Quand il n'était pas question d'argent, on fumait des cigarettes américaines au doux tabac blond. Mais beaucoup de Français fument des gauloises, cigarettes fabriquées par l'État et vendues moins chères que les américaines. Le petit paquet bleu et l'odeur de ce tabac noir sont particulièrement français.

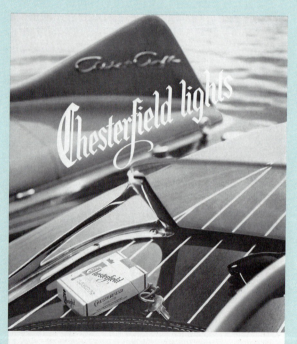

SELON LA LOI N° 91.32

FUMER PROVOQUE DES MALADIES GRAVES

---

[a] **Auparavant** = avant une autre époque (temps).

Mais peut-être que cette odeur ne sera bientôt qu'un souvenir du passé. À la suite des Américains, les Français ont déclaré la guerre aux fumeurs. En 1976, le gouvernement a interdit l'usage du tabac dans les lieux publics. Dans le train, au restaurant, etc., il y a des zones fumeurs/non fumeurs. Mais il y a autre chose dans l'air. Un nouveau décret pourrait interdire la fumée dans un lieu de travail. La loi n'est pas tout à fait claire et son interprétation est sujette à question, mais les tendances antitabac sont de plus en plus évidentes. La publicité pour le tabac est maintenant interdite. Il y a des entreprises qui refusent d'embaucher des fumeurs. Et, récemment, une Française a divorcé parce que son mari fumait. Même ceux qui continuent à fumer ont été influencés. Ils fument de plus en plus de tabac blond, de cigarettes légères, d'ultra light. Bientôt ils ne fumeront plus.

EXERCICES   **A**

GOAL: describing future circumstances

En l'an 2020.   Décrivez la vie de l'an 2020.

▶ les voitures/être en plastique
En l'an 2020, les voitures seront (ne seront pas) en plastique.

1. les maisons/coûter plus cher que maintenant
2. il y a/des problèmes politiques
3. je/avoir quarante ans
4. mes amis et moi/être riches
5. tout le monde/parler français
6. le président des États-Unis/être une femme
7. je/aller encore à l'université
8. ma famille et moi/habiter à la campagne
9. nous/pouvoir habiter sur la lune
10. les Américains/envoyer des touristes sur la lune

B

GOAL: predicting future actions

À ta santé.   Votre partenaire commence à s'occuper de sa santé. Demandez ce qu'il (elle) fera pour améliorer la situation. Demandez ...

1. ce qu'il (elle) fera s'il (si elle) devient trop gros(se).
2. où il (elle) ira pour faire des exercices.
3. quand il (elle) finira ses exercices.
4. comment il (elle) rentrera chez lui (elle).
5. avec qui il (elle) dînera.
6. si lui (elle) et ses amis mettront du sel sur ce qu'ils mangent.
7. s'il (elle) boira du vin avec son repas.
8. ce qu'il (elle) aura comme dessert.
9. s'il (elle) fumera une cigarette après son repas.
10. s'il (elle) dormira moins de huit heures cette nuit.

C

GOAL: predicting future results

À condition que.   Votre vie sera identique à la vie d'un(e) ami(e) à certaines conditions.

▶ Je regarde la télé jusqu'à minuit. (si personne ne me téléphone)
Si personne ne me téléphone, je regarderai aussi la télé jusqu'à minuit.

1. J'apprends le français. (si j'ai le temps)
2. Nous voyons nos amis ce soir. (si nous n'avons pas de devoirs)
3. Mon père vient me voir ce week-end. (s'il est libre)
4. Je joue au tennis cet après-midi. (si j'ai encore de l'énergie)
5. Ma mère m'envoie un paquet cette semaine. (si je lui téléphone)
6. Nous allons à la fête. (si nous avons une voiture)
7. Mes amis peuvent sortir ce soir. (s'ils finissent leurs compositions)
8. Mon prof préféré remet la date de notre examen final. (si on le lui demande)
9. Mes amis ne boivent que de l'eau. (s'ils s'inquiètent de leur santé)
10. Nous sommes en retard pour notre soirée. (si je continue à parler)

D

GOAL: **quand** + future

Réactions en chaîne.   Indiquez l'enchaînement de vos futurs projets.

▶ être content(e)/sortir plus souvent
Je serai content(e) quand je sortirai plus souvent.

1. sortir plus souvent/avoir l'air chic
2. avoir l'air chic/être en bonne forme
3. être en bonne forme/jouer régulièrement au tennis
4. jouer régulièrement au tennis/faire de l'exercice
5. faire de l'exercice/se sentir mieux
6. se sentir mieux/perdre 5 kilos

E

GOAL: describing future conditions

À l'avenir.   Complétez les phrases suivantes.

1. Je serai en bonne santé quand …
2. Mes amis ne mangeront qu'une fois par jour quand …
3. Ma mère achètera des vitamines quand …
4. Mon père fera des promenades quand …
5. Nous mettrons un imperméable quand …
6. Tu iras à l'hôpital quand …

F

GOAL: imagining future situations and causes

Finissez les phrases suivantes.

1. Je me lèverai tard si …
2. Si mes amis perdent des kilos …
3. Mes amis et moi, nous ne nous coucherons pas quand …
4. On fera de l'exercice chaque jour quand …
5. Ma mère viendra me voir si …
6. Quand je serai au régime …
7. Nous irons au musée d'art si …
8. Si mon (ma) meilleur(e) ami(e) a un rhume …
9. Quand j'aurai mal à la tête …
10. Mes amis seront heureux quand …

2 Les pronoms disjoints (*suite*)

— Qui vient faire du jogging avec **moi**?
— Pas **moi**. J'ai horreur de ça!
— Mais vous faites du sport, **ton ami** et **toi**?
— Oui, **lui** et **moi**, nous sommes membres d'une équipe de basket.
— Alors, pourquoi ne pas faire de jogging?
— **Moi**, je déteste le jogging. Le basket-ball, ça va. Le jogging, jamais!
— Et ton ami?
— **Lui**, il pense comme **moi**.

FOLLOW-UP QUESTIONS: Qui s'intéresse à la musique classique? (*Lui.*) Qui porte une chemise bleue? (*Eux*) Qui fait du jogging? (*Moi*) (*Ask questions eliciting one word answers.*)

EXPLICATION

Voir Vocabulaire 3 et 4, *À la salle d'urgence* et *En bonne forme*, pp. 448–449.

Voir *Les pronoms disjoints* au Chapitre 11, pp. 290–291.

• Un pronom disjoint est un pronom *isolé du verbe*, qui s'emploie …
  • après une préposition
  • comme deuxième terme d'une comparaison
  • pour un sujet coordonné à un autre sujet

J'ai appelé le médecin parce que nous avions besoin *de* **lui**.
Leurs enfants font *plus* attention *qu'***eux** à ce qu'ils mangent.
Lui *et* **moi** portons des lunettes.

• Le pronom disjoint s'emploie aussi …
  • sans verbe
  • pour répéter et renforcer le sujet
  • comme complément du verbe **être**

Est-ce qu'il y a des végétariens ici? Oui, **moi**.
Qui ne prend jamais d'antibiotiques? **Lui.**
Je n'y crois pas du tout, **moi**!
L'état, c'est **moi**.
C'est **nous** le problème.

• Pour renforcer le sujet, on peut mettre le pronom disjoint au début ou à la fin de la phrase.

Moi, je ne prends jamais de viande!

NOTEZ: Le pronom disjoint peut être renforcé par l'addition de **-même(s)**.

D'**elle-même**, elle n'aurait jamais pensé à cela.
Nous avons organisé ce marathon **nous-mêmes**.

Make sure students do not confuse disjunctive pronoun + **-même** with a reflexive structure. **Il s'est invité** (*réfléchi*); **Il a invité Paulette lui-même** (*non réfléchi*).

- On emploie **ce sont** + **eux/elles**. On emploie **c'est** + tous les autres pronoms disjoints.

> **Ce sont eux**, les cousins de Michèle.
> *Mais:* **C'est vous**, les responsables du bureau?

NOTEZ: Dans la structure **c'est** + pronom disjoint + **qui** + verbe, le verbe s'accorde avec le pronom disjoint.

> C'est **moi** *qui* **ai** décidé de partir.
> Ce sont **eux** *qui* **ont** recommandé ce spécialiste.

QUESTIONS:
1. Qu'est-ce qui est bon pour vous aux États-Unis mais déconseillé en France?
2. Qu'est-ce qui est très important pour la santé selon les Français?   3. Qu'est-ce qu'on devrait faire pour garder son foie en bon état?   4. Qu'est-ce que c'est qu'une cure thermale?
5. Connaissez-vous des endroits aux États-Unis où les eaux sont célèbres?
6. Pourquoi les Français avaient-ils besoin autrefois de parfums?   7. En quoi l'attitude des Français envers les bains était-elle ironique?   8. L'infusion de tilleul fait-elle du bien? Et l'infusion de pervenche?
9. Avez-vous jamais essayé une infusion? Laquelle?
10. Préférez-vous les attitudes françaises ou américaines envers la santé? Expliquez.

Ce qui est bon pour vous

«Ne fais pas cela; ce n'est pas bon pour toi!» «Prends ceci; c'est bon pour toi!» Qui n'a pas entendu ces mots, prononcés par une mère, un oncle, une sœur aînée,[a] même un ami? Mais les actions qui sont conseillées et déconseillées varient de pays en pays. Ce qui est bon pour vous aux États-Unis n'est pas nécessairement bon pour vous en France, parce que la sagesse médicale populaire varie un peu de pays en pays. Voici quelques petites différences à noter.

Le foie.   Les Français se préoccupent beaucoup de leur foie et de son bon fonctionnement (essentiel, d'ailleurs, à la vie). Ils recommandent l'eau minérale pour garder le foie en bon état. Les Français tiennent leur foie pour responsable de diverses maladies: de l'insomnie et de l'anémie aux dépressions nerveuses et aux palpitations de cœur. L'Américain qui est tenté de se moquer des Français et de leur fameuse «crise de foie» devrait d'abord considérer que les maladies de foie représentent une cause organique importante de la mort en France.

Le lait.   Les Français ne conseillent pas la consommation du lait comme le font les Américains. On donne du lait aux enfants, mais on ne les pousse pas à en boire une certaine quantité, comme on le fait aux États-Unis. Et les adultes n'en prennent pas. Ce n'est pas que le lait soit mauvais pour vous, mais il n'est pas nécessaire non plus, peut-être parce qu'on consomme beaucoup d'autres produits laitiers, surtout du fromage et du yaourt.

---

[a] **Aîné(e)** = plus âgé(e).

Have students identify
Geneva and the Pyrénées
on the map on the inside
front cover.

POINT OUT: **Maux** = forme
plurielle de **mal**.

Les cures thermales.   L'eau est bonne. On en boit et on s'y met
aussi. Les cures thermales font bonne recette en France et il y a
plusieurs endroits où les eaux sont réputées comme bonnes pour
certaines maladies. Les eaux de Divonne-les-Bains, près de Genève,
par exemple, sont conseillées à ceux qui souffrent de maladies nerveuses, de stress, de dépression tandis que celles de Barèges, dans
les Pyrénées, soulagent les maux de dos, les rhumatismes et les ar-
throses. D'autres stations thermales sont connues pour leur effet sur
les maladies dermatologiques ou sur les troubles digestifs.

Les bains.   Autrefois les Français pensaient qu'on ne devait pas se
laver trop souvent. Cela vieillissait la peau. Ils prenaient des bains
beaucoup moins souvent que les Américains. Cette idée n'est plus
acceptée de nos jours, mais c'est peut-être cette vieille habitude qui
a encouragé les Français à développer de si bons parfums!

Les infusions.   Boire une petite infusion (une tisane) peut faire
beaucoup de bien, disent les Français. Il y a l'infusion de tilleul qui
peut vous calmer les nerfs, tout comme l'infusion de verveine; l'infusion de pervenche[b] qui peut combattre le diabète et l'hypertension;
ou encore les infusions de menthe ou de camomille qui aident à la
digestion. Voilà certainement une manière agréable et délicieuse de
se soigner!

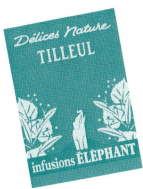

CULTURE: **Une infusion de
queues de cerise** is also
used to combat fever.

[b] **Pervenche** (*f.*) = petite fleur rose, blanche ou violette; *periwinkle*.

EXERCICES **G**

GOAL: using disjunctive
pronouns alone

Moi, non!   Vous êtes chez le médecin et il vous demande votre histoire médicale.

▶ Est-ce que vous avez subi une intervention chirurgicale?
Moi, non!   OU   *Moi, oui!*

1. Est-ce que votre père fume?
2. Est-ce que vos parents ont des allergies?
3. Est-ce que vos parents et vous avez souvent des rhumes?
4. Est-ce que votre mère souffre de migraines?
5. Est-ce que vous faites de l'exercice?
6. Est-ce que vos parents et vous avez des troubles digestifs?
7. Est-ce que vous avez des difficultés à dormir?

H

GOAL: reinforcing subject
with pronoun + **-même**

#4: **Nous l'avons fait nous-
mêmes.**

Tout seul!   Vous avez un ami qui trouve tout le monde inepte. Expliquez que ces personnes ont travaillé toutes seules.

▶ Quelqu'un t'a aidé à faire la vaisselle?
Je l'ai faite moi-même!

1. Quelqu'un a aidé ta sœur à faire la cuisine?
2. Quelqu'un t'a aidé(e) à écrire cette composition?
3. Quelqu'un a aidé tes amis à finir leurs devoirs?
4. Quelqu'un vous a aidés à faire ce projet?
5. Quelqu'un a aidé le professeur à corriger les devoirs?
6. Quelqu'un a aidé ta mère à réparer sa voiture?

I

GOAL: agreement of dis-
junctive pronoun + verb

Qui le fait?   Raoul, son père et sa mère s'occupent de leur santé et toute la famille a changé d'habitudes. Raoul explique ce qu'ils font maintenant.

▶ ne plus manger de porc (moi)
C'est moi qui ne mange plus de porc.

1. prendre des vitamines (lui)
2. se passer de dessert (nous)
3. s'arrêter de fumer (moi)
4. faire de l'exercice (eux)
5. être au régime (nous tous)
6. dormir huit heures par nuit (elle)
7. ne plus boire de bière (moi)

Les pronoms démonstratifs

Celui ou **celle** qui a besoin de soins médicaux en France a un choix à faire. Il y trois catégories d'hôpitaux en France: **ceux** qui dépendent de la Sécurité sociale, **ceux** qui dépendent d'une organisation charitable et **ceux** qui sont privés.

Tous les Français, y compris **ceux** ou **celles** qui sont couverts par la Sécurité sociale, bénéficient de soins médicaux d'un haut niveau, grâce à l'excellence des facultés de médecine et à l'importance accordée à la recherche par le Ministère de la Santé.

FOLLOW-UP QUESTIONS: Quels soins médicaux coûtent plus cher—ceux qui dépendent de la Sécurité sociale ou ceux qui sont privés? Quels soins sont meilleurs? Qui va à une clinique privée—ceux qui peuvent payer ou ceux qui ne peuvent pas payer?

EXPLICATION

- Voici les formes du pronom démonstratif.

Voir Vocabulaire 5, *Le pronom interrogatif* **lequel**, p. 451.

	masculin	féminin
singulier	celui	celle
pluriel	ceux	celles

Celui, celle, ceux, celles are derived from **ce** + **lui/elle/ eux/elles**.

- Le pronom démonstratif représente un nom déjà spécifié dans le contexte. Il peut représenter des personnes ou des choses. Il est masculin, féminin, singulier ou pluriel selon le nom qu'il désigne.

> Veux-tu consulter mon médecin ou **celui** (= le médecin) de mon frère?
> Mes chaussures sont plus confortables que **celles** (= les chaussures) de Mimi.
> Ces nouveaux exercices sont plus difficiles que **ceux** (= les exercices) que vous m'avez montrés.
> Notre équipe de basket a mieux joué que **celle** (= l'équipe) qui a perdu tous ses matchs.

Révisez *Les pronoms relatifs* **qui** et **que** au Chapitre 8, pp. 202–203, et l'accord du participe passé après **que** au Chapitre 9, p. 223.

- Un pronom démonstratif est *toujours* suivi de ...
  - **de** + nom
  - **qui** ou **que**
  - **-ci** ou **-là**

> Les repas de ma mère sont plus nourrissants que **ceux de** la cafétéria.
> Il y a plusieurs sortes de végétariens. **Ceux qui** mangent de tout sauf de la viande rouge sont les moins stricts.
> Les vitamines qu'on achète sont moins efficaces que **celles que** contiennent les aliments.
> Tu préfères ces chocolats-ci, mais **ceux-là** sont bien meilleurs.

Be sure students understand that these pronouns *cannot* stand alone.

• Quand il y a deux choix possibles et logiques, **celui-ci** se rapporte *au second* (= le plus proche) et **celui-là** se rapporte *au premier* (= le plus éloigné).

> Les médecins et les psychologues ne sont pas d'accord. **Ceux-ci** (= les psychologues) pensent que la cause des migraines est psychique et **ceux-là** (= les médecins) pensent qu'elle est physique.
>
> Tu connais Yannick Noah et Michel Platini? **Celui-ci** (= Platini) est un héros du foot et **celui-là** (= Noah) joue au tennis.

• Quand le contexte ne suggère aucune autre possibilité, le pronom démonstratif singulier signifie «la personne» et le pluriel signifie «les gens».

> **Celui** ou **celle** qui veut vivre longtemps boit avec modération.
>   (*L'homme* ou *la femme* qui ...)
> **Ceux** que je connais bien ne fument pas. (*Les gens* que je connais ...)

Le sport national français

Le sport national américain, c'est le base-ball (certains diraient le football américain). Et le sport national français? Est-ce le football, la pétanque ou le cyclisme?

Le football.   Les Français ont une équipe nationale, les Bleus, qui sont très appréciés des Français. Quand les Bleus ont joué dans la Coupe du Monde, toute la France les a suivis avec enthousiasme. Pour les jeunes, il y a beaucoup d'équipes de foot organisées après l'école et le foot fait partie du programme d'éducation physique. Et les jeunes Français organisent des jeux de foot entre eux comme les Américains organisent des jeux de base-ball ou de football américain.

La pétanque.   La pétanque est un jeu très français qui se pratique dans les villes et les villages français. Par tradition elle est jouée seulement par les hommes et c'est un jeu du peuple, pas de l'aristocratie. La pétanque (appelée aussi *les boules*) est jouée avec de lourdes boules de la taille d'une balle de base-ball et avec une petite boule qui s'appelle le cochonnet. On lance le cochonnet, et puis, chacun à son tour, lance sa propre boule aussi près que possible du cochonnet. Ce jeu est connu en Italie sous le nom de *bocce*.

Le cyclisme.   Le plus grand événement sportif de l'année est sans doute le Tour de France, la grande course à bicyclette à travers la France. Des cyclistes internationaux viennent essayer leur force et leur endurance dans cette course très rigoureuse—on doit traverser quatre chaînes de montagnes et on fait plus de 4.000 kilomètres en

quelques semaines. Le Tour de France a lieu en vingt étapes.[a] Celui qui est en première position au début d'une étape a le droit de porter «le maillot[b] jaune» pendant cette étape. Le Tour a lieu en été et la dernière étape finit par une course le long des Champs-Élysées vers l'arc de Triomphe.

Le jogging.   Et puis il y a le jogging. Si ce n'est pas un sport comme les sports précédents, il n'en reste pas moins que trois millions de Français font du jogging une ou plusieurs fois par semaine. Le jogging, comme la cuisine minceur, est un signe des temps, encore un effet de la préoccupation avec la santé individuelle. Les bienfaits du jogging sont évidents: le cœur, les poumons, les artères, les muscles, le cerveau—tous bénéficient de cette activité. Mais attention! On peut se faire du mal si on s'entraîne trop vigoureusement.

───────────

[a] **Étape** (*f.*) = période, degré.
[b] **Maillot** (*m.*) = vêtement souple couvrant le haut du corps. Le maillot jaune du Tour de France se porte sur un T-shirt.

EXERCICES   J

GOAL: using demonstrative pronouns in comparisons

Q.S. (Quotient de Santé).   Comparez votre «Q.S.» à celui de votre meilleur(e) ami(e) selon le modèle.

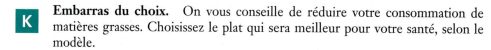

▶ mes repas/nourrissant
Mes repas sont plus (moins, aussi) nourrissants que ceux de mon ami(e).

1. vie/calme
2. silhouette (*f.*)/svelte
3. habitudes (*f.pl.*)/régulier
4. exercices/rigoureux
5. sports préférés/dangereux
6. plats préférés/riche
7. boissons préférées/sucré
8. style de vie/actif

K

GOAL: making choices

Embarras du choix.   On vous conseille de réduire votre consommation de matières grasses. Choisissez le plat qui sera meilleur pour votre santé, selon le modèle.

▶ Une tarte à la crème ou une tarte aux fruits?
Je prendrai celle qui est aux fruits.

1. Une soupe à l'oignon ou une soupe au poulet?
2. Des croissants au beurre ou des croissants à la margarine?
3. Un gâteau au beurre ou un gâteau sans beurre?
4. Une omelette au fromage ou une omelette aux légumes?
5. Un pain aux raisins ou un pain au chocolat?
6. Des cailles[1] à la normande ou des cailles aux pommes?
7. Des œufs au jambon ou des œufs aux oignons?

L

GOAL: making recommendations

Qu'est-ce que tu recommandes?   Votre ami(e) veut savoir ce qui lui fera du bien. Recommandez ce qui contribuera à sa bonne santé.

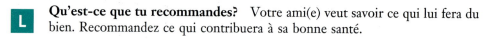

▶ Tu recommandes une longue marche ou une heure devant la télé?
Moi, je recommande celle-là.

1. Tu recommandes un jus de fruits ou un verre de bière?
2. Tu recommandes un stimulant ou une bonne sieste?
3. Tu recommandes de l'animation ou de la tranquillité?
4. Tu recommandes des exercices aérobiques ou un jeu de cartes?
5. Tu recommandes le tennis ou le parachutisme?
6. Tu recommandes les cigarettes ou le chewing-gum?
7. Tu recommandes l'eau minérale ou le coca?
8. Tu recommandes l'air de la ville ou l'air de la campagne?
9. Tu recommandes le café ou le café décaféiné?
10. Tu recommandes l'inactivité ou le jogging?

───────────

[1] **Caille** (*f.*) = oiseau plus petit que le poulet.

GOAL: comparing
weekends

M

Chanceuse!   Julie a toujours de la chance; Jules n'en a jamais. Voici une description du week-end de Julie. Jouez le rôle de Jules et expliquez son week-end.

QUESTIONS:
1. À quoi le narrateur com-pare-t-il la cigarette?
2. Quelles sont les princi-pales caractéristiques phy-siques de la cigarette?
3. Qu'est-ce que le narra-teur lui reproche?   4. Quel plaisir la cigarette pourrait-elle lui faire?   5. Comment le narrateur montre-t-il son amour de la cigarette?
(*Continued at the bottom of p. 444.*)

> JULIE: J'ai passé un week-end formidable!
> JULES: *Chanceuse! Celui que j'ai passé était affreux.*

1. J'ai eu un dîner agréable.
2. J'ai pris une boisson délicieuse.
3. J'ai choisi un dessert somptueux.
4. J'ai entendu des conférences intéressantes.
5. J'ai rencontré des gens fascinants.
6. J'ai acheté des chaussures confortables.
7. J'ai vu des films formidables.

L'esprit français

L'esprit° français, tout en ironies élégantes et en sous-entendus,[a] fait partie d'une tradition littéraire à laquelle ont participé Pascal, Voltaire, Flaubert et Gide, pour ne parler que de quelques auteurs. L'auteur spirituel° dit souvent le contraire de ce qu'il pense, mais il le dit d'une manière qui révèle ses véritables intentions tout en se moquant de ce qu'il feint° d'approuver.   *humour, intelligence*

     qui a de l'esprit

     fait semblant

L'essai suivant est un exemple de ce célèbre esprit français et de ses ironies délicates. Trouvez cinq détails dans cet éloge de la cigarette qui indiquent clairement une critique des cigarettes et une moquerie de ceux qui en fument.

La Cigarette

Petite amie, je t'aime!

Tu es fine°, mince°, propre° et blonde. Tout de blanc habillée, tu as bien l'air de sortir d'une boîte.[b] Tu es silencieuse et docile et je t'allume[c] quand je veux!   *délicate/svelte/ hygiénique*

Tu parfumes l'endroit où je travaille et le chemin que je parcours[d]—car° il ne me semble pas que je puisse me passer de toi et partout où je vais tu m'accompagnes—et tu me grises[e] un peu, sans cesse …   *parce que*

---

[a] **Sous-entendu** (*m.*) = un sens autre que le sens explicite.
[b] **Boîte** (*f.*) = carton, paquet. **Sortir d'une boîte** = être tout neuf.
[c] **Allumer** = mettre le feu; *aussi* exciter, provoquer.
[d] **Le chemin que je parcours** = les endroits où je passe.
[e] **Griser** = mettre dans un état d'intoxication; faire perdre la raison.

On m'a souvent fait des reproches à ton sujet. On m'a dit que tu me faisais tourner la tête et que tu finirais par me faire perdre la mémoire! Ah! grands dieux, si c'était vrai! ... Je n'aime pas les souvenirs ... Fais-moi tout oublier—je ne t'oublierai jamais!

Si je pensais que je te dois mon insouciance dans la vie, je ne t'en aimerais que davantage°!   *plus*

Je t'ai consacré deux doigts de la main gauche. Et j'ai tellement pris l'habitude de sentir ta douce chaleur[f] qui augmente à chaque instant, tellement, vois-tu, que ces deux doigts me semblent inutiles et réellement gauches quand tu n'es pas entre eux. C'est là que tu vis° et que tu te consumes doucement—à ma volonté.°   *existes/comme je veux*

Mais si je t'aime ainsi, n'est-ce pas que tu m'aimes également et que tu es bien entre mes doigts qui te caressent constamment sans jamais te meurtrir°?   *faire du mal*

Je suis sûr que tu m'aimes puisque, lorsque je me sépare de toi un instant et que je te pose quelque part, tu profites de ce que j'ai le dos tourné pour faire un peu de mal et tâcher° de mettre le feu!   *essayer*

Et puis, avoue° que tu es jalouse?   *confess*

Je suis sûr aussi que tu es jalouse, puisque, lorsque je prends une femme dans mes bras, tu fais tout au monde pour la brûler° un peu   *consumer par le feu* afin que brusquement elle s'éloigne° de moi.   *aille loin (de)*

D'ailleurs, tu n'attends même pas qu'elle soit dans mes bras et ta jalousie se manifeste aussitôt que je veux lui parler de trop près—tu la prends tout de suite à la gorge et tu la fais tousser—et, petite hypocrite, tu laisses accuser le vent! Avoue-moi que tu m'aimes et que tu es jalouse ... dis ... avoue ... écris ... écris un «oui» fugitif ... écris-le dans l'air en fumée bleue puisque c'est ton langage ... dis-moi que tu aimes savoir que tu es le parfum de ma vie ... Pourquoi fais-tu monter si droite ta fumée? ... Dis-moi que tu aimes ma bouche et que je sais comment te prendre avec mes lèvres ... Dis ... me suis-je trompé?° M'aimes-tu? Cesse de dessiner une fleur dont la tige°   *ai-je eu tort/stem* flexible est trop longue ... M'aimes-tu?

Ah! enfin ...

Je viens de voir enfin nettement° la première lettre du mot   *clairement* «oui» ...

— *Sacha Guitry*

---

[f] **Chaleur** (*f.*) = la qualité d'un objet qui est chaud.

6. La cigarette montre-t-elle de l'amour pour l'auteur? 7. Quelle preuve de son amour l'auteur demande-t-il à la cigarette? 8. A-t-il la preuve qu'il cherche? Est-ce une preuve convaincante? Pourquoi? 9. Comment décrivez-vous l'amour du narrateur de sa cigarette? Est-ce le vrai amour? une obsession? Pourquoi 10. Quels mauvais effets la cigarette a-t-elle déjà eus sur le narrateur?

VOCABULAIRE

1. Une visite médicale

J'ai rendez-vous pour **une visite médicale**.

Je dois aller | à **la clinique**.
| à **la salle d'urgence**.
| **au cabinet** du docteur.
| **chez le chirurgien** pour une opération.

Le docteur me demande **mes symptômes** (*m.*).
Je crois que j'ai **un rhume** de cerveau (= un rhume banal).
J'ai des symptômes respiratoires: j'ai du mal à respirer et je **tousse**.
À cause de **ma toux**, j'ai **mal à la gorge** (je ne peux pas parler).

Le docteur me demande si j'ai | **mal au dos**.
| **de la fièvre** (= de la température).
| plus de 40 **degrés de fièvre**.
| mal à **la tête**.
| mal à **l'estomac**.
| **des troubles digestifs**.

Le docteur me dit que | je ne suis pas **enrhumé(e)**.
| j'ai **attrapé la grippe** (= l'influenza).
| je suis **grippé(e)**.

Il y a une épidémie de grippe asiatique en ce moment.
Il ne faut pas **m'inquiéter** de **ma santé**, mais je dois rester au lit, boire
beaucoup de jus de fruits et prendre de l'aspirine. Seul le temps peut
me **guérir** (= éliminer la **maladie**).
Le docteur ne peut pas me guérir d'un rhume de cerveau ou de la grippe!

Cette structure est similaire à la structure Je me lave *les* mains. Voir Chapitre 13, pp. 352–353.

• On emploie l'expression **avoir mal à** pour parler de la douleur dans les différentes parties du corps.

> **J'ai mal à** la tête.
> Mon père **a** souvent **mal à** la gorge.
> Quand on **a mal aux** dents, il faut aller chez le dentiste.

NOTEZ: On n'emploie jamais l'adjectif possessif après **avoir mal à**.

• **S'inquiéter** se conjugue comme **préférer**: au présent, **-é- → -è-** aux formes **je, tu, il/elle/on, ils/elles**.

Est-ce que **tu t'inquiètes** de tes migraines?
Mais: **Nous** ne **nous inquiétons** pas de ce que nous mangeons.

EXERCICES | **1** | **Symptômes.** Quels sont les symptômes des maladies suivantes? Commencez chaque phrase par **Si on a ...**

▶ *Si on a des troubles digestifs, on aura probablement mal à l'estomac.*

la grippe		mal à la gorge
un rhume		de la fièvre
des troubles cardiaques		mal à l'estomac
une crise de nerfs	avoir	des palpitations
une crise d'appendicite		un manque d'énergie
des troubles digestifs		mal au côté droit
		une toux persistante

2 **Anxiété.** Demandez à votre partenaire si ces personnes s'inquiètent des choses suivantes.

1. tu/ta santé
2. les Français/la fumée de cigarettes
3. ton père/l'eau qu'il boit
4. nous/ce que nous mangeons
5. toi et tes parents/les petits rhumes de cerveau

Les PHARMACIENS
de LOUHANS

2. Le corps humain

- Le pluriel d'**un œil** = **des yeux**.

Complétez les phrases suivantes.

1. Je vais prendre de l'aspirine; j'ai mal à _____.
2. Quand j'ai mal aux _____, j'entends très mal.
3. Quand j'ai mal aux _____, je vais chez la dentiste.
4. Quand on mange, on ouvre _____.
5. Si on a une hépatite, on a une maladie de _____.
6. _____ fait circuler le sang.
7. _____ font circuler l'air.
8. Je ne vois presque rien! J'ai une infection à _____ gauche.
9. Quand on respire, l'air entre dans le _____ et puis va aux _____.
10. Quand on embrasse quelqu'un passionnément, on le prend dans ses _____.
11. Les vampires adorent le _____.
12. Les Français s'inquiètent beaucoup de leur _____.

4 **Plaintes.**　Vos amis et vous souffrez des excès d'hier. Expliquez comment.

PRONUNCIATION: Remind students that final consonants are usually not pronounced in French. **Sang** = **sans** = **cent** = [sã]; **dent** = **dans** = [dã].

▶ Nous avons trop travaillé hier.
Nous avons mal à la tête maintenant.

1. J'ai joué au tennis trop longtemps hier.
2. Mes amis ont trop marché.
3. J'ai un rhume horrible.
4. Mon cousin a trop mangé hier.
5. La musique était trop fort.
6. J'ai fait du ski et je suis tombé.
7. Mon père a porté beaucoup de gros paquets.

3. À la salle d'urgence

Bruno est allé à la salle d'urgence pour recevoir **des soins urgents**.

Il est tombé et il　　　　s'est blessé.
　　　　　　　　　　　　s'est cassé　　la jambe.
　　　　　　　　　　　　　　　　　　　le bras.

Il a fallu lui **radiographier** la jambe.

Le docteur lui a　　fait **une piqûre**.
　　　　　　　　　donné　**une ordonnance** pour **des cachets**.
　　　　　　　　　　　　　des antibiotiques (comme **de la penicilline**).
　　　　　　　　　　　　　des conseils.
　　　　　　　　　　　　　un autre rendez-vous.

Il ne voulait pas voir le médecin parce qu'**il se méfie des** docteurs (= il ne fait pas confiance aux docteurs).

EXERCICE **5** **À l'hôpital.**　Qui dans votre famille a eu les maladies suivantes ou a eu les traitements suivants?

1. une radiographie
2. l'appendicite
3. le bras cassé
4. de la penicilline
5. une visite à la salle d'urgence
6. une piqûre
7. la mononucléose

4. En bonne forme

Je suis **en bonne santé**.
J'ai décidé de me maintenir **en bonne forme**.
Je vais commencer **bientôt** (= dans peu de temps).
Lorsque (= quand) je serai au régime ...

| je mangerai | **du pain complet.** |
| | **modérément.** |

| je boirai | très peu d'**alcool** (*m.*). |
| | du café **décaféiné**. |

je me passerai (= je ne prendrai pas) **de** dessert.
Dès que (à partir du moment où) je serai mince ...

je **ferai**	**de l'exercice.**
	du jogging.
	du cyclisme.

je marcherai (= j'irai à pied) trois fois par semaine.
D'abord l'exercice sera **pénible** (= difficile), mais **je m'y habituerai**
(= il deviendra une habitude).

• On se passe **de** quelque chose. On s'habitue **à** quelque chose.

Quand je serai au régime, *je me passerai* de glace.
Je me suis habitué **au** sel et **à** la nourriture salée.

NOTEZ: Après **se passer de** le partitif → **de**.

Je ne peux pas *me passer* **de** fromage.
Mais: Je ne me passe jamais **de la** tarte de ma sœur Cécile.

Voir Chapitre 10,
pp. 250–251.

• Si le verbe principal est au futur, **lorsque** et **dès que** sont suivis du futur,
comme **quand**.

Lorsque j'irai en vacances, *je ferai* du sport.

EXERCICES **6** **Au régime.** Lorsque vous serez au régime, indiquez si vous aurez droit aux
choses suivantes ou si vous vous en passerez.

1. le vin   4. le fromage
2. le pain   5. la viande
3. la glace   6. les fruits

7 **En bonne forme.** Tout le monde a décidé de se mettre en forme. Indiquez ce que ces personnes feront pour améliorer leur santé.

> ▶ mon père/manger beaucoup de fruits
> *Mon père mangera beaucoup de fruits.*

1. mon oncle/manger beaucoup de légumes
2. je/se passer d'alcool
3. mes amis/être au régime
4. ma mère/manger du pain complet
5. je/boire du café décaféiné
6. mes amis et moi/faire de l'exercice
7. les jeunes filles/manger modérément

8 **Dès aujourd'hui.** Vous vous êtes décidé(e). Dès[2] aujourd'hui votre vie sera différente. Que ferez-vous?

> ▶ J'ai toujours bu beaucoup de café le soir.
> *Dès aujourd'hui, je me passerai de café le soir.*

1. J'ai toujours mangé du pain blanc.
2. J'ai toujours pris un dessert après chaque repas.
3. Je n'ai jamais fait de sport.
4. J'ai toujours beaucoup mangé.
5. J'ai toujours bu beaucoup de café et de coca-cola.
6. J'ai toujours pris l'apéritif.

CE GOSSE ADORE FOUILLER DANS LA POUBELLE

ON EN FERA UN JOURNALISTE

WOLINSKI

---

[2] **Dès** = à partir de, après.

5. Le pronom interrogatif *lequel, laquelle, lesquels, lesquelles*

	masculin	féminin
singulier	lequel	laquelle
pluriel	lesquels	lesquelles

• Le pronom **lequel** remplace **quel** + nom.

> Ton film favori est un film de Louis Malle? **Lequel**? (= *quel film?*).
> Tu aimes les sports? **Lesquels**? (= *quels sports?*).

• **Lequel**, **lesquels** et **lesquelles** forment des contractions avec **à** ou **de**.

> J'ai trois dictionnaires. **Duquel** as-tu besoin?
> Tu t'intéresses aux sports? **Auxquels**?

EXERCICE 9

Lequel?   Chaque fois que votre partenaire dit quelque chose, demandez une précision.

> ▶ — J'ai vu un film de Diane Kurys hier soir.
> — *Lequel as-tu vu?*

1. Je voudrais acheter une voiture.
2. J'ai vu trois émissions hier soir.
3. Un de mes cours est très difficile.
4. Mon ami habite dans une de ces maisons.
5. Je pense à un film.
6. J'ai besoin d'un de vos livres.
7. Il y a une robe dans ce magasin qui me semble belle.
8. J'ai peur de certains animaux.
9. Je n'aime pas certaines personnes.
10. Je m'intéresse à certains sports.

EXPRESSION LIBRE

JOUONS: See IRM for an explanation of how to vary this exercise by putting students in groups of four.

EN RÉALITÉ: Have students work together in groups of four, then compare their findings with those of other groups.

INTERVIEWS

1 Préparez une liste des cinq choses les plus importantes pour la santé. Comparez votre liste avec celle de votre partenaire. Discutez de vos listes et préparez ensemble une liste où les facteurs seront classés par ordre d'importance.

2 Vous interviewez un ex-joggeur qui a dû s'arrêter de faire du jogging à cause de sa santé. Posez-lui des questions sur le jogging et les raisons pour lesquelles il s'est arrêté de faire du jogging. Demandez-lui ce qu'il pense faire pour remplacer le jogging. Minimum de six questions et réponses.

3 Vous êtes médecin et vous voyez un nouveau malade. Vous lui demandez son histoire médicale: ce qu'il mange, combien de temps et comment il dort, les sports qu'il pratique—quand et combien de fois, les maladies qu'il a eues, etc.

4 Par suite d'un accident de laboratoire, un étudiant de l'an 2092 a été transporté ici. Vous lui posez dix questions sur la vie au futur.

JOUONS

Pendant l'été vous travaillez à une fête foraine[3] locale sous le nom de Monsieur (Madame) Voitout, qui peut prédire l'avenir. Révélez leur avenir à plusieurs clients; vous pouvez parler de leurs études, de leurs goûts, de leurs diversions, de leurs voyages, de leur profession, de leur mariage éventuel, de leurs enfants, de leur maison, etc. L'autre étudiant(e) posera un minimum de quatre questions sur son avenir.

EN RÉALITÉ

Regardez ces extraits d'un dépliant de la RATP (p. 453). Puis répondez aux questions.

1. Vous serez libre le 23 juillet. Quelles excursions pourriez-vous faire?
2. Vous serez libre en octobre. Quelles excursions pourriez-vous faire?
3. Vous aimez le vin. Quelles excursions vous intéresseront?
4. Vous aimez les animaux. Quelles excursions vous intéresseront?
5. Vous avez toujours été fasciné(e) par Jeanne d'Arc. Quelle(s) excursion(s) pourriez-vous faire?
6. Vous aurez quelque chose à faire le matin et vous voulez passer le moins de temps possible à votre excursion. Quelle excursion choisirez-vous?
7. Vous voudriez faire une excursion, mais vous avez peu d'argent. Quelle excursion vous coûtera le moins?
8. Vous voulez visiter les châteaux. Quelle(s) excursion(s) devriez-vous faire?
9. Vous avez toujours été fasciné(e) par les peintres français. Quelle excursion choisirez-vous?
10. Quelle excursion voudriez-vous faire? Expliquez votre choix.

---

[3] **Fête foraine** (*f.*) = *county fair.*

Excursions accompagnées organisées par la RATP

ANET : **Houdan,** ancienne place forte du domaine royal entre la Vesgre et l'Opton : son donjon et son église. **Anet,** château de Diane de Poitiers.
Départ à 12 h 40 - Retour vers 19 h 30.
Lundis 4 avril, 23 mai, jeudi 14 juillet,
dimanche 2 octobre. **165 F**

ANTIQUE PAYS DE BIÈRE : Le château de **Bourron-Marlotte** et son parc à la française. Les vallées du Loing et de la Seine. Promenade en vedette sur la Haute-Seine entre Samois et Saint-Mammès.
Départ à 12 h 25 - Retour vers 20 h 45.
Dimanches 15 mai, 14 août. **257 F**

AUVERS-SUR-OISE : Découverte du village des peintres Corot, Dupré, Daubigny, Cezanne... Van Gogh. L'église, la maison du Dr Gachet, l'auberge Ravoux et les autres sites. Pontoise : **le musée Pissaro** et ses expositions - **l'Abbaye de Maubuisson** fondée par Blanche de Castille au 13e siècle.
Départ à 12 h 30 - Retour vers 19 h 50.
Dimanche 24 avril, samedi 18 juin, vendredi 15 juillet,
samedi 20 août, samedi 1er octobre. **160 F**

BORDS DE LOIRE : Le **Château de Meung (prison de François Villon) : promenade en bateau** en amont de Blois. En Sologne : **Troussay,** gentilhommière de style Renaissance ; visite intérieure et coup d'œil sur une collection d'outils traditionnels. Circuit dans le parc de **Chambord,** puis visite de l'**Abbatiale de Cléry-St-André.**
Départ à 7 h 30 - Retour vers 21 h 30.
Jeudi 14 juillet, dimanche 28 août. **310 F**

FORÊT DE FONTAINEBLEAU : Promenade du chaos d'**Apremont** avec ses tapis de bruyères... au **Jupiter** (le doyen des chênes de la Forêt)... ainsi qu'aux **gorges** et à la mare de **Franchard.**
Départ à 12 h 45 - Retour vers 19 h 55.
Dimanches 2 et 30 octobre. **151 F**

ORLÉANS SPÉCIAL : Journée libre à Orléans pour les **fêtes de Jeanne d'Arc.** Le matin : **défilé des Provinces françaises** ; l'après-midi **défilé des Autorités** civiles, militaires et religieuses. Places assises réservées (un seul machiniste accompagnateur). **Exceptionnellement ouverture de la location dès le 19 mars.**
Départ à 7 h 30 - Retour vers 20 h.
Jeudi 12 mai. **140 F**

L'OURCQ ET SES ÉCRIVAINS : A Ermenonville, découverte du **Parc souvenir Jean-Jacques Rousseau.** Le musée **Alexandre Dumas** de Villers-Cotterets. Ville natale de Racine : **La Ferté-Milon,** visite promenade vers les vestiges du château. Retour jalonné par les monuments des batailles de l'Ourcq.
Départ à 12 h 20 - Retour vers 20 h 40.
Dimanches 8 mai, 12 juin, 14 août, 11 septembre. **160 F**

PALAIS DE FONTAINEBLEAU : Résidence des rois de France. Visite des **grands appartements** et du **musée napoléonien,** promenade dans le parc. Non loin de là, par la forêt de Fontainebleau, le château féodal de **Blandy-les-Tours.**
Départ à 12 h 30 - Retour vers 20 h 15.
Samedi 2 avril, 14 mai, 11 juin, 23 juillet,
mercredi 24 août, samedi 1er octobre. **177 F**

ROUEN : Promenade découverte dans la **vieille ville.** Visite du musée Jeanne d'Arc et de la **cathédrale.** Au retour, château de **Bonnemare** : son intérieur (habité), son parc, son surprenant pressoir à cidre.
Départ à 8 h 45 - Retour vers 20 h 30.
Dimanches 15 mai, 24 juillet, 14 août. **213 F**

VAUX-LE-VICOMTE : Le château de Nicolas Fouquet : dans les appartements et les salons d'apparats, les personnages de cire. Les jardins de Le Nôtre, le Parc, le musée des Équipages.
Départ à 12 h 45 - Retour vers 20 h.
Samedis 23 avril, 4 juin, mercredi 6 juillet, samedi
6 août, mercredi 31 août, samedi 24 septembre. **176 F**

VEXIN : Par la vallée de la Viosne, **Montgeroult.** A Gisors : le cachet ancien d'une ville frontière des **Ducs de Normandie** : visite du château Fort, du donjon, des souterrains d'architecture classique, sur des plans de Jules Hardouin Mansart, le château de **Boury.**
Départ à 12 h 25 - Retour vers 20 h 40.
Samedis 30 avril, 6 août. **189 F**

VIGNOBLES EN CHAMPAGNE : A Hautvillers où **Dom-Perignon** créa le champagne, découverte de l'église puis **visite dégustation** chez un artisan-vigneron. **Déjeuner (boissons comprises) inclus dans le prix du billet.** Les caves **Mercier** en petit train : 18 km de Caves et le plus grand Foudre du monde ; **dégustation.** La côte des Blancs vers le château de **Montmort,** forteresse du Moyen âge et de la Renaissance.
Départ à 7 h 30 - Retour vers 20 h 10.
Dimanche 19 juin, samedi 23 juillet,
dimanche 11 septembre. **336 F**

IMAGINONS

Avec deux partenaires, essayez de trouver une solution à chaque problème. Il n'y a pas de solution correcte. Essayez de bien représenter les opinions du personnage que vous jouez et de trouver une solution qui serait acceptée par tous. (Pour faire ce travail vous devez demander les opinions de chaque personne dans votre groupe et donner vos propres opinions.)

1 Le professeur et deux étudiant(e)s discutent d'une partie pour la classe de français. Quelle sorte de fête va-t-on avoir? Qu'est-ce qu'on va faire? Que va-t-on servir? Quand et où va-t-elle avoir lieu?

2 Une agence touristique offre des billets bon marché à de petits groupes qui peuvent s'organiser eux-mêmes. Un(e) étudiant(e), un homme d'affaires et un(e) artiste essaient d'organiser un voyage de deux semaines en France.

3 Une femme, un astronaute et une jeune personne imaginent la colonie lunaire idéale. On discute de la composition et de l'organisation de cette colonie. Pendant la première année on peut bâtir quinze bâtiments et on peut faire venir cent personnes à la colonie. Quels bâtiments devrait-on bâtir? Qui devrait venir à la colonie?

4 Vous êtes en France avec deux autres étudiants. Vous avez un après-midi libre avant le dîner qui est à 20 heures. Il y a une exposition de Picasso au Louvre qu'aucun de vous n'a vue et il y a aussi le cimetière du Père-Lachaise et le Forum des Halles. Décidez de ce que vous ferez et si vous le ferez en groupe ou seul.

5 Trois étudiants de français composent un dictionnaire des dix phrases les plus utiles pour un étudiant qui va en France. Soyez préparés à défendre votre choix.

CONVERSATION

Chaque phrase ou question commence une petite conversation avec un(e) ami(e). Voici la question ou l'observation de votre partenaire. Continuez votre part de la conversation par quatre phrases.

1. «Quand je fais du camping j'apporte des livres, du papier et des crayons.»
2. «Pourquoi se passer de produits laitiers?»
3. «Je crois que les Français sont exactement comme les Américains.»
4. «Qu'est-ce que je devrais faire pour être en forme?»
5. «Dans dix ans la vie sera plus difficile.»
6. «Qu'est-ce qui ne se fait pas chez vous?»
7. «Pourquoi as-tu l'air malheureux?»
8. «Ma vie ne sera pas comme celle de mes parents.»
9. «Que ferez-vous pendant les prochaines vacances?»
10. «Je me demande comment sera le monde quand nous aurons 60 ans.»

COMPOSITION ORALE

Préparez une composition orale que vous allez présenter à la classe sur un des sujets suivants.

1 Monsieur Grognon n'aime rien, absolument rien, et il n'hésite pas à le dire à tout le monde. Dans chaque situation, imaginez que vous êtes Monsieur Grognon; critiquez un minimum de quatre choses et faites trois prédictions négatives. Jouez votre rôle devant la classe.

▶ au bureau
Mais qu'est-ce qui ne va pas ici? Personne ne travaille. Rien n'est terminé. Vous ne faites jamais ce que je vous demande de faire. Ni mes lettres ni ces rapports ne sont terminés! Si vous continuez comme ça, vous n'aurez pas de vacances. Vous n'aurez pas de primes à Noël et vous serez toujours des Smicards.

- Au restaurant
- À l'hôtel
- Au magasin
- À la maison (avec Madame Grognon)

2 Vous commencez à avoir des problèmes de santé. Prenez trois résolutions pour améliorer la situation.

▶ L'escalier à la bibliothèque vous fatigue.
Je ne fumerai plus.   Je viendrai à la fac à pied.
Je perdrai cinq kilos avant la fin du semestre.

1. Vous êtes rentré(e) à 4 heures du matin et vous ne vous sentez pas bien du tout aujourd'hui.
2. Vous étiez irrité(e) et nerveux (nerveuse) et vous vous êtes disputé(e) avec votre meilleur(e) ami(e).
3. Le médecin vient de vous dire que votre cholestérol est très élevé.
4. Vous ne rentrez plus dans vos vêtements d'été.
5. Vous avez joué au basket-ball pendant 2 heures et vous avez mal partout.
6. Le médecin vient de vous dire que votre tension artérielle est excessive.
7. Vous avez de la difficulté à vous endormir le soir.

COMPOSITION ÉCRITE

Écrivez une composition d'une à deux pages sur un des sujets suivants.

1. Il faut manger pour vivre et non pas vivre pour manger.
2. Le rôle du gouvernement en ce qui concerne les soins médicaux et la santé des citoyens.
3. Les droits des malades et les droits des médecins dans les cas d'erreurs professionnelles.
4. Mon sport favori (Quand y jouez-vous? Pourquoi? Avec qui? Le regardez-vous? Où et quand l'avez-vous appris? Qui en est le meilleur joueur? etc.).
5. Vous êtes reporter pour un grand journal et vous écrivez un article sur la santé; vous parlez des nouveaux développements, des choses importantes à savoir, de vos suggestions personnelles.

APPENDICES

VOCABULAIRE UTILE POUR LA CLASSE

1. La grammaire

le nom	au singulier
	au pluriel
la phrase	

- **Un nom** = une personne, un endroit, un objet.
  ≠ un verbe, un adverbe, un adjectif.
- Un nom **au singulier** = 1 professeur, 1 livre, 1 gorille, etc.
- Un nom **au pluriel** = 3 professeurs, 16 livres, 9 gorilles, etc.
- **Une phrase** = sujet + verbe + ... Voilà une phrase:

   Thomas téléphone aux parents de Françoise.

REMARQUEZ:

1. **... aux parents de Françoise** ≠ une phrase.
2. **Thomas téléphone.** = une phrase (sujet + verbe).
3. **Thomas** est un nom au singulier. **Françoise** est un nom au singulier.
4. **Parents** est un nom au pluriel.

2. Les mots

la lettre
la consonne ≠ la voyelle
le radical ≠ la terminaison

- L'alphabet = 26 **lettres** = 5 **voyelles** (A, E, I, O, U) + 21 **consonnes** (B, C, D, F, etc.).
- Un verbe = **radical** + **terminaison.** Un radical est permanent. Une terminaison change. Il existe 6 terminaisons possibles, par example:

   parl **e**   parl **ons**   parl **ez**   parl **ent**

3. Des questions importantes

Combien ... ?   Quand ... ?
Pourquoi ... ?   Où ... ?

Quelle est la différence entre ... et ... ?

Comment dit-on │ ... en anglais ?
│ ... en français ?

- **Combien ... ?** demande la quantité.
- **Quand ... ?** demande la date, le moment.
- **Pourquoi ... ?** demande la raison.
- **Où ... ?** demande la localité, la position.

Où est la classe?
La classe est à East Hall.
Combien de classes y a-t-il par semaine?
3 classes par semaine.
Quand téléphonez-vous à vos parents?
Le week-end.
Pourquoi possédez-vous une auto?
L'auto est nécessaire.
Quelle est la différence entre une Ford **et** une Renault?
Une Ford est américaine; une Renault est française.
Comment dit-on «bonjour» **en anglais**?
On dit «good morning», «good afternoon», «hello».
Comment dit-on *«you're welcome»* **en français**?
On dit «de rien».

4. Des instructions

Comptez!   **Épelez!**
Dites!   **Écoutez!**
Demandez!   **Répondez!**
Mettez! (= placez)   **Écrivez!**
Regardez! (= examinez)

PROFESSEUR:	Karen, **dites** bonjour.
KAREN:	Bonjour!
PROFESSEUR:	Karen, **demandez** à David comment il va.
KAREN:	David, comment allez-vous?
PROFESSEUR:	David, **répondez!**
DAVID:	Très bien, merci.
PROFESSEUR:	David, **épelez** «bien».
DAVID:	B-i-e-n.
PROFESSEUR:	Alors, **écrivez** «bien» au tableau noir.
DAVID:	Voilà, Madame.
PROFESSEUR:	Excellent. Karen, **comptez** de 1 à 5.
KAREN:	Pardon, Madame?
PROFESSEUR:	Mademoiselle, **écoutez** les instructions du professeur. **Comptez** de 1 à 5.
KAREN:	1, 2, 3, 4, 5.
PROFESSEUR:	Très bien! La leçon est terminée.

bien

5. Des excuses!

Je ne comprends pas	le français.
	l'anglais.
	la question.
Je ne sais pas. (=Je suis ignorant(e).)	

- **Je comprends (je ne comprends pas)** indique *la compréhension.*

  Je comprends l'anglais. **Je ne comprends pas** le japonais.

- **Je ne sais pas** indique *l'ignorance.*

  Qui est le président du Congo?
  Je ne sais pas.
  Qui est le président de la France?
  Je ne sais pas.
  Comment?: Vous êtes très ignorant!

VERBES

Verbes réguliers

Infinitif	Présent	Passé Composé	Imparfait
1. parler	je parle	j' ai parlé	je parlais
	tu parles	tu as parlé	tu parlais
	il/elle/on parle	il/elle/on a parlé	il/elle/on parlait
	nous parlons	nous avons parlé	nous parlions
	vous parlez	vous avez parlé	vous parliez
	ils/elles parlent	ils/elles ont parlé	ils/elles parlaient
2. finir	je finis	j' ai fini	je finissais
	tu finis	tu as fini	tu finissais
	il/elle/on finit	il/elle/on a fini	il/elle/on finissait
	nous finissons	nous avons fini	nous finissions
	vous finissez	vous avez fini	vous finissiez
	ils/elles finissent	ils/elles ont fini	ils/elles finissaient
3. répondre	je réponds	j' ai répondu	je répondais
	tu réponds	tu as répondu	tu répondais
	il/elle/on répond	il/elle/on a répondu	il/elle/on répondait
	nous répondons	nous avons répondu	nous répondions
	vous répondez	vous avez répondu	vous répondiez
	ils/elles répondent	ils/elles ont répondu	ils/elles répondaient
4. se laver	je me lave	je me suis lavé(e)	je me lavais
	tu te laves	tu t'es lavé(e)	tu te lavais
	il/on se lave	il/on s'est lavé	il/on se lavait
	elle se lave	elle s'est lavée	elle se lavait
	nous nous lavons	nous nous sommes lavé(e)s	nous nous lavions
	vous vous lavez	vous vous êtes lavé(e)s	vous vous laviez
	ils se lavent	ils se sont lavés	ils se lavaient
	elles se lavent	elles se sont lavées	elles se lavaient

Impératif	Futur	Conditionnel	Subjonctif
parle	je parlerai	je parlerais	que je parle
parlons	tu parleras	tu parlerais	que tu parles
parlez	il/elle/on parlera	il/elle/on parlerait	qu' il/elle/on parle
	nous parlerons	nous parlerions	que nous parlions
	vous parlerez	vous parleriez	que vous parliez
	ils/elles parleront	ils/elles parleraient	qu' ils/elles parlent
finis	je finirai	je finirais	que je finisse
finissons	tu finiras	tu finirais	que tu finisses
finissez	il/elle/on finira	il/elle/on finirait	qu' il/elle/on finisse
	nous finirons	nous finirions	que nous finissions
	vous finirez	vous finiriez	que vous finissiez
	ils/elles finiront	ils/elles finiraient	qu' ils/elles finissent
réponds	je répondrai	je répondrais	que je réponde
répondons	tu répondras	tu répondrais	que tu répondes
répondez	il/elle/on répondra	il/elle/on répondrait	qu' il/elle/on réponde
	nous répondrons	nous répondrions	que nous répondions
	vous répondrez	vous répondriez	que vous répondiez
	ils/elles répondront	ils/elles répondraient	qu' ils/elles répondent
lave-toi	je me laverai	je me laverais	que je me lave
lavons-nous	tu te laveras	tu te laverais	que tu te laves
lavez-vous	il/on se lavera	il/on se laverait	qu' il/on se lave
	elle se lavera	elle se laverait	qu' elle se lave
	nous nous laverons	nous nous laverions	que nous nous lavions
	vous vous laverez	vous vous laveriez	que vous vous laviez
	ils se laveront	ils se laveraient	qu' ils se lavent
	elles se laveront	elles se laveraient	qu' elles se lavent

Verbes réguliers avec changements orthographiques

Infinitif	Présent		Passé Composé	Imparfait
1. manger[1]	je mange tu manges il/elle/on mange	nous mangeons vous mangez ils/elles mangent	j'ai mangé	je mangeais
2. avancer[2]	j' avance tu avances il/elle/on avance	nous avançons vous avancez ils/elles avancent	j'ai avancé	j'avançais
3. payer[3]	je paie tu paies il/elle/on paie	nous payons vous payez ils/elles paient	j'ai payé	je payais
4. préférer[4]	je préfère tu préfères il/elle/on préfère	nous préférons vous préférez ils/elles préfèrent	j'ai préféré	je préférais
5. acheter[5]	j' achète tu achètes il/elle/on achète	nous achetons vous achetez ils/elles achètent	j'ai acheté	j'achetais
6. appeler[6]	j' appelle tu appelles il/elle/on appelle	nous appelons vous appelez ils/elles appellent	j'ai appelé	j'appelais

[1] D'autres verbes conjugués comme **manger** sont: **arranger, changer, corriger, échanger, encourager, interroger, mélanger, nager, neiger, partager, ranger** et **voyager**.
[2] D'autres verbes conjugués comme **avancer** sont: **annoncer, commencer.**
[3] D'autres verbes conjugués comme **payer** sont: **employer, essayer.**
[4] D'autres verbes conjugués comme **préférer** sont: **compléter, espérer, exagérer, s'inquiéter, récupérer, régler, répéter** et **suggérer.**
[5] D'autres verbes conjugués comme **acheter** sont: **amener, lever, racheter** et **se promener.**
[6] D'autres verbes conjugués comme **appeler** sont: **s'appeler, se rappeler.**

Impératif	Futur	Conditionnel	Subjonctif
mange mangeons mangez	je mangerai	je mangerais	que je mange que nous mangions
avance avançons avancez	j'avancerai	j'avancerais	que j'avance que nous avancions
paie payons payez	je paierai	je paierais	que je paie que nous payions
préfère préférons préférez	je préférerai	je préférerais	que je préfère que nous préférions
achète achetons achetez	j'achèterai	j'achèterais	que j'achète que nous achetions
appelle appelons appelez	j'appellerai	j'appellerais	que j'appelle que nous appelions

Verbes irréguliers

Pour la conjugaison des verbes irréguliers en tête du tableau, consultez les verbes conjugués de la même manière aux numéros indiqués. Les verbes précédés d'un point se conjuguent avec l'auxiliaire **être**. Naturellement, tout verbe dans le tableau, employé à forme pronominale, devra utiliser l'auxiliaire **être** aux temps composés.

Infinitif	Présent		Passé Composé	Imparfait
1. aller	je vais tu vas il/elle/on va	nous allons vous allez ils/elles vont	je suis allé(e)	j'allais
2. avoir	j' ai tu as il/elle/on a	nous avons vous avez ils/elles ont	j'ai eu	j'avais
3. boire	je bois tu bois il/elle/on boit	nous buvons vous buvez ils/elles boivent	j'ai bu	je buvais
4. connaître	je connais tu connais il/elle/on connaît	nous connaissons vous connaissez ils/elles connaissent	j'ai connu	je connaissais
5. croire	je crois tu crois il/elle/on croit	nous croyons vous croyez ils/elles croient	j'ai cru	je croyais
6. devoir	je dois tu dois il/elle/on doit	nous devons vous devez ils/elles doivent	j'ai dû	je devais
7. dire	je dis tu dis il/elle/on dit	nous disons vous dites ils/elles disent	j'ai dit	je disais
8. dormir	je dors tu dors il/elle/on dort	nous dormons vous dormez ils/elles dorment	j'ai dormi[1]	je dormais
9. écrire	j' écris tu écris il/elle/on écrit	nous écrivons vous écrivez ils/elles écrivent	j'ai écrit	j'écrivais

[1] **Dormir, servir, mentir** et **sentir** se conjuguent avec **avoir** au passé composé. **Sortir, partir** et **s'endormir** se conjuguent avec **être**.

admettre 15
appartenir 22
apprendre 21
comprendre 21
contenir 25
couvrir 18
découvrir 18
décrire 9

•devenir 25
•s'endormir 8
maintenir 25
mentir 8
obtenir 25
offrir 18
omettre 15
•partir 8

permettre 15
promettre 15
reconnaître 4
remettre 15
renvoyer 10
retenir 25
•revenir 25

revoir 26
sentir 8
servir 8
•sortir 8
souffrir 18
•se souvenir 25
tenir 25

Impératif	*Futur*	*Conditionnel*	*Subjonctif*
va allons allez	j'irai	j'irais	que j'aille que nous allions
aie ayons ayez	j'aurai	j'aurais	que j'aie que nous ayons
bois buvons buvez	je boirai	je boirais	que je boive que nous buvions
connais connaissons connaissez	je connaîtrai	je connaîtrais	que je connaisse que nous connaissions
crois croyons croyez	je croirai	je croirais	que je croie que nous croyions
dois devons devez	je devrai	je devrais	que je doive que nous devions
dis disons dites	je dirai	je dirais	que je dise que nous disions
dors dormons dormez	je dormirai	je dormirais	que je dorme que nous dormions
écris écrivons écrivez	j'écrirai	j'écrirais	que j'écrive que nous écrivions

Infinitif	Présent		Passé Composé	Imparfait
10. envoyer	j' envoie tu envoies il/elle/on envoie	nous envoyons vous envoyez ils/elles envoient	j'ai envoyé	j'envoyais
11. être	je suis tu es il/elle/on est	nous sommes vous êtes ils/elles sont	j'ai été	j'étais
12. faire	je fais tu fais il/elle/on fait	nous faisons vous faites ils/elles font	j'ai fait	je faisais
13. falloir	il faut		il a fallu	il fallait
14. lire	je lis tu lis il/elle/on lit	nous lisons vous lisez ils/elles lisent	j'ai lu	je lisais
15. mettre	je mets tu mets il/elle/on met	nous mettons vous mettez ils/elles mettent	j'ai mis	je mettais
16. mourir	je meurs tu meurs il/elle/on meurt	nous mourons vous mourez ils/elles meurent	je suis mort(e)	je mourais
17. naître	je nais tu nais il/elle/on naît	nous naissons vous naissez ils/elles naissent	je suis né(e)	je naissais
18. ouvrir	j' ouvre tu ouvres il/elle/on ouvre	nous ouvrons vous ouvrez ils/elles ouvrent	j'ai ouvert	j'ouvrais
19. pleuvoir	il pleut		il a plu	il pleuvait

Impératif	Futur	Conditionnel	Subjonctif
envoie envoyons envoyez	j'enverrai	j'enverrais	que j'envoie que nous envoyions
sois soyons soyez	je serai	je serais	que je sois que nous soyons
fais faisons faites	je ferai	je ferais	que je fasse que nous fassions
————	il faudra	il faudrait	qu' il faille
lis lisons lisez	je lirai	je lirais	que je lise que nous lisions
mets mettons mettez	je mettrai	je mettrais	que je mette que nous mettions
meurs mourons mourez	je mourrai	je mourrais	que je meure que nous mourions
nais naissons naissez	je naîtrai	je naîtrais	que je naisse que nous naissions
ouvre ouvrons ouvrez	j'ouvrirai	j'ouvrirais	que j'ouvre que nous ouvrions
————	il pleuvra	il pleuvrait	qu' il pleuve

Infinitif	Présent		Passé Composé	Imparfait
20. pouvoir	je peux[2] tu peux il/elle/on peut	nous pouvons vous pouvez ils/elles peuvent	j'ai pu	je pouvais
21. prendre	je prends tu prends il/elle/on prend	nous prenons vous prenez ils/elles prennent	j'ai pris	je prenais
22. recevoir	je reçois tu reçois il/elle/on reçoit	nous recevons vous recevez ils/elles reçoivent	j'ai reçu	je recevais
23. savoir	je sais tu sais il/elle/on sait	nous savons vous savez ils/elles savent	j'ai su	je savais
24. suivre	je suis tu suis il/elle/on suit	nous suivons vous suivez ils/elles suivent	j'ai suivi	je suivais
25. venir	je viens tu viens il/elle/on vient	nous venons vous venez ils/elles viennent	je suis venu(e)[3]	je venais
26. voir	je vois tu vois il/elle/on voit	nous voyons vous voyez ils/elles voient	j'ai vu	je voyais
27. vouloir	je veux tu veux il/elle/on veut	nous voulons vous voulez ils/elles veulent	j'ai voulu	je voulais
28. y avoir	il y a		il y a eu	il y avait

[2] **Est-ce que je peux … ?** et **puis-je … ?** sont tous deux correctes à la forme **je** de l'interrogatif.

[3] **Venir** et ses dérivés se conjuguent avec **être** au passé composé. **Tenir** et ses dérivés se conjuguent avec **avoir**.

Impératif	Futur	Conditionnel	Subjonctif
——— ——— ———	je pourrai	je pourrais	que je puisse que nous puissions
prends prenons prenez	je prendrai	je prendrais	que je prenne que nous prenions
reçois recevons recevez	je recevrai	je recevrais	que je reçoive que nous recevions
sache sachons sachez	je saurai	je saurais	que je sache que nous sachions
suis suivons suivez	je suivrai	je suivrais	que je suive que nous suivions
viens venons venez	je viendrai	je viendrais	que je vienne que nous venions
vois voyons voyez	je verrai	je verrais	que je voie que nous voyions
——— veuillons veuillez	je voudrai	je voudrais	que je veuille que nous voulions
———	il y aura	il y aurait	qu' il y avait

LEXIQUE

This *Lexique* contains all words and expressions taught actively in *En Avant!* The number of the chapter in which a word is first taught actively is given.

The *Lexique* also contains all words used passively, except compound numbers, grammatical terminology, regular **-ment** adverbs, "*franglais*," and some exact cognate nouns ending in **-(t)ion**. No lesson number is given for these words.

Definitions for all words are limited to the contexts in which they are used in this book. Expressions are listed according to their key word. In subentries, the symbol ~ indicates repetition of the main entry word.

à at, to, in, by, on 3
  ~ **bientôt** see you soon 1
  ~ **cause de** because of 15
  ~ **condition de/que** provided that
  ~ **côté (de)** next to, beside 3; next door
  ~ **crédit** on credit
  ~ **demain** see you tomorrow 1
  ~ **droite** on (to) the right 3
  ~ **gauche** on (to) the left 3
  ~ **la ...** in the style of . . .
  ~ **la fois** at the same time; at once
  ~ **l'aise** at ease
  ~ **la longue** in the long run 15
  ~ **l'avance** ahead of time
  ~ **l'extérieur** outside
  ~ **l'étranger** abroad 14
  ~ **l'heure** on time 6; (in) an hour; by the hour
  ~ **l'intérieur** inside
  ~ **la mode** fashionable; in the manner
  ~ **part** separate, apart
  ~ **partir de** starting (from)
  ~ **peine** scarcely
  ~ **propos (de)** regarding

  ~ **quelle heure ... ?** when . . . ? 6
  ~ **travers** through
abandonner to abandon
abonné(e) subscribed
abord: d'~ first 9
abrupt(e) abrupt
absence f. absence
absent(e) absent 1
absolu(e) absolute
absolument absolutely 7
académique academic
accent m. accent
accepter to accept; to agree to
accès m. access, approach
accident m. accident
accompagné(e) accompanied, with someone 7
accompagner to accompany
accomplir to accomplish 12
accord m. agreement
  d'~ agreed, okay 1
accorder to reconcile
accueil m. welcome, reception service
accueillir to welcome
accuser to accuse
achat m. purchase

acheter to buy 5
acteur/actrice m./f. actor/actress
actif (-ive) active
activité f. activity
actualité f. current event; topical question 9
  d'~ topical, current 9
  ~s f.pl. news, a news program 9
actuel(le) current, present 9
actuellement presently, now 7, 9
adapter to adapt
addition f. addition; check 10
adieu m. (pl. **adieux**) farewell
admettre to admit 15
administratif (-ive) administrative
administré(e) administered
admirer to admire
adolescent/adolescente m./f. adolescent
adopter to adopt
adorer to adore
adresse f. address 8
s'adresser (à) to speak to, inquire
adulte m./f. adult
adversaire m./f. adversary
aérobique aerobic
aérogramme m. aerogram; airmail letter 13

aéroport *m.* airport 14
aérospatial(e) (*m. pl.* **aérospatiaux**) aerospace
affaire *f.* affair, business
~**s** *f.pl.* belongings; business
homme/femme d'~ businessman(woman) 5
affiche *f.* poster
affirmatif (-ive) affirmative
affreux (-euse) awful
afin de/que in order to/that
africain(e) African 9
Afrique *f.* Africa 14
âge *m.* age
quel ~ avez-vous? how old are you? 5
âgé(e) aged, old
agence *f.* agency
~ **de rencontres** dating service
~ **de voyage** travel agency
agent *m.* agent
~ **de police** police officer 5
agglomération *f.* population center
agir to act 12
il s'agit de it concerns, it is about 13
agité(e) nervous, agitated
agréable pleasant
agréer to accept
agressif (-ive) aggressive
agriculteur *m.* farmer 5
agriculture *f.* agriculture
aide *f.* aid, help
aider to help 7
ailleurs elsewhere
d'~ otherwise, besides
aimable kind, nice
aimer to like, love 4
~ **mieux** to prefer
aîné(e) eldest (child)
ainsi thus
~ **de suite** and so on
~ **que** as well as
air *m.* air, look, appearance 9
avoir l'~ to look, to seem 9
en plein ~ open air
ajouter to add 10
alcool *m.* alcohol 16
algèbre *m.* algebra
Algérie *f.* Algeria 9

algérien(ne) Algerian 9
alibi *m.* alibi
aliment *m.* food (item)
alimentaire food (related)
Allemagne *f.* Germany 14
allemand(e) German 14
aller to go 6
~ **et retour** round trip 7
~ **simple** *m.* one-way (ticket) 7
~ **voir** to visit (someone)
s'en ~ to leave 13
allergie *f.* allergy
allô hello (*on telephone*) 13
allocation *f.* allocation, payment
~**s familiales** family subsidies
allumer to light, to turn on (a light, TV, etc.)
alors then, so, in that case 9
Alpes *f. pl.* Alps
alphabet *m.* alphabet
alphabétique alphabetical
amant/amante *m./f.* lover
amateur *m.* enthusiast
ambassadeur/ambassadrice *m./f.* ambassador
âme *f.* soul
améliorer to improve 9
amende *f.* fine
amener to bring 9
amer (-ère) bitter
américain(e) American 1
à l'~e (in) American style
Amérique *f.* America
~ **du Nord** North America 14
~ **du Sud** South America 14
ami/amie *m./f.* friend 2
petit(e) ~(e) boyfriend, girlfriend 2
amicalement yours, . . .
amitié *f.* friendship
~**s** warmly; fondly
amour *m.* love 15
histoire d'~ romance 11
amoureux (-euse) (de) in love (with)
amusant(e) amusing, funny 7
amusé(e) amused, entertained 7
amusement *m.* fun 7
amuser to amuse 7
s'~ to have fun, have a good time, enjoy oneself 13

an *m.* year 5
avoir ... ~s to be . . . years old 5
ananas *m.* pineapple
ancien(ne) old 8; former
Andorre *m.* Andorra 14
Andorran(e) Andorran 14
anémie *f.* anemia
anglais(e) English 5
Angleterre *f.* England 14
animal *m.* (*pl.* **animaux**) animal 4
animé(e) animated, lively 8
année *f.* year 3
les ~s 60 the sixties
anniversaire *m.* birthday, anniversary 3
annonce *f.* announcement; ad
petite ~ want ad 11
annoncer to announce
annuaire *m.* phonebook, directory 13
anthropologie *f.* anthropology 11
antibiotique *m.* antibiotic 16
antillais(e) West Indian
Antilles *f.pl.* West Indies 14
anxieux (-euse) anxious 3
août *m.* August 3
apéritif *m.* cocktail, before-dinner drink 10
apparaître to appear
appareil *m.* device, machine, telephone 5, 13
à l'~ on the line 13
~ **ménager** kitchen appliance
~**-photo** *m.* camera 5
apparence *f.* appearance
apparent(e) apparent
appartement (appart') *m.* apartment 4
appartenir to belong 14
appel *m.* call; roll call
~ **téléphonique** *m.* phone call 13
appeler to call
Comment vous appelez-vous (t'appelles-tu)? What's your name? 1
Je m'appelle My name is 1
s'~ to be named 13
appendicite *f.* appendicitis

appétit *m.* appetite
apporter to bring along 9
apprécier to appreciate
apprendre to learn 10
apprivoiser to tame
approcher to approach
approprié(e) appropriate
approximatif (-ive) approximate
après after 3
après-midi *m.* afternoon, P.M. 6
apte apt, suitable
aptitude *f.* aptitude
Aquitaine *f.* region in Southwestern France
arabe Arab 9
arbitraire arbitrary
arbre *m.* tree
arche *m.* arch
architecte *m./f.* architect 5
architecture *f.* architecture
archéologue *m./f.* archeologist
ardoise *f.* slate
argent *m.* money 7; silver
  ~ liquide *m.* cash
argentin(e) Argentinian 14
Argentine *f.* Argentina 14
aristocratie *f.* aristocracy
arithmétique *f.* arithmetic
armée *f.* army
armoire *f.* wardrobe 8; cupboard
arranger to arrange
(s')arrêter to stop 13
arrière-grands-parents *m.pl.* great-grandparents 5
arrivée *f.* arrival 14
arriver to arrive 6; to happen
arrogance *f.* arrogance
arrondissement *m.* district, ward (in Paris)
art *m.* art 4, 11
artère *m.* artery
arthrose *f.* arthritis
artificiel(le) artificial
artisan/artisane *m./f.* artisan, craftsperson
artiste *m./f.* artist 5
artistique artistic
ascenseur *m.* elevator 8
Asie *f.* Asia 14
aspect *m.* aspect, appearance
aspirateur *m.* vacuum cleaner

aspirine *f.* aspirin
assassiner to assassinate
assemblage *m.* collection, gathering
Assemblée nationale *f.* National Assembly (French legislature)
s'asseoir to sit down
assez enough, rather 4
  ~ mal not too well 1
assiette *f.* dish, plate 10
assimiler assimilate
assis(e) seated 14
assistance *f.* help
  ~ sociale *f.* welfare
assistant/assistante *m./f.* assistant 5
  ~ social(e) social worker 5
assister à to attend
associer to associate
assurance *f.* assurance; insurance
assurer to assure; to insure
astrologie *f.* astrology 15
astronaute *m./f.* astronaut
astronomie *f.* astronomy 11
astrophysique *f.* astrophysics
athlète *m./f.* athlete
atmosphère *f.* atmosphere
attacher to attach
attaque *f.* attack
attaquer to attack
attendre to wait (for) 15
attente *f.* wait
attentif (-ive) attentive 8
attention! be careful!
  faire ~ to be careful; to pay attention
atterrir to land 14
attirer to attract
attitude *f.* attitude
attraper to catch 16
attribuer to attribute
au to (at) the 3
  ~ chômage unemployed 12
  ~ cours de during
  ~ delà de beyond
  ~-dessus above
  ~ fond de in the end of, at the back of
  ~ jour le jour day to day
  ~ juste exactly
  ~ lieu de instead of, in place of

~ moins at least
~ moment de at the time of
~ pair live-in babysitter
~ régime on a diet
~ revoir good-by 1
aube *f.* dawn
auberge de jeunesse *f.* youth hostel 7
aucun(e) not any, none 15
augmentation *f.* increase, raise 12
augmenter to increase
aujourd'hui today 3, 5
auquel (à laquelle, auxquel(le)s to which, to whom 16
aussi also 2
  ~ ... (que) as ... as 8
  ~ bien que as well as
aussitôt que as soon as
Australie *f.* Australia 14
australien(ne) Australian 5
autant as much 8
auteur *m.* author
autobus *m.* bus 6
automne *m.* autumn 3
automobile (auto) *f.* car
autonomie *f.* autonomy
autoritaire authoritarian
autorité *f.* authority
autour around 7
autre other 2
  les ~s others, outsiders
  quelque chose d'~ something else 7
autrefois formerly, in the past 9
autrement otherwise
avaler to swallow
avance advance
  à l'~ ahead of time
  en ~ early 6
avancement *m.* advancement
avancer to advance
avant before 3
  ~ tout above all
  en ~! forward!
avantage *m.* advantage 12
avec with 1
avenir *m.* future 9
aventure *f.* adventure
avenue *f.* avenue 8
avion *m.* airplane 6

avis *m.* opinion; advice
avocat/avocate *m./f.* lawyer 5
avoir to have 5
  ~ **... ans** to be . . . years old 5
  ~ **besoin de** to need 7
  ~ **chaud** to be hot, warm 8
  ~ **de la chance** to be lucky 12
  ~ **envie de** to desire; to feel
    like 7
  ~ **faim** to be hungry 10
  ~ **froid** to be cold 8
  ~ **l'air** to look, seem to be 9
  ~ **lieu** to take place
  ~ **mal à** to have a pain in, to
    hurt 16
  ~ **peur** to be afraid 7
  ~ **raison** to be right 15
  ~ **soif** to be thirsty 10
  ~ **sommeil** to be sleepy 13
  ~ **tort** to be wrong 15
avouer to confess
avril *m.* April 3

baba *m.* *sponge cake soaked in rum*
baccalauréat (bac, bachot) *m.*
  exam at the end of high school
  11
bachelier/bachelière *m./f.* *person*
  who has passed the baccalaureat
  11
bacon *m.* bacon 10
bagages *m.pl.* luggage 7
bague *f.* ring 2
baguette *f.* *long, thin loaf of French*
  bread 10
baignoire bathtub
bain *m.* bath
  salle de ~s bathroom 7, 8
bal *m.* (*pl.* **bals**) dance
banane *f.* banana
bande dessinée (B.D.) *f.* comic
  strip 11
banlieue *f.* suburbs 4
  en ~ in the suburbs 4
banque *f.* bank 6
banquier *m.* banker 5
bar *m.* bar
barbe *f.* beard

bas(se) low 13
  en ~ below, at the bottom
base-ball *m.* baseball
basket-ball (basket) *m.* basketball
bateau *m.* (*pl.* **bateaux**) boat 6
  en ~ by boat
batobus *m.* *commuter boat in Paris*
bâtiment *m.* building 3, 8
bâtir to build
beau (belle, bel) (*m.pl.* **beaux**)
  beautiful, handsome 1
  ~- step-, -in-law 5
  il fait ~ it's nice out 13
beaucoup much, a lot 4
beauté *f.* beauty
bébé *m.* baby
belge Belgian 14
Belgique *f.* Belgium 14
belle beautiful 1
  ~- step-, -in-law 5
bénéficier to benefit
berçant rocking
béret *m.* beret
besoin *m.* need
  avoir ~ **de** to need 7
bête *f.* animal
bête stupid
bêtise *f.* silliness, stupidity 11
beurre *m.* butter 10
  ~ **d'arachide** *m.* peanut butter
bibliothèque *f.* library 3
bidet *m.* bidet
bien well; very, quite 12
  aussi ~ **que** as well as
  ~ **des** quite a lot
  ~ **élevé(e)** well-behaved, well-
    mannered
  ~ **entendu** naturally,
    understood 15
  ~ **sûr** of course, naturally
  eh ~ well, so
  je veux ~ yes, please 1, 7
  ou ~ or else
  très ~ quite well 1
bienfait *m.* benefit
bientôt soon, shortly 16
  à ~ see you soon 1
bière *f.* beer 10
bifteck *m.* steak
bilingue bilingual

billet *m.* ticket 7; bill, bank note
  ~ **aller simple** *m.* one-way
    ticket 7
  ~ **aller et retour** *m.* round-trip
    ticket 7
biologie *f.* biology 11
bise *f.* kiss; north wind
bistro *m.* bistro, small restaurant
blanc (blanche) white 2
blanchir to whiten; to bleach 12
se blesser to wound, injure
  oneself 16
bleu(e) blue 2
blond(e) blond 5
boeuf *m.* beef 10
boire to drink 10
bois *m.* wood
boisson *f.* beverage 10
boîte *f.* box; can; nightclub
bol *m.* bowl
bon (bonne) good 3; correct
  ah ~ really, well!
  ~ **marché** *inv.* cheap 8
  de bonne heure early 13
bonbon *m.* candy
bonheur *m.* happiness; good
  fortune 15
bonjour good morning, good day;
  hello 1
bonne *f.* maid
bonnement: tout ~ simply, plainly
bonsoir good evening 1
bonté *f.* goodness, kindness
Bora Bora *m.* Bora Bora 14
bord *m.* edge, border; shore, bank
  au ~ **de** along, on the edge of,
    on the banks of
botanique *f.* botany 11
boubou *m.* *long tunic worn by North*
  African men
bouche *f.* mouth 16
boucher/bouchère *m./f.*
  butcher 13
boucherie *f.* butcher shop 13
bouillabaisse *f.* *fish soup*
boulanger/boulangère *m./f.*
  baker
boulangerie *f.* bakery 13
boule *f.* ball
  ~s bocce

boulevard *m.* boulevard 8
boulot *m.* (*slang*) work, job
bourguignon(ne) Burgundian
bout *m.* end
bouteille *f.* bottle 10
boutique *f.* small retail shop
bouton *m.* button; knob; bud
boxeur *m.* boxer
bras *m.* arm 16
bref *adv.* (in) short
Brésil *m.* Brazil 14
bricolage *m.* tinkering
bridge *m.* bridge (*game*)
brillant(e) brilliant
briller to shine
brochure *f.* brochure
broderie *f.* embroidery
brosse *f.* brush
    ~ **à dents** toothbrush 13
se brosser to brush 13
brousse *f.* brush
brouillard *m.* fog
bruissent: (they) rumble, murmur
bruit *m.* noise 4
brûler to burn
brun(e) brown
brunir to turn brown; to tan 12
buffet *m.* buffet
bulle *f.* bubble
bureau *m.* (*pl.* **bureaux**) desk
    2, 8; office, bureau
    ~ **de change** currency exchange
    bureau 13
    ~ **de poste** post office
    ~ **de tabac** tobacconist's
    shop 13
but *m.* goal; purpose

ça this; that; it
    ~ **va** it's ok; fine 1
    ~ **ne va pas** not too well 1
cabine téléphonique *f.* phone
    booth
cabinet *m.* office 16
    ~**s** bathroom; toilet
cacher to hide
cachet *m.* tablet 16
cadeau *m.* (*pl.* **cadeaux**) gift 5
cadet(te) youngest (child)

cadre *m.* executive 5
    ~ **moyen** mid-level
    executive 12
café *m.* coffee 10; café
cafétéria *f.* cafeteria 3
cahier *m.* notebook 2
caisse *f.* cash register
caissier/caissière *m./f.* cashier
calcul *m.* calculation
calculatrice *f.* calculator 2
calculer to calculate, to add up
calendrier *m.* calendar 3
Californie *f.* California
californien(ne) Californian
Calvados *m.* region in Normandy;
    apple brandy
camarade *m./f.* friend; fellow
    student
    ~ **de chambre** *m./f.*
    roommate 2
Cambodge *m.* Cambodia
camomille *f.* camomile
campagne *f.* country 4; campaign
camping *m.* camping
campus *m.* campus
Canada *m.* Canada 14
canadien(ne) Canadian 3, 5
canapé *m.* sofa, couch 8
Canaque *m./f.* *native of New*
    Caledonia
canard *m.* duck
canari *m.* canary
cancer *m.* cancer
cancre *m.* dunce, poor student
    (*slang*) 11
candidat/candidate *m./f.*
    candidate
cantine *f.* cafeteria
capitale *f.* capital
car *m.* touring bus, coach
car because
caractère *m.* character
caractériser to characterize
caractéristique *f.* characteristic
carafe *f.* carafe 10
Caraïbe *f.* Caribbean
carême *m.* Lent
caresser to caress
carie *f.* cavity
carotte *f.* carrot 10

carré(e) square
carrière *f.* career 5
carte *f.* card; map, chart, menu 5
    ~ **de crédit** credit card 5, 7
    ~ **d'embarquement** boarding
    pass 14
    ~ **d'étudiant** student ID card
    ~ **d'un restaurant** menu 5
    ~ **orange** Parisian subway/bus
    pass
    ~ **postale** postcard 11
    ~**s** (playing) cards 5
    ~ **télématique** phone calling
    ("smart") card
cas *m.* case
se casser to break 16
cassette *f.* cassette
catastrophe *f.* catastrophe
catégorie *f.* category
catholique catholic 5
cause *f.* cause
    à ~ **de** because of 15
causer to cause; to chat
cave *f.* basement, cellar
ce (cet, cette, ces) this, that,
    these, those 6
ceci this
CEE *f.* European Economic
    Community (EEC) 9
ceinture *f.* belt
cela that
célèbre famous 1
célébrer to celebrate
célibataire single, unmarried 5
celui (celle, ceux, celles) the
    one(s), this (that) one, these,
    those 16
cent hundred 3
centaine *f.* about a hundred 10
centimètre *m.* centimeter
central(e) central
centrale (nucléaire) *f.* nuclear
    power plant
centre *m.* center
    ~**-ville** *m.* city center
ce qui/que what (that which) 8
céréales *f.pl.* cereal 10
cérémonie *f.* ceremony
cérémonieux (-euse) formal
certain(e) certain; sure

certificat *m.* certificate, diploma   11
certitude *f.* certainty
cerveau *m. (pl.* **cerveaux)** brain
cesser to stop, to cease
c'est (ce sont) it is, these are   1, 2
c'est-à-dire in other words
chacun(e) each
chaîne *f.* (TV) channel; chain
  ~ **stéréo** *f.* stereo system   5
chaise *f.* chair   2
chaleur *f.* heat, warmth
chambre *f.* room   3; bedroom   8
  ~ **à coucher** *f.* bedroom
  ~ **indépendante** rented room
champagne *m.* champagne
chance *f.* luck
  avoir de la ~ to be lucky
  bonne ~ good luck
change: bureau de ~ currency exchange bureau   13
changement *m.* change
changer to change   9
chanson *f.* song
chanter to sing   4
chanteur/chanteuse *m./f.* singer   5
chapeau *m. (pl.* **chapeaux)** hat   2
chaperon *m.* hood
chaque each   3
charcuterie *f.* delicatessen, pork butcher's shop   13
charcutier/charcutière *m./f.* deli-owner, pork butcher
charmant(e) charming
chasser to hunt
chasseur *m.* hunter
chasteté *f.* chastity
chat *m.* cat   4
château *m. (pl.* **châteaux)** chateau; castle
chaton *m.* kitten
chaud(e) hot, warm   8
  il fait ~ it is hot   13
chauffage *m.* heating
chauffé(e) heated   8
chauffeur *m.* driver
chaussure *f.* shoe   2
chef *m.* leader, chief, chef
  ~ **d'état** head of state

chemin *m.* path, way
  ~ **de fer** railroad
chemise *f.* shirt   2
chemisier *m.* shirt, blouse   2
chèque *m.* check   7
  ~ **de voyage** *m.* traveler's check   7
cher *adv.* expensive
cher (chère) expensive   7, 8; dear
chercher to look for   7
  aller ~ to fetch
chercheur/chercheuse *m./f.* researcher   5
chéri(e) dear; sweetheart
cheval *m. (pl.* **chevaux)** horse
cheveux *m. pl.* hair   5, 13
chez at the home of, at the place of   4
chic *inv.* stylish, fashionable
chien *m.* dog   4
chiffre *m.* figure, number
Chine *f.* China   14
chinois(e) Chinese   5
chirurgie *f.* surgery
chirurgien *m.* surgeon   16
choc *m.* shock; impact
chocolat *m.* chocolate; hot chocolate   10
choisir to choose   12
choix *m.* choice
cholestérol *m.* cholesterol
chômage *m.* unemployment   12
  au ~ unemployed   12
chômeur/chômeuse unemployed person   12
chose *f.* thing   2
  quelque ~ *m.* something   6
chou *m. (pl.* **choux)** cabbage
choucroute sauerkraut
chrysanthème *m.* chrysanthemum
ciao! bye!   1
ciel *m. (pl.* **cieux)** sky; heaven
cigare *m.* cigar
cigarette *f.* cigarette
cimetière *m.* cemetery
cinéma *m.* cinema; movie theater   4, 6
cinq five   1
cinquante fifty   2
cinquième fifth   8

circonstance *f.* circumstance
circulation *f.* traffic   4
cire *m.* wax
citoyen/citoyenne *m./f.* citizen   9
citron *m.* lemon
  ~ **pressé** lemonade   10
civil(e) civil
clair(e) light, clear, bright
clarté *f.* clarity, brightness
classe *f.* class, classroom   2
classique classical, classic   4
clé *f.* key   2
client/cliente *m./f.* client, customer
climat *m.* climate
climatisé(e) air-conditioned   8
clinique *f.* clinic   16
coca *m.* Coca-Cola   10
cochonnet *m. small ball used in pétanque*
code postal *m.* postal code (zip code)
coeur *m.* heart   16
coiffeur/coiffeuse *m./f.* hairdresser
coïncidence *f.* coincidence
collaborer to collaborate
collé(e): être ~ to have failed   11
collège *m.* junior high, middle school   11
collégien/collégienne *m./f.* middle school student   11
collègue *m./f.* colleague
Colombie *f.* Columbia   14
colombien(ne) Colombian   14
colon *m.* colonist
colonial(e) (m. pl.* **coloniaux) colonial
colonialisme *m.* colonialism
colonie *f.* colony   14
  ~ **de vacances** summer camp
coloré(e) colorful
combien (de) how many, how much
combinaison *f.* combination
combiner to combine
comique comical, funny
commande *f.* order
commander to order   10

comme like, as; since
  ~ ci, ~ ça so-so 1
  ~ d'habitude as ever
commencement *m.* beginning
commencer to begin 6
comment how 1, 3
  ~? pardon?, what's that?
  ~ allez-vous? how are you? 1
  ~ ça va? how are you? 1
  ~ t'appelles-tu? what's your name? 1
  ~ vas-tu? how are you? 1
  ~ vous appelez-vous? what's your name? 1
commerçant/commerçante *m./f.* merchant, shopkeeper 13
commerce *f.* commerce
commode easy, convenient 8
commun(e) common
  transports en ~ public transportation
communauté *f.* community 9
communicatif (-ive) communicative 3
communiquer to tell, communicate
compact-disque *m.* compact disk
compagnie *f.* company
comparaison *f.* comparison
comparer to compare
compatriote *m./f.* compatriot
compartiment *m.* compartment
compétence *f.* competence; skill, proficiency
complet *m.* suit 12
complet (-ète) complete
  à temps ~ full-time
  pain ~ whole-wheat bread 16
complètement completely 7
compléter to complete
complexe *m.* complex
compliqué(e) complicated
comporter to include
composer to dial (a phone number) 13; to compose
compositeur/compositrice *m./f.* composer 5
composition *f.* composition 11
comprendre to understand
compris(e) included; understood

comptable *m./f.* accountant 5
compte *m.* account
  tenir ~ de to take into account
compter to count, plan to
concept *m.* concept
concert *m.* concert 4
concierge *m./f.* apartment manager 8
concombre *m.* cucumber
concurrence *f.* competition
concurrent(e) competitive
condition *f.* condition 9
  à ~ de/que provided that
conditionné(e): air ~ air conditioned 8
conducteur/conductrice *m./f.* driver
conférence *f.* lecture
confiance *f.* trust, confidence
confiture *f.* preserves, jam 10
conflit *m.* conflict
confondre to confuse
confort *m.* comfort
confortable comfortable
congé *m.* vacation 9
  ~ de maternité maternity leave
congrès *m.* congress
connaissance *f.* acquaintance; knowledge
  faire la ~ de to meet 8
connaître to know; to be acquainted with 8
connu(e) known 8
conquête *f.* conquest
consacrer to devote
conseil *m.* advice, counsel 16
conseiller/conseillère *m./f.* advisor, counselor
conseiller to advise
consentir to agree, consent
conséquence *f.* consequence
conséquent: par ~ therefore
conservateur (-trice) conservative
conserver to conserve
considérable considerable
considérer to consider
se consoler to console oneself
consommateur/consommatrice *m./f.* consumer
consommer to consume

constamment constantly
constituer to constitute, make up
constitutionnel(le) constitutional
consulter to consult 13
contact *m.* contact
conte *f.* story, tale
  ~ de fées fairy tale
contemporain(e) contemporary
contenir to contain 14
content(e) happy 1
se contenter de to make due with, to be happy with
contenu *m.* content(s)
contexte *m.* context
continent *m.* continent 14
continuer to continue
contradictoire contradictory
contraire *m.* opposite
contraste *m.* contrast
  par ~ à as opposed to
contraster to contrast
contre against 9
  par ~ on the other hand
  le pour et le ~ the pros and cons
contribuer to contribute
contrôle *m.* check, inspection
contrôler to control
copain/copine *m./f.* friend, pal 15
copie *f.* copy
cordial(e) *(m. pl.* **cordiaux***)* cordial
Corée *f.* Korea 14
coréen(ne) Korean 14
corps *m.* body
correct(e) correct
correspondance *f.* correspondence; (train) connection; writing
correspondre to correspond
corridor *m.* corridor, hall
corriger to correct
Corse *f.* Corsica 14
corse Corsican 14
costume *m.* suit; costume 2
côte *f.* coast
  ~-d'Ivoire *f.* Ivory Coast 14
côté *m.* side
  à ~ (de) beside, next to 3; next door
  de ~ aside

côtelette *f.* chop
coton *m.* cotton
cou *m.* neck
couche *f.* bed
se coucher to go to bed, lie down 13
couchette *f.* berth, bunk 7
coucou *m.* cuckoo
couleur *f.* color 2
coup *m.* blow, stroke
~ **de fil** phone call 13
~ **de foudre** *m.* love at first sight 15
~ **de téléphone** *m.* telephone call 13
Coupe du Monde *f.* World Cup
couper to cut
couple *m.* couple
cour *f.* court; courtyard; yard 8
courage *m.* courage
courageux (-euse) courageous
couramment fluently
courant(e) current, fluent, running
courgette *f.* squash
courrier *m.* mail 13
cours *m.* course, class 3
au ~ de during
course *f.* errand 9; race
faire des ~s to do errands
court(e) short
couscous *m.* *North African dish of semolina, meat, and vegetables*
cousin/cousine *m./f.* cousin 5
couteau *m.* *(pl.* **couteaux***)* knife 10
coûter to cost 7
coutume *f.* custom
couvert: mettre le ~ to set the table
couvert(e) (de) covered (with)
couvrir to cover
crack *m.* good student *(slang)* 11
craie *f.* chalk
crampon *m.* clamp
cravate *f.* tie 12
crayon *m.* pencil 2
créature *f.* creature
crèche *f.* day-care center 9
crédit *m.* credit, loan, bank
créer to create 9

crème *f.* cream 10
~ **caramel** *custard with caramel sauce*
crémerie *f.* dairy
crémier/crémière *m./f.* dairy owner
crêpe *f.* crepe, pancake
cri *m.* scream, cry
crier to shout; to hawk (merchandise)
crise *f.* crisis
~ **d'appendicite** *f.* appendicitis attack
critique *m./f.* critic
critique *f.* criticism
critiquer to criticize
croire to believe 15
croissance *f.* growth
croissant *m.* croissant
croque-monsieur *m.* *grilled ham and cheese sandwich*
croyant(e) believing, religious
cru(e) raw
crudités *f./pl.* raw vegetables
cruel(le) cruel 3
Cuba *m.* Cuba 14
cubain(e) Cuban 14
cuillère *f.* spoon 10
cuisine *f.* kitchen 8; cuisine; cooking 9
cuisinière *f.* cook; stove 8
cuit(e) cooked
bien ~ well done
cuivre *m.* copper
culminer to culminate
cultivé(e) cultivated
culture *f.* culture
culturel(le) cultural
cure *f.* course of treatment, cure
curieux (-euse) curious
CV *m.* curriculum vitae, résumé 12
cyclisme *m.* cycling 16
cynique cynical

d'abord first of all 9
d'accord agreed, all right, OK 1
être ~ to agree 1
d'actualité current, topical 9

d'ailleurs otherwise, besides
Danemark *m.* Denmark 14
dangereux (-euse) dangerous
danois(e) Danish 14
dans in 3
danser to dance 4
danseur/danseuse *m./f.* dancer
date *f.* date 3
dater to date, be dated
daube *f.* braised stew
davantage more, further
de of, from 1, 3
~ **luxe** luxury
~ **rien** you're welcome, it's nothing
débarquer debark
débat *m.* debate
debout standing, upright 14
début *m.* beginning, debut
décaféiné(e) decaffeinated 16
décalage horaire *m.* time lag
décembre *m.* December 3
déception *f.* disappointment
déchiffrer to decipher
décider to decide
déclarer to declare
décoller to take off 14
déconseillé(e) advised against
décorateur/décoratrice *m./f.* decorator
décorer to decorate
décourager to discourage
découverte *f.* discovery
découvrir to discover 12
décret *m.* decree
décrier to disparage
décrire to describe
décrocher to pick up (the phone) 13
dédier to dedicate
défaut *m.* fault, shortcoming
défendre to defend; to forbid
définir to define
déformer to deform
degré *m.* degree
déjà already 9
déjeuner *m.* lunch 10
petit ~ breakfast 10
déjeuner to have lunch 6
délicat(e) delicate, tactful

délicieux (-euse) delicious
demain tomorrow 6
  à ~ see you tomorrow 1
demander to ask 5
démarche f. step
demi(e) half 5
  à la ~-heure on the half-hour
  ~-frère (soeur) m./f. half
    brother (sister) 5
démocratie f. democracy
démographique demographic
démolir demolish
densité f. density
dent f. tooth 13, 16
dentifrice m. toothpaste 13
dentiste m./f. dentist 5
départ m. departure 14
département m. department
  ~ d'outre mer (DOM) overseas
    department 14
départemental(e) (m. pl.
  départmentaux) departmental
dépasser to exceed
se dépêcher to hurry 13
dépendre to depend 15
dépliant m. brochure
déprimé(e) depressed
depuis since, for
député m. representative to the
  French legislature
dernier (-ère) last 3, 5; recent
derrière behind 3
des some, of the, from the 2
dès from, starting
  ~ que as soon as 16
désagréable disagreeable 1
désarmement m. disarmament
désastre m. disaster
désavantage m. disadvantage
descendant m. descendent
descendre to descend, go down 9,
  15; to get out; to take down
  ~ dans un hôtel to stay at a
    hotel
désert m. desert
descente f. descent
désespérer to despair
désespoir m. despair
se déshabiller to get
  undressed 13

désir m. desire
désirer to desire, to want
désobéir to disobey 12
désolé(e) sorry
désordre m. disarray
désorganisé(e) disorganized
désormais henceforth
dessert m. dessert 10
dessin m. drawing
dessiner to draw
destin m. destiny, fate 15
destinataire m./f. addressee
destiné(e) destined, intended
détail m. detail
détaillé(e) detailed
déterminer to determine
détester to detest, hate 4
dette f. debt
DEUG m. diploma after two years
  college
deux two 1
  (tous/toutes) les ~ both 9
  ~-pièces m. two-room
    apartment
devant in front of 3
développement m. development
développer to develop
devenir to become 9, 14
devise f. motto
devoir m. duty; written
  assignment 2
  ~s homework
devoir to owe; to be obliged to, to
  be (supposed) to, have to,
  must 12
d'habitude normally, usually 1
diabète m. diabetes
diable m. devil 15
dictée f. dictation
dictionnaire m. dictionary
dieu m. (pl. **dieux**) god 15
différence f. difference
différent(e) different; various
difficile difficult 3
difficulté f. difficulty
digestif m. after-dinner
  liqueur 10
digestif (-ive) digestive
dignité f. dignity
dilemme m. dilemma

dimanche m. Sunday 3
diminuer to diminish
dinde f. turkey
dîner m. dinner 10
dîner to eat dinner 6
diplomate diplomatic
diplôme m. diploma
dire to say, to tell 11
  vouloir ~ to mean
  entendre ~ to hear tell of
direct(e) direct
directeur/directrice m./f.
  director
  ~ commercial sales manager
diriger to direct
discothèque f. discotheque
discrimination f.
  discrimination 9
discuter to discuss
disponible available
dispute f. dispute
se disputer to argue 13
disque m. record 4
distance f. distance
distant(e) distant
distinct(e) distinct
distinguer to distinguish
distraction f. entertainment
distribuer to distribute
divers(e) diverse, various
diversion f. diversion,
  entertainment 4
divertissant(e) distracting
divertissement m. entertainment
diviser to divide
divorce m. divorce
divorcé(e) divorced 5
divorcer to divorce, get divorced
dix ten 1
dix-huit eighteen 1
dix-neuf nineteen 1
dix-sept seventeen 1
dizaine f. about ten 10
docker m. dock worker
docteur m. doctor
doctorat m. doctorate
document m. document
documentaire m. documentary
dodo m. (baby word, slang) sleep
doigt m. finger

DOM (département d'outre-mer)
m. overseas department 14
dominer to dominate
donc thus, therefore, so 9
donner to give 5, 13
~ **sur** to overlook 8
dont whose, of which, about which
dormir to sleep 7
dos *m.* back 16
douane *f.* customs 7
douche *f.* shower 7
doué(e) talented, gifted 11
doute *f.* doubt
sans ~ probably
douter to doubt
doux (douce) soft, sweet, gentle
douzaine *f.* dozen 10
douze twelve 1
drapeau *m. (pl.* **drapeaux***)* flag
droit *m.* right, law
~**s de l'homme** human rights
droit(e) right 7
à ~**e** to (on) the right 3, 7
tout ~ straight ahead 7
drôle funny
drug-store *m. small mall containing stores, boutiques, bars, restaurants, and theaters* 6, 13
du (de la, des) of the, from the 3; some 10
duquel (de laquelle, desquel(le)s) of which whose 16
dur(e) *adj.* hard
dur *adv.* hard 12
durée *f.* duration
durer to last 6

eau *f. (pl.* **eaux***)* water 10
~ **minérale** *f.* mineral water 10
échec *m.* failure
échange *m.* exchange 13
échanger to exchange
échouer to fail 11
école *f.* school 4, 11
écologie (écolo) *f.* ecology
écologique ecological
économe economical

économie *f.* economy 11
économique economic 9
économiste *m./f.* economist
Écosse *f.* Scotland
Nouvelle- ~ Nova Scotia
écoute: les heures de grande ~ prime time
écouter to listen, listen to 4
écran *m.* screen
écraser to smash, squash
écrire to write 11
par écrit in writing
écriture *f.* writing
écrivain *m.* writer 11
écu *m. European currency unit*
effacer to erase
effectuer to carry out, accomplish
effet *m.* effect
en ~ indeed, as a matter of fact
efficace effective, expedient
effort *m.* effort
égal(e) *(m. pl.* **égaux***)* equal 9
égaler to equal
égalité *f.* equality 9
église *f.* church 6
Égypte *f.* Egypt
électeurs *m.pl.* electorate
électricien/électricienne *m./f.* electrician
électricité *f.* electricity
électrique electric
élégant(e) elegant
élément *m.* element
élémentaire elementary 11
éléphant *m.* elephant
élève *m./f.* (elementary, high school) student 11
élevé(e) raised, high
bien ~ well-mannered
mal ~ badly-mannered
éliminer to eliminate
elle she, her 1, 11
elles they, them 1, 11
éloge *f.* praise
s'éloigner to go far away
élu(e) elected
embarras *m.* embarrassment, difficulty
embarrassé(e) embarrassed
embaucher to hire 12

embellir to embellish; beautify
embrasser to hug; to kiss
je vous embrasse love . . .
s'~ to hug; to kiss 13
émission *f.* broadcast; program 4
émotif (-ive) emotional
émotionnel(le) emotional
empêcher to prevent
empereur/impératrice *m./f.* emperor/empress
emploi *m.* job
~ **du temps** schedule
employé/employée *m./f.* employee 5
petit ~ minor employee
employer to employ; to use 7
emporter to take away, bring along
emprunt: d'~ borrowed
emprunter à to borrow from
en *prép.* in; by; while 3
~ **avant!** forward!
~ **avance** early 6
~ **bonne forme** in good shape 16
~ **bonne santé** in good health 16
~ **commun** public; in common
~ **effet** indeed; as a matter of fact
~ **égal(e)** as an equal
~ **face (de)** opposite, across (from), facing 3
~ **famille** with the family
~ **liquide** by (in) cash
~ **même temps** at the same time
~ **plus** in addition
~ **retard** late 6
~ **solde** on sale 13
~ **route** on the way
~ **toutes lettres** spelled out
~ **train de** in the middle of, in the process of
~ **ville** downtown, in the city 4
en *pron.* of/from it (them); some 13
enceinte pregnant
enchanté(e) charmed

encore still, even; again, more 10
  pas ~ not yet 9
  plus ~ even more
encourageant(e) encouraging
encouragement *m.*
    encouragement 7
encourager to encourage 7
s'endormir to fall asleep 13
endroit *m.* place 6
énergétique relating to energy
énergie *f.* energy
énergique energetic 1
enfant *m./f.* child 5
  ~ unique only child 5
enfer *m.* hell 15
enfin finally 9
s'enfuir to run away
engager to strike up; to hire
ennui *m.* boredom, worry
énorme enormous
énormément enormously
enquête *f.* survey
s'enrhumer to catch a cold 16
s'enrichir to get rich, to be
    enriched 12
enseignement *m.* instruction,
    education 11
enseigner to teach 11
ensemble *m.* whole, unity
ensemble together 5
ensuite next, then, afterwards 9
entendre to hear 15
  bien entendu understood,
    certainly 15
  s'~ (bien) to get along
    (well) 15
entente *f.* understanding
enthousiasme *m.* enthusiasm
enthousiaste enthusiastic
entier (-ère) entire, whole
entouré(e) surrounded
entraîner to invlove, bring about
entre between 3
entrée *f.* entry, entrance; first
    course, appetizer
entreprise *f.* enterprise,
    business 5
entrepreneur *m.* entrepreneur
entrer to enter 6
entretien maintenance, upkeep

envahi(e) invaded
envers *prép.* toward
envie *f.* desire
  avoir ~ de to want, feel like 7
environ approximately
environnement *m.* environment
envoyer to send 11, 13
épanouissement *m.* blooming;
    development
épaule *f.* shoulder
épeler to spell
épice *f.* spice
épicerie *f.* grocery store 13
épicier/épicière *m./f.* grocer
épinards *m.pl.* spinach
époque *f.* era, epoch, time
équilibre *m.* equilibrium
équipe *f.* team 12
équivalent *m.* equivalent
équivalent(e) equivalent
erreur *f.* error, mistake
escalier *m.* staircase, steps 8
  ~ mécanique *m.* escalator
escargot *m.* snail
esclave *f.* slave
espace *m.* space 4
espacé(e) spaced
Espagne *f.* Spain 14
espagnol(e) Spanish 14
espérer to hope 14
esprit *m.* spirit; mind; attitude
esquimau *m.* (*pl.* esquimaux)
    eskimo pie; *ice cream on a stick*
essai *m.* essay
essayer to try 9
essence *f.* gasoline
essentiel *m.* the necessities
essentiel(le) essential 14
essuyer to wipe
est *m.* east 14
estampe *f.* print, engraving
est-ce que *question marker* 2
estomac *m.* stomach 16
et and 1
établir to establish 12
établissement *m.* establishment
étage *m.* story, floor 8
étagère *f.* (book)shelf 8
étaler to display
étape *f.* stage, step

état *m.* state 14
  en bon ~ in good condition
États-Unis *m.pl.* United States 8,
    14
  aux ~ in the US 8
été *m.* summer 3
éternel(le) eternal
étoile *f.* star 15
étonné(e) surprised
étrange strange
étranger/étrangère *m./f.*
    stranger, foreigner
  à l'~ abroad 14
étranger (-ère) foreign 3
être *m.* being, person
être to be 1, 3
  ~ à to belong to
  ~ d'accord to agree 1
étroit(e) narrow, tight
étude *f.* study 11
  faire des ~s to study 11
étudiant/étudiante *m./f.*
    student 1
étudier to study 4
Europe *f.* Europe 14
européen(ne) European 14
eux *m.pl.* them 11
évaluer to evaluate
événement *m.* event
évidemment obviously 7
évident(e) evident, apparent,
    obvious
évitable avoidable 8
éviter to avoid
évoluer to evolve
exact(e) exact
exagérer to exaggerate
examen *m.* exam 3
examiner to examine
excepté(e) except
exceptionnel(le) exceptional
excès *m.* excess
excessif (-ive) excessive
excuse *f.* excuse
s'excuser to apologize
exécuter to carry out
exécutif (-ive) executive
exemplaire *m.* copy, example
exemple *m.* example
  par ~ for example

exercer to exercise, to practice
exercice *m.* exercise 3, 16
exiger to insist, demand
existence *f.* existence
exister to exist
expérience *f.* experience; experiment
explication *f.* explanation 3
explicite explicit
expliquer to explain
exploiter to exploit
exportation *f.* export
exposition *f.* exhibit
exprimer to express
extérieur *m.* exterior
extrait *m.* extract, selection
extraordinaire (extra) extraordinary, super 3
extraterrestre extraterrestrial 15
extroverti(e) extroverted, outgoing 1

fabriquer to build, to make
façade *f.* front, façade
face *f.* front
  en ~ de facing, opposite
fâché(e) angry
se fâcher to get angry 13
facile easy 3
faciliter to facilitate
façon *f.* manner; fashion
  de toute ~ in any case
facteur *m.* factor
faculté (fac) *f.* university (department) 11
faible weak, slight
faim *f.* hunger 10
faire to do, make 6
  ~ attention to pay attention, to be careful
  ~ beau to be nice weather 13
  ~ bonne recette to do a good business
  ~ chaud to be warm out 13
  ~ des affaires to be in business
  ~ des courses to run errands 9
  ~ des économies to budget, to economize 12

~ des études to study 11
~ du mal to hurt
~ du soleil to be sunny out 13
~ du sport to play sports
~ du vent to be windy out 13
~ frais to be cool out 13
~ froid to be cold out 13
~ la connaissance de to meet 8
~ la cuisine to cook 9
~ la grève to go on strike 12
~ la sieste to take a nap
~ la toilette to dress, to get ready 13
~ la vaisselle to do the dishes 9
~ le marché to do the shopping 9
~ le ménage to do housework 9
~ mauvais to be bad weather 13
~ partie de to be part of, to belong to 12
~ scandale to raise a scandal
~ son lit to make one's bed
~ une promenade to go for a walk
~ un tour to give/take a tour
~ un voyage to go on a trip 7
fait *m.* fact
  en ~ actually
falloir (il faut) to be necessary
fameux (-euse) famous
familial(e) *(pl.* **familiaux)** familial, family (-related)
familiarité *f.* familiarity
familier (-ière) familiar
famille *f.* family 5
fantastique fantastic
fantôme *f.* ghost
farine *f.* flour
fatal(e) *(pl.* **fatals)** fatal
fatigant(e) tiresome, tiring
fatigué(e) tired 1
fatiguer to tire 7
faut: il ~ it is necessary, one needs 10
faute *f.* mistake, fault
fauteuil *m.* armchair 8

faux (fausse) false, wrong 11
  ~ pas *m.* false step, social gaffe
faveur *f.* favor
favori(te) favorite
favoriser to favor
fée *f.* fairy
feindre to pretend
féminin(e) feminine 9
féminisme *m.* feminism
femme *f.* woman 2; wife 5
fendre to split, rend
fenêtre *f.* window 2
féodal(e) *(pl.* **féodaux)** feudal
ferme *f.* farm
fermer to close 12
férocement fiercely
ferraille *f.* scrap iron
fête *f.* feast, celebration, holiday 3; saint's day
fêter to celebrate
feu *m. (pl.* **feux)** fire
  ~ rouge red light
  mettre le ~ to set fire to
  prendre ~ to catch fire
feuilleton *m.* serial story, soap opera
février *m.* February 3
fiancé/fiancée *m./f.* fiancé(e)
se fiancer to get engaged 13
fidèle loyal
fier (fière) proud
fièvre *f.* fever 16
figure *f.* face 13
fille *f.* girl; daughter 5
  jeune ~ young woman, girl 2
  petite-~ granddaughter 5
film *m.* film 4
fils *m.* son 5
  petit-~ grandson 5
fin *f.* end 9
fin(e) fine
final(e) *(pl.* **finals)** final
finesse *f.* subtlety, shrewdness
fini *m.* finiteness
fini(e) finished
finir to finish 12
  ~ par to finally do something
fisc *m.* *French bureau of tax collection*
fixé(e) fixed, set
flamme *f.* flame

flan *m.* custard
fleur *f.* flower 4
fleuve *m.* river
foi *f.* faith 15
foie *m.* liver 16
  ~ **gras** goose liver paté
fois *f.* time, occasion 6;
  multiplied by 2
  à la ~ at once, at the same time
  il était une ~ once upon a
  time
  trois ~ **rien** next to nothing
folklorique folk 4
fonction *f.* function
fonctionnaire *m./f.* state
  employee, civil servant 5
fonctionnement *m.* functioning,
  procedure
fonctionner to work
fond *m.* bottom, end
  au ~ **de** in the bottom of, at the
  end of
  dans le ~ fundamentally
fondamental(e) *(pl.* **fondamentaux***)*
  fundamental
fonder to base on, to found
font *(3rd pers. pl. of faire)*
  equals 1, 2
fontaine *f.* fountain
football (foot) *m.* soccer
  ~ **américain** (American) football
force *f.* force, power
forcer to force
forêt *f.* forest
formation *f.* formation, training,
  education 11
forme *f.* form
  en (bonne) ~ in (good)
  shape 16
former to form 11
formidable wonderful, terrific 3
formule *f.* expression, phrase
fort(e) strong; good
fortune *f.* fortune
forum *m.* forum
fou (folle) crazy
  ~ **rire** *m.* giggles
foudre *f.* (lightning/thunder) bolt
  coup de ~ love at first sight
foule *f.* crowd

four (à micro-ondes) *m.*
  (microwave) oven 8
fourchette *f.* fork 10
fournir to furnish
frais *m.pl.* expenses, cost
frais (fraîche) cool, fresh
  il fait ~ it is cool 13
fraise *f.* strawberry
franc *m.* *French unit of currency*
français(e) French 1
France *f.* France 14
francophone French-speaking 14
Francophonie *f.* French-speaking
  world
frapper to knock, to strike
fraternité *f.* fraternity
fréquemment often
fréquenter to associate with, to
  frequent
frère *m.* brother 5
  beau-~ stepbrother, brother-in-
  law 5
  demi-~ half brother 5
frigo *m.* refrigerator, fridge *(slang)*
  8
frites *f.pl.* french fries 10
froid(e) cold 8
  il fait ~ it is cold 13
froidure *f.* cold
fromage *m.* cheese 10
front *m.* forehead
frontière *f.* border
fruit *m.* fruit 10
fugitif (-ive) fleeting
fuir to flee
fumée *f.* smoke
fumer to smoke 14
fumeur/fumeuse *m./f.* smoker
furieux (-euse) furious
fusée *f.* rocket
futur *m.* future
futur(e) *adj.* future

gagner to earn 12; to win
  ~ **sa vie** to earn one's living
garage *m.* garage
garçon *m.* boy 2; waiter
garder to keep, guard; to take care
  of 9

garderie *f.* day-care center 9
gardien/gardienne *m./f.* guard,
  keeper, guardian
gare *f.* (train) station 6
garnir to garnish
Garonne *f.* *river in Southwestern*
  France
gastronomique gastronomic
gâteau *m.* *(pl.* **gâteaux***)* cake 10
gauche *f.* left 7
  à ~ to (on) the left 3, 7
gaz *m.* gas
gazeux (-euse) carbonated (water)
gêné(e) irritated, upset
généalogie *f.* genealogy
généalogique: arbre ~ family tree
général *m.* *(pl.* **généraux***)* general
général(e) *(m. pl.* **généraux***)*
  general
généralité *f.* generality
généreux (-euse) generous
générique generic
Genève Geneva
génial(e) *(pl.* **géniaux***)* inspired,
  brilliant; neat
génoise *f.* *small French cake*
genou *m.* knee
  ~**x** knees, lap
genre *m.* gender, genre
gens *m.pl.* people 2
  jeunes ~ young men, young
  people
gentil(le) nice 9
géographie *f.* geography 11
géographique geographic
géologie *f.* geology 11
géométrique geometric
geste *m.* gesture
gibet *m.* gallows
Gironde department in France
glace *f.* ice cream 10; ice; mirror
gorge *f.* throat 16
gorille *m.* gorilla
goût *m.* taste
goutte *f.* drop
gouvernement *m.* government
gouvernemental(e) *(pl.*
  gouvernementaux*)*
  governmental
grâce à thanks to

graine *f.* seed
grand(e) big, large 7; tall 1
~**e-Bretagne** *f.* Great Britain
~**-mère** *f.* (*pl.* **grands-mères**) grandmother 5
~**-père** *m.* (*pl.* **grands-pères**) grandfather 5
~**s-parents** *m.pl.* grandparents 5
grandir to grow 12
gras(se) fat
gratuit(e) free of charge 7
grave serious
grec (grecque) Greek 14
Grèce *f.* Greece 14
grenier *m.* attic
grillé(e) grilled, toasted
grippe *f.* flu 16
grippé(e): être ~ to have the flu 16
gris(e) gray
griser to intoxicate
gros(se) fat, big 10
~ **mot** *m.* vulgarity, foul language 11
grossesse *f.* pregnancy
grosseur *f.* size
grossir to gain weight 12
groupe *m.* group 7
Guadeloupe *f.* Guadeloupe 14
guérir to cure 16
guerre *f.* war 9
Guyenne *f.* *former French province*
guide *m./f.* guide
guide *m.* guidebook
~ **touristique** travel guide 7
guillotine *f.* guillotine
guitare *f.* guitar

s'habiller to get dressed 13
habitant/habitante *m./f.* inhabitant, resident
habiter to live in 4
habitude *f.* habit
d'~ usually 1
habituel(le) usual
s'habituer à to get used to 16
haine *f.* hatred
Haïti *m.* Haiti
haïtien(ne) Haitian

haricot *m.* bean 10
harmonie *f.* harmony
harmonieux (-euse) harmonious
harpe *f.* harp
hasard *m.* chance, luck
haut(e) high
en ~ above, to the top
hebdomadaire *m.* weekly publication 11
hélas! alas!
herbe *f.* grass
héritage *m.* heritage
hésiter à to hesitate (to)
heure *f.* hour, o'clock 6; time
à l'~ on time 6
de bonne ~ early 13
quelle ~ **est-il?** what time is it? 6
heureusement fortunately
heureux (-euse) happy 3
hexagone *m.* hexagon; *nickname for metropolitan France*
hier yesterday 5
~ **soir** last night
histoire *f.* history; story 11
~ **d'amour** romance 11
hiver *m.* winter 3
HLM *m.* **(habitation à loyer modéré)** housing project
Hollande *f.* Holland 14
hollandais(e) dutch 14
hommage *m.* hommage
homme *m.* man 2
~ **d'affaires** businessman 5
honnête honest
honnêteté *f.* honesty
honneur *m.* honor
hôpital *m.* (*pl.* **hôpitaux**) hospital 6
horaire *m.* timetable, schedule 14
horreur *f.* horror, repugnance
hors de outside of
hors-d'oeuvre *m.* appetizer 10
hospitalier (-ière) hospitable
hôte/hôtesse *m./f.* host, hostess
hôtesse de l'air *f.* stewardess 14
hôtel *m.* hotel 6
huée *f.* hoot, taunt
huile *f.* oil 10
huit eight 1

humain(e) human
humeur *f.* mood, humor
hypermarché *m.* *very large supermarket*
hypertension *f.* high blood pressure
hypocrisie *f.* hypocrisy
hypothèse *f.* hypothesis
hypothétique hypothetical

ici here 13
d'~ + *date* from now until . . .
idéal(e) (*pl.* **idéaux**) ideal
idéalisme *m.* idealism
idéaliste idealistic
idée *f.* idea
identifier to identify
identique identical
identité *f.* identity
idole *f.* idol, image
il he, it 1
~ **faut** it is necessary 10
~ **neige** it's snowing, it snows 13
~ **pleut** it's raining, it rains 13
~ **s'agit de** it concerns, is about 13
~ **y a** there is, there are 4
~ **y a ... ans** . . . years ago
île *f.* island 14
illégal(e) illegal
illimité(e) unlimited
illogique illogical
illuminer to illuminate
illustrer to illustrate
ils they 1
image *f.* picture
imaginaire imaginary
imaginatif (-ive) imaginative 3
imaginer to imagine
s'~ to think, suppose
iman *m.* iman (*muslim religious leader*) 5
imiter to imitate
immédiat(e) immediate
immeuble *m.* building 4, 8
immigrant/immigrante *m./f.* immigrant
immigration *f.* immigration 9
immigré(e) immigrant 9

immodéré(e) immoderate
immuable immovable
impatience *f.* impatience
impatient(e) impatient 1
impérialisme *m.* imperialism
imperméable *m.* raincoat 13
impersonnel(le) impersonal
implicite implicit
impliquer to imply
impoli(e) impolite
importance *f.* importance
impôt *m.* tax
impressionner to impress 7
inactif (-ive) inactive
inattentif (-ive) inattentive
incertain(e) uncertain
incident *m.* incident
inclus(e) included
incommode inconvenient
inconnu(e) unknown
inconvénient *m.* inconvenience,
   disadvantage 12
incroyable incredible
Inde *f.* India
indications *f.pl.* directions
indien(ne) Indian
indépendance *f.* independence
indépendant(e) independent
indigène native, indigenous
indiquer to indicate
indiscret (-ète) indiscreet
individu *m.* individual
individualiste individualistic
individuel(le) individual
Indochine *f.* Indochina
industrialisé(e) industrialized
industrie *f.* industry
inégalité *f.* inequality 9
inévitable inevitable 8
infériorité *f.* inferiority
infini *m.* infinity
infini(e) infinite
infirmier/infirmière *m./f.* nurse 5
influence *f.* influence
informaticien/informaticienne
   m./f. computer scientist 5
informatique *f.* computer
   science 11
infusion *f.* herb tea
ingénieur *m.* engineer 5
ingrédient *m.* ingredient 10

initiative: Syndicat d'~ *m.*
   information bureau
injustice *f.* injustice 9
innocent(e) innocent
s'inquiéter get upset 16
inscription *f.* inscription,
   registration
s'inscrire to register
insecte *m.* insect
insister to insist
insomnie *f.* insomnia
insouciance *f.* unconcern
inspirer to inspire
institut *m.* institute
instituteur/institutrice *m./f.*
   teacher
instrument *m.* instrument
insulter to insult
intégrité *f.* integrity
intégral(e) *(m. pl.* **intégraux)**
   integral
intelligent(e) intelligent 1
intensité *f.* intensity
interdire to forbid, prohibit
intéressant(e) interesting 1
s'intéresser à to be interested
   in 13
intérêt *m.* interest
interrompre to interrupt 15
interview *f.* interview
interviewer to interview
intime intimate
intimité *f.* intimacy
inutile useless 8
invariable invariable 8
invité/invitée *m./f.* guest
inviter to invite
Irak *m.* Iraq
irlandais(e) Irish 14
Irlande *f.* Ireland 14
irrégulier (-ère) irregular
irresponsable irresponsible
irritant(e) irritating
irriter to irritate 7
isolé(e) isolated
Israël *m.* Israel 14
israélien(ne) Israeli 14
Italie *f.* Italy 14
italien(ne) Italian 5
ivoirien(ne) of, from the Ivory
   Coast 14

jaquette *f.* jacket
jais *m.* jet
jalousie *f.* jealousy
jaloux (-ouse) jealous
jamais never, ever 15
   ne ... ~ never 1, 15
jambe *f.* leg 16
jambon *m.* ham 10
janvier *m.* January 3
Japon *m.* Japan 14
japonais(e) Japanese 5
jardin *m.* garden 4
jaune yellow 2
jaunir to turn yellow 12
jazz *m.* jazz
je I 1, 3
jean *m.* blue jeans 2
jeter to throw, to toss
   se ~ to flow, to move forward
jeu *m. (pl.* **jeux)** game
jeudi *m.* Thursday 3
jeune young 3
   ~ fille *f.* girl, young woman 2
jeunesse *f.* youth
jogging *m.* jogging 16
joie *f.* joy
joli(e) pretty 3
joue *f.* cheek
jouer to play 4
   ~ un film to show a movie
joueur/joueuse *m./f.* player
joug *m.* yoke
jour *m.* day 3, 9
   au ~ le ~ day by day
   ~ de l'An *m.* New Year's Day
journal *m. (pl.* **journaux)**
   newspaper 11
   ~ télévisé *m.* news program
journaliste *m./f.* journalist 5
journée *f.* day 7
   faire la ~ continue to stay open
   at lunch time
joyeux (-euse) joyful, happy
juge *m.* judge
jugement *m.* judgment
juif (juive) Jewish 5
juillet *m.* July 3
juin *m.* June 3
jumeau/jumelle *m./f. (m. pl.*
   jumeaux) twin 15
jupe *f.* skirt 2

Jura *m.*   *mountain range in eastern France*
jus *m.*   juice   10
  ~ de fruits   fruit juice   10
jusque (jusqu')   until, up to   7
juste   correct, justified, right
  au ~   exactly
justement   precisely; properly
justice *f.*   justice
justifier   to justify

Kanaky *m.*   *indigenous name for New Caledonia*
karaté *m.*   karate
képi *m.*   *French policeman's/soldier's cap*
ketchup *m.*   ketchup   10
kilogramme (kilo) *m.*
  kilogram   10

là   there
  ~-bas   over there
laboratoire (labo) *m.*   laboratory
laisser   to let, to leave   7
lait *m.*   milk   10
laiterie *f.*   dairy
laitier/laitière *m./f.*   dairy owner, milkman
laitier (-ière) *adj.*   milk (-related)
laitue *f.*   lettuce   10
lame *f.*   blade
lampe *f.*   lamp   8
lancer   to hurl, throw
langage *m.*   language
langue *f.*   language   3; tongue
Laos *m.*   Laos
lapin *m.*   rabbit
lard *m.*   bacon
latin *m.*   Latin
lavabos *m.pl.*   restroom
(se) laver   to wash   13
lave-vaisselle *m.*   dishwasher   8
le (la, les) *art.* the   2
le (la, les) *pron.* him, her, it, them   7
leçon *f.*   lesson
lecteur/lectrice *m./f.*   reader   11

lecture *f.*   reading   11
légal(e) *(m. pl. légaux)* legal   8
légende *f.*   legend, inscription
léger (-ère)   light
légume *m.*   vegetable   10
lent(e)   slow   7
lequel (laquelle, lesquels, lesquelles)   which one   16; which
lettre *f.*   letter   11
leur *pron.* (to) them   11
leur(s) *adj.* their   5
se lever   to get up   13
lèvre *f.*   lip   16
levure chimique *f.*   baking powder
liaison *f.*   connection; liaison
Liban *m.*   Lebanon
libéral(e) *(m. pl. libéraux)* liberal
  profession ~e *f.*   profession requiring a higher education
libération *f.*   liberation   9
libérer   to liberate
liberté *f.*   liberty
librairie *f.*   bookstore   13
libre   free   6
licence *f.*   *university degree, equivalent to a BA*
lien *m.*   bond
lieu *m. (pl.* **lieux***)*   place, spot
  au ~ de   instead of
  avoir ~   to take place
ligne *f.*   line   13; figure
limite *f.*   limit, boundary
limite *adj.*   expiration
limité(e)   limited   8
lion *m.*   lion
liqueur *f.*   liqueur   10
liquide: en ~   by (in) cash   7
lire   to read   11
Lisbonne   Lisbon
liste *m.*   list
lit *m.*   bed   7, 8
  grand ~   double bed   7
litre *m.*   liter   10
littéraire   literary
littérature *f.*   literature   3
living *m.*   living-room   8
livre *m.*   book   2
livre *f.*   pound
livrée *f.*   livery

location *f.*   rental
logement *m.*   housing   8
logique   logical   8
loi *f.*   law   9
loin (de)   far (from)   3
Loire *m.*   Loire River
Londres   London
long (longue)   long
  à la longue   in the long run   15
  le ~ de   along
longtemps   a long time
longueur *f.*   length
lorrain(e)   (from) Lorraine
lorsque   when   16
loterie *f.*   lottery
louer   to rent   8
loup *m.*   wolf
lourd(e)   heavy
loyal(e) *(m.pl.* **loyaux***)* loyal
loyer *m.*   rent   8
lui   him, (to) him, (to) her   11
luisant(e)   shiny, glossy
lumière *f.*   light   8
lundi *m.*   Monday   3
lune *f.*   moon
  ~ de miel   honeymoon
  pleine ~   full moon   13
lunettes *f.pl.*   glasses   12
lutte *f.*   struggle
lutter   to struggle, fight
luxe *m.*   luxury
Luxembourg *m.*   Luxembourg   14
luxembourgeois(e)   of, from Luxembourg
lycée *m.*   high school   11
lycéen/lycéenne *m./f.*   high school student   11

machine *f.*   machine
  taper à la ~   to type
maçon *m.*   mason
madame *f. (pl.* **mesdames***)*   Mrs., lady   1
mademoiselle *f. (pl.* **mesdemoiselles***)*   Miss, young lady   1
magasin *m.*   store   4
  grand ~   department store   4
magazine *m.*   magazine   11

Maghreb *m.* Maghreb (North Africa) 14

maghrébin(e) from the Maghreb 9, 14

magique magical

magnétophone *m.* tape recorder 5

magnétoscope *m.* videocassette player 5

magnifique magnificent

mai *m.* May 3

maigre thin, skinny

maigrir to lose weight, to become thin 12

maillot *m.* suit, jersey

main *f.* hand 13

maintenant now 5

maintenir to maintain 14

mais but 1

maïs *m.* corn

maison *f.* house 4

maître *m.* master; (grade school) teacher 11

maîtresse *f.* (grade school) teacher 11

maîtrise *f.* Master's degree

majorité *f.* majority

mal *m.* (*pl.* **maux**) hurt, pain, ache

  avoir ~ à to have a pain in, hurt, to have a . . . ache 16

mal *adv.* badly

  assez ~ not too well 1

  ~ élevé(e) poorly brought up; badly mannered

  pas ~ not bad 1

malade sick 3

maladie *f.* illness, disease 16

malgré despite, in spite of

malheur *m.* misfortune, unhappiness 15

malheureusement unfortunately

malheureux (-euse) unfortunate, unhappy 3

maman *f.* mama, mother

mamie *f.* grandma

manger to eat 4

  salle à ~ *f.* dining room 8

Manche *f.* English Channel

manière *f.* manner, way

manifester to rally, to protest 9

se manifester to appear

mannequin *m.* model

manque *f.* absence, lack

manquer to miss 7, to be missing, to lack 12

manteau *m.* (*pl.* **manteaux**) coat 13

manuel(le) manual

marchand/marchande *m./f.* merchant

marchander to bargain

marchandise *f.* merchandise

marché *m.* market, shopping

  faire le ~ to do the shopping 9

  ~ aux puces flea market

  ~ commun *m.* Common Market 9

marché: bon ~ *adj. inv.* cheap 8

marcher to walk 16; to work

mardi *m.* Tuesday 3

mari *m.* husband 5

mariage *m.* marriage

marié/mariée *m./f.* groom/bride

marier to perform a marriage

  se ~ (avec) to marry, get married 13

maritime maritime

marmelade *f.* marmalade

Maroc *m.* Morocco 14

marocain(e) Moroccan 14

marque *f.* brand, mark

marquer to mark

marron *inv.* brown

mars *m.* March

martiniquais(e) of, from Martinique

Martinique *f.* Martinique 14

masculin(e) masculine 9

match *m.* game, match

matériel(le) material, physical

matérialiste materialistic

maternel(le) maternal

  langue ~le mother tongue

mathématicien/mathématicienne *m./f.* mathematician

mathématiques (maths) *f.pl.* mathematics 3

matière *f.* material; subject matter 11

matin *m.* morning, A.M. 6

mauvais(e) bad 3

  il fait ~ the weather is bad 13

maxime *f.* maxim

mayonnaise *f.* mayonnaise 10

me (to) me 11

mécanicien/mécanicienne *m./f.* engineer, mechanic 5

méchant(e) mean, bad

mécontent(e) unhappy 1

médecin *m.* doctor 5

médecine *f.* medicine 11

média *m.pl.* media

médical(e) (*m.pl.* **médicaux**) medical

  visite ~e *f.* doctor's appointment 16

médicament *m.* medicine 13

méditerranéen(ne) Mediterranean

se méfier (de) to distrust 16

meilleur(e) better 8

  ~ marché *inv.* cheaper 8

mélanésien(ne) Melanesian

mélange *m.* mixture

mélanger to mix 10

membre *m.* member

même same 8; even

  quand ~ nevertheless

  -~(s) -self, -selves 16

mémoire *f.* memory

  avoir mauvaise ~ to be forgetful

menacer to threaten

ménage *m.* married couple; household

ménager (-ère) domestic

  appareil ~ kitchen appliance

mener to lead

mensuel(le) monthly

mental(e) (*m.pl.* **mentaux**) mental

menthe *m.* mint

mentionner to mention

mentir to lie 7

menu *m.* menu

mer *f.* sea 14

  au bord de la ~ at the beach

merci thank you 1

mercredi *m.* Wednesday 3

mérite *m.* merit, worth

mériter to deserve

mère *f.* mother 5
  belle-~ mother-in-law, stepmother 5
merveille *f.* marvel, wonder
merveilleux (-euse) marvelous
message *m.* message
messagerie *f.* (computer, network) message center
mesure *f.* measure, standard
mesurer to measure
météo *f.* weather report 13
méthode *f.* method, system
méticuleusement meticulously
métier *m.* career, profession
métro *m.* subway 6
mettre to put, place 15; to put on
  ~ le couvert to set the table 15
  ~ la table to set the table 15
  se ~ à to begin, set about 15
meuble *m.* furniture 8
meurtrir to crush
mexicain(e) Mexican 5
Mexico Mexico City
Mexique *m.* Mexico 14
micro-ondes *f.pl.* microwaves 8
midi *m.* noon 6
Midi *m.* the Midi (*South of France*)
mien(ne) *pron.* mine
mieux better 8
migraine *f.* migraine headache
milieu *m.* (*pl.* **milieux**) middle
mille *inv.* thousand 3
milliard *m.* billion 3
millier *m.* about a thousand 10
million *m.* million 3
mince thin
mine *f.* mine
minéral(e) mineral
mineur *m.* miner
minimiser to minimize
ministère *m.* ministry
ministre *m.* (government) minister 5
  premier ~ prime minister
Minitel *m.* computer-telephone
minorité *f.* minority
minuit *m.* midnight 6
minute *f.* minute 6

minuterie one-minute light switch
miracle *m.* miracle 15
miroir *m.* mirror
misère *f.* misery
mixte mixed
mode *f.* fashion; way, manner
mode *m.* (**d'emploi**) method (of use)
modèle *m.* model
modéré(e) moderate 8
modérément moderately 16
moderne modern 8
modeste modest 1
modifier to modify
mœurs *f.pl.* manners, customs
moi (to) me 11, 13
moindre smallest, least
moine *m.* monk
moins less 7, 8; minus 1
  à ~ de / que unless
  au ~ at least
  le ~ the least
  plus ou ~ more or less
mois *m.* month 3
moitié *f.* half 12
molle *adj. f.* soft
moment *m.* moment
mon (**ma, mes**) my 2, 5
  ~ Dieu! my God! my goodness!
Monaco *m.* Monaco 14
monde *m.* world 7
  beaucoup de ~ lots of people, a crowd
  du ~ lots of people, a crowd
  le ~ entier the whole world
  tout le ~ everyone 1
mondial(le) (*m. pl.* **mondiaux**) world(wide)
monégasque of, from Monaco 14
moniteur / monitrice *m. / f.* coach 5
monnaie *f.* change; currency 9
monsieur *m.* (*pl.* **messieurs**) mister, sir; gentleman 1
monstre *m.* monster
monstruosité *f.* monstrosity
mont *m.* mount, mountain
montagne *f.* mountain

monter to climb, go up 8
montre *f.* watch 2
montrer to show 2
  montrez-moi show me 2
monument *m.* monument 4
se moquer de to make fun of 13
moquerie *f.* mockery
moral *m.* morale
moral(e) (*m. pl.* **moraux**) moral
morale *f.* morals, moral
moralisateur (-trice) moralistic
moraliste *m. / f.* moralist
moralité *f.* moral, good conduct
morceau *m.* (*pl.* **morceaux**) piece 10
mordre to bite
mort / morte *m. / f.* dead person
mort *f.* death
mort(e) dead 9
mot *m.* word
mot-clé *m.* (*pl.* **mots-clés**) key word
moteur *m.* motor
motiver to motivate
motocyclette (moto) *f.* motorcycle 5, 6
mou (molle) soft
mourir to die 9
moutarde *f.* mustard
mouvement *m.* movement
mouvementé(e) bustling
moyen *m.* means
moyen(ne) average, middle
  ~-Orient *m.* Middle East
muet(te) mute, silent
multiplicité *f.* multiplicity, multitude
municipal(e) municipal
munir to provide, supply
menu *m.* menu
musulman(e) muslim 5
mur *m.* wall 2
mûr(e) mature, ripe
muscle *m.* muscle
musée *m.* museum 4
musicien / musicienne *m. / f.* musician
musique *f.* music 4
mystère *m.* mystery; ice-cream dessert

nager to swim
naïf (-ïve) naive
naissance *f.* birth
naître to be born 9
national(e) *(m. pl.* **nationaux***)* national
nationalité *f.* nationality
nature *f.* nature
naturel(le) natural
ne not
  ~... aucun(e) not one, not any 15
  ~... jamais never 1
  ~... ni ... ni neither . . . nor 15
  ~... nulle part nowhere 15
  ~... pas not 1
  ~... pas encore not yet 9
  ~... personne no one 12, 15
  ~... plus no longer, no more 10
  ~... point not
  ~... que only 15
  ~... rien none 6
né(e) born 9
nécessaire necessary 3
nécessité *f.* necessity
neige *f.* snow
neiger to snow 13
nerf *m.* nerve
nerveux (-euse) nervous
n'est-ce pas? isn't it? aren't they? right?
nettement clearly
nettoyer to clean
neuf (neuve) brand-new
  quoi de ~? what's new?
neuf nine 1
neuvième ninth
neveu *m. (pl.* **neveux***)* nephew 5
nez *m.* nose 16
niçois(e) from Nice
nièce *f.* niece 5
ni (... ni) (neither . . .) nor 15
n'importe quel(le) any
niveau *m. (pl.* **niveaux***)* level 11
noblesse *f.* nobility
noces *f.pl.* marriage ceremony
  voyage de ~ *m.* honeymoon
Noël *m.* Christmas
noir(e) black 2

noircir to blacken, turn black 12
nom *m.* name; noun
  ~ de famille *m.* last name
nombre *m.* number, quantity
nombreux (-euse) numerous, large 3
nommer to name
non no 1
  mais ~! of course not!
  ~ plus neither 15
nord *m.* north 14
  ~-africain(e) North African 9
normal(e) *(m. pl.* **normaux***)* normal, usual 3
Normandie *f.* Normandy
normand(e) Norman
note *f.* note; grade 11; bill 7
noter to note
notre *(pl.* **nos***)* our 5
nougat *m.* nougat
nourriture *f.* nourishment, food 10
nous we 3; (to) us 11
nouveau (nouvelle, nouvel) *(m. pl.* **nouveaux***)* new 3
  de ~ again
  ~-Brunswick *m.* New Brunswick
  ~x mariés *m.pl.* newly-weds
nouvelle *f.* a piece of news 5
  ~s the news 5
Nouvelle-Calédonie *f.* New Caledonia 14
Nouvelle-Écosse *f.* Nova Scotia
novembre *m.* November 3
nuage *m.* cloud
  être dans les ~s to be out of it
nucléaire nuclear
nuit *f.* night 6
nul(le) worthless, a dud 11
nulle part nowhere 15
numéro (n°) *m.* number 8, telephone number 13
numéroté(e) numbered

obéir to obey 12
objectif (-ive) objective
objet *m.* object
obligatoire obligatory 3

obliger to oblige
obsédant(e) obsessive
observer to observe
obtenir to obtain 14
occasion *f.* occasion, chance, opportunity
  d'~ used
occidental(e) *(m. pl.* **occidentaux***)* western
occupé(e) busy, occupied, taken 3, 13
s'occuper de to be busy with; to take care of 13
océan *m.* ocean
octobre *m.* October 3
odeur *f.* odor
œil *m. (pl.* **yeux***)* eye 16
œuf *m.* egg 10
œuvre *f.* work
  chef-d'~ *m.* masterpiece
office *m.* office, department
officiel(le) official
offre *f.* offer
offrir to offer 12
oignon *m.* onion 10
oiseau *m. (pl.* **oiseaux***)* bird
  ~-lyre lyrebird *(with a tail like a peacock's)*
ombre *f.* shadow
omelette *f.* omelette 10
omettre to omit 15
on one, we, they, people 3
oncle *m.* uncle 5
onze eleven 1
opéra *m.* opera
opposer to oppose
oral(e) *(m. pl.* **oraux***)* oral
orange *f.* orange
  jus d'~ *m.* orange juice 10
orange *adj. inv.* orange 2
orangina *f.* orange soda
orchestre *m.* orchestra, band
ordinaire ordinary 3
ordinateur *m.* computer 5
ordonnance *f.* prescription 16
ordonner to order
ordre *m.* order
oreille *f.* ear 16
orfèvrerie *f.* goldsmith's work
organique organic

organiser to organize
oriental(e) *(m. pl.* **orientaux***)* oriental, eastern
s'orienter to orient oneself
originaire native to
original(e) *(m. pl.* **originaux***)* original
originalité *f.* originality
origine *f.* origin
orthographe *f.* spelling
ou or 1
  ~ **bien** or else
où where 3; when
oublier to forget 7
ouest *m.* west 14
oui yes 1
outre-mer *m.* overseas 14
ouvert(e) open 12
ouvrier/ouvrière *m./f.* worker 5
ouvrir to open 12
OVNI (Objet volant non-identifié) *m.* UFO 15

Pacifique *m.* Pacific
page *f.* page
pain *m.* bread 10
  ~ **complet** whole wheat bread 16
  ~ **grillé** toast
  petit ~ *m.* roll 10
paisible peaceful
paix *f.* peace
palpiter to palpitate
panier *m.* basket
panne: en panne broken
pantalon *m.* pants 2
papeterie *f.* stationery store
papetier/papetière *m./f.* stationer
papier *m.* paper
Pâque *f.* Passover
Pâques *f.pl.* Easter
paquet *m.* package 13
par by
  ~ **conséquent** consequently
  ~ **contre** on the other hand
  ~ **exemple** for example
  ~ **rapport à** in relation to, with respect to
  ~ **terre** on the ground, on the floor

paradis *m.* heaven 15
paraître to seem, appear
parallèle parallel
parapluie *m.* umbrella 13
parc *m.* park 4
parce que because 3, 15
parcourir to travel, move along
pardon excuse me
parent *m.* parent, relative 5
parenté *f.* kinship, relationship
paresseux (-euse) lazy 12
parfait(e) perfect 7
parfum *m.* perfume, flavor
parisien(ne) Parisian
parking *m.* parking, parking lot 4
parlement *m.* parliament 9
parler to speak 4, 5
parmi among
parole *f.* word
part *f.* part
  à ~ separate, apart
  nulle ~ nowhere 15
  quelque ~ somewhere
partager to share, divide 9
partenaire *m./f.* partner
parti (politique) *m.* (political) party
participer to participate
particulier (-ère) individual, private
partie *f.* part, party
  faire ~ de to belong to, to be part of 12
partir to leave 7
  à ~ de starting (from)
partout everywhere
pas *m.* step
  faire un ~ to take a step
pas no, not 1
  ~ **du tout** not at all
  ne ... ~ not 1
  ~ **encore** not yet 15
  ~ **mal** not bad 1
passage *m.* passage, crossing
passager/passagère *m./f.* passenger 14
passé *m.* past 9
passeport *m.* passport 7
passer to pass, pass by 6, 16; to spend; to be shown
  ~ **l'aspirateur** to vacuum

  ~ **par** to pass by 6
  ~ **un examen** to take a test
  ~ **un film** to show a film
  se ~ to happen, to take place
  se ~ de to do without 16
passe-temps *m.* hobby, pastime
passif (-ive) passive
pasteur *m.* Protestant minister 5
pâté *m.* pâté, meat spread 10
pâtes *f.pl.* noodles, pasta
patience *f.* patience
patient(e) patient 1
pâtisserie *f.* pastry, pastry shop 13
pâtissier/pâtissière *m./f.* pastry maker
patrimoine *m.* heritage
patron/patronne *m./f.* boss, owner 5
pauvre poor 1
pauvreté *f.* poverty
payer to pay 7
pays *m.* country 9, 14
Pays-Bas *m.pl.* Netherlands 14
PDG (Président-directeur général) *m.* CEO
pêche *f.* peach 10
peigne *m.* comb 13
se peigner to comb (one's hair) 13
peindre to paint
peine *f.* pain
  à ~ barely
peintre *m.* painter
pendant during 6
  ~ **que** while
pendu/pendue *m./f.* hanged person; hangman *(game)*
pénible hard, tiresome, tedious 16
pénicilline *f.* penicillin 16
pensée *f.* thought
penser to think 9
penseur *m.* thinker
perdre to lose 15
père *m.* father 5
  beau-~ *m.* stepfather, father-in-law 5
  ~ **Noël** *m.* Santa Claus
période *f.* period
périphérie *f.* periphery

permanent(e) permanent
permettre to permit 15
permis (de conduire) *m.* (driver's) license
Pérou *m.* Peru 14
perplexe confused
personnage *m.* character
personnalité *f.* personality
personne *f.* person 2, 12
 grande ~ adult
personne: ne ... ~ *m.* no one 12, 15
personnel(le) personal
perspective *f.* perspective
persuader to persuade
perte *f.* loss
péruvien(ne) Peruvian 14
pervenche *f.* periwinkle (flower)
peser to weigh
pétanque *f.* petanque
petit(e) little, small 1
 ~**(e) ami(e)** *m./f.* boyfriend, girlfriend 2
 ~ **déjeuner** *m.* breakfast
 ~**e annonce** *f.* classified ad 11
 ~**-enfant** *m./f. (pl.* **petits-enfants)** grandchild 5
 ~**e-fille** *f. (pl.* **petites-filles)** granddaughter 5
 ~**-fils** *m. (pl.* **petits-fils)** grandson 5
 ~ **pain** *m.* roll 10
 ~**s pois** *m.pl.* peas 10
pétrole *m.* petroleum, oil
peu little, few
 à ~ **près** about
 un ~ a little, some, a little bit 10
peuple *m.* people; nation; (the) masses
peur *f.* fear 7
 avoir ~ to be afraid 7
peut-être maybe 9
pharmacie *f.* pharmacy 6
pharmacien/pharmacienne *m./f.* pharmacist
philippin(e) Filipino 14
Philippines *f.pl.* Philippines 14
philosophe *m./f.* philosopher
philosophie (philo) *f.* philosophy 11

photo *f.* photo
phrase *f.* sentence
physicien *m.* physicist
physique *f.* physics 11
physique physical
piano *m.* piano 4
pièce *f.* piece; room 8; play 11
 deux-~**s** *m.* two-room apartment 8
 ~ **de théâtre** play 4
 ~ **d'identité** form of identification
pied *m.* foot 6, 16
piège *m.* trap
pierre *f.* stone
pieux (-euse) pious
pigeon *m.* pigeon
pilote *m.* pilot 5
pince *f.* (slang) paw, hand
pique-nique *m.* picnic
piqûre *f.* shot 16
pitié *f.* pity
pittoresque picturesque
placard *m.* cupboard, closet
place *f.* place; seat; public square 6
placer to place
plage *f.* beach 6
plainte *f.* complaint
plaisir *m.* pleasure
plan *m.* map 5; plan
planification *f.* large-scale planning
planète *f.* planet
plante *f.* plant
plat *m.* dish; course (of a meal)
 ~ **principal** main course
plat(e) flat
plateau *m. (pl.* **plateaux)** platter, tray
plein(e) full 13
 à ~ **temps** full-time
 en ~ **...** right in the middle of
 ~**e lune** full moon 13
pleurer to cry
pleuvoir to rain 13
 il pleut it's raining 13
ployer to bend
pluie *f.* rain 13
plupart *f.* most, majority 8
plus more 8; plus 1
 de ~ what's more

 de ~ **en** ~ more and more
 en ~ in addition
 ne ... ~ no more, no longer 10
 ~ **encore** even more
plusieurs several
plutôt rather, sooner
poche *f.* pocket
poème *m.* poem 11
poète *m.* poet 5
poésie *f.* poetry 11
poids *m.* weight
point *m.* point, period
 ~ **de vue** point of view
 ne ... ~ not
poire *f.* pear
pois *m.pl.* peas 10
poisson *m.* fish 10
poissonnerie *f.* fish store
poissonnier/poissonnière *m./f.* fish merchant
poitrine *f.* chest
poivre *m.* pepper 10
poli(e) polite
police *f.* police force
policier (-ère) *relating to the police*
 roman ~ mystery novel 11
polir to polish 12
politesse *f.* good manners
 ~**s** civilities, courtesies
politique *f.* politics, policy 9
politique political
 homme/femme ~ *m./f.* politician
pollution *f.* pollution 4
Polynésie *f.* Polynesia 14
pompiste *m./f.* gas station attendant
pomme *f.* apple 10
 ~ **de terre** *f.* potato 10
 ~**s frites** *f. pl.* french fries 10
populaire popular
popularité *f.* popularity
porc *m.* pork 10
porte *f.* door, gate 2
porte-bonheur *m. inv.* good luck charm 15
portefeuille *m.* wallet 2
porter to wear 8, 12; to carry
portière *f.* car-door
portion *f.* portion
porto *m.* port wine

Porto Rico *m.* Puerto Rico
portrait *m.* portrait 3
portugais(e) Portuguese 14
Portugal *m.* Portugal 14
poser to pose, place
  ~ une question to ask a
    question 5
posséder to possess
possible possible 8
possibilité *f.* possibility
poste *m.* position, job 12
poste *f.* mail; post office 13
pot *m.* pot, jug, jar
poulet *m.* chicken 10
poumon *m.* lung 16
pour for, in order to 1
  le ~ et le contre pros and cons
pourquoi why 3
poursuivre to pursue
pourtant however
pousser to push
pouvoir *m.* power
pouvoir to be able; can; may 7
pratique *f.* practice
pratique practical
pratiquer (un sport) to participate
  in (a sport)
précédent(e) preceding
précéder to precede
précepte *m.* precept
précis(e) precise
précisément precisely
préciser to specify, make clear
prédire to predict
préférable preferable
préféré(e) favorite, preferred 5
préférence *f.* preference
préférer to prefer 4
premier (-ère) first 3, 8
  ~ ministre *m.* prime minister
prendre to take 10
  ~ au sérieux to take seriously
  ~ des kilos to gain weight
  ~ sa retraite to retire 12
  ~ une résolution to make a
    resolution
prénom *m.* first name 1
préoccupé(e) preoccupied 9
préoccuper to preoccupy 9
préparatoire preparatory
préparer to prepare 10

près near
  à peu ~ about
  ~ de close to 3
présent(e) present 1
présenter to present, introduce
préserver to preserve
président/présidente *m./f.*
  president 5
présidentiel(le) presidential
présider to preside over, at
presque almost 7, 9
pressé(e) rushed, in a hurry;
  pressed
pression *f.* pressure
prêt(e) ready
prétendre to claim
prêter to lend
prêtre *m.* priest 5
preuve *f.* proof
prévu(e) specified
prière *f.* prayer 15
primaire primary
prime *f.* bonus, subsidy
prince *m.* prince
princesse *f.* princess
principal(e) *(pl.* **principaux**)
  principal, main
principe *f.* principle, value
  en ~ as a rule
printemps *m.* spring 3
priorité *f.* priority, right-of-way
prise *f.* capture
privé(e) private
privilège *m.* privilege
prix *m.* price; prize
  ~ fixe fixed price
problématique problematic
problème *m.* problem
prochain(e) next 6
proche near, close
prodige *m.* prodigy
produit *m.* product
professeur (prof) *m.* professor,
  teacher 1
profiter to profit (by)
profond(e) profound
profondément profoundly
programme *m.* program 9
programmeur/programmeuse
  m./f. (computer) programmer
progrès *m.* progress

progressif (-ive) progressive
projet *m.* project, plan
promenade *f.* walk, stroll
promettre to promise 15
prononcer to pronounce
propice propitious
propos: à ~ de about, concerning;
  with regard to
proposer to propose, to suggest
proposition *f.* proposal; clause
propre clean; own
protestant protestant 5
protester to protest
Provence *f.* Provence *(province in
  Southern France)*
proverbe *m.* proverb
province *f.* province
  en ~ in the provinces (outside
    Paris)
provincial(e) *(m. pl.* **provinciaux**)
  provincial
provisions *f.pl.* supplies,
  provisions 13
provoquer to provoke
proximité *f.* proximity
prudent(e) prudent
psychiatre *m./f.* psychiatrist 5
psychologie *f.* psychology 11
psychologique psychological
psychologue *m./f.* psychologist 5
public (-ique) public
publicité *f.* commercial,
  advertisement, advertising
puis then 9
puis-je ... ? may I ... ? 7
puisque since
pull-over (pull) *m.* sweater 2
punir to punish 12
punition *f.* punishment
pur(e) pure
pyjama *m.* pyjamas
pyramide *f.* pyramid
Pyrénées *f./pl.* Pyrenees

qualité *f.* strong point; quality
quand when 3
  ~ même nevertheless
quantité *f.* quantity
quarantaine *f.* about forty 10
quarante forty 2

quart *m.*   quarter   12
  et ~   quarter past   6
  moins le ~   quarter to   6
quartier *m.*   section (*of a city*)   4;
    neighborhood
  ~ **latin**   Latin Quarter (*student
    district in Paris*)
quatorze   fourteen   1
quatre   four   1
quatre-vingts   eighty   3
quatre-vingt-dix   ninety   3
que   than; what   6; that   8; how . . .
  ne ... ~   only   15
Québec *m.*   Quebec   14
québécois(e)   from Quebec   14
quel(le)   what, which; what
    a . . .   2
  n'importe ~   any
  ~ **âge avez-vous?**   How old are
    you?
  ~**le heure est-il?**   What time is
    it?   6
quelque(s)   some   10
  ~ **part** *f.*   somewhere
  ~**s-un(e)s**   some
quelque chose *m.*   something
    6, 7
  ~ **d'autre**   something else   7
quelquefois   sometimes   1
quelqu'un   someone
qu'est-ce qui?   what?   15
qu'est-ce que   what?   6
  ~ **c'est?**   what is it?   2
  ~**'il y a**   what is there?   4
question *f.*   question
questionnaire *m.*   questionnaire
questionner   to question
qui   who, that   1, 8
  ~ **est-ce?**   who is it?   1
quiche *f.*   quiche   10
quiconque   whoever
quinze   fifteen   1
  ~ **jours**   two weeks
quitter   to leave   6
  ne quittez pas   wait   13
quoi   what
quotidien(ne)   daily   13

rabbin *m.*   rabbi   5
raccrocher   to hang up   13

race *f.*   race
raconter   to tell
radio *f.*   radio   8
radiographier   to x-ray   16
rage *f.*   rage, fury
ragoût *m.*   stew
raison *f.*   reason
  avoir ~   to be right   15
raisonnable   reasonable
raisonnement *m.*   reasoning
rajeunir   to rejuvenate, renovate
ralentir   slow down
rallumer   to relight, turn on again
rancune *f.*   grudge, malice
ranger   to straighten, put in order
rapide   rapid, quick   7
rappeler   to call back
  se ~   to remember   13
rapport *m.*   rapport, relation;
    report
  par ~ **à**   relative to, with respect
    to
rapporter   to report; to bring in
  se ~ **à**   to refer back to
rarement   rarely   1
se raser   to shave   13
rasoir *m.*   razor   13
rassembler   to assemble
rassurer   to reassure
rater   to fail
rationalisme *m.*   rationalism
rationnel(le)   rational
ravi(e)   delighted
rayonner   to radiate
réaction *f.*   reaction
réagir   to react   12
réaliser   to realize, achieve
réalisme *m.*   realism
réaliste   realistic
réalité *f.*   reality
récemment   recently   7
récent(e)   recent
réception *f.*   reception
recette *f.*   recipe   10
recevoir   to receive
réchauffer   to reheat
réciproque   reciprocal, mutual
réciter   to recite
réclamer   to claim; to beseech
recommandation *f.*
    recommendation

recommander   to recommend
récompense *f.*   reward
se réconcilier   to reconcile, to be
    reconciled   13
reconnaissance *f.*   recognition
reconnaître   to recognize   8
reconquête *f.*   winning back
reçu(e)   received
  être ~ **à**   to pass (a test)
récupérer   to recuperate, to
    recover, to get back   14
redonner   to give back
redoubler   to repeat (a school
    year)   11
réduire   to reduce
réel(le)   real
référence *f.*   reference
réfléchir   to reflect, to think
    about   12
refléter   to reflect
réfrigérateur *m.*   refrigerator   8
refus *m.*   refusal
refuser   to refuse
regarder   to look (at)   4
régime *m.*   diet   10
  au ~   on a diet
règle *f.*   ruler   2; rule
règlement *m.*   rule, regulation
régler   to regulate   7
régner   to reign
regretter   to regret   14
régulariser   to regularize
régulier (-ère)   regular   8
reine *f.*   queen
relatif (-ive)   relative
relier   to bind
religieux (-euse)   religious
remarquable   remarkable
remarquer   to notice
remédier   to remedy
remercier   to thank
remettre   to put back, to
    return   15
remonter   to revive; to go back to
remplacer   to replace
remplir   to fill (out)
Remue-Méninges *m.*   Trivial
    Pursuit
renaissance *f.*   rebirth
rencontre *f.*   meeting
  agence de ~**s**   dating agency

rencontrer to meet; to run into 9

rendez-vous *m.* meeting, appointment 16; date

rendre to return, give back; to make 15

~ **visite (à)** to visit (someone) 15

renforcer to reinforce

renouveler to renew

rénover to renovate

renseignement *m.pl.* information 7

rente *f.* revenue

rentrée *f.* return; start of the school year

rentrer to return 6

renvoyer to fire, send back 12

réorienté(e) reoriented

réparer to repair 9

repas *m.* meal 10

répéter to repeat

répondre to answer 15

réponse *f.* answer

repos *m.* rest

se reposer to rest 13

représenter to represent

reprocher to reproach

république *f.* republic

réputé(e) reputed

requête *f.* request

réservé(e) reserved 1

réserver to reserve 7

résidence *f.* residence, dormitory 3

résolu(e) resolved

résoudre to resolve

respecter to respect

responsable responsible 8

responsabilité *f.* responsibility

ressembler to resemble 11

ressentir to feel

ressort *m.* spring

ressource *f.* resource 9

restaurant *m.* restaurant 3

~ **universitaire (Resto-U)** dining hall

reste *m.* rest, remainder

rester to stay, be left 6

résultat *m.* result

résumer to summarize

rétablir to reestablish

retard *m.* delay

en ~ late 6

retenir to retain; remember 14

retour *m.* return 14

aller et ~ round trip

être de ~ to be back

retourner to go back 9

retraite *f.* retirement 12

à la ~ retired 12

réunion *f.* reunion; meeting

Réunion *f.* *island in the Indian Ocean*

réunir to gather together; to unite, reunite

réussir to succeed 12

~ **à un examen** to pass an exam

rêve *m.* dream

réveil *m.* awakening; alarm clock

se réveiller to wake up 13

révéler to reveal

revenir to come back 9, 14

rêver to dream

revoir to see again

au ~ good-bye 1

revue *f.* journal 11

rez-de-chaussée *m.* ground floor 8

Rhône *m.* Rhone river

Rhin *m.* Rhine river

rhum *m.* rum

rhumatisme *m.* rhumatism

rhume *m.* cold 16

riche rich 1

ridicule ridiculous

rien nothing

de ~ you're welcome, it's nothing

ne ... ~ nothing 6

rigoureux (-euse) rigorous

risque *m.* risk

risquer to risk

~ **de** run the risk of

rivaliser to rival

rive *f.* bank, shore

rivière *f.* river, tributary

riz *m.* rice

robe *f.* dress 2

robot *m.* robot

rock *m.* rock (music) 4

roi *m.* king

rôle *m.* role

romain(e) Roman

roman *m.* novel 11

~ **policier** mystery 11

romantique romantic

rond(e) round

~**-point** *m.* rotary, traffic circle

rose *f.* rose

rose pink

roseau *m. (pl.* **roseaux)** reed

rôti *m.* roast

rouge red 2

rougir to redden, blush; to burn 12

rouler to roll; to drive, ride

route *f.* route, road

routine *f.* routine

routinier (-ière) routine

roux (rousse) red-haired 5

rue *f.* street 8

ruine *f.* ruin

ruisseau *m. (pl.* **ruisseaux)** stream

rural(e) (pl. **ruraux)** rural

russe Russian 14

Russie *f.* Russia 14

rythme *m.* rhythm

sabbatique: année ~ *f.* sabbatical year

sac *m.* bag, sack, purse 2

sacrifice *m.* sacrifice

sage wise, smart; good 13

sagesse *f.* wisdom

Sahara *m.* Sahara

saint/sainte (S./Ste) saint

Saint-Valentin *f.* Valentine's Day

saison *f.* season 3

saisonnier (-ière) seasonal

salade *f.* salad 10

salarié(e) salaried 12

salaire *m.* wage, salary 9

sale dirty

salé(e) salty

salle *f.* room 8

~ **à manger** dining room 8

~ **de bains** bathroom 8

~ **de séjour** living room 8

~ **d'urgence** *f.* emergency room 16
salon *m.* living room
salut! hi! 1
salutations *f.pl.* greetings
samedi *m.* Saturday 3
sandwich *m.* sandwich
sang *m.* blood 16
sans without 1
~ **doute** probably
santé *f.* health 16
en bonne ~ in good health 16
satisfaire to satisfy
sauce *f.* sauce
saucisson *m.* salami
sauf except
sauvage wild
sauver to save
savant *m.* scientist
savoir to know, know how to 8
~**-vivre** breeding, manners, tact
savon *m.* soap 13
scandaliser to scandalize
scène *f.* scene
science *f.* science 3
~**s naturelles** *f.pl.* physical science 11
~**s politiques (sciences po)** *f.pl.* political science 11
scolaire academic, school-related 11
scribe *m.* scribe
sculpteur *m.* sculptor
sculpture *f.* sculpture
sec (sèche) dry
secondaire secondary 11
secret *m.* secret
secret (-ète) secret
secrétaire *m./f.* secretary 5
secteur *m.* sector
sécurité (sécu) *f.* security, safety
~ **sociale** Social Security (governmental assistance) 12
seize sixteen 1
séjour *m.* stay, visit, sojourn 14
salle de ~ living room 8
se (to) him, her, it 13
Seine *f.* Seine river
sel *m.* salt 10
sélection *f.* selection 11

selon according to
semaine *f.* week 3
semblable similar, alike
sembler to seem, appear
semestre *m.* semester
sénateur *m.* senator
Sénégal *m.* Senegal 14
sénégalais(e) Senegalese 14
sens *m.* sense, meaning, direction
sensible sensitive
sentiment *m.* feeling
sentir to feel, to smell 7
se ~ to feel
séparatiste separatist
séparé(e) separated 5
se séparer to separate
sept seven 1
septembre *m.* September 3
série *f.* series
sérieux (-euse) serious
prendre au ~ to take seriously
serpent *m.* snake
serrer to shake
~ **la main** to shake hands
serveuse *f.* waitress
service *m.* service; tip; course
serviette *f.* briefcase 12; napkin; towel
servir to serve 7
~ **à** to be used for
se ~ **de** to use 13
serviteur *m.* servant
seul(e) alone; only 7
seulement only, just
sévère severe, strict
shampooing *m.* shampoo 13
short *m.* underpants; shorts
si if; so, such; whether; yes
s'il vous plaît please
sida *m.* AIDS
siècle *m.* century 9
siège *m.* seat 14; headquarters
sien (sienne) his, hers
sieste *f.* nap
sigle *m.* acronym
signal *m.* signal
signaler to remark, point out
signe *f.* sign
signer to sign
significatif (-ive) significant

signification *f.* significance, meaning
signifier to signify, mean
silence *m.* silence
silencieux (-euse) silent
singulier (-ière) singular
sinon otherwise, if not
situer to locate
six six 1
ski *m.* ski
faire du ~ to ski, go skiing
skieur/skieuse *m./f.* skier
SMIC *m.* minimum wage 12
smicard/smicarde *m./f.* *employee who earns minimum wage* 12
social(e) (*pl.* **sociaux**) social
société *f.* society; club; company, firm 12
sociologie *f.* sociology 11
sociologique sociological
sœur *f.* sister 5
belle-~ sister-in-law, step sister 5
demi-~ half sister 5
soi oneself 11
soif *f.* thirst
avoir ~ to be thirsty 10
se soigner to take care of oneself
soin *m.* care
~**s urgents** *m. pl.* emergency medical care 16
soir *m.* evening, P.M. 6
hier ~ last night
soirée *f.* evening; party
soixantaine *f.* about sixty 10
soixante sixty 2
soixante-dix seventy 3
soldat *m.* soldier 5
soleil *m.* sun 13
il fait du ~ it's sunny out 13
solidarité *f.* solidarity
solitaire solitary, individual, alone
sommaire *m.* summary
somme *f.* sum
sommeil *m.* sleep, sleepiness
avoir ~ to be sleepy 13
somptueux (-euse) scrumptious, magnificent
son (sa, ses) his, her, its
sonner to ring

sorte *f.*   sort
sortie *f.*   outing
sortir   to go out; to leave   7
soudain   suddenly
souffrance *f.*   suffering
souffrir   to suffer
souhaiter   to wish   14
soulager   to relieve
soumettre   to submit   15
soupe *f.*   soup
source *f.*   source
sourire   to smile
sous   under   3
   ~-entendu *m.*   connotation
souvenir *m.*   memory, souvenir
  se souvenir de   to
    remember   14
souvent   often   1
spaghetti *m.pl.*   spaghetti
spatial(e) *(m. pl.* **spatiaux***)*   space
spécial(e) *(m. pl.* **spéciaux***)*   special
spécialisation *f.*   major   11;
   specialty
spécialisé(e)   specialized, advanced
spécialité *f.*   specialty; major (in
   school)
spécifique   specific
spectateur/spectatrice *m./f.*
   spectator, viewer   5
spirale *f.*   spiral
spirituel(le)   witty
sport *m.*   sport
sportif (-ive)   athletic   3
stage *m.*   internship   11
standardiste *m./f.*   telephone
  operator
star *f.*   star, celebrity
station-service *f.*   service station
statistique *f.*   statistics
statue *f.*   statue
statut *m.*   status
sténodactylo *m./f.*   secretary
steppe *f.*   steppe
stéréo *f.*   stereo   5
  chaîne ~ *f.*   stereo system   5
steward *m.*   flight attendant
stimulant(e)   stimulating
stratégique   strategic
structure *f.*   structure

studieux (-euse)   studious   3
stupide   stupid   1
style *m.*   style
stylo *m.*   pen   2
subitement   suddenly, all of a
   sudden
subjuger   to subjugate
succéder   to follow
succès *m.*   success
sucre *m.*   sugar   10
sucré(e)   sugared, containing sugar
sud *m.*   south   14
Suède *f.*   Sweden
suffire   to suffice
  suffit!   that's enough!
suffisant(e)   sufficient
suggérer   to suggest   14
Suisse *f.*   Switzerland   14
suisse   Swiss   14
suite *f.*   continuation
  à la ~ de   following
  par la ~   subsequently
  tout de ~   right away
suivant(e)   following
suivre   to follow; to take (a course)
sujet *m.*   subject
  à ton ~   on your account, about
   you
sujet(te) (à)   subject to
supériorité *f.*   superiority
superficie *f.*   surface, area
supermarché *m.*   supermarket   13
superstitieux (-euse)
   superstitious
supplémentaire   extra
supporter   to support
supposer   to suppose
supranational(e) *(m. pl.*
   supranationaux*)*
   supernational
sur   on   3; about
sûr(e)   sure
  bien ~   of course, naturally
surnom *m.*   nickname
surnommé(e)   nicknamed
surpasser   to surpass
surprendre   to surprise
surpris(e)   surprised
surprise *f.*   surprise

sursautant   jumping, starting
surtout   above all, especially
surveiller   to watch over
symbole *m.*   symbol
sympathie *f.*   sympathy
sympathique (sympa)   nice   1
symptôme *m.*   symptom   16
syndicat *m.*   union   12
  ~ d'initiative   information
   bureau
Syrie *f.*   Syria   14
système *m.*   system

tabac *m.*   tobacco
  bureau de ~   tobacconist   13
table *f.*   table
  à ~   at the table, seated; time to
   eat!
tableau *m. (pl.* **tableaux***)*
   blackboard   2; picture, canvas
tâcher (de)   to attempt
Tahiti *m.*   Tahiti   14
taille *f.*   size
tailleur *m.*   woman's suit   12
se taire   to be/become quiet
talent *m.*   talent
tandis que   while
tant (de)   so much, so many
tante *f.*   aunt   5
taper (à la machine)   to type
tard   late
tarif *m.*   fare, price, tariff   7
tarte *f.*   pie   10
tartine *f.*   *slice of bread with butter or
   jam*   10
tasse *f.*   cup   10
taux *m.*   rate
  ~ d'échange   exchange rate   13
taxe *f.*   tax
taxi *m.*   taxi
Tchécoslovaquie *f.*
   Czechoslovakia   14
tchèque   Czech   14
te   (to) you   11
technologique   technological   9
tee-shirt *m.*   T-shirt
tel(le)   such (a), such as

télécarte *f.* *card for payphone use*
téléfilm *m.* made-for-TV movie
télégramme telegram 13
téléphone *m.* telephone 5, 8
téléphoner to phone 5
téléspectateur/téléspectatrice
  m./f. TV viewer
télévision (télé) *f.* television
  (TV) 4, 8
tellement very much; so (much);
  especially
température *f.* temperature
temps *m.* time 6; weather
  de ~ en ~ now and then
  en même ~ at the same time
  quel ~ fait-il? what's the
    weather like? 13
  ~ complet full-time
  ~ partiel part-time
tendance *f.* tendancy
tendre (à) to tend (to)
tenir to hold 14
  ~ à to be anxious to; to be
    attached to
tennis *m.* tennis
tentative *f.* attempt
terme *m.* term, expression
terminal(e) final
  classe ~ twelfth grade
terminer to finish, end 9
  se ~ to end, to be finished
terrain *f.* ground
terre *f.* earth, land; world
  par ~ on the ground
  ~-Neuve *f.* Newfoundland
terrifiant(e) terrifying
terrifier to terrify
terrine *f.* pâté, meat spread
territoire *m.* territory
  ~ d'outre-mer overseas
    territory 14
test *m.* test, quiz
tête *f.* head 16
TGV (train à grande vitesse) *m.*
  high-speed French train
thé *m.* tea 10
théâtre *m.* theater 4, 6
thème *m.* theme
théorie *f.* theory

thon *m.* tuna 10
ticket *m.* ticket
tien(ne) *pron.* yours
tiens! hey! say!
tiers *m.* one-third 12
  ~ monde third world
tige *f.* stem
tilleul: infusion de ~ lime-
    blossom tea
timbre *m.* stamp 13
timide timid, shy
tirailleur *m.* rifleman
tiré(e) taken from
tirer to pull
tiret *m.* dash, hyphen, slash
tisane *f.* herb tea
titre *m.* title
toi (to) you 1, 11
toilette *f.* toilet
  faire la ~ to dress, to get
    ready 13
  ~s restroom, bathroom
toison *f.* fleece
TOM (territoire d'outre-mer) *m.*
  overseas territory 14
tomate *f.* tomato 10
tomber to fall 9
  ~ amoureux (-euse) de to fall
    in love with
  ~ en panne to break down 9
  ~ malade to get sick
ton (ta, tes) your 2, 5
tort: avoir ~ to be wrong 15
tôt early
toujours always 1, 10
tour *f.* tower
tour *m.* tour; turn
  ~ de France *annual bike race
    through France*
  ~ du monde world tour 14
tourbe *f.* crowd, throne
tourisme *m.* tourism
touriste *m./f.* tourist
touristique *(adj.)* tourist 7
tourner to turn 7; to make (a
    film)
Toussaint *f.* All Saints' Day
tousser to cough 16
tout *pron.* everything

tout (tous, toute, toutes) *adj.* all,
  every 3
  tous (toutes) les deux
    both 9
  ~ le monde everyone,
    everybody 1
tout *adv.* quite, completely, very
  pas du ~ not at all
  ~ à fait exactly; completely
  ~ de suite immediately
  ~ droit straight ahead 7
  ~ près quite near
toux *f.* cough 16
traditionnel(le) traditional
train *m.* train 6
  en ~ de in the process of
trait d'union *m.* hyphen, dash
traiter to treat, to deal with
tranche *f.* slice 10
tranquille quiet, calm 8
transformer to transform
transport (en commun) *m.*
  (public) transport
transporter to transport
travail *m.* (*pl.* **travaux**) work 12
travailler to work 4, 12
travailleur *m.* worker 5
travailleur (-euse) hard-
  working 3
travers: à ~ through
traverser to cross
traversin *m.* *long, round neck
    pillow*
treize thirteen 1
trente thirty 2
très very 1, 3
tricot *m.* knitting
tricoter to knit
trimer to work hard
trimestre *m.* quarter
triste sad 14
trois three 1
se tromper to make a mistake, be
  in error
trompette *f.* trumpet
trop (de) too; too much 4
trouble digestif *m.* digestive
  problem 15
troupe *f.* troop

trouver to find 7
  se ~ to be located; to find oneself 13
tu you 1, 3
tuer to kill 9
Tunisie *f.* Tunisia 14
tunisien(ne) Tunisian 14
tunnel *m.* tunnel
turc (turque) Turkish 14
Turquie *f.* Turkey 14
type *f.* type
typique typical

un (une, des) one 1; a(n) 2
uni(e) united
unifié(e) unified
uniforme *m.* uniform
union *f.* union
  ~ Soviétique *m.* Soviet Union 14
unique unique
  enfant ~ only child 5
unir to unite
univers *m.* universe
universitaire *pertaining to the university* 11
université *f.* university 3
urgence *f.* emergency
URSS *f.* USSR *(Soviet Union)* 14
usage *m.* use
usine *f.* factory 12
usuel(le) usual
utile useful 8
utiliser to use

vacances *f.pl.* vacation 6
vague *f.* wave
vaillant(e) brave
vaisselle *f.* dish
  faire la ~ to do the dishes 9
valeur *f.* value, valor
valise *f.* suitcase
vanille *f.* vanilla 10
vapeur *f.* vapor
varier to vary

variété *f.* variety
vase *m.* vase
vaste vast
végétarien(ne) vegetarian
vélo *m.* bike 5, 6
vendeur/vendeuse *m./f.* salesperson 5
vendre to sell 15
vendredi *m.* Friday 3
venir to come 14
  ~ de to have just 14
  venu(e) *p.part.* came 9
vent *m.* wind 13
  il fait du ~ it's windy 13
vente *f.* sale, selling
verdir to turn green
vérité *f.* truth 11
vermeil(le) bright red
vernaculaire vernacular
verre *m.* glass 10
vers *m.* line of poetry
vers *(adv.)* toward; about 7
vert(e) green 2
vertu *f.* virtue
verveine *f.* verbena
vêtement *m.* item of clothing 2
se vêtir to dress
veuillez ... please ...
viande *f.* meat 10
vice *m.* vice
vide-ordures *m.* garbage disposal
vidéo *f.* video
vie *f.* life 12
vieillard *m.* old man
vieillir to age, get old 12
Viêt-nam *m.* Vietnam 14
vietnamien(ne) Vietnamese
vieux (vieille, vieil) old 3
  mon ~ pal
vif (vive) lively, alive
vigueur *f.* vigor
village *m.* village
ville *f.* city 4
  en ~ in town
vin *m.* wine 10
vinaigre *m.* vinegar 10
vingt twenty 1
  ~ et unième twenty-first 8
vingtaine *f.* about twenty 10

violence *f.* violence
violet(te) purple 2
violon *m.* violin
visa *m.* visa
visage *m.* face 16
visite *f.* visit
  rendre ~ à to visit 15
  ~ médicale *f.* doctor's appointment 16
visiter to visit (a place) 5
visuel(le) visual
vitamine *f.* vitamin
vite fast 7
vitesse *f.* speed
vitre *f.* (car) window; pane of glass
vitrine *f.* shop-window 2
vivant(e) living
vivre to live
vive ...! long live ...!
vivement energetically
vodka *f.* vodka
voici here is, here are 2
voilà there is, there are 2
voir to see 4
voisin/voisine *m./f.* neighbor 8
voisin(e) next to
voiture *f.* car 4, 6
voix *f.* voice
vol *m.* flight 14
volaille *f.* fowl, poultry
voler to fly; to steal
volley-ball (volley) *m.* volleyball
volontaire *m./f.* volunteer
volonté *f.* will, will power
volontiers gladly
Vosges *f.* *mountain range in eastern France*
vote *m.* vote 9
voter to vote 9
votre *(pl.* **vos)** your 1, 2, 5
vouloir to want 7
  je voudrais I would like 7
  ~ bien to agree 7
  ~ dire to mean
vous you 1; (to) you 11
voyage *m.* trip, voyage 7
  faire un ~ to go on a trip 7
  ~ d'affaires *m.* business trip
voyager to take a trip, voyage 7

voyageur/voyageuse *m./f.* traveler
vrai(e) true 11
vraiment truly, really 7
vue *f.* view

W.C. *m. pl.* toilet, bathroom, restroom 7, 8

week-end *m.* weekend 3

y there, to it 11
   vous n'~ êtes pas you aren't all there; you don't get it
   ~ compris including
yaourt *m.* yogurt

yeux *m.pl. (sing.* **oeil***)* eyes 5, 16

Zaïre *m.* Zaire 14
zaïrois(e) of, from Zaire 14
zéro zero 1
zone *f.* zone
zoo *m.* zoo 4

INDEX

PERMISSIONS AND CREDITS

The authors and editors wish to thank the following persons and publishers for permission to include the works or excerpts mentioned.

p. 18: "Page d'écriture", Jacques Prévert, *Paroles*, © Éditions GALLIMARD.

p. 46: "L'accent grave", Jacques Prévert, *Paroles*, © Éditions GALLIMARD.

p. 117: © Éditions Stock: *Toi et Moi*.

p. 138: "Familiale", Jacques Prévert, *Paroles*, © Éditions GALLIMARD.

p. 216: "La salle à manger", de Francis JAMMES: "De l'Angélus de l'aube à l'angélus du soir", © Mercure de FRANCE.

p. 234: "Pour toi mon amour", Jacques Prévert, *Paroles*, © Éditions GALLIMARD.

p. 289: "Le cancre", Jacques Prévert, *Paroles*, © Éditions GALLIMARD.

p. 384: © Bernard DADIÉ: d'*Afrique Debout* de *Légendes et Poèmes*.

p. 385: © Maison Henri Deschamps: *Musique Nègre*.

p. 443: © Les Presses de la Cité, Librarie Académique Perrin: d'*Articles pour Humour* de *L'Esprit*, 1962.

Color Photographs

Paris/Autres villes françaises

p. 1: **Ian Tait/TSW-Click/Chicago.** p. 2 top left: **Suzanne Murphy.** p. 2 top right: **Lee Evans/Telephoto.** p. 2 bottom: **AFP-Keystone/Picture Group.** p. 3 top: **Richard Kalvar/Magnum.** p. 3 bottom: **Vauthey/Sygma.** p. 4 left: **Manfred Mehlig/TSW-Click/Chicago.** p. 4 top right: **Jim West.** p. 4 bottom right: **Ulrike Welsch.**

La campagne

p. 1 top: **B. Annebicque/Sygma.** p. 1 bottom: **Serraillier/Photo Researchers.** p. 2 top: **Bruno Bailey/Magnum.** p. 2 bottom: **Adam Woolfit/Woodfin Camp Associates, Inc.** p. 3 top: **George Gerster/Comstock.** p. 3 bottom: **Alan Oddie/PhotoEdit.** p. 4 top: **Catherine Karnow/Woodfin Camp Associates, Inc.** p. 4 bottom: **Michael Busselle/TSW-Click/Chicago.**

Le monde francophone

p. 1: **John Dominis/Telephoto.** p. 2 top: **Steve Elmore/TSW-Click/Chicago.** p. 2 bottom: **Cynthia Foster/Folio.** p. 3 top: **Jean Higgins/Envision.** p. 3 bottom left: **Carol Purcell/Photo Researchers.** p. 3 bottom right: **Frank Siteman/Picture Cube.** p. 4 top: **Jack Fields/Photo Researchers.** p. 4 bottom: **Robert Everts/TSW-Click/Chicago.**

Black and white photos

Mark Antman/The Image Works: p. 343. **Herbert Ascherman:** pp. 54, 173, 213. **The Bettmann Archive:** p. 12 top left, top right, and bottom left, p. 13 top right, middle right, and bottom left, p. 27 far left, middle left, and middle right. **Frederik Bodin/Stock Boston:** p. 134. **Andrew Brilliant:** p. 437. **Stuart Cohen:** p. 77. **Stuart Cohen/Comstock:** pp. 45, 51, 73, 95, 161, 275, 272, 390, 399, 429, 441. **Stuart Cohen/Stock Boston:** p. 195. **M. B. Duda/Photo Researchers:** p. 357. **Gretje Ferguson/Picture Cube:** p. 102. **Owen Franken:** p. 139. **Owen Franken/Stock Boston:** p. 257. **Jean Gaumy/Magnum:** p. 347. **Beryl Goldberg:** pp. 239, 319. **Philippe Gontier/The Image Works:** p. 403. **B. Grunzweig/Photo Researchers:** p. 385. **Richard Kalvar/Magnum:** p. 129.

AFRIQUE

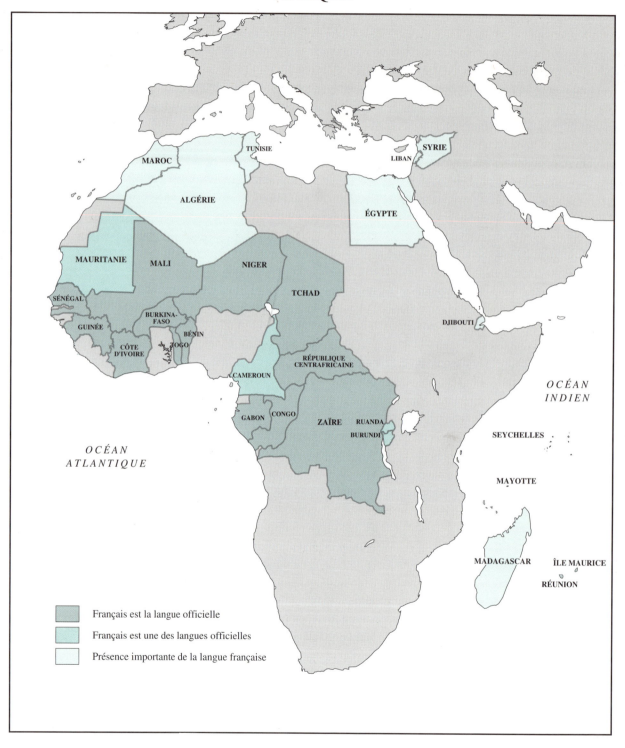

Français est la langue officielle

Français est une des langues officielles

Présence importante de la langue française

MAROC

TUNISIE

SYRIE

LIBAN

ALGÉRIE

ÉGYPTE

MAURITANIE

MALI

NIGER

TCHAD

SÉNÉGAL

DJIBOUTI

BURKINA-FASO

GUINÉE

BÉNIN

CÔTE D'IVOIRE

TOGO

RÉPUBLIQUE CENTRAFRICAINE

CAMEROUN

OCÉAN INDIEN

GABON

CONGO

ZAÏRE

RUANDA

BURUNDI

SEYCHELLES

MAYOTTE

OCÉAN ATLANTIQUE

MADAGASCAR

ÎLE MAURICE

RÉUNION